Hans Peter Nieß
Kirche in Rußland zwischen
Tradition und Glaube?

HANS PETER NIESS

# Kirche in Rußland zwischen Tradition und Glaube?

## Eine Untersuchung der Kirillova kniga und der Kniga o vere aus der 1. Hälfte des 17. Jahrhunderts



VANDENHOECK & RUPRECHT
IN GÖTTINGEN

KIRCHE IM OSTEN
Studien zur osteuropäischen Kirchengeschichte und Kirchenkunde
In Verbindung mit dem Ostkircheninstitut herausgegeben von Robert Stupperich
Monographienreihe Band 13

*CIP-Kurztitelaufnahme der Deutschen Bibliothek*

*Nieß, Hans Peter*
Kirche in Rußland zwischen Tradition und Glaube?: e. Unters. d. Kirillova kniga u. d. Kniga o vere aus d. 1. Hälfte d. 17. Jh. – 1. Aufl. – Göttingen : Vandenhoeck und Ruprecht, 1977.
(Kirche im Osten : Monographienreihe ; Bd. 13)
ISBN 3-525-56430-9

 Gesamtherstellung: Hubert & Co., Göttingen.

# Vorwort

Aufgrund eines Stipendiums des Ökumenischen Rates der Kirchen hatte der Verfasser die Möglichkeit, sich in der Bibliothek des Päpstlichen Orientalischen Instituts in Rom mit zwei im Westen äußerst seltenen Dokumenten der russischen Kirchengeschichte der 1. Hälfte des 17. Jahrhunderts zu beschäftigen. Gedacht war dabei an eine Fortsetzung der Studien für die Examensarbeit zum 1. Theologischen Examen über den „Domostroj“, ein Dokument der konservativen altrussischen Dogmatik und Ethik, das mit jenen beiden Büchern die spätere Hochschätzung bei den sogenannten Altgläubigen gemein hatte.

Die hier zu untersuchenden Dokumente sind die aufschlußreichsten Quellen für die typischen theologischen Anschauungen der Russischen Orthodoxen Kirche zu einer Zeit, in der sich die Öffnung Rußlands über den Südwesten nach dem griechischen Orient und dem Westen anbahnte, unmittelbar vor einem entscheidenden Einschnitt der russischen Kirchengeschichte, der durch die Reform des Patriarchen Nikon und das Schisma des Altgläubigentums gekennzeichnet ist. Unter den Leitbegriffen Tradition und Glaube sollen die beiden Bücher in ihrem historischen Kontext untersucht werden, so daß auf diese Weise auch die inneren Widersprüche deutlich werden, die zu jenem Schisma führten und die sich in der Wirkungs- bzw. Rezeptionsgeschichte der beiden Bücher zeigen.

In einem 1. Teil sollen die komplizierten literargeschichtlichen Zusammenhänge der Entstehungsgeschichte in einer knappen Übersicht dargestellt werden, da es sich um Werke aus verschiedensten Quellen handelt, die dem westlichen Leser größtenteils unbekannt sind.

In einem 2. Teil sollen die Kriterien des rechten Glaubens im Hinblick auf die formale und inhaltliche Bestimmung der kirchlichen Tradition und das Kirchengeschichtsbild dargestellt werden. Dabei geht es sowohl um historische wie dogmatische und ethische Fragen.

Der Schluß soll einen Ausblick auf die Wirkungsgeschichte der beiden Bücher und der in ihnen angelegten Tendenzen geben, die durch die beiden Pole der Verfluchung der Altgläubigen und die Aufhebung dieser Flüche in jüngster Zeit gekennzeichnet ist.

Konnte der Redaktor der Kirillova kniga am Schluß seines Werks die Leser um Vergebung für seine Fehler bitten, bleibt dem Verfasser einer wissenschaftlichen Arbeit heute nur die Bitte um Nachsicht, falls er die Geduld der Leser wegen der vielen Zitate aus den beiden Büchern über Gebühr strapazieren sollte. Aber es ist notwendig, die Texte selbst immer wieder zu Wort kommen zu lassen, weil sie den meisten westlichen Lesern (nicht nur wegen ihrer Sprache) unzugänglich sein werden.

Meinem langjährigen Lehrer und Doktorvater Prof. D. Dr. Robert Stupperich habe ich an dieser Stelle zu danken für die Aufnahme meiner Dissertation in die von ihm herausgegebene Monographienreihe „Kirche im Osten". Der Druck wurde ermöglicht durch einen Zuschuß vom Ökumenischen Forschungsfonds des Deutschen Ökumenischen Studienausschusses, dem ich hiermit meinen Dank ausspreche.

# Inhalt

# 1. Die Entstehungsgeschichte der Kirillova kniga und der Kniga o vere

Die sogenannte Kirillova kniga (Kyrill-Buch, Sobornik nazyvaemyj Kirillova kniga[1]) und die Kniga o vere (Buch über den Glauben) sind zwei umfangreiche Folianten mit 1168 und 578 Seiten[2] in altrussisch-kirchenslawischer Sprache, die vom Moskauer Druckerhof in den Jahren 1644 und 1648 gedruckt wurden. Beide Bücher haben eine unerwartete und widersprüchliche Wirkungsgeschichte gehabt. Noch unter dem Patriarchen Iosif (1642–52) erschienen, unmittelbar vor den kirchlichen Reformen des Patriarchen Nikon (1652–66), die zur Abspaltung (Raskol) der sogenannten Altgläubigen oder Altritualisten von der Patriarchatskirche führten, wurden beide Bücher gerade von jenen Altgläubigen besonders geschätzt und in der Polemik für ihre eigenen Anschauungen in Anspruch genommen[3] und erfuhren rund 140 Jahre später sogar noch eine Neuauflage[4]. Den russisch-orthodoxen Kirchenhistorikern bereitete dieser Umstand bei ihrer polemischen Auseinandersetzung mit den Altgläubigen nicht geringe Schwierigkeiten, die mitunter zu übertrieben einseitigen Behauptungen über Wert und Autorität dieser Bücher führten[5].

## *1.1. Die Kirillova kniga*

### *1.1.1. Zur bisherigen Forschung*

Die erste und bisher einzige Monographie über die Kirillova kniga stammt von Aleksandr I. Lilov[6] und ist bereits über 100 Jahre alt. Sie verdankt ihre Entstehung hauptsächlich dem polemischen Interesse des Autors. Lilovs Analyse sollte zeigen, daß jene übertriebene Hochschätzung der Kir. kn. seitens der Altgläubigen, die in ihr sogar das Werk eines Kirchenvaters (Kyrill von Jerusalem) sehen wollten[7], zu Unrecht bestehe, jedoch nicht nur aus Unwissenheit behauptet würde, sondern auch aus böser Absicht heraus[8]. Außerdem könnte man viele Stellen aus der Kir. kn. zitieren, die die Altgläubigen des falschen Glaubens überführten und nicht umgekehrt[9]. Bei dem Versuch, dem umstrittenen Buch von vornherein so wenig kirchlich verbindliche Autorität[10] wie möglich zuzugestehen, schießt Lilov aber aufgrund seines apologetischpolemischen Interessen über das Ziel hinaus[11]. Wo Andrej Denisov (der Vorsteher der Altgläubigengemeinde am Vyg im 1. Viertel des 18. Jh.s, der zusammen mit seinem Bruder Semen die „Pomorskie otvety" verfaßte[12]) sagt, das Buch sei von der „katholischen (sobornoju) gesamtrussischen Kirche" herausgegeben worden[13], behauptet Lilov: „Von der sog. Kirillova kniga kann man nicht nur nicht sagen, daß sie von der katholischen gesamtrussischen Kirche herausgegeben worden ist, sondern man kann sogar nicht einmal sagen, daß sie mit der Erlaubnis des Heiligsten Patriarchen Iosif herausgegeben worden sei"[14]. Die Begründung, im Nachwort der Kir.kn. sei der sonst übliche Segen des Patriarchen nicht erwähnt[15], kann aber kaum als Beweis für die Behauptung dienen, das Buch sei ohne Erlaubnis bzw. Autorisation des Patriarchen gedruckt worden. Dem Patriarchen Iosif haben russische Historiker des 19. Jh.s auch sonst Unrecht getan, wohl weil er von den Altgläubigen „auf die Höhe eines Ideals emporgehoben wurde. Für sie war er der letzte wahrhaft orthodoxe Patriarch des Alten Hl. Rußland vor Patriarch Nikon"[16]. Eine Korrektur der Einschätzung der Tätigkeit Iosifs im Vergleich zu seinem Nachfolger Nikon finden wir erst bei N. F. Kapterev in dem 1887 erschienenen 1. Band seines Werkes über den Patriarchen Nikon, der dem Patriarchat Iosifs und seiner Zeit gewidmet ist. Dort heißt es, daß „Iosif kein schwacher unt tatenloser Mann gewesen sei, den die Ereignisse überholten, sondern ein aufgeklärter und aktiver Mann: die Herausgabe der Bücher, die Einrichtung von Schulen, das In-Ordnung-Bringen der Bräuche, die Verbesserung der Sitten der Geistlichkeit – in all dem war er ein Vorgänger Nikons. Letzterem kam es nur zu, Iosifs [Werk] fortzusetzen"[17]. Der Patriarch Iosif als Wegbereiter der Reformen Nikons ist jedoch ein Bild, das der Hochschätzung Iosifs seitens der Altgläubigen erst recht widerspricht. „Die seit der Einführung des Patriarchats 1589 anstehende sog. ‚griechische Orientierung', d.h. die Liquidierung des ‚russischen Gallikanismus' ..., wurde bereits unter Nikons Vorgänger Iosif . . bewußt in Angriff genommen. Schon für Iosif galt die griechische Mutterkirche als höchste Autorität. Nicht erst Nikon, sondern bereits der Patriarch Iosif versuchte den Bildungsstand der Priester zu heben."[18]

### *1.1.2. Bio-bibliographische Daten*

Ein gedrucktes Exemplar der Kir.kn., ein in Leder gebundener Foliant mit zwei Klammerverschlüssen, die aber abgerissen sind, befindet sich heute in der Bibliothek des Päpstlichen Orientalischen Instituts in Rom[19]. Nach den Angaben im Nachwort (561a) wurde das Buch in

Moskau gedruckt (Druckbeginn 24.8.1643, Druckabschluß 21.4.1644[20]). Am 13.5.1644 wurde es in der beachtlichen Auflagenhöhe von 1163 Exemplaren zum Verkauf ausgegeben, von denen am Ende des Monats schon fast 500 Exemplare und Ende August sogar 1032 verkauft waren, wie das Ausgabenbuch des Moskauer Druckerhofs ausweist. Im Dezember 1649 waren nur noch 42 Exemplare übriggeblieben[21]. Wie das Nachwort versichert, war es der Wille des Zaren gewesen, das Buch „in seinem ganzen russischen Reich jedem orthodoxen Christen zukommen zu lassen, der es lesen und die göttlichen Dogmen (dogmaty) wissen und den Häretikern das Maul stopfen möchte“ (560b,11–15).

Unter den Käufern des Buches befand sich auch der von den Jesuiten erzogene Kroate Juraj Križanić (1617–83)[22], der 1647 als Dolmetscher einer polnischen Gesandtschaft einige Monate in Moskau verweilt hatte. „Während seines Aufenthaltes in Moskau war Križanić in den Besitz des sogenannten ‚Kyrillischen Buches‘ gekommen ... In dieser Schrift wurden den Lateinern nicht weniger als 72 Häresien[23] nachgewiesen. Križanić wollte eine Gegenschrift verfassen, die dem Patriarchen von Moskau und dem Zaren überreicht werden sollte, doch aus diesem Plan wurde nichts. Die ‚Propaganda‘, der er ihn vorlegte, wollte erst einmal die Schriften, von denen Križanić sprach, sehen. Sicherlich hatte der Bischof von Smolensk keine guten Auskünfte über den ihm von der ‚Propaganda‘ gesandten Gehilfen gegeben. Deshalb sollten erst die Väter der Gesellschaft Jesu, die in dem griechischen Kolleg in Rom ‚schismatische Theologie‘ dozierten, die Schriften auf ihren Wert prüfen. Doch darauf wollte Križanić nicht eingehen, da ihm ausführliche Erklärungen notwendig erschienen, die nur mündlich gemacht werden könnten. Nach einem Aufenthalt des Kroaten in Rom hatte wieder die ‚Propaganda‘ kein Verlangen. Außerdem drängte es Križanić, für dauernd nach Rußland zu kommen.“[24]

Von seinem Plan einer großangelegten Widerlegung der schismatischen Bücher, unter denen es ihm die Kir.kn. besonders angetan hatte, verwirklichte Križanić nur die Vorarbeit: er übersetzte einige der Texte, die er widerlegen wollte, ins Lateinische. Im Archiv des Hl. Offiziums, an das die „Propaganda“ den Fall Križanić übergeben hatte, befindet sich das Autograph, aus dessen Titel hervorgeht, daß mehrere Bände geplant waren: „*Bibliotheca Schismaticorum* Vniversa. Omnes Schismaticorum libros, hactenus impresos, duobus tomis comprehendens. Primum quidem, A duodecim auctoribus, tribus linguis, (Graece antique, Graece moderne, et Moscouitice) in pluribus codicibus composita, et impressa; Nunc autem Latine uerbatim reddita, et confutata, A Georgio Crisanio.

Non erunt ultra duae gentes, nec diuidentur in duo regna; sed fiet vnum ouile, et unus pastor. Ezech. et Ioan. Verite [sic!] et caritate. 2 Ioan. V.3. Romae 1566"[25]. Die Jahresangabe ist ein Druckfehler, es handelt sich um das Jahr 1656, in dem Križanić den ersten Teil des 1. Bandes druckfertig gemacht hatte[26], der, weil er nach dem Bericht der Päpstlichen Kongregation „De propaganda fide" Texte aus einem „skandalösen Buch ... gegen den wahren Glauben"[27] (die Kir.kn.) enthielt, noch einer strengen Zensur unterzogen werden sollte (und bis heute darauf wartet), weil man offensichtlich noch den angekündigten 2. Teil abwarten wollte[28]. Entgegen der Reihenfolge im Inhaltsverzeichnis hat Križanić an den Anfang seiner „Bibliotheca" vier Kapitel aus der Kir.kn. gestellt[29]: 1. Anonymi narrationes (De dissidiis Graecorum et Latinorum) = Kir.kn., Kap. 26; 2. Venerabilis Maximi Graeci Monachi Sancti Montis Athoniensis Oratio contra Latinos ...[30] = Kir.kn., Kap. 36; 3. De Deo-odioso Calendario ... Melitius Magnus Protosyncellus ... = Kir.kn., Kap. 39; 4. Meletij Patriarcae Alexandrini Demonstratio ... = Kir.kn., Kap. 37[31].

### *1.1.2.1. Redaktion und Herausgabe*

Weder im Vorwort noch im Nachwort[32] mit der Überschrift „Beschreibung dieses sehr guten Buches, wie es auf Befehl des Zaren gedruckt worden ist" erfährt man, wer der Verfasser der Kir.kn. ist. Dagegen fällt die dreimalige Erwähnung des Zaren Michail Feodorovič (1613–45) auf[33]: in seinem Auftrag ist die Kir.kn. herausgegeben worden. Mit an dogmatische Prolegomena erinnernden Worten über die Bedeutung der Hl. Schrift als Gottes höchster Gabe (wobei der Verf. des Nachworts 2. Tim. 3,16f. und Joh. 5,39 zitiert[34]) soll der Kir.kn. offensichtlich eine entsprechende Autorität und Heilsbedeutung zugeschrieben werden. Weil man in der Schrift das ewige Leben finde, „erleuchtete" Gott „mit dem Licht des Wohlstandes seinen wahren Diener, unseren Herrscher, der in der Frömmigkeit ein leuchtendes Vorbild ist und das christliche Gesetz[35] recht hält, den Zaren und Großfürsten Michail Feodorovič, Selbstherrscher ganz Rußlands, dieses sehr gute Buch, ausgewählt aus den Heiligen Schriften, anfertigen zu lassen gegen die Häretiker und Schismatiker (raskol'niki) unseres orthodoxen christlichen Glaubens: gegen die Römer und Lateiner, die Lutheraner und Kalvinisten, damit ihnen das Maul gestopft werde, die die Unwahrheit sagen"[36].

Weiter unten fällt das Stichwort, das einen Hinweis auf den Kreis von Leuten darstellt, der an der Herausgabe der Kir.kn. hauptsächlich beteiligt war: „Eiferer für die Frömmigkeit" nennt das Nachwort den Zaren. Dieses Stichwort legt nahe, die oder den Herausgeber des Buches in dem Kreis der sog. Frömmigkeitseiferer um Stefan Vonifat'ev (gest. 1656), den Beichtvater des Zarensohnes Aleksej Michajlovič (der 1646 im Alter von 16 Jahren – sein Vater zuvor mit 17! – zum Zaren gekrönt wird), zu suchen: „Deswegen, wie ich auch schon zuvor gesagt habe, befahl der Eiferer für die Frömmigkeit und wahre Bewahrer des christlichen Gesetzes, der Herrscher, unser Zar und Großfürst ... eifernd im Hl. und Lebenschaffenden Geiste und kämpfend für den hl. christlichen Glauben, dieses sehr gute Buch, das von verschiedenen heiligen Vätern verfaßt ist, gegen jene verschiedenen Häresien[37] zu einem einzigen Buch zu vereinigen und wie ein Schiff mit vielen Reichtümern zu füllen und gedruckt in seinem ganzen russischen Reich jedem orthodoxen Christen zukommen zu lassen ...“ (560a,24–560b,15).

Hier wird also erklärt, die Kir.kn. sei eine auf Befehl des Zaren selbst zusammengestellte Sammlung von Werken verschiedener Autoren, die „heilige Väter“ genannt werden. Der Titel „Kirillova kniga“[38] ist daher irreführend und weckt falsche Erwartungen. Weder der Charakter des Werks als Sammlung (Sbornik[39]) noch die Besonderheit des für den Namen des Buches ausschlaggebenden ersten Teils als einer kommentierten Übersetzung der 15. Katechese Kyrills von Jerusalem werden daraus erkennbar. Dieses Problem wurde schon sehr bald empfunden und auch für die Polemik benutzt, wie die „Pomorskie otvety“ bezeugen. Dort heißt es, „daß die Altgläubigen nicht glauben, das Cyrillus-Buch stamme vom hl. Cyrillus; diesen Vorwurf machte ihnen nämlich Neofit (Frage 37). Denisov bezeichnet als Verfasser des Buches Stefan Zizanij, den bekannten Vorkämpfer gegen die Union in Vilno. Sein Kommentar zur 14. [sic!] Katechese des hl. Cyrillus rechtfertigt nach der Meinung Denisovs die Bezeichnung des ganzen Buches, als ‚Kirillova‘, wie auch das Buch der Apokalypse des hl. Apostels Johannes, des Theologen, gemeinsam mit dem Kommentar der hl. Väter abgeschrieben und gedruckt wurde, obwohl dieses Buch auch als die Apokalypse des Theologen Johannes bezeichnet wird. Und jeder, der es vernünftig liest, hält auseinander, welche Worte (reči) zur Apokalypse und welche zum Kommentar gehören“[40].

Daß hier in der Kir.kn. Übersetzung und Kommentar der Katechese Kyrills nicht unterschieden werden und vom Leser ohne Textvergleich mit dem griechischen Original nicht auseinandergehalten werden können, ist auch einer der Vorwürfe A. S. Lilovs[41]. Denn so hätten die Altgläubigen leichtes Spiel, Meinungen Zizanijs als Worte des hl. Kyrill auszugeben, und die vielen Unklarheiten im Text der Moskauer Ausgabe gäben ihnen die Möglichkeit, den Text in jede ihnen genehme Richtung zu interpretieren[42]. Im Unterschied zur Moskauer Ausgabe waren in dem 1596 in Wilna mit kirchenslawisch-polnischem Paralleldruck erschienenen Originalwerk Zizanijs[43] Übersetzung und Kommentar je durch Überschrift kenntlich gemacht, wobei schon vom Optischen her deutlich wurde, daß der Kommentar Zizanijs wesentlich länger ist als die Kyrillzitate.

Da die Kir.kn. als Sammelwerk nicht einem einzigen Verfasser zugeschrieben werden kann, ist zunächst nach dem Redaktor zu fragen, bevor auf die Verfasser der einzelnen Teile eingegangen wird. Wer der Redaktor, wer die Übersetzer und Korrektoren der einzelnen Beiträge waren, verrät das Nachwort der Kir.kn. leider nicht. Wir erfahren aber aus einer anderen Quelle, dem Sendschreiben des Diakons Fedor Ivanov aus Pustozersk an seinen Sohn Maksim, daß der Protopope (Erzpriester) der Moskauer Kirche der Wundertäter von Černigov, Michail Rogov[44], „zusammen mit anderen auserwählten Männern" auf Befehl des Zaren das Buch zusammengestellt hat, „gegen viele lateinische, armenische, deutsche u.a. Häresien"; darin seien jedoch nur auf zwei Seiten („na dva lista tokmo") Worte des hl. Kyrill enthalten[45]. Es handelt sich in der Tat um Auszüge aus verschiedenen, größtenteils bereits im Druck erschienenen südwestrussischen (sog. litauischen) Werken. Die Auskunft des Nachworts, das Buch sei von „verschiedenen heiligen Vätern" verfaßt, sollte die Moskauer Leser wohl über die wahre Herkunft der Artikel aus „litauischen" Büchern täuschen. Denn im Moskauer Großrußland war 1628 unter dem Patriarchen Filaret ausdrücklich verboten worden, solche Bücher zu kaufen oder zu benutzen; letzteres höchstens unter dem Zwang, mangels anderer Bücher sonst die Gottesdienste nicht abhalten zu können. Denn durch jene Bücher würden heimlich zahlreiche lateinische Häresien eingeführt[46].

Einen weiteren Hinweis auf Michail Rogov, der seit Anfang 1640 zusammen mit Ivan (Ioann) Nasedka Hauptkorrektor am Moskauer Druckerhof war[47], findet man in der Vita des Protopopen Ivan Neronov, eines Mitstreiters des berühmten späteren Altgläubigenführers Avvakum. Dort heißt es: „Und wie du [Nikon] das Anathema auf mich gelegt hast in deiner Vermessenheit und aufgrund deiner Leidenschaftlichkeit, weil du zürnst, daß ich dir über die heilige katholische und apostolische Kirche die Wahrheit gesagt habe, so hast du auch den Černigover Protopopen [gemeint ist der Protopope der Kirche der Černigover Wundertäter in Moskau] Michail vermessen mit dem Anathema belegt und die Skuf'ja [Zeichen der Priesterwürde][48] von ihm genommen, weil er in dem Buch des Kyrill von Jerusalem im Zweizeiler zu Unrecht behauptet hatte (ne delom položil)[49], daß es für die Christen keine [ewige] Qual geben wird, wenn er da sagt: Gott droht den Sündern auch mit der Qual, doch richtet er seine Schöpfung nicht zugrunde“[50].

An der betreffenden Stelle der Kir.kn. heißt es: „Aber auch uns Sündern droht die Heilige Schrift mit Qualen, aber Gott der Herr wird um seiner Barmherzigkeit willen seine Schöpfung nicht zugrunde richten. Denn groß ist seine Barmherzigkeit und Milde zu uns Sündern; wegen der gleichnamigen Art mit ihm wird er uns nicht um das ewige Heil bringen“ (9a,1–8). Daß diese Hoffnung aber nicht für alle Geschöpfe automatisch gilt, zeigt gleich der folgende Vers: „Weil Martin [Luther] und Kalvin alle Deutschen verführt haben, haben sie ihr Teil und Schicksal mit dem Teufel erhalten. Und dort weilen mit ihnen in ewiger, grausamer und unerträglicher Pein die, die auf ebensolche Weise unzählige Seelen mit ihren teuflischen Lehren verführt haben“ (9a,9–16)[51]. Die origenistische Apokatastasislehre (543 in Konstantinopel verurteilt), die die ostkirchliche Theologie immer bewegt hat, ist also auch nicht von Rogov vertreten worden[52]. Der Vorwurf gegen ihn wurde vielmehr wegen des Verdachts erhoben, er lehre die Existenz eines Partikulargerichts, das schon vor dem Jüngsten Gericht über das Schicksal der Verstorbenen entscheide[53].

Michail Rogov war es auch, der – neben Ivan Nasedka – an den Disputationen über den Glauben mit dem dänischen Prinzen Waldemar (Valdemar Christian, ein nicht vollegitimer Sohn des dänischen Königs Christian IV.) und dessen Hofprediger Matthias Velhaber (Velhaver)[54] aktiv teilgenommen hat, die anläßlich der geplanten Verheiratung Waldemars mit der Zarentochter Irina Michajlovna im Jahre 1644 begannen und ein weites Echo in der Bevölkerung fanden, bis sie im Sommer 1645, bald nach dem Tode des Zaren Michail Feodorovič, erfolglos mit der Abreise der Dänen endeten[55]. „Die ‚Kirillova kniga‘ war eilig zusammengestellt und gedruckt worden zum Zweck der Streitgespräche über den Glauben und zur Überzeugung des Prinzen Waldemar ... Das Buch diente auch dem Patriarchen Iosif als Hilfsmittel für seine briefliche Antwort an den Prinzen Waldemar“[56], der sich dadurch jedoch keineswegs überzeugen ließ. Waldemar war Lutheraner, und der Zar hatte versprochen, daß es keinen Glaubenszwang für ihn geben werde. Aber der Patriarch war anderer Meinung. Er verlangte die Wiederholung[57] der Taufe nach orthodoxem Ritus, wie sie Patriarch Filaret auf der Moskauer Synode von 1620 für die „Lateiner“ gefordert und durchgesetzt hatte[58].

Aus einem Brief des Griechen I. P. Varda vom 15.12.1644 ist bekannt, daß sich sogar der Kiever Metropolit Petr Mogila an den Patriarchen

Parthenios II. schriftlich mit der Bitte gewandt hatte, die Lutheraner möchten nicht zum zweiten Mal getauft werden, besonders nicht der dänische Königssohn[59]. Der Vater Waldemars hatte sich ebenfalls an den Konstantinopler Patriarchen gewandt, um durch ein Konzil die Frage der Wiedertaufe entscheiden zu lassen. Das Konzil entschied sich für die „Wiedertaufe" von Lutheranern und Kalvinisten.

In Moskau wurde dem dänischen Prinzen am 21.4.1644, demselben Tag, an dem der Druck der Kir.kn. zum Abschluß kam, ein Brief des Patriarchen Iosif überreicht, der den Disput über den Glauben zunächst schriftlich, später auch mündlich, zwischen den Theologen des Patriarchen (vor allem Rogov und Nasedka) und dem Hofpriester Velhaber und dem Prinzen Waldemar einleitete[60]. Verfasser dieses ersten Briefes ist wahrscheinlich nicht der Patriarch selbst gewesen, sondern sein Hauptkorrektor vom Druckerhof, Nasedka. Da der 2. Brief sicher von Nasedka stammt, liegt es nahe, daß auch der 1. Brief von ihm verfaßt ist, zumal die Ähnlichkeit nach Inhalt und Darstellungsweise mit anderen Werken Nasedkas dafürspricht[61]. Wo von der „vor 150 Jahren neuausgedachten [Tradition] von Martin Luther, Kalvin, Michael Servet und anderen"[62] die Rede ist, läßt sich die Ähnlichkeit mit Stellen aus dem Werk „O obrazech" (Über die Bilder) des Zacharij Kopystenskij[63] nachweisen, die wir sowohl in der Kir.kn.[64] als auch in Nasedkas Sbornik „Izloženie na Ljutery" (Schrift gegen die Lutheraner)[65] wiederfinden.

Im 2. Brief des Patriarchen Iosif finden sich ebenfalls auffallende Parallelen zu Formulierungen in der Kir.kn.[66]. Dieser Brief wurde Waldemar am 23.5.1644 überreicht und war „auf der Basis der Kirillova kniga, des Sobornoe izloženie von 1620 über die Taufe der Lateiner, des Izloženie na Ljutery, des Chronograf der russischen Redaktion, der Werke des Dionysius Areopagita, des Chrysostomus und anderer Werke des Ivan Nasedka unter Teilnahme der Bücherkorrektoren Šestoj Martem'janov [Vereščagin] und Zacharij Afanas'ev [Podosenov]"[67] verfaßt worden. Nasedka wurde (wahrscheinlich für die Abfassung dieses 2. Briefes) ein Jahr darauf ein Exemplar der Kir.kn. ausgehändigt, wie aus einer Eintragung im Ausgabenbuch des Druckerhofs hervorgeht: „Am 22. Oktober des 153. Jahres [= 1645] wurde aufgrund eines unterschriebenen Gesuchs ... dem ... Ivan Nasetka (sic!) das Buch des Kyrill von Jerusalem gegeben, in Heftform, für den Preis von 23 Rubel 4 Altyn[68] dafür, daß er im vergangenen 152. Jahr im Antwortpalast[69] gewesen ist, als Entgelt gegenüber seinen Mitkorrektoren, denn seine Kollegen hatten als Entgelt eine Grivna pro Tag erhalten"[70].

Weitere Parallelen zur Kir.kn. finden sich schließlich auch in dem Antwortschreiben auf den Brief des „deutschen" Matthias Velhaber (Matfej Nemčin), das Rogov und Nasedka zwischen dem 6. und 20.7.1645 auf Befehl des Zaren Michail Feodorovič verfaßten[71]. Dieses in dem Disput über den Glauben letzte Schreiben deutet darauf hin, daß die Streitgespräche fortgesetzt werden sollten; aber bereits am 16. 7. verstarb der Zar, und sein Sohn ließ die Dänen endlich heimreisen.

Die Benutzung gleichen Materials für die Streitgespräche über den Glauben und die Kir.kn. und die Gleichzeitigkeit ihres Erscheinens mit den Streitgesprächen legen es nahe, den Redaktor der Kir.kn. unter jenen Männern des Moskauer Druckerhofs zu suchen, die an den Streitgesprächen aktiv beteiligt waren. Auf diesem Hintergrund bildet auch das 1. Vorwort der Kir.kn. ein Indiz für den direkten Zusammenhang mit den Streitgesprächen, wo es heißt: „die ihr mit den Juden und Häretikern, den Römern, Lutheranern und Kalvinisten, über den Glauben Streitgespräche führen wollt" (6a,8–10). So ist mit größter Wahrscheinlichkeit in Michail Rogov der verantwortliche Redaktor der Kir.kn. zu sehen.

### *1.1.2.2. Inhalt*

Die Kir.kn. beginnt ohne Titelseite auf dem 1. Blatt sofort mit dem „Inhaltsverzeichnis (Skazanie) der Kapitel, die in diesem Buch stehen". Mit „diesem" Buch ist allerdings nicht das gesamte Buch gemeint, sondern nur dessen 1. Teil; denn auf das erste Inhaltsverzeichnis folgt ein zweites, das weitere 48 Kapitel anführt, die sich mit fortlaufender Blattzählung anschließen. Die beiden Inhaltsverzeichnisse mit angehängtem Vorwort und einem langen Vorwort in Versform haben gesonderte Zählung, ebenfalls die sich daran anschließenden Verzeichnisse über die von der Kirche anerkannten und verworfenen Bücher. Damit ergibt sich folgende Gliederung:

A 1) „Inhaltsverzeichnis der Kapitel, die in diesem Buch stehen" (1a–b);

A 2) „In demselben Buch steht eine Auswahl aus den Schriften vieler hl. Väter über die notwendigsten Dinge, die unserm orthodoxen Glauben geziemen" (2a–5a) – das Inhaltsverzeichnis der übrigen 48 Kapitel;

A 3) „Vorwort und kurze Inhaltsangabe dieses guten und seligen Buches ..." (6a–b);

A 4) „Nachdem nun also auf diese Weise eine Beschreibung vorangegangen ist, folgt nun solch ein Gedicht mit Endreim für die, die mit Fleiß und Eifer (ljubotrudne) dieses Buch lesen" (7a–15a). Diese Verse werden unterbrochen von einem Abschnitt ohne Endreim: „Bescheid wissen muß jeder orthodoxe Christ auch darüber ..." (15a,14–22);

A 5) „Über die Bücher, die die katholische (sobornaja) apostolische Kirche angenommen hat und die die orthodoxen Christen lesen müssen. Es folgt die Reihenfolge so, wie sie die ... Kirche hält" (1a–5a,12);

A 6) „Die falschen Bücher, die die orthodoxen Christen nicht lesen und halten dürfen, sind diese" (5a,13–8b);

B 1) „Unseres hl. Vaters, des Patriarchen Kyrill von Jerusalem Deutung (skazanie) über das achte Zeitalter und die Überlieferung[1] zur Kenntnis des Glaubens, daß Christus wiederkommen wird, zu richten die Lebendigen und die Toten, des Reich kein Ende haben wird, und über den Antichrist aus dem Propheten Daniel" (1a–82a,12);

B 2) „Auswahl aus den Schriften vieler hl. Väter[2] über die Hl. und Lebenschaffende Dreifaltigkeit, den Vater, den Sohn und den Hl. Geist, und über die wahre Gottheit und Menschheit des Sohnes Gottes und über viele andere höchstnotwendige Dinge, die unserm orthodoxen Glauben geziemen. Und gegen die gottverhaßten Lateiner und die übrigen Häretiker polemische Worte (obličitel'naja slovesa)" (83a–557b);

C) „Beschreibung dieses sehr guten Buches, wie es auf Befehl des Zaren gedruckt worden ist" (558a–561b).

Die allerletzten Worte der Kir.kn. sind nicht Polemik oder übertriebene Anpreisung des Werkes, sondern eine demütige Bitte, die einer kritischen Auseinandersetzung mit dem Buch jeglichen Wind aus den Segeln zu nehmen scheint, indem sie den Kritiker von vornherein ins Unrecht setzt: „Nun aber ... bitten wir euch, die ihr euch mit diesem Buch beschäftigt habt, wenn ihr aufmerksam darin eingedrungen seid und wegen des Unvermögens und der Grobheit unseres Verstandes Fehler (pogrešenoe) findet, so segnet und flucht nicht, denn Vergeßlichkeit (zabvenie) und Unverstand (nerazumie) frohlocken über uns alle. Darum bitten wir um Vergebung und machen uns gering [vor euch], wie ja auch ihr von Gott Barmherzigkeit begehrt, so haltet auch uns derer für würdig!" (561b, 1–13).

Zu B 1) und B 2) sollen nun die Kapitelüberschriften mit den entsprechenden Seitenzahlen der Kapitel folgen, jedoch in der Form, wie sie über den einzelnen Kapiteln stehen, da sie in den Inhaltsverzeichnissen oft nur verkürzt erscheinen.

B 1) Während es im Inhaltsverzeichnis A 1) heißt „Das Buch unseres hl. Vaters Kyrill, des Erzbischofs von Jerusalem", wird in der Überschrift über den Text das Buch als „Skazanie" des „Patriarchen von Jerusalem" bezeichnet[3]. Die 33 Abschnitte der 15. Katechese Kyrills[4] verteilen sich hier auf 9 Kapitel.

*Kap. 1* setzt sich zusammen aus einem „Prolog zum ersten Kapitel" (1a,8–15), dem 1. Abschnitt Kyrills (1a,16–2a,4) und dem Kommentar Zizanijs dazu (2a,5–3a,17).

*Kap. 2* (3a,18–12b,14): Nach der Überschrift „Weil die Propheten und hl. Apostel von zwei Ankünften Christi wußten, vermahnten sie die Menschen, ihn bei der ersten Ankunft mit Liebe zu empfangen, zur zweiten aber mit guten Werken bereit zu sein, da zu der Zeit für alle das Gericht sein und das Feuer alle prüfen wird" folgt der 2. Abschnitt Kyrills (3a,23–3b,25) mit dem Kommentar Zizanijs (4a,1–12b,14: Beseda na vtoruju glavu).

*Kap. 3* (12b,16–19a,5): Nach der Überschrift „Er bekennt, daß der Herr, der die bösen Werke der Menschen nicht erträgt, kommen wird, um die ganze Schöpfung zu erneuern; die Häretiker aber ermahnt er, daß sie Sonne, Mond und Sternenhimmel nicht verehren sollen, sondern das Wort Gottes, weil es in Ewigkeit bleibt, jene aber nicht ewig sind; im selben Kapitel auch über die Letzten Tage" folgt der 3. Abschnitt Kyrills (12b,23–13b,20), an den sich ohne Kennzeichnung Zizanijs Kommentar anschließt (13b,20–19a,5).

*Kap. 4* (19a,6–54b,1) umfaßt die Abschnitte 4–17 Kyrills, unterbrochen von den Erklärungen Zizanijs: „In diesem Kapitel beschreibt er die elf Zeichen des kommenden Antichrist, weil Christus die Zeit seiner Ankunft und des Endes der Zeit niemand gesagt und nur gewisse Zeichen und Glaubensabfälle verkündet hat wegen der Antichristen, die die Menschen zusammen jenem letzten Antichrist zuführen und sich vor seiner Ankunft erheben und die sichtbaren Dinge und Worte verändern werden; und es wird kommen, was wir erwarten, wunderbarer als das" (19a,9–18; die letzten Worte gehören schon zum Text von Kyrills 4. Abschnitt. Sie sind hier in einen falschen Bezug geraten; bei Kyrill heißt es: „Das Sichtbare vergeht, es kommt das, was wir erwarten und was schöner ist als was wir schauen"[5]).

Kyrills 4. Abschnitt (19a,16–20a,4) geht über in Zizanijs Kommentar (20a,4–22a,11, am Rand als „nauka" gekennzeichnet), worauf das 1. Zeichen des Antichrist folgt: „Aber dies ist das erste [Zeichen], wie der hl. Kyrill schreibt. Du aber sieh auf das, was schon geschehen ist und was noch geschehen wird, und nimm dich in acht! Denn er sagt (Mt. 24,4) ..."

Mit Kyrills 5. Abschnitt beginnen die 11 Zeichen des Antichrist:

1. Zeichen: 5. Abschnitt Kyrills (22a,15–22), Kommentar Zizanijs (22a, 22–25a,5), am Rand als „Tolkovanie" gekennzeichnet;

2. Zeichen: 6. Abschnitt Kyrills (25a,5–15), Kommentar (25a,15–27a,1), im Text als „Tolk." eingeleitet;

3. Zeichen: 7. Abschnitt Kyrills (27a,4–20), Kommentar (27a,20–28a,9), ohne Kennzeichnung;

4. Zeichen: 7. Abschnitt Kyrills (28a,11–22), Kommentar (28a,22–29a,22), ohne Kennzeichnung;

5. Zeichen: 8. Abschnitt Kyrills (29a,23–29b,4), Kommentar (29,b,4–30a,2), im Text unter der Überschrift „Tolkovanie";

6. Zeichen: 9. Abschnitt Kyrills (30a,3–7), Kommentar (30a,8–37b,17), unter der Überschrift „Tolk.";

7. Zeichen: 9. Abschnitt Kyrills (37b,18–39a,6), Kommentar (39a,7–44b,9), unter der Überschrift „Raz-suždenie";

8. Zeichen: 10.–11. Abschnitt Kyrills (44b,10–45a,25), Kommentar (45a,25–47a,16), unter der Überschrift „Tolkovanie";

9. Zeichen: 12.–13. Abschnitt Kyrills (47a,17–48a,23), Kommentar (48a,23–49b,9), unter der Überschrift „Razsuždenie";

10. Zeichen: 14.–15. Abschnitt Kyrills (49b,10–50b,23), Kommentar (50b,23–52b,2), mit der Überschrift „Tolkovanie" eingeleitet;

11. Zeichen: 16.–17. Abschnitt Kyrills (52a,3–53b,16; die beiden letzten Sätze des 15. Abschnitts gehören bereits zum 11. Zeichen), Kommentar (53b,17–54b,1), unter der Überschrift „Tolkovanie" und der Schlußnotiz „Ende der Zeichen des Antichrist".

*Kap. 5* (54b,2–57a,6): Nach der Überschrift „Klar ermahnt er den orthodoxen Christen, daß er, wenn er mit diesen oben beschriebenen Zeichen über den Antichrist gestärkt ist und selbst noch mehr davon verstanden hat, stark werde und es jedem bekenne, damit niemand das Falsche für das Richtige halte", beginnt der 18. Abschnitt Kyrills, auf den der 19. und 20. Abschnitt folgen (54b,10–55b,21). Ein nicht gekennzeichneter Kommentar Zizanijs schließt sich an (55b,21–56a,9). Darauf folgt der 21. Abschnitt Kyrills (56a,10–56b,14) mit Kommentar (56b,14–57a,6), unter der Überschrift „Nakazanie" (Adhortatio).

*Kap. 6* (57a,7–60b,25): Unter der Überschrift „Weil zuvor das Zeichen Christi bei seiner Ankunft erscheint, d.h. daß man das ehrwürdige Kreuz vor ihm herträgt, wird er selbst von der Rechten seines Vaters aufbrechen und den letzten Sieg der Langmut über seine Feinde mit seinem ehrwürdigen Kreuz anzeigen, mit dem wie mit einer Waffe die linke von der rechten Seite geschlagen sein wird" sind der 21.–24. Abschnitt Kyrills zusammengefaßt (57a,7–59b,5), worauf Zizanijs Kommentar folgt (59b,5–60b,25), unter der Überschrift „Nakazanie".

*Kap. 7* (61a,1–63a,2): Unter der Überschrift „Wie der Vater alles durch den Sohn erfüllt hat, so wird er auch das Jüngste Gericht als Tat durch den Sohn verwirklichen (učinit); und wie die Macht des Vaters nicht anders ist als die des Sohnes und die Macht des Sohnes [nicht anders] als die des Vaters und des Hl. Geistes, sondern ein und dieselbe" folgen die Fortsetzung des 24. Abschnitts Kyrills, der 25. und 26. Abschnitt (61a,6–62b,23). Zizanij gibt hier keinen Kommentar, da sich Kap. 7, wie er sagt, von selbst verstehe (62b,24–63a,2).

*Kap. 8* (63a,2–79b,25) hat die Überschrift: „Wie wir über die zwei Häresien zu schreiben haben: die erste, wo man lehrt, daß am Tage des Gerichts die Herrschaft Christi aufhören wird, da er Gott, seinem Vater, das Reich (carstvo) übergeben wird; die zweite, wo man lehrt, daß Christus nach seiner Rückkehr zum Vater im Himmel dort bei diesem nicht herrschen wird, sondern ein anderes Haupt für den Leib, seine Kirche, geschaffen hat und entsenden wird, dem er all seine Macht übergeben wird; er selbst aber ist dadurch zum Vater emporgestiegen mit uns; diese Häresie ist noch verbreiteter als die erste" (63a,2–14). Es schließen sich der 27. und 28. Abschnitt Kyrills an (63a,14–64a,8), worauf Zizanijs Kommentar mit der Überschrift „Nakazanie" folgt (64a,9–79b,24).

*Kap. 9* (80a,1–82a,12): Nach der Überschrift „Er zeigt nun die Ursachen der Häresien, wie sie [die Häretiker] ein kleines gutes (richtiges) Wort böse (falsch) verstehen und dadurch große Häresien schaffen; denn das Wort bedeutet dasselbe an vielen Stellen in der Schrift in alle Ewigkeit und unverändert" folgen die Abschnitte 29–33 Kyrills (80a,8–82a,12), ohne daß sich ein Kommentar anschließt. Zwischen Kyrills Worten „den einen, den falschen Christus, fliehe" und „den wahren aber erwarte" steht eine Interpolation Zizanijs: „„... dann und verwirf seine Überlieferungen! Und sei stark im Glauben, den die hl. Apostel überliefert und die hl. Väter durch die sieben Ökumenischen Konzile befestigt haben" (81b,22–25).

Damit endet die kommentierte Übersetzung Zizanijs.

B 2)

1) Wort über die Hl. Trinität (83a,10–97a,11)

2) Über die ewige göttliche Zeugung unseres Herrn Jesus Christus, seine Inkarnation vom Hl. Geist und seine Menschwerdung von der allerreinsten Jungfrau (97b–101b,14)

3) Aus den prophetischen Schriften über die wahre Gottheit und Menschheit Christi (102a–105a)

4) Über die Propheten, die die Gottheit und Geburt Christi und andere zukünftige Dinge geweissagt haben (105b–115a)

5) Über die griechischen Weisen, die zum Teil die allerhöchste Gottheit und die Geburt Christi von der allerreinsten Gottesmutter (Gottesgebärerin) geweissagt haben (115b–118b,18)

6) Aus den Schriften der Apostel, ihrer Schüler und der ihnen nachfolgenden hl. Väter über die wahre Gottheit und Menschheit unseres Herrn Jesus Christus (119a–124a,9)

7) Über die Gottheit des Hl. Geistes (124a,10–126a,11)

8) Über den Ausgang des Hl. Geistes (126a,12–135b,16)

9) Erwiderungen gegen die frevlerischen und ungebildeten Gegner der Gottheit Christi (136a–145a,21)

10) Über die hl. Ikonen, wie es sie von Anfang an gab (145b–159a,20)

11) Darüber, wann und zu welcher Zeit von den Christen selbst der Bilderstreit begonnen wurde, welche Kaiser Bilderfeinde waren und auf welchem Konzil sie darum verflucht worden sind (159b–161b,16)

12) Unsere Antwort auf die Widerreden der Bilderfeinde (161b,17–165b,21)

13) Über das Kreuz, das sichtbare Zeichen des Menschensohnes, unseres Herrn Jesus Christus, das zur Zeit seiner schrecklichen Wiederkunft auf den Wolken des Himmels erscheinen wird. In demselben Wort auch die Antworten gegen die Reden der Feinde des Kreuzes Christi (166a–178a,7)

14) Über das Kreuz, weswegen wir uns mit dem Zeichen des Kreuzes bezeichnen (178a,8–183b,25).
Über dasselbe Zeichen des Kreuzes, mit dem wir uns bekreuzigen, schreibt Maksim Grek in seinem Buch folgendes (184a–185a,22)

15) Über die Kreuzesprozession und weshalb die Kirche Gottes so handelt (185b–189b,20)

16) Über das hl. Fasten, das viermal im Jahr zu halten die Kirche Gottes lehrt, und weshalb wir am Mittwoch und Freitag fasten und die Antworten an die Gegner (189b,21–198b,25)

17) Über den allerreinsten Leib und das allerreinste Blut Christi, die wir zum Opfer darbringen, wie es der wahre Leib Christi ist, der für uns gekreuzigt worden ist, und das wahre Blut, das der Herr vergossen hat für viele zur Vergebung der Sünden. Antwort an die Gegner (199a–202a,9)

18) Über die Beichte der Sünden in der Kirche vor dem Priester, die auf Befehl Gottes eingesetzt ist (202a,10–204b,4)

19) Antwort gegen die Arianer, ihre Worte gegen die allerreinste Gottesmutter, in denen sie sich erdreisten zu sagen, daß Christus Mensch geworden ist durch eine Frau, die einem Manne übergeben worden war (204b,5–207a,25)

20) Geschlechtsregister der hl. Gottesmutter (207b–208a,9)

21) Über den Lobpreis und die Ehre der Gott wohlgefälligen Heiligen, die die Kirche Gottes nicht in einem solchen Maße ehren solle, wie einige lügen, wie aber unser Herr selbst durch seine Propheten zu tun befohlen hat (208a,10–214b,7)

22) Über das Gebet der Heiligen, die auch heute für uns beten (214b,8–218a,3)

23) Über die aus dieser Welt Abgeschiedenen, derer zu gedenken und für die zu beten die Hl. Schrift des Alten und Neuen Testaments befiehlt und zeigt, daß wir mit ihnen keinerlei Verschiedenheit haben werden bis zum Tage des Gerichts (218a,4–222a,18)

24) Über die Verfinsterung der Wiedertäufer und über die Taufe christlicher Kinder, wogegen sie sind (222b,1–226a,9)

25) Über den römischen Abfall, wie [die römische Kirche] vom orthodoxen Glauben abfiel und von der hl. Kirche Gottes (226a,10–232b,21)

26) Über die lateinischen Häresien (233a,1–241b,9)

27) Die römischen Häresien, die sie von den Anhängern des Melchisedek, den Juden und den Armeniern empfangen haben (241b,10–257b,13); Über die „Franken“ (frjazech[6]) und die übrigen Lateiner und die, die mit ihnen philosophieren und mit dem Papst übereinstimmen in diesen Häresien[7] (257b,14–261b,6)

28) Über die Uneinigkeit der Häretiker und ihre verschiedenen einander widersprechenden Häresien (261b,7–262b,23)

29) Über Luther und seine Häresie (263a,1–266a,22)

30) Über die armenische Häresie (266b,1–267b,10)

31) Über das armenische Fasten „Arcyurcev“[8] (267b,11–268a,22); Über Lima, die armenische Lehrerin (268a,23–269a,15); Über das armenische „Dybanie“[9], d.h. die Kommunion (pričastie) (269a,15–270a,14)

32) Das Streitgespräch des hl. Ilarion, des Bischofs von Mŭglen, mit den Manichäern (270b,1–273a,18)

33) Das Streitgespräch des hl. Ilarion mit den Armeniern (273a,1–277a,15)

34) Über das ungesäuerte Brot und das Lamm, das den Juden als Ersatz (als Schatten[10]) eine Zeitlang zum Gesetz gemacht worden war (278a,1–308b,9)

35) Über die Veränderung der Tage und Feste (308b,10–355b,25)

36) Des ehrwürdigen Maksim Grek, Mönch vom Hl. Berg Athos, Wort gegen die Lateiner, daß man zum göttlichen Bekenntnis des unverdorbenen christlichen Glaubens weder etwas hinzufügen noch etwas davon wegnehmen darf. Im ganzen 23 Abschnitte (356a,1–412b,22)[11]

37) Des Patriarchen Meletios von Alexandria Belehrung (Beweis, ukazanie) aus seinen theologischen Schriften und der Beweis aus den hl. Schriften der ökumenischen Lehrer, daß der Hl. Geist seinen Ausgang vom Vater allein hat und nicht auch vom Sohn, wie einige sich ausdenken, die von ihrer hohen Weisheit getäuscht werden (413a,1–431b,18) = 1. Poslanie

38) 2. Meletios, von Gottes Gnaden Papst und Patriarch der Großen Stadt Alexandria und Ökumenischer Richter[12] dem ... Fürsten Vasilij Ostrožskij und den übrigen orthodoxen und frommen Fürsten von ganz Kleinrußland[13] (431b,19–435b,17) – Konstantinopel, den 8. März 1594 (7102)[14]

39) 3. Über den gottfeindlichen Kalender, dem Heiligsten und Seligsten Papst und Patriarchen Silbestros[15] der Großen Stadt Alexandria und Ökumenischen Richter, Vater und Gebieter im Herrn (otcu i vladyce o gospode), die schuldige Ehrerbietung Meletios, Megas Protosynkellos und Archimandrit von Alexandria (435b,18–450b,24)

40) 4. Meletios, von Gottes Gnaden Papst und Patriarch der Großen Stadt Alexandria und Ökumenischer Richter, dem ... Fürsten Vasilij und den übrigen orthodoxen herrschenden Fürsten von ganz Kleinrußland,

den hochwürdigen (blagolepnym) Priestern und dem ganzen nach Christus benannten (christoimenitomu) Volk der rechtgläubigen Menschen, die sich unter deren Obhut (pod tem pastvom[16]) befinden, den im Herrn geliebten Söhnen ... (451a,1–467a,6) – Alexandria, den 30. August 1596

41) 5. Meletios, von Gottes Gnaden Papst und Patriarch der Großen Stadt Alexandria und Ökumenischer Richter, Verweser des Ökumenischen Stuhls von Konstantinopel, den frommen und orthodoxen Russen, die unter der Herrschaft des polnischen Königs leben (467a,7–481b,25) – Konstantinopel, den 23. Juli 1597

42) 6. Meletios, von Gottes Gnaden Papst und Patriarch der Großen Stadt Alexandria, Verweser und Ökumenischer Richter des Stuhls von Konstantinopel, dem von Gott geliebten Gedion [Gedeon Balaban], Bischof von L'vov, mitsamt den Bischöfen und frommen Priestern und erlauchten Fürsten und allen orthodoxen Leuten von Kleinrußland, Männern und Frauen, Alten und Jungen, den in Christo geliebten Söhnen ... (482a,1–489a,12) – Konstantinopel, den 4. August 1597

43) 7. Meletios, von Gottes Gnaden Papst und Patriarch der Großen Stadt Alexandria, Ökumenischer Verweser und Richter des Stuhls von Konstantinopel, dem ... Fürsten Vasilij ... Ostrožskij, Woiwoden von Kiev, Starosta von Vladimir, mitsamt den herrschenden, orthodoxen Fürsten und der ganzen christlichen Menge (množestvom) orthodoxer Christen, des geweihten Klerus und des Laienstandes, den im Herrn geliebten Söhnen unserer Demut ... (489b,1–491b,21) – Konstantinopel, den 4. April 1597

44) 8. Meletios, von Gottes Gnaden Papst und Patriarch der Großen Stadt Alexandria, Ökumenischer Verweser und Richter des Stuhls von Konstantinopel, den orthodoxen und frommen Bruderschaften, die sich in Rußland befinden, den im Herrn geliebten orthodoxen Söhnen unserer Demut ... (492a,1–494a,7) – Konstantinopel, den 24. August 1597

45) 9. Konstantin, von Gottes Gnaden Fürst von Ostrog und Woiwode von Kiev, Marschall des Landes Wolhynien und Starosta von Vladimir, allen frommen Christenleuten, Mitgefährten des einen wahren Glaubens, Söhnen der hl. östlichen Kirche, der wahren Mutter, Bewohnern unseres Gebietes unter polnischer Herrschaft und des litauischen Großfürstentums und denen, die überall unter der Herrschaft des Königs, unseres Herrschers, leben, vom höchsten bis zum niedrigsten Stand, den geistlichen wie auch den weltlichen rechtgläubigen Christen ... (494a,8–

500b,24) – den 24. Juli 1595 (muß 1596 heißen, was auch der Angabe „7104 vom Beginn der Schöpfung an“ entspricht)

46) 10. Dem frommen Fürsten Vasilij, dem Kämpfer für die katholische orthodoxe Kirche des östlichen, nicht im geringsten zweifelhaften Glaubens Abrahams, der Propheten, Apostel, Märtyrer, Väter, Ehrwürdigen, Gerechten und aller Heiligen, die gottwohlgefällig gelebt haben, und allen orthodoxen Christen, den Fürsten ... und den Woiwoden, ebenso auch den geistlichen Bischöfen bis hin zur letzten Stufe und den einfachen friedlichen (demütigen – smirenym) Bürgern, die sich in Frömmigkeit auf polnischer Erde befinden, von den im Skit lebenden Mönchen des Hl. Berges Athos, denen um des Reiches Christi willen von eurem Land Gewalt angetan wird, den Helfern und Fürbittern für euch für das ewige Leben und das endlose Reich in Christo, dem allerhöchsten Herrscher und Gott (o christe care carem, i bogu bogom) ... (501a,1–505b,25)

47) Lehrbrief des Patriarchen Photios von Konstantinopel über die sieben Konzile und den orthodoxen Glauben und wie ein Fürst sein muß, unserm durchlauchtigsten, umsichtigen und geliebten geistlichen Sohn Michail, von Gottes [Gnaden] Fürst von Bulgarien ... (506a,1–546b,19)

48) Das Symbol des allerheiligsten Athanasios, Patriarch von Alexandria (547a,1–548b,17);
Des seligen Anastasios, Patriarch von Groß-Antiochia, und des Kyrill von Alexandria kurze Erklärung des Glaubens und Fragen und Antworten über die Theologie (549a,1–550a,25);
Kurze Erklärung des Glaubens in Fragen und Antworten für jeden orthodoxen Christen vom hl. Maximos (550b,1–552a,23);
Ausgelegt: Herr Jesus Christus, unser Gott, erbarme dich unser, Amen! (552b,1–556b,26);
Über die Gestalt der Hl. Trinität (557a,1–557b,20)

### *1.1.2.3. Quellen*

Ist die Kir.kn. als Sammelwerk zwar ein Moskauer Original, so gehen ihre einzelnen Teile jedoch auf Texte zurück, die größtenteils bereits gedruckt in Kiev, Vil'na oder Ostrog während der Jahre 1588 bis ca. 1620 erschienen waren. Eine detaillierte Untersuchung der einzelnen Quellen und ihrer Verarbeitung durch Übersetzung und Redaktion gibt es (außer für den 1. Teil, den A. S. Lilov eingehend analysiert hat) noch nicht.

*B 1)* Die erste Abhandlung, die dem Buch seinen Namen „Kirillova“ kniga gegeben hat, macht etwa $^1/_7$ des gesamten Buchs aus und ist die vom Moskauer Druckerhof besorgte Übersetzung ins Großrussisch-Kirchenslawische eines Werkes des ukrainischen Polemikers Stefan Zizanij (Tustanovskij, ca. 1570–1605)[17]. Stefan hatte seine erste theologische Bildung in der Geistlichen Lehranstalt der Bruderschaft von L'vov erhalten, wo er anschließend zusammen mit seinem Bruder Lavrentij (dem Verfasser eines Katechismus, der ihm Schwierigkeiten mit den Moskauer Bücherkorrektoren einbrachte) als Lehrer wirkte. 1591 wurde er zusammen mit Kirill Trankvillion (dem Verfasser eines „Učitel'noe evangelie", das in Moskau sogar verboten wurde) vom Metropoliten Ragoza zum Prediger ernannt, um „allem Volk in den Kirchen das Wort Gottes zu predigen"[18]. Wegen der immer schwieriger gewordenen Lage der Orthodoxen in L'vov, die u.a. zur Annahme des reformierten lateinischen Kalenders gezwungen wurden, verließ Stefan L'vov und wandte sich nach Vil'na (ca. 1593/94), wo der Mangel an geeigneten Lehrern die Lage der Orthodoxen noch zusätzlich erschwert hatte. Es gelang ihm, auch dort einen Kreis gleichgesinnter Mitstreiter für die Verteidigung der Orthodoxie gegenüber den immer offensichtlicher werdenden Unionsabsichten des Metropoliten Ragoza um sich zu sammeln. Schon bald kam es zum Konflikt mit dem Metropoliten, der damit drohte, sogar die Kirchen in Vil'na versiegeln zu lassen, um Zizanij am Predigen zu hindern. Mit der Begründung, er rede unverschämtes Zeug von der „Kanzel" (na amvon všedši bezstydno laeš') und spalte das Volk und rufe es zum Aufruhr gegen Gott und Seine Majestät den polnischen König auf, verbot Ragoza ihm schließlich Predigt und jeglichen liturgischen Dienst in der Kirche[19].

1596 erschien Zizanijs Kyrill-Kommentar über den Antichrist in Vil'na im Druck, gleichsam der „Gipfel der publizistischen Aktivität Zizanijs"[20], nachdem ein Jahr zuvor sein Katechismus („Katechizys"), der nicht erhalten geblieben ist, den Jesuiten Žebrovskij zu einer Gegenschrift gereizt hatte, durch die wir dessen Inhalt nur gebrochen erfahren können[21]. Der Kyrill-Kommentar war dem Ostroger Fürsten Konstantin (Vasilij) gewidmet vom „Knecht und Fürbitter Stefan Zizanij, Prediger des Wortes Gottes"[22]. Dem Ziel weitestmöglicher Verbreitung des Werkes diente der Paralleldruck in ukrainischer (d.h. westrussisch-kirchenslawischer) und polnischer Sprache[23]. Wahrscheinlich ist die Ausgabe von 1596 bereits eine nun um den Kommentar erweiterte 2. Auflage der Übersetzung von Kyrills 15. Katechese, die Zizanij trotz aller Drohungen seitens des Metropoliten Ragoza erscheinen ließ[24], wenige Monate vor der formellen Verkündigung der Union von Brest. Zizanij wurde vom Metropoliten der Häresie beschuldigt, von den Jesuiten verfolgt und vom König des Landes verwiesen. „Wann und wie diese Verfolgung endete, wissen wir nicht"[25].

Aus katholischer Sicht erscheint Zizanij in einem Werk aus dem Jahre 1881 als unwissender Häretiker: „Noch vor dem Philalet[26] ist ein anderer Schismatiker gegen die Union aufgetreten ... welcher ... folgende Häresien ausbreitete: ‚Die Lehre von dem particulären Gerichte ist eine Häresie; die Seelen der Gerechten befinden sich nicht im Himmel, sondern in einem irdischen Paradiese; die bösen Geister leiden noch keine Strafen; Christus ist auch jetzt das sichtbare Oberhaupt der Kirche; der Papst Coelestin war ein Häretiker; das ungesäuerte Brod ist kein Brod; Christus ist nicht mehr unser Hohepriester, denn sein Priestertum ist auf die jetzigen Priester übergegangen; ferner läugnet er die katholische Lehre vom heiligen Geist und den Primat des Papstes.‘ Diese Schrift ... zeichnete sich nur durch die häretische Gesinnung und die Unwissenheit des Verfassers aus, weswegen auch der erste Widerleger den Zizani sehr geringschätzend behandelte, indem er seiner Gegenschaft den Titel gab: ‚Das [!] Spreu des aus der Kirche Gottes ausgeschlossenen Häretikers Stefan Zizani, Wilno 1596‘, und sich selbst nannte ‚Jacob Pszenica (d.i. Weizen) an Stefan Zizani‘“[27].

Spektakulärste Aussage von Zizanijs Kommentar war die vom Papst als Antichrist; sie hat später bei den Altgläubigen die größte Wirkungsgeschichte gehabt, indem jene den Antichrist mit der Person des Patriarchen Nikon gleichsetzten und seine Reform als Abfall der Patriarchatskirche von der Orthodoxie interpretierten[28]. Deshalb wird dieser Punkt auch in Lilovs Analyse der Kir.kn. am ausführlisten widerlegt[29]. In Zizanijs Lehre vom Antichrist steckte „ein Ruf des Alarms, in dem sich eine Angst ausdrückte, die ihren Ursprung zwar in einem Buch hatte, durch die Drangsal eines ganzen Volkes aber vervielfältigt war: das 8. Jahrtausend, in dem man seit eineinhalb Jahrhunderten war, mußte die zweite Ankunft Christi erleben, und vor ihm – den Antichrist. Man mußte wachen und zittern. Das Buch eröffnete sich über dieser furchtbaren Perspektive“[30].

Durch Textvergleich einer älteren Abschrift mit der Fassung der Kir.kn. weist A. S. Lilov u.a. Mängel in der Moskauer Übersetzung nach, die manchmal den Text bis zur Unverständlichkeit entstellt haben[31]. Daß Zizanijs Kommentar in Moskau schon vor dem Druck der Kir.kn. bekannt war, läßt ein Aufruf der Moskauer an die westrussischen Unierten aus dem Jahre 1613 vermuten. Darin forderten jene sie auf, „sie sollten in den Schoß der Orthodoxie zurückkehren, und schlugen ihnen vor, neben den Sendschreiben ‚des wunderbaren Kyrill von Jerusalem und des weisen Meletios von Antiochia‘ auch ‚die Schrift des Stefan Zizanij‘ zu lesen, offensichtlich sein ‚Kazan'e sv. Kirilla patr. ierusal.‘ ..., das gegen den Katholizismus gerichtet ist“[32].

*B 2)* Der 2. Teil der Kir.kn. unter der Gesamtüberschrift „Auswahl aus den Schriften vieler hl. Väter ..." stammt hauptsächlich aus gedruckten bzw. handschriftlich verbreiteten südwestrussischen Quellen, die teils in polemischer Form, teils katechismusartig in Fragen und Antworten den orthodoxen Glauben gegenüber westlichen (Katholiken, Protestanten, Antitrinitarier) und östlichen (Monophysiten) „Häresien" verteidigen. Unmittelbarer Anlaß für diese notwendig gewordene Auseinandersetzung war die in Südwestrußland (Polen–Litauen) sich vollziehende Konfrontation mit Katholiken und verschiedensten Vertretern des Protestantismus. „Im 16. Jh. begannen sich in Polen nach und nach fast alle Häresien des Westens auszubreiten"[33].

1) *Kap. 1–24,* die etwa $^2/_7$ der Kir.kn. ausmachen, stammen mit Ausnahme der Kap. 4, 5 und 20 aus der sog. Kniga o vere des Zacharij Kopystenskij, des am 8.4.1626[34] verstorbenen Archimandriten des Kiever Höhlenklosters (seit 1624, vorher „Namestnik"). Über ihn haben wir keine genauere Kenntnis bis auf die letzten 10 Jahre seines Lebens, die er als Mönch im Kiever Höhlenkloster verbrachte, in das er am 4.1.1616 eintrat. Geboren ist er wohl nicht vor 1585[35]. „Angeblich war dieser Zacharij der Sohn oder ein Verwandter des Bischofs von Peremyšl' Michail Kopystenskij und hatte seine Bildung wahrscheinlich in L'vov oder Ostrog erhalten."[36] Nach der Schule hat er verschiedene östliche Klöster besucht, um weitere theologische Bücher studieren zu können[37]. Im Kloster Putna in der Moldau hat er das Buch Barlaams von Kalabrien „De primatu Romani Pontificis"[38] gelesen, wie er in seinem Werk Palinodija vermerkt[39]. Nach dem Zeugnis des Vorworts zum 1619 herausgegebenen „Anthologion" (eine Übersetzung ausgewählter Menäen für das ganze Jahr, teilweise von Zacharij selbst übersetzt, zusammen mit Iov Boreckij und Pamvo Berynda[40]) war er „ein Mann von außerordentlichem Frömmigkeitseifer, gebildet und weise in der Theologie und im orthodoxen Glaubensbekenntnis"[41]. Auch nach dem Urteil des unierten Basilianers A. Mychalskyj war Zacharij zweifellos „unus ex doctissimis theologis illius temporis inter Orthodoxos ... Suam scientiam suamque fidem ore ac scriptis inter dissidentes propagavit eo fine, ut orthodoxiam ex ruditate elevaret eique daret arma ad impugnandum protestantismum et Unionem"[42]. Nach S. I. Golubev[43] gehörte Zacharij zu einem homiletischen Zirkel, dem auch Tarasij Ziemka, Lavrentij Zizanij und Pamvo Berynda angehörten. Er war ein Förderer der Predigt und verbot z. B., ohne die nötige Vorbereitung zu predigen[44]. Zwei Homilien von dogmatischem, homiletischem und biographischem Wert sind von ihm erhalten geblieben[45].

Während der 10 Jahre, in denen Zacharij an der Druckerei des Höhlenklosters mitarbeitete, erschienen 22 Editionen der Kiever Bruderschaft (14 Bücher, 5 kleinere Gelegenheitsschriften, 3 kurze Briefe). Zu 6 Werken (3 patristischen, 1 kanonischen und 2 liturgischen) schrieb Zacharij das Vorwort[46]. Im Prolog seiner 1623 in zwei Teilen herausgegebenen Übersetzung der Homilien des Johannes Chrysostomus zu den Paulusbriefen (Besedy Sv. Zlatoustago na Poslanija Sv. Apostola Pavla – die alte kirchenslawische Übersetzung aus dem 9./10. Jh. durch den bulgarischen Zaren Simeon, bekannt unter dem Namen „Zlatostruj", in korrigierter Übersetzung) äußert er sich polemisch gegen die lateinische Sprache als Träger der „lateinischen" Theologie und begründet, warum er in „slawischer" Sprache schreibe[47]: „Es ist unproblematischer, in [kirchen]slawischer Sprache zu reden, und überzeugender, über Philosophie und Theologie in [kirchen]slawischer Sprache zu schreiben und aus dem Griechischen zu übersetzen als in lateinischer Sprache; denn die lateinische Sprache ist arm, wenn ich so sagen darf, und zu hohen schwierigen und theologischen Aussagen unzureichend und unvollkommen"[48]. Diese Meinung stammt bereits aus der orthodoxen Tradition der Polemik (z.B. bei Petrus Antiochenus, Theophylakt und dem anonymen Autor der Schrift „Gegen die Franken"[49]). „Was wundert es da, wenn Kopystenskij in Opposition gegen die lateinische Sprache nach anderen jene veraltete Fabel von der Rohheit (ruditas) und Unangemessenheit dieser Sprache, feinere Begriffe auszudrücken, wiederholte. Da er aber selbst sah, wie obsolet dieses Argument war, flüchtete er zu einem anderen: obwohl die theologische Lehre bei den Lateinern hoch entwickelt (cultivatus) sei, habe sie sie doch nicht im geringsten vor der Häresie bewahrt. Für seine Überzeugung gibt Zacharij, gleichsam als doppelte Quelle, den Einfluß der Schule und literarischen Tradition einerseits und seine intime, aus der Praxis gewonnene Kenntnis andererseits an."[50] Zacharij ist „gleichsam der Repräsentant der reinen orthodoxen Wissenschaft gegen die scholastische und protestantische Theologie, deren Einfluß wir andererseits in der ukrainischen orthodoxen Kirche finden"[51]. Hauptsächlich gegen die Protestanten gerichtet ist die sog. Kniga o vere, als deren Verfasser unter dem Pseudonym „Azarias" Zacharij Kopystenskij zu gelten hat[52]. Das Werk erschien anonym zum erstenmal in zwei Teilen:

I) „Über die Allerheiligste Trinität und die übrigen Artikel des Glaubens der einen wahren Kirche Christi"[53] (10 Kap.);

II) „Über die Bilder, das Kreuz, den Lobpreis Gottes, den Lobpreis und das Gebet zu den Heiligen und über die übrigen Artikel des Glaubens der einen wahren Kirche Christi"[54] (12 Kap.).

Die beiden Bücher erschienen wahrscheinlich 1602 in Vil'na auf weißrussisch[55]. Eine 2. Auflage, die sich von der ersten durch Ergänzungen, Umarbeitungen und die Hinzufügung neuer Kapitel unterscheidet, erschien vermutlich 1619 in Kiev, diesmal in einem einzigen Band, unter dem Titel „Buch über den Glauben der einen heiligen katholischen apostolischen Kirche, die der Jurisdiktion der Ostkirche untersteht"[56].

Ivan Nasedka benutzte für sein 1623 verfaßtes Izloženie bereits jene 12 Kap. des 2. Teils der Kniga o vere Zacharijs, die er an den Anfang seines Sborniks stellte[57]. Eine russische Übersetzung dieses Teils ist auch durch eine Abschrift aus dem Jahre 1639 belegt, wo in den Versen des Vorworts der Name „Pope Stefan" fällt, hinter dem sich der Name des Übersetzers (Stefan Vonifat'ev) verbergen könnte[58]. Diese Übersetzung sollte die Novgoroder Geistlichen informieren, damit sie sich vor den reformatorischen Anschauungen der litauischen „Bilderstürmer" Budny und Czechowic schützen könnten[59].

Das wichtigste Werk Zacharijs war die gegen die Katholiken gerichtete Palinodija[60], die jedoch nicht gedruckt erschien. Am Schluß des Originals finden sich noch 44 angehängte Kapitel über die wahre Union (verfaßt etwa 1623) unter dem Titel „Über die wahre Einheit der rechtgläubigen Christen der Ostkirche ebenso wie gegen die Abgefallenen und ihre falsche Union"[61], und ganz am Ende steht ein Kommentar zum Vaterunser[62]. 1625 wurde in Kiev noch eine von Zacharij besorgte Übersetzung („aus dem Griechischen in den slawischen Dialekt übersetzt und gebührend geordnet") eines Kommentars zur Offb. von dem kappadozischen Erzbischof Andreas von Cäsarea gedruckt[63].

Die Kir.kn. folgt der ursprünglichen Reihenfolge der Kapitel von Zacharijs Kniga o vere der sog. 1. Aufl. mit nur geringen Ausnahmen. Zwischen dem 3. und 4. Kap. sind zwei Kapitel eingeschoben, die aus einem der russischen Chronografen stammen. Dadurch entspricht Zacharijs Kap. 4 erst Kap. 6 in der Kir.kn. Der ursprüngliche Zusammenhang ist noch am Schluß von Kap. 3 erkennbar, wo der Leser auf das nächste Kap. verwiesen wird, in dem „das klare Zeugnis der Apostel und ihrer Schüler und der hl. Väter als deren Nachfolger" zu lesen sei – und das ist in der Kir.kn. erst Kap. 6. Das eingeschobene 4. Kap. hat als Thema die bloß um die Worte „und über andere zukünftige Dinge" erweiterte Überschrift des vorangehenden Kap.s, stammt aber, wie der Vergleich mit Zacharijs Kniga o vere zeigt, aus einer anderen Quelle.

Am Schluß des 6. Kap.s findet sich eine Überleitung zu Kap. 7, die den ursprünglichen Zusammenhang belegt, da es sich dabei nicht um eine redaktionelle Überleitung der Moskauer Herausgeber handelt. Nach Kap.

8 folgt erst das übernächste Kap. der Quelle, deren 7. Kap. jedoch fehlt (existiert nur in der Zählung). Kap. 9 über die „Verfinsterung der Wiedertäufer" folgt in der Kir.kn. erst als Kap. 24 im Anschluß an das letzte Kap. des 2. Teils der Quelle („Über die aus dieser Welt Abgeschiedenen"). Kap. 10, das letzte Kap. des 1. Teils, folgt erst als Kap. 19, wo es den ohnehin durch Umstellung der Kapitel gestörten Zusammenhang unterbricht.

Ab Kap. 10 beginnt der 2. Teil von Zacharijs Kniga o vere, deren Kapitelfolge erst nach Kap. 6 kurz unterbrochen wird: Kap. 7 und 8 sind weiter ans Ende versetzt und folgen auf Kap. 19 und 20 der Kir.kn. Kap. 19 entspricht dem 10. Kap. des 1. Teils, Kap. 20 hat keine Parallele dort, findet sich aber als Kap. 23 im sog. Litovskij Prosvetitel'[64], wo es auf das vorangehende (Kap. 19 entsprechende) Kap. 22 folgt. Der Litovskij Prosvetitel' ist ein handschriftlich weitverbreiteter Sbornik, dessen Herkunft unbekannt ist. Von seinen 31 Kapiteln (Kap. 5 und 27 fehlen, existieren nur in der Zählung) sind außer Kap. 1 und 26[65] alle in der Kir.kn. wiederzufinden. Nur ist die Reihenfolge der beiden Teile von Zacharijs Kniga o vere im Litovskij Prosvetitel' gerade umgekehrt wie in der Kir.kn.: er beginnt im 2. Kap. mit Teil 2. Es ist nicht auszuschließen, daß der Litovskij Prosvetitel' älter ist als Zacharijs Werk und diesem vorgelegen hat, so daß von Zacharij selbst nur die sog. 2. Aufl. mit ihren Erweiterungen stammen würde[66].

Kap. 10 und 11 des 2. Teils der Kniga o vere sind in die Kir.kn. in umgekehrter Reihenfolge übernommen worden (Kap. 18 und 17), obwohl die ursprüngliche Reihenfolge sinnvoller ist: auf das Kap. über die Eucharistie folgt nun das über das Sündenbekenntnis. Der Zusammenhang mit Kap. 12 (= Kir.kn., Kap. 23) ist unterbrochen durch die Einfügung der Kap. 7 und 8. Diese Anordnung geschah wohl aufgrund des gemeinsamen Themas Gebet: einmal zu den Heiligen, zum andern für die Verstorbenen. Von Kap. 14 bis 22 folgt die Kir.kn. fast genau dem Aufbau von Johannes Damascenus' De fide orthodoxa (4,11–15).

An Kap. 23 schließen sich weitere Kapitel über kontroverse Themen an, wobei mit Kap. 24 Zacharijs Kniga o vere verlassen wird (= Kap. 9 des 1. Teils).

2) *Kap. 25 und 26* sind auch im Litovskij Prosvetitel' enthalten, ebenso *Kap. 29, 30, 32 und 33* (dort Kap. 28–31, womit jener Sbornik endet). Die *Kap. 27, 28 und 31* haben keine Entsprechung im Litovskij Prosvetitel'. Das Material der Kap. 25 und 26 stammt aus russischen Übersetzungen griechischer Quellen[67]. Kap. 27 enthält das Sobornoe Izloženie des Konzils von 1620 unter dem Patriarchen Filaret, das be-

reits im Potrebnik (Agende für die Amtshandlungen) von 1639 in Moskau gedruckt erschienen war. In der Kirk.kn. fehlt nur der Anfang, der die Veranlassung zur Abfassung des Izloženie schildert[68]. Woher das sehr kurze Kap. 28 (nur 1 Bl.) stammt, ist unbekannt[69].

3) *Kap. 30–33,* die sich mit den Armeniern (Monophysiten) auseinandersetzen, stammen aus älteren Sborniks[70]. Kap. 32 und 33, die Dispute des Bischofs Hilarion von Mŭglen (griech. Almōpia, Moglena – heute Bezeichnung für das Gebiet nördlich von Edessa, bulg. Voden, in Nordgriechenland) mit den Manichäern (d.h. den dortigen Bogomilen) und den Armeniern, sind Auszüge aus dem vom Patriarchen Evfimij[71] von Tŭrnovo im 14. Jh. (griech.) verfaßten Vita des Bischofs Hilarion, in der die Widerlegung der manichäischen und armenischen Häresien zum Teil aus der Panoplia des Euthymios Zigabēnos entlehnt ist[72]. Die beiden Kapitel finden sich vollständig in Handschriften des Chronograf der westrussischen Redaktion, dort zum Teil sogar in besserer Übersetzung[73].

Hilarion (gest. 1164) wurde 1134 vom bulgarischen Erzbischof Evstatij zum Bischof von Mŭglen geweiht, das nach dem Zusammenbruch des 1. Bulgarischen Reichs unter der Herrschaft von Byzanz stand (1018–1186). Der Bischof wirkte mit seinen Predigten und durch sein beispielhaftes frommes Leben gegen die Häresie der Bogomilen. Als man sein Grab öffnete, so erzählt seine Vita, war sein Leichnam noch unverwest, und viele Kranke erfuhren auf wunderbare Weise Heilung von ihren Gebrechen. 1206 wurden Hilarions Überreste nach Tŭrnovo überführt, wo sie dann in der neuerbauten Kirche der 40 Märtyrer ihren Platz fanden. Nach der Eroberung durch die Türken wurden sie heimlich nach Konstantinopel gebracht. Am 3.11. (21.20. alten Stils) wird in der Bulgarischen Orthodoxen Kirche das Fest dieses Heiligen gefeiert[74].

4) *Kap. 34 und 35* (fast $^1/_7$ der Kir.kn.) sind nichts anderes als das 4. und 5. der 6 Kapitel umfassenden Schrift „Über den einen wahren orthodoxen Glauben und über die hl. katholische und apostolische Kirche, woher sie ihren Anfang genommen und wie sie sich überallhin ausgebreitet hat“, die 1588 in Ostrog gedruckt herausgegeben worden war[75]. Über den Verfasser herrschte bis zur Dissertation von P. Diačyšin[76] fast einmütig die Meinung, daß unter dem „Mnogogrešnyj i chuždšij v christianech ubogyj Vasilej“[77] der Ostroger Erzpriester Vasilij zu verstehen sei, der Mitglied der Vil'naer Bruderschaft war und 1595 zusammen mit Stefan Zizanij unter der Verfolgung durch die Jesuiten gelitten hat. Als aktiver Kämpfer für die Orthodoxie an

der Seite des Ostroger Fürsten Konstantin habe er 1588 mit dessen Hilfe in Ostrog seine Kniga o vere[78] drucken lassen[79]. Nach P. Diačyšin ist der Verfasser der Kniga o vere jedoch nicht identisch mit dem Ostroger Priester bzw. Kleriker[80] Vasilij. Unter Vasilij sei vielmehr der Verwalter der Ostroger Buchdruckerei und Burggraf von Suraž zu verstehen, weshalb er den Namen Vasilij Suražskij eingeführt hat. Mehr lasse sich jedoch nicht über diesen Vasilij sagen, wenn man nicht auf Spekulationen ausweichen will[81].

Im Nachwort seiner Kniga o vere schreibt Vasilij: „Nicht aus Arglist noch um eitlen Ruhmes willen ist dieses Büchlein[82] geschrieben worden, sondern aus christlicher Liebespflicht, aus den Heiligen Schriften gesammelt, geradeheraus und ohne Schmeichelei um Eure Liebe, vielmehr für wahre Christen ... Wer empfindet nicht Trauer und Mitleid wegen des Abfalls einer so großen Menge des Volkes vom wahren Glauben! Durch die Klügelei dieser Welt und durch verderblichen Ruhm haben sie sich verführen lassen und losgerissen und nötigen viele zu ihrem Irrglauben"[83]. Ein Zeitgenosse des Vasilij, der galizische Athosmönch und engagierte Publizist Ivan Vyšenskij[84], erwähnt am Schluß seines Izveščenie kratkoe o latinskich prelestech (Kurze Bekanntmachung über die lateinischen Ränke)[85] die Kniga o vere des Vasilij: „Wir wollten noch polemisch über das Hl. Abendmahl schreiben, den Kalender und den Abfall der Lateiner vom Glauben in den übrigen Punkten, aber wir haben erfahren, daß über dies alles bereits ausreichend aus der Hl. Schrift Vasilij geschrieben hat. Dieses Werk Vasilijs haben wir genau examiniert und gesehen, daß er alles nicht aus eigener Phantasie, sondern aus der Hl. Schrift geschrieben hat. Deshalb bitte ich euch, nehmt die Schrift Vasilijs mit Eifer und Liebe auf und befestigt euch im Glauben: denn das wahre Bekenntnis des orthodoxen Glaubens findet sich in dieser Schrift."[86]

Das Buch Vasilijs enthält außer Vor- und Nachwort 6 Kap., in denen uns fast die gesamte Theologie jener Zeit kompendienartig vor Augen gestellt wird[87]. Nach Meinung einiger Forscher[88] war Vasilijs Kniga o vere hauptsächlich gegen das 1577 in Vil'na in polnischer Sprache erschienene Buch des Jesuiten und polnischen Hof- und Sejmpredigers Piotr Skarga (1536–1612) gerichtet, das in der 1. Aufl. unter dem Titel „O Iedności kościoła Bożego pod iednym pasterzem. Y o Greckm od tey iedności odstąpieniu ..." dem Fürsten Konstantin (Vasilij) Ostrožskij gewidmet war[89].

Die 6 Kapitel behandeln folgende Themen:

1. Über den einen wahren orthodoxen Glauben;

2. Über den Ausgang des Hl. Geistes;

3. Über den Primat Roms und die Anciennität seines Bischofs;

4. Über das Ungesäuerte, das Fasten am Samstag, den Zölibat und das Fegefeuer;

5. Über die Veränderung der Tage und Festtage und des hl. Osterns des Erlösers;

6. Über die hl. Kirchen, die zum Gebet und zur Wohnung des Namens des Herrn gebaut sind, und über die Verehrung der hl. Ikonen.

Nur das letzte Kapitel ist „den Lutheranern und anderen zeitgenössischen Bilderstürmern gewidmet. Hier wird vor allem die Würde und der Wert des geweihten Gotteshauses verteidigt gegenüber der Gewohnheit der Protestanten, zu ‚ihren gotteslästerlichen Frömmigkeitsübungen' in einache Wohnhäuser zu gehen, ‚wo sie mit ihren Weibern leben und wo sonst alles leere Geschwätz ... geredet wird'. Der Verfasser weist nachdrücklich darauf hin, daß man auch in den jetzt verbündeten Protestanten[90] Ketzer sehen müsse, sonst komme man leicht aus einer Häresie in eine andere, immer schlimmere: von Luther über Calvin bis zum Arianismus, und bis man schließlich ganz dem bösen Feinde zugefallen ist“[91].

5) *Kap. 36*, das allein etwa $^1/_7$ der Kir.kn. ausmacht, stammt aus einer noch früheren Zeit als Vasilijs Kniga o vere und stellt damit die älteste Quelle der Kir.kn. dar. Es handelt sich um die uns durch den Druck in der Kir.kn. am besten erhaltene Version von Maksim Greks (Michaēl Tribōlēs, ca. 1470–1556)[92] „Wort gegen die Lateiner“ über das Filioque, das dieser um 1519, kurz nachdem er im März 1518 in Moskau eingetroffen war, verfaßt und an den Bojaren Feodor Karpov gerichtet hatte[93]. Darin polemisiert Maksim gegen einen nicht erhalten gebliebenen Traktat oder Briefe[94] des aus Lübeck stammenden katholischen Leibarztes des Zaren Vasilij III., Nikolaj (Bulev), mit dem Beinamen Nemčin, auch Ljubčanin[95]. Nikolaj wunderte sich über die starke Ablehnung der Katholiken als Häretiker und versuchte daher, deren Orthodoxie zu beweisen. Die mit Byzanz sympathisierenden Bojaren am Zarenhof beauftragten Maksim, ein klärendes Werk über die katholische Häresie zu schreiben, das dieser dann am Problem des Filioque aufhing.

Gedruckt erschien Maksims Slovo mehrmals, die Angaben darüber widersprechen sich jedoch[96]. Undol'skij[97] beschreibt ein seinerzeit im Moskauer Rumjancev-Museum befindliches Exemplar ohne Angabe des Druckortes und vermutet, daß es um 1618 in der Druckerei des Klosters in Počaev erschienen sei. Schon im Slovar' istoričeskij[98] ist zu lesen, daß Maksims Slovo na latinov 1618 als Anhang an das erste russische theologische Kompendium, den „Spiegel der Theologie" (Zercalo bogoslovija) des Kirill Trankvillion (Stavroveckij) erschienen sei. Sehr vage und ohne nähere Angaben wird dort auch behauptet, das Buch sei separat unter dem Patriarchen Iosif in Moskau gedruckt erschienen. B. Schultze S.J.[99] dagegen erwähnt keine Počaever Ausgabe, kann aber unter Bezug auf Ikonnikov auf eine andere, um 1618 in Kiev erschienene Ausgabe hinweisen (neben einer von 1625 in Mogilev): am Schluß der Kniga o vere des Zacharij Kopystenskij findet sich in der 2. Auflage[100] „eine fast Seite an Seite und Zeile um Zeile ... übereinstimmende Version" von Maksims Slovo, wie ein Vergleich mit Kap. 36 der Kir. kn. ergab.

Eine russische Übersetzung (aus dem Altrussisch-Kirchenslawischen) von Maksims Slovo findet sich in der von der Kazan'er Geistlichen Akademie herausgegebenen Werkausgabe, die jedoch den Ansprüchen einer kritischen Ausgabe nicht gerecht wird[101].

Von J. Križanić gibt es eine lateinische Übersetzung, die an zweiter Stelle in seiner Bibliotheca Schismaticorum steht, in der er vorhatte, die Kir.kn. zu übersetzen und mit eigenem Kommentar zu widerlegen[102]. Ein Teil der Übersetzung, die „aufs Ganze gesehen getreu"[103] und bisher insgesamt unveröffentlicht ist, wurde von A. Palmieri herausgegeben[104]. Diese Übersetzung, in der Križanić Maksims Einleitung und die einzelnen Kapitel in Paragraphen eingeteilt hat[105], enthält jedoch auch „eine Reihe von Mängeln, Fehlern und Ungenauigkeiten"[106].

Maksims Slovo na latinov wurde von Vasilij (Suražskij) für seine Polemik gegen die Lateiner benutzt[107], ebenso auch von Zacharij Kopystenskij[108].

Die Tatsache, daß ein umfangreiches Werk Maksim Greks in die Kir.kn. aufgenommen worden ist, hat gewiß auch dazu beigetragen, daß das Buch bei den Altgläubigen so geschätzt wurde. Die ihm zugeschriebenen Äußerungen über das Kreuzzeichen (ebenfalls in der Kir.kn., am Schluß von Kap. 14, 184a–185a) wurden von den Altgläubigen zur Bestätigung ihrer Position zitiert. „Ihnen mußte Maxim so von Anfang an als eine Säule der Rechtgläubigkeit, als einzigartige Berufungsquelle erscheinen."[109] Andererseits zeigt sich hier gerade auch, wie zweischneidig die Berufung auf Maksim Grek für die Altgläubigen ist, denn sein „Streben nach Überlieferungstreue", sein „Pochen auf die griechische Linie der Überlieferung macht Maksim zu einem Vorläufer des Patriarchen Nikon und seiner graekophilen Reformen"[110].

6) *Kap. 37–46,* an Umfang wiederum etwa $^1/_7$ der Kir.kn., sind am 11.6. 1598 als sog. Knižica (Büchlein) gedruckt in Ostrog erschienen[111] und

enthalten die für jene Zeit aktuellste Dokumentation zur Auseinandersetzung der orthodoxen Kirche mit der eben erst verkündeten Brester Union. Es handelt sich u.a. um sieben Briefe des Patriarchen Meletios ho Pēgas, die der Ostroger Fürst Konstantin (1526–1608) aus dem Griechischen ins Kirchenslawische übersetzen und herausgeben ließ, wobei er damit dem Willen des Patriarchen selbst entsprach[112]. In seinem Brief vom 24.8.1597 an die orthodoxen Bruderschaften (= Kir.kn., Kap. 43) schrieb er, er habe oftmals den Orthodoxen zur Stärkung geschrieben, und bittet sie dann darum, diese Briefe in griechischer und russischer Sprache und – wenn man es für gut halte – auch in lateinischer Sprache zu drucken, damit die Orthodoxen ein wenig Trost darin fänden angesichts des Ansturms der Gegner (493b,21–494a,2).

Die übrigen drei Briefe stammen nicht von Meletios (Kap. 37, 45, 46), wie die zur Orientierung oben auf jeder Seite angebrachten Überschriften und die durchlaufende Zählung als 1.–10. Poslanie vermuten lassen könnten.

*Kap. 37* ist eine Anthologie von Schrift- und Väterzitaten (darunter auch die Päpste Damasus I., Coelestin I., Gregor d.Gr., Zacharias und Johannes VIII.) zum Thema des Filioque, die Meletios lediglich zusammengestellt hat. An erster Stelle der 25 Abschnitte steht die Homologie des orthodoxen Glaubens des Grēgorios ho Palamas (1296–1358; 1368 schon als Heiliger kanonisiert)[113]. Der Schluß des Kapitels dürfte von Meletios selbst stammen: „Weitere Zeugnisse der gottragenden Väter darüber, wer kann sie in einem so kleinen Buch unterbringen? Wie der Herr selbst bezeugt (Mt. 12,32): Wehe denen, die den Hl. Geist lästern, denn ihre Sünde wird nicht vergeben, weder in diesem noch im zukünftigen Äon. Denn mit dem Hl. Geist hat er alle Lehrer gelehrt und des orthodoxen Glaubens versichert. Wir nämlich, die wir die apostolische Orthodoxie wie ein kirchliches Kleid tragen, werden Erben des Himmelreichs sein durch die Gnade der ungeschaffenen und einen Dreifaltigkeit, Amen“ (431b,7–18).

*Kap. 45* ist ein Brief des Ostroger Fürsten Konstantin an die Christen in Polen-Litauen vom 24.7.1596[114].

*Kap. 46* ist ein undatierter und anonymer (von Ivan Vyšenskij verfaßter[115], worauf der sozialkritische Ton schließen läßt) Brief der auf dem Hl. Berg Athos lebenden südwestrussischen Mönche, die von der in Brest geschlossenen Union mit Bestürzung erfahren hatten, an den Fürsten Konstantin von Ostrog, die orthodoxe Hierarchie und sämtliche orthodoxen Christen in Polen-Litauen. Darin ermuntern sie ihre Glaubensbrüder, unverbrüchlich dem orthodoxen Glauben treu zu bleiben, trotz Verfolgung und des Abfalls des Metropoliten und der Bischöfe: sie seien keine wahren Hirten, sondern Mietlinge, die wegen eigennütziger Interessen zur Union übergetreten seien. Um Christi willen müsse der wahre Nachfolger Christi aber im Leben auch leiden und das Kreuz tragen zur Erlangung des Himmelsreichs[116].

Kap. 43, 44 und 46 sind auch in den AIJZR abgedruckt, ohne daß dort die Quellen angegeben sind[117]. Kap. 37 und 38 hat J. Križanić in seiner Bibliotheca Schismaticorum (Bl. 66–76b; 54–62) ins Lateinische übersetzt[118].

*Meletios ho Pēgas* (geb. 1549 in Chandakē / Hērakleion auf Kreta, gest. am 13.9.1601)[119] beherrschte außer der griechischen auch die lateinische Sprache. Beide hatte er bei Meletios Blastos gelernt, seinem ersten Lehrer, der später auch der Lehrer von Kyrillos Loukaris (1572–1638) und Meletios Syrigos (1590–1664) war. Er studierte in Padua[120], bevor er Mönch im kretischen Kloster Ankarathou wurde, wo Silbestros, der spätere Patriarch von Alexandria und Vorgänger des Meletios auf dem dortigen Patriarchenstuhl (1566–1590), zu jener Zeit Abt war. Nach der Wahl des Silbestros zum Patriarchen wurde 1569 Meletios zum Abt des Klosters gewählt. 1585 bis Anfang 1588 verbrachte Meletios beim Ökumenischen Patriarchen Ieremias II. in Konstantinopel, der 1588 über Polen nach Moskau reiste, wo am 23.1.1589 der Metropolit Iov zum Patriarchen erhoben und damit Moskau als 5. Patriarchat geschaffen wurde, und auf seiner Rückkehr im Sommer 1589 auch L'vov und Kiev besuchte. Von 1588 bis zum 5.8.1590, als nach dem Tode des Silbestros Meletios zum neuen Patriarchen von Alexandria gewählt wurde, amtierte der Archimandrit (seit 1584) Meletios als Statthalter und Exarch des Silbestros, der vorzeitig resigniert und sich nach Rhodos zurückgezogen hatte. Schon vom August 1582 bis zum November 1584 hatte Meletios den Patriarchen in Kairo als „Epitropos" vertreten.

Aus der Zeit vor 1590 (1585?) stammt *Kap. 39*, wo Meletios sich als Megas Prōtosynkellos[121] und Archimandrit gegen die von Papst Gregor XIII. 1582 durchgeführte Kalenderreform wendet[122].

Der zeitlich nächste Brief in der Kir.kn. ist *Kap. 38* vom 8.3.1594[123] (die Reihenfolge ist in der Kir.kn. zweimal anders als die chronologische: Kap. 38 müßte auf Kap. 39 folgen, *Kap. 43* auf *Kap. 40*). Inzwischen war auf Drängen Boris Godunovs und des Zaren Feodor Ivanovič im Februar 1593 in Konstantinopel erneut die Synode zusammengetreten (nachdem im Mai 1590 die durch Ieremias II. vollzogene Gründung des Moskauer Patriarchats bestätigt worden war), um die Frage noch einmal zu beraten, da Moskau unzufrieden war, nicht den 3. Platz unter den Patriarchaten erhalten zu haben, und die Unterschrift des Patriarchen von Alexandria unter den Beschlüssen fehlte. Diesmal nahm der alexandrinische Patriarch (Meletios Pēgas) selbst aktiv an der Synode teil[124]. Meletios war sich der wichtigen Rolle bewußt, die Moskau im Blick auf das zukünftige Schicksal der orthodoxen Welt spielen würde[125]. Deshalb knüpfte dieser Patriarch, der als einer der gebildetsten Griechen des 16. Jh.s zu gelten hat, enge Beziehungen zu den russischen politischen und kirchlichen Führern, denen er Vorschläge zum Handeln im Interesse der Orthodoxie machte.

Der dringend notwendige Aufbau eines Schulsystems war schon von Patriarch Ieremias II. und anderen griechischen Besuchern Rußlands hervorgehoben worden. Nun wurde dies in den Beschlüssen der Synode von 1593 ein ausdrücklich genannter Punkt, den man dem neuen Patriarchen von Moskau und ganz Rußland fordernd auferlegte[126]. Zusammen mit dem Tomos der Synodalbeschlüsse sandte Meletios einen eigenen Brief an den Zaren und den Patriarchen[127]. 15 Briefe, die Meletios an die Zaren Feodor Ivanovič und Boris Godunov, den Patriarchen Iov u.a. schickte, sind von W. Regel veröffentlicht worden[128]. Darin drängte Meletios z.B. den Zaren, die Einführung des neuen Gregorianischen Kalenders zu verhindern, die südwestrussischen orthodoxen Bruderschaften[129] zu unterstützen und in Moskau eine griechische Schule und eine Drukkerei zu errichten[130]. Wenn der Zar erfolgreich die Häresien und die katholische Unionspropaganda bekämpfen wolle, sei die Eröffnung griechischer Schulen unbedingt notwendig[131].

In der Zeit von 1592 bis 1601 schickte Meletios mehr als 50 Briefe an die orthodoxen Bruderschaften und die Führer der südwestrussischen Kirche[132], in denen er sie moralisch unterstützte, ihnen Vorschläge zur Lösung administrativer und religiöser Fragen machte. Meletios wollte selbst nach Südwestrußland reisen und persönlich den Bedrängten helfen, wie er in dem Brief vom 8. 3. 1594 mitteilte[133]. Aber die freudige Erwartung der Bruderschaft von L'vov mußte Meletios enttäuschen; es war ihm nicht möglich, seine Pläne zu verwirklichen. Dafür schickte er aber seinen Exarchen und künftigen Nachfolger Kyrillos Loukaris, der von mehrjährigen Studien in Italien gerade nach Alexandria zurückgekehrt war[134]. In einem Brief an den Moskauer Zaren lobt Meletios die Arbeit der Bruderschaft von L'vov[135], die auch sein Werk gegen die Juden[136] publiziert habe und nun auch die vom Zaren versprochene Unterstützung erwarte[137]. Kyrillos Loukaris, der 1596 zunächst Lehrer in Vil'na war, wurde dann Rektor des Ostroger Kollegs (Akademie)[138], an dem er bis 1601 lehrte. 1596 gab er in Vil'na den Dialogos peri tēs Ekklēsias[139] des Meletios heraus, in griechischer und russischer Sprache.

Nach dem Tode des Patriarchen Ieremias II. wurde Meletios als einziger für würdig gehalten, sein Nachfolger als Ökumenischer Patriarch zu werden; doch er lehnte ab und bat, einen anderen zu wählen. Aber der daraufhin gewählte Patriarch Gabriēl I. starb schon 1596, so daß Meletios abermals gebeten wurde, jedoch auch diesmal ablehnte. Der im Februar 1597 zum Patriarchen gewählte Athener Metropolit Theophnēs ho Karykēs starb schon am 26.3., und erst jetzt fand sich Meletios bereit, allerdings nur dazu, als Patriarch von Alexandria zusätzlich das Ökumenische Patriarchat zu verwalten[140]. Das dauerte vom 26.3.1597 bis März 1598, als Matthaios II. zum neuen Ökumenischen Patriarchen gewählt wurde.

Aus dieser Zeit der Tätigkeit in Konstantinopel als „Epitērētēs" stammen die vier übrigen Briefe des Meletios in der Kir.kn., in chronologischer Folge die *Kap. 43, 41, 42 und 44.* In seinem Bemühen, die in Polen-Litauen unter der Union mit Rom aufgrund des Abfalls ihrer Bischöfe leidenden Orthodoxen zu trösten, schrieb er am 4.4.1597[141] an Konstantin von Ostrog, er sei als Verweser des Ökumenischen Patriarchats nun auch für die Orthodoxen der Metropolie Kiev verantwortlich und habe von dem kürzlich in Brest stattgefundenen (Gegen-)Konzil unter dem Vorsitz von Nikēforos Paraschēs[142] und Kyrillos Loukaris erfahren und dessen Beschlüsse schriftlich erhalten (490b). Er billigt die dort geschehene Absetzung des Metropoliten Ragoza und der zur Union übergetretenen Bischöfe und erinnert daran, daß er mit seinen Briefen die Orthodoxen an die Obrigkeit verwiesen und ihren König Sigismund III. gebeten habe, ihnen zu erlauben, nach den Riten und Dogmen der Väter zu leben, wie sie die östlichen und westlichen Väter bis zum 7. Ökumenischen Konzil tradiert haben unter Hinzufügung des Anathemas für alle, die dem etwas hinzufügen oder etwas davon wegnehmen (490b,16ff.). Als Papst Clemens VIII. von der Billigung der Absetzung des Metropoliten Ragoza durch Meletios Kenntnis erhalten hatte, erklärte er in einem Schreiben vom 5.5.1597, das feierlich in Litauen dem Klerus und dem Volk verlesen werden sollte, die Entscheidung des Patriarchen für ungültig[143]. Die Orthodoxen ermahnte Meletios, standhaft ihren Glauben zu verteidigen, und verbot ihnen, an einem weiteren Konzil mit den Lateinern teilzunehmen (391b,7f.). Die Lateiner hätten kein Recht, über die Orthodoxen zu Gericht zu sitzen (391b,10ff.). Schließlich setzt sich Meletios auch persönlich für Nikēforos ein, der zu Unrecht als Spion verurteilt worden sei, und bittet, für dessen Freilassung zu sorgen (391b,2–7).

In seinem Brief vom 4.8.1597 (= *Kap. 42*) an den Bischof Gedeon (Balaban) von L'vov (1530–1657, Bischof von Lemberg 1596–1607) gibt Meletios dann detaillierte Anweisungen: 1. die orthodox gebliebenen Bischöfe sollen sich – so viele wie möglich, aber mindestens drei – versammeln und einen neuen Metropoliten wählen, ebenso neue Bischöfe (485)[144]; 2. in jedem Bistum solle eine „Akademie" errichtet werden, besonders in L'vov, wo Männer unterrichten sollen, die die griechische Sprache beherrschen (485b–486a); 3. befiehlt Meletios dem Metropoliten und den Bischöfen, die ihnen anvertrauten Christen in Liebe und Vermahnung des Herrn zu hüten (486a–b); 4. verbietet er, um kirchlicher Angelegenheiten willen ein Konzil mit den Leuten des Alten Rom abzuhalten: Christus sei mit den Orthodoxen, die die Dogmen und Riten der hl. Väter unverändert bewahrten (486b–487a); 5. ernennt er drei Exarchen: „den gottwohlgefälligen Bischof Gedeon von Lemberg (L'vov), der orthodox geblieben ist und die Dogmen und Riten der Väter bewahrt hat, zweitens den in geistlichen Angelegenheiten hochwürdigen Protosynkellos und Archimandriten des evangelischen[145] und apostolischen Stuhles der Großen Kirche von Alexandria Kyrillos und mit diesen den durchlauchtigsten Fürsten Vasilij; diesen geben wir jegliche Vollmacht, sogar zur Einsetzung des Metropoliten und der Bischöfe" (487a,11–22).

Meletios gab seinen Exarchen den Auftrag, die Lehrer der Kirche zu verteidigen und ihnen mit aller Kraft zu helfen, dafür zu sorgen, daß im polnischen Königreich „die Östlichen nach östlicher Weise leben" können (487b,21: vostočnych vostočne žitel'stvovati) gemäß dem Eid des Königs selbst, und sich nicht an den Gregorianischen Kalender zu halten brauchen, „der nicht nur nicht verbessert worden ist und außerhalb der Kanones der Väter liegt, sondern auch Verwirrung und grausamen Ärger (soblazny ljutyja) erzeugen und die Bürgerschaft spalten wird" (487b,15–19)[146]. Zweitens sollten die Exarchen bitten, vom König die Vollmacht zu erhalten, den kanonischen Strafen zu unterstellen, wer „von Uns oder einem Unserer Vorgänger eine Metropolie oder Eparchie erhalten und den Stuhl verworfen hat, dem er untersteht, und Verwirrung und böse Entfernung gestiftet hat ... Was für ein Unglück es ist, Entfernung (razstojanie) zu schaffen, und wieviele sie auf den Weg gegen sie bringen, überlasse ich zur Beurteilung der Herrschaft des hochgeehrten Königs und dem Verstand des allervortrefflichsten Rats (sygklit, Sejm)" (488a,19–488b,9). Und drittens sollten sie um die Erlaubnis der freien Einreise seines Exarchen ersuchen (488b,10–15), da er selbst bisher nicht kommen konnte, obwohl er es von ganzem Herzen wollte und wolle.

Der zeitlich letzte Brief des Meletios, der in die Knižica und dann in die Kir.kn. als 8. Brief (= *Kap. 44*) Aufnahme gefunden hat, wurde von ihm nur 20 Tage später als der 6. Brief (= Kap. 42) an die orthodoxen Bruderschaften in Litauen geschickt, die er ausführlich als seine echten Brüder in Christo lobt. Er spricht dort seinen Wunsch nach Veröffentlichung seiner Briefe aus.

Die Zeit, die Meletios als Verwalter des Ökumenischen Patriarchats in Konstantinopel verbrachte, war nur kurz. Im Juli 1598 war er bereits wieder auf dem Rückweg (über Chios und Rhodos) nach Alexandria, wo er am 13.9.1601 im Alter von fast 52 Jahren starb. „Nach seinem zu frühen Tod ... setzten der Jerusalemer Patriarch Theophanēs und Meletios' Nachfolger Kyrillos Loukaris[147] seine ehrgeizige Politik gegenüber Moskau erfolgreich fort."[148]

7. Die beiden letzten *Kap. 47 und 48* der Kir.kn. machen noch einmal fast $^1/_7$ des ganzen Buches aus. A. S. Lilov nennt sie einen „allgemeinen Leitfaden für alle orthodoxen Christen"[149], ohne die Quelle der sechs verschiedenen Texte anzugeben.

*Kap. 47* ist die Übersetzung eines Briefes des Patriarchen Photios (geb. ca. 820 in Konstantinopel, gest. um 891 als Verbannter im Kloster Armeniakon)[150] an den Bulgaren-Chan Boris I. (852–888/89)[151], der 865 durch Photios die Taufe empfangen und nach seinem Taufpaten, dem oströmischen Kaiser Michaēl III., den christlichen Namen Michail angenommen hatte und sich später auch selbst Kaiser („Zar") nannte. Der Brief ist abgedruckt bei Migne[152].

*Kap. 48* beginnt mit einer Übersetzung des Symbolum Quicunque[153]. Dieses Glaubensbekenntnis, das vom 7. bis ins 17. Jh. Athanasius d. Gr. (ca. 295–373) zugeschrieben und von den Theologen des Westens als Beweis für das Filioque zitiert wurde, während die Griechen es verwarfen, war im 12. Jh. in den Osten gelangt und von einem Unbekannten aus dem Lateinischen ins Griechische übersetzt worden. In einigen liturgischen Büchern der russischen Kirche (z.B. im Psalter[154]) erscheint es seit dem 17. Jh., seit dem Ende des 18. Jh.s bei den Griechen im Mega Hōrologion mit dem Hinweis, daß es dem orthodoxen Glauben „homophon" sei[155]. Das nicht in liturgischer Form (eingefügte Anathematismen) verfaßte Quicunque, das aus 40 Sätzen besteht, kann aufgrund seines Inhalts und seiner (lateinischen) Sprache nicht von Athanasius stammen. Man nimmt an, daß es um 500 als Kompilation mehrerer Synodalentscheidungen von Provinzialsynoden in Gallien entstanden ist, manche vermuten auch Ambrosius von Mailand, Caesarius von Arles oder Fulgentius von Ruspe als Verfasser[156].

Als 2. Abschnitt folgt die „Kurze Darlegung des Anastasius ... und Kyrill von Alexandria über den Glauben" aus einer pseudo-anastasianischen Sammlung, die einer wesentlich späteren Zeit angehören muß[157]. Die Übersetzung entspricht ziemlich genau dem bei Migne nach der Ausgabe des Henricus Stepanus (Genf 1570) abgedruckten Text, jedoch ohne die beiden letzten Fragen und Antworten[158].

3. folgt ein ebenfalls aus Fragen und Antworten bestehender kurzer Abschnitt über die Trinitätslehre und die Christologie gegen Monotheleten, Arianer und Sabellianer, der in der Überschrift dem hl. Maxim (Maximus Confessor, 580–662) zugeschrieben wird. Unter den bei Migne abgedruckten Werken Maxims findet sich dieser Text nicht[159].

Den 4. Teil des 48. Kap.s bildet eine ausführliche Auslegung des Jesusgebets[160], in der die 8 Wörter des Gebets („Gospodi Isuse Christe Bože naš pomiluj nas, Amin") jedes für sich erklärt werden. Der Text stammt wahrscheinlich aus der Philokalia[161]. Das Jesusgebet wird hier nicht von der hesychastischen Gebetspraxis her beleuchtet, sondern rein dogmatisch-christologisch als Zusammenfassung des Dogmas von der wahren Gottheit und Menschheit Christi ausgelegt.

5. Die beiden letzten Seiten des Kap.s 48 sind der Trinitätslehre gewidmet und zitieren u.a. Johannes Chrysostomus aus dem altrussischen Margarit[162]; die Quelle für diesen kurzen Abschnitt ließ sich ebenfalls nicht ermitteln.

Um der besseren Übersichtlichkeit willen folgt nun eine tabellarische Übersicht über die oben untersuchten Quellen der Kir.kn., bevor wir zur Kniga o vere übergehen (Tabelle s. u., S. 44–45).

## *1.2. Die Kniga o vere*

### *1.2.1. Zur bisherigen Forschung*

Drei russische Autoren haben sich in der 2. Hälfte des 19. Jh.s speziell mit der Kn. beschäftigt: N. Dokučaev[1], G. Dement'ev[2] und Ė. I. Kalužnjackij[3].

*Dement'ev* bringt zu Beginn seiner Analyse einen zusammenfassenden Überblick über die bisherige Forschung, wie in den verschiedenen Biblio-

| Kirillova kniga | Kniga o vere des Zacharij | Litovskij Prosvetitel' | Andere |
|---|---|---|---|
| | (1. Auflage) | | |
| 1 | I,1 | 14 | |
| 2 | I,2 | 15 | |
| 3 | I,3 | 16 | |
| 4 | | | |
| 5 | | | |
| 6 | I,4 | 17 | |
| 7 | I,5 | 18 | |
| 8 | I,6 | 19 | |
| 9 | I,8 | 20 | |
| 10 | II,1 | 2 | |
| 11 | II,2 | 3 | |
| 12 | II,3 | | |
| 13 | II,4 | 4 | |
| 14 | II,5 | 6 | |
| 15 | II,6 | 7 | |
| 16 | II,9 | 10 | |
| 17 | II,11 | 12 | |
| 18 | II,10 | 11 | |
| 19 | I,10 | 22 | |
| 20 | | 23 | |
| 21 | II,7 | 8 | |
| 22 | II,8 | 9 | |
| 23 | II,12 | 13 | |
| 24 | I,9 | 21 | |
| 25 | | 24 | |
| 26 | | 25 | |
| 27 | | | |
| 28 | | | |
| 29 | | 28 | |

| Kirillova kniga | Kniga o vere des Zacharij | Litovskij Prosvetitel' | Andere | |
|---|---|---|---|---|
| | (1. Auflage) | | | |
| 30 | | 29 | | |
| 31 | | | | |
| 32 | | 30 | | |
| 33 | | 31 | | |
| 34 | | | Kniga o vere des Vasilij | 4 |
| 35 | | | Kniga o vere des Vasilij | 5 |
| 36 | | | Maksim Grek, Slovo na latinov | |
| 37 | | | Knižica, 1598 | 1 |
| 38 | | | ( 8.3.1594) | 2 |
| 39 | | | (vor 1590) | 3 |
| 40 | | | (30.8.1596) | 4 |
| 41 | | | (23.7.1597) | 5 |
| 42 | | | ( 4.8.1597) | 6 |
| 43 | | | ( 4.4.1597) | 7 |
| 44 | | | (24.8.1597) | 8 |
| 45 | | | (24.7.1596) | 9 |
| 46 | | | | 10 |
| 47 | | | Photius, MPG 102, 627–696 | |
| 48 | | | verschiedene | |

graphien die Frage nach dem Autor und dessen Quellen beantwortet worden ist[4], um dann in einem Textvergleich die Abweichungen der handschriftlichen Vorlage von der gedruckten Ausgabe aufzuzeigen[5]. Entgegen der von Filaret (Gumilevskij) und Makarij (Bulgakov) geäußerten Behauptung, die Moskauer Herausgeber hätten bei der Übersetzung in den Text die Lehren der Altgläubigen erst eingetragen, stellt Dement'ev fest, daß diese sich alle bereits im Manuskript befanden[6].

Hauptziel seiner Untersuchung ist jedoch die Auseinandersetzung mit den Altgläubigen; er analysiert die inhaltlichen Aussagen der Kn. und nimmt polemisch gegen die Aussagen Stellung, auf die sich die Altgläubigen berufen[7]. Dabei kommt Dement'ev zu dem Schluß, „daß es in der Kniga o vere viele Stellen gibt, die die Aufmerksamkeit des orthodoxen Lesers verdienen; aber es gibt noch mehr solcher Stellen darin, die nur die Meinungsverschiedenheit des Lesers mit der orthodoxen Kirche hervorrufen können; deshalb: lesen kann man die Kniga o vere, aber mit Vorsicht“[8]. Der Polemik gegen die Altgläubigen dient der letzte Abschnitt, wo Dement'ev aus der Kn. selbst Argumente gegen sie bringt[9].

*Kalužnjackijs* Aufsatz ist dagegen rein literaturgeschichtlich interessiert und frei von polemischem oder apologetischem Interesse, indem er die Quellen der Kn. untersucht, deren Zusammenstellung er ebenso wie Dement'ev dem Kiever Mönch Nafanail zuschreibt. Er kommt zu dem Ergebnis, daß von den 30 Kapiteln der Handschrift ganze 21 aus zwei Werken des Zacharij Kopystenskij[10] entlehnt sind, während für die 9 restlichen verschiedene Quellen nachgewiesen werden[11]. Außerdem bringt Kalužnjackij den Text der Kap. 23, 26 und 28 nach einer handschriftlichen Fassung der Kn. aus der Bibliothek der Universität L'vov. Ein Vergleich mit der gedruckten Ausgabe von 1648 und den Quellen läßt auch Kalužnjackij (ebenso wie zuvor Dement'ev[12], der die Moskauer Handschrift dazu herangezogen hatte) zu dem Schluß kommen, daß entgegen der Behauptung Filarets[13] die Herausgeber der Kn. die Quellen durch ihre Übersetzung weder entstellt noch verdorben haben[14].

Für Kalužnjackij liegt die wichtige und bleibende Bedeutung der Kn. (obwohl sie offensichtlich nur eine Kompilation sei) für die Geschichte der russischen Literatur in drei Gründen: „1. ist sie ausreichend mit Erklärungen kommentiert und enthält, bei vergleichsweise geringem Umfang, fast alles Wesentliche, was die Union betrifft; 2. enthält sie Auszüge aus solchen westrussischen polemischen Werken, die, wie z.B. die Palinodija des Zacharij Kopystenskij, bis vor kurzem überhaupt noch nicht im Druck erschienen waren[15], weshalb der Leser, der sich mit diesem in jeder Beziehung wichtigen Werk Kopystenskijs bekanntmachen wollte, aber keine eigene Abschrift davon besaß ..., sich an Nafanail wenden mußte; 3. wurde die Kniga o vere ... in Moskau gedruckt, weshalb sie für die nordrussischen Leser und Schreiber, die von ihrer Art her mit religiösem Mißtrauen auf die süd- und westrussischen Werke blickten (obwohl auch diese von Orthodoxen und zum Nutzen der Orthodoxie geschrieben worden waren), eine unvergleichlich größere Autorität hatte als die letzteren Werke“[16]. Außerdem habe die Verbreitung der Kn. in Nordrußland das Buch vor der Zerstörung durch die Jesuiten bewahrt, was mit anderen Antiunionswerken in Polen-Litauen leider geschehen war.

Zwei weitere Forscher gehen in ihren Werken zum Teil auch auf die Kn. ein. 1891 gibt *S. A. Belokurov* in seiner Untersuchung über Arsenij Suchanov[17] einen kurzen Überblick über den Inhalt der Kapitel der Kn., in denen jene neue Meinung über die Griechen vertreten wird, wonach deren Rechtgläubigkeit der russischen sogar voranstehe.

Indirekt behandelt die Kn. *A. Iščak,* der in einer ausführlichen Analyse 1930–32 die Palinodija Zacharij Kopystenskijs untersuchte[18].

Die jüngste Arbeit über die Kn. ist die lateinisch (leider mit vielen Druckfehlern und Inkonsequenzen bei der Transkription russischer und ukrainischer Wörter) verfaßte theologische Dissertation (an der römischen Universitas Urbaniana der Glaubenskongregation) des ukrainischen (unierten) Basilianers *A. Mychalskyj*, die 1967 in Rom erschien, „dem hl. Iosaphat“ gewidmet[19]. Sein Interesse an der Kn. ist rein apologetisch für die Union der ukrainischen Orthodoxen mit Rom. Die Ukraine habe trotz des Schismas von 1054 von Ost- und Westkirche eine eigene Geschichte gehabt, die durch intime Beziehungen zum römischen Stuhl in der vormongolischen Zeit gekennzeichnet waren, woraus man folgern könne, daß die Ukrainer dem Beispiel der Griechen nicht gefolgt seien[20].

Gegenüber den polemischen antikatholischen Werken des 16. und 17. Jh.s, in denen es um das Problem der Union mit Rom ging, enthalte die Kn. „quasi summam doctrinae dogmaticae Orthodoxorum primorum decenniorum saeculi XVII“[21], weshalb Mychalskyj es für nützlich für die Geschichte der polemischen Literatur in der Ukraine und Weißrußland und für die Theologiegeschichte der „Orthodoxen“ (in Anführungszeichen!) insbesondere hält, die Kn. zu analysieren und ihre Quellen zu erforschen[22].

Dies geschieht in zwei Teilen:

I. Über die polemischen Werke gegen die Lateiner im allgemeinen, die als direkte und indirekte Quellen der Kn. anzusehen sind:

1. Vor der Brester Union;
2. Nach der Brester Union;
3. Meletij Smotrickij und Zacharij Kopystenskij als antikatholische Polemiker;

II. Die Analyse der Kn.:

1. Bio-bibliographische Informationen;
2. Die historischen Abschnitte (Traktate);
3. Analyse der Traktate ekklesiologischer Natur;
4. Kurzer Überblick über die übrigen Traktate und deren Bedeutung bei den Orthodoxen.

Mychalskyj kommt zu dem Schluß, daß die „Trennung der ‚Orthodoxen Kirche' der Ukraine und Weißrußlands von der Katholischen Kirche durch kein wahrhaft dogmatisches Fundament gestützt wird". Es handle sich bei den von den Unionsgegnern für die Ablehnung für ausschlaggebend gehaltenen Argumenten nicht um Dogmen im eigentlichen Sinne des Wortes, sondern um Meinungen von Theologen und Polemikern, die eher zu den Theologoumena zu rechnen seien. „Quaestio enim Unionis Ecclesiae in nostris hisce diebus quasi integra manet; quamobrem paratos nos esse oportet, ut, si casus id requirat, adlaborare omnibus et totis viribus possimus ‚Ut omnes unum sint'."[23]

Die beiden Untersuchungen von A. Dokučaev und G. Dement'ev hat Mychalskyj für seine Dissertation nicht auswerten können, da sie ihm nicht zugänglich waren[24].

### *1.2.2. Bio-bibliographische Daten*

Die Kn. erschien 1648 in Moskau, gedruckt vom Moskauer Druckerhof „auf Befehl" des Zaren Aleksej Michajlovič (1645–76) und „gemäß dem Willen und dem Segen" des Patriarchen Iosif („velikago gospodina, svjatejšago Iosifa patriarcha") „zu Ehre und Preis des Vaters und des Sohnes und des Hl. Geistes und der Allerheiligsten Gottesmutter und aller Heiligen", wie es im Nachwort heißt (288b–289a). Der Druck wurde am 1. März begonnen und bereits am 8. Mai abgeschlossen.

Ein Exemplar dieser Kn. befindet sich heute in der Bibliothek des Päpstlichen Orientalischen Instituts in Rom[25], von dem das Ostkirchen-

Institut in Münster (ebenso wie von der Kir.kn.) eine Fotokopie besitzt. Nach Angaben Dement'evs[26] befanden sich zu seiner Zeit in Rußland ein Exemplar in der Petersburger „Publičnaja Biblioteka", der Bibliothek der Akademie der Wissenschaften und in Moskau in der Bibliothek des Druckerhofs. Das ausdrücklich als „neues" (sija novaja kniga) bezeichnete Buch (288b,13f.) erschien in einer Auflage von 1200 Exemplaren, die am 22. Juni 1648 in den Verkauf gelangten.

Bereits am ersten Tag waren 118 Exemplare verkauft. Viele Geistliche kauften gleich mehrere auf einmal, wie z.B. der Pope Feodor aus Ljubjanka am 6.8.1648 40 Exemplare, das Soloveckij-Kloster 20. Im August wurden mehr als 500 Bücher verkauft, wobei die Käufer aus der Provinz denen aus der Hauptstandt nicht nachstanden im Interesse an der Kn., so daß Ende August mehr als die Hälfte der gesamten Auflage verkauft war, wie das Rechnungsbuch des Druckerhofs ausweist[27]. I. Smolitsch[28] weist darauf hin, daß die Kn. größere Verbreitung gefunden hat als die Kir.kn. Der gelehrte Mönchspriester *Arsenij Suchanov* (gest. 1668) hatte am Tag des Verkaufsbeginns gleich 5 Exemplare erworben, vier Tage darauf sogar noch einmal drei[29].

Arsenij war es dann auch, der in seinen „Prenija o vere" (Dispute über den Glauben, die er 1649/50 mit dem Jerusalemer Patriarchen Paisios und anderen Griechen geführt und aufgezeichnet hatte) geradezu das Material für eine Gegenposition zu den in der Kn. vertretenen Ansichten über die Griechen lieferte, die später auch viele Altgläubige, oft bis in die Formulierungen hinein, beeinflußt hat[30]. Denn die in der Kn. ausgesprochene Hochschätzung der gegenwärtigen griechischen Kirche, indem ihre Orthodoxie sogar der russischen vorangestellt wurde, war für Moskau eine neue Meinung, die den heftigen Widerspruch der Kreise hervorrief, die sich später um die Erzpriester Ivan Neronov und Avvakum als sog. Altgläubige sammelten[31]. Haben die Griechen wirklich ihre Frömmigkeit unversehrt bewahrt? Stimmen die in der Kn. angeführten Beweise? Dies wurde nun zur heißumstrittenen Frage, die fast 20 Jahre später noch auf dem Moskauer Konzil von 1666 gestellt und dort positiv beantwortet wurde.

Arsenij Suchanov war am 10.6.1649 zusammen mit dem Hierodiakon Iona Malen'kij von Patriarch Iosif und Zar Aleksej Michajlovič als Begleitung des Jerusalemer Patriarchen Paisios gen Süden geschickt worden[32]. Man reiste zunächst bis Jassy, wo man am 8.9.1650 ankam. Patriarch Paisios verweilte dort längere Zeit, und Arsenij lebte diese Zeit mit ihm zusammen. Zweimal reiste er von dort nach Moskau, beim zweiten Mal im Dezember 1651 lieferte er im Posol'skij prikaz (der für die

Gesandten zuständigen Behörde des Zaren) sein Statejnyj spisok – eine Art Reisetagebuch – und das Prenie s grekami ab, das Arsenijs Gespräche mit dem Patriarchen und anderen über verschiedene rituelle Themen wiedergibt[33]. Gleich zu Anfang der Prenija berichtet Arsenij, er habe von dem Hegoumenos (Abt) des Klosters Zografensis auf dem Athos gehört, bei ihm befinde sich ein sehr alter serbischer Eremit, der bei sich Moskauer Bücher habe und sich „po moskovsku" bekreuzige, wie es in der Kir.kn. geschrieben stehe, die in Moskau gedruckt sei, und er habe auch die anderen Mönche dasselbe gelehrt, woraufhin alle griechischen Mönche ihn vor eine Synode gestellt hätten und er sich unter Berufung auf diese Bücher verteidigt hätte. Die Griechen nannten sie daraufhin „häretische Bücher". Er habe dann ein altes serbisches handgeschriebenes Buch herbeigebracht, das 130 Jahre früher (also etwa 1514) geschrieben worden war, und dort habe wortwörtlich dasselbe über das Kreuzzeichen gestanden wie in der Kir.kn., woraufhin die Griechen sehr erbost gewesen seien. Sie verbrannten seine Moskauer Bücher und verboten ihm, sich weiterhin so zu bekreuzigen oder andere es zu lehren. Auch das serbische Buch hätten sie verbrannt[34].

Auch Arsenij bekreuzigte sich nach seinem Bericht auf die Moskauer Art und verwies auf Maksim Grek, den der Patriarch jedoch zu seinem größten Erstaunen gar nicht kannte. Er erklärte vielmehr, dann müsse auch der häretisch sein, worauf Arsenij mit Recht zu erwidern wußte, daß ihn, den Maksim Grek, ja gerade der Patriarch von Konstantinopel als besten Griechen auserwählt und auf Wunsch Moskaus dorthin geschickt hatte und daß man ihn nicht Häretiker, sondern einen „zweiten Chrysostomos" genannt habe[35]. Der Herausgeber der Prenija gibt zu bedenken, daß Arsenij zwar hitzig und hochnäsig gewesen sei, aber doch noch sehr weit davon entfernt, die Orthodoxie der Griechen zu leugnen. Er sei deshalb von den Altgläubigen zu Unrecht als ihr Mann in Anspruch genommen worden[36].

Arsenij hatte die Reise gen Süden und in den Vorderen Orient, ins Ursprungsland des christlichen Glaubens, über die Moldau, die Walachei, Konstantinopel, verschiedene griechische Inseln und Alexandria bis nach Jerusalem und über Georgien und den Kaukasus zurück nach Moskau geführt, wo er am 7.6.1653 ankam. Aber er blieb nicht lange in Moskau. Schon Anfang 1654 schickte ihn Patriarch Nikon auf Reisen zu dem Hl. Berg Athos und anderen östlichen Klöstern, wo er alte griechische und kirchenslawische Bücher suchen und kaufen sollte. Ende 1655 oder Anfang 1656 kam er mit etwa 500 Büchern zurück. Er wurde zum Bücherkorrektor und Kelar' (für die Vorräte im Kloster verantwortlicher Mönch) des Dreifaltigkeitsklosters des hl. Sergij von Radonež ernannt.

Die Kn. erschien anonym; sie wurde auf Betreiben des „Kreises der Eiferer für die Frömmigkeit, der sich um Stefan Vonifat'ev[37], den Beichtvater des Zaren, gebildet hatte, herausgegeben[38]. Dieser Kreis gräkophiler, reformwilliger, dabei aber konservativ-restaurativer[39] Geistlicher bereitete damit „direkt den Boden für die kirchliche Reform Nikons vor; sie [d.h. ihre Anschauungen] schufen eine feste Stütze für all seine zukünftige Reformtätigkeit, denn sie widersprachen entschieden dem in Rußland umgehenden Gerede vom Verlust der wahren Orthodoxie der Griechen[40], verwiesen auf die Notwendigkeit der vollen Vereinigung der russischen mit der griechischen Kirche, die in allem, ohne Ausnahme selbst der kirchlichen Riten, bis in die jüngste Zeit den alten Bestimmungen (ustavy) und Überlieferungen (predanija) streng treu geblieben ist, ‚ohne von ihnen auch nur im geringsten abzuweichen'"[41].

Zur Verbreitung dieser Ideen, die mit der von Moskau dem Dritten Rom in einer unschwer zu verstehenden Spannung standen, griff man in Moskau gezwungenermaßen auf südrussische Werke zurück, da es in Moskau keine theologisch und sprachlich ausreichend gebildeten Theologen gab, während sich in den südwestrussischen Gebieten Polen-Litauens in Auseinandersetzung mit der vordringenden lateinischen Unionspropaganda und reformatorischen bzw. vorreformatorischen (antitrinitarischen) Gedanken eine reiche polemische Literatur entwickelt hatte. Wenn die Kiever Orthodoxen einen so standhaften Kampf gegen die Lateiner führten und dabei nicht ihre Orthodoxie durch häretische Einflüsse verdarben, hatten sie dann nicht auch mit ihrer Hochschätzung der „unversehrten" Orthodoxie der Griechen recht? Den Moskauern konnte nur fraglich bleiben, ob die Kiever nicht in ihrer Meinung über die Griechen irrten; aber – die Bildung der Kiever gegenüber der Moskauer Unwissenheit war ihnen selbst recht deutlich bewußt. Das Beispiel des Kiever Metropoliten Petr Mogila, der seine Confessio orthodoxa dem Urteil der griechischen Kirche unterwarf, wirkte auch auf Moskau stark[42].

Die bedrängte orthodoxe Kirche Südwestrußlands hatte sich wieder enger an den Patriarchen von Konstantinopel angeschlossen, „wie überhaupt an den Orient. Dieses Band war ein sehr heilsames; schon allein durch den Gedanken an das Alterthum des Orients schützte sich die Kirche vor Neuerungen des Westens, – und jene Festigkeit, die der Orient inmitten schwerer Drangsale unerschütterlich bewahrte, erhöhte noch das Zutrauen zu ihm und nährte das Mißtrauen gegen den Westen"[43]. Die Zeit war gekommen, das 1589 bei der Errichtung des Moskauer Patriarchats gegebene Versprechen, wonach die russischen liturgischen Bücher und Riten berichtigt und an die der „Großen Kirche“ von Konstantinopel angeglichen werden sollten, in die Tat umzusetzen. 1617 war bereits eine Kommission dafür eingesetzt worden, aber noch fehlten die nötigen Manuskripte zum Vergleich und die dazu befähigten Männer. In dem Bemühen, eine Art theologischen Kompendiums herauszugeben, das sich an der griechischen Kirche orientieren sollte, griff man in Moskau, nachdem bereits die Kir. kn. gedruckt worden war, erneut auf südwestrussische Quellen zurück. Die Kn. ist kein Moskauer Originalwerk, sondern eine auf ausdrücklichen Wunsch Stefan Vonifat'evs geschehene Übersetzung eines dazu aus Kiev angeforderten Werkes, das dort seltsamerweise nie gedruckt worden ist[44]. Die hohen Verkaufszahlen des Buches sprechen für das aufmerksame Interesse der zahlreichen Freunde und Anhänger Stefans, der selbst 20 Exemplare für sich erhielt[45].

„Das Interesse an der der ‚Kniga o vere‘, der ‚Kirillova kniga‘, den ‚Poučenija‘ (Belehrungen) Ephräms des Syrers und anderen theologischen Werken, die der Druckerhof herausgab, unterstreicht die Intensität der religiösen Stimmungen des Moskauer Rußlands um die Mitte des 17. Jh.s. Die russischen Menschen erkannten die Notwendigkeit eines besseren Verständnisses ihres Glaubens an und suchten größere Intensität in ihrem religiösen Leben. Sie wollten den Sinn des Christentums besser verstehen; nervös und intensiv stellten sie die Frage nach dem Schicksal der Welt, strebten danach, den Ort ihres Landes und ihrer Kirche im historischen Prozeß zu bestimmen.“[46]

Mychalskyj sieht den Hauptgrund für die so günstige Aufnahme der Kn. in zwei Punkten: in der Konformität mit einigen „Dogmen“ der späteren Altgläubigen[47] und in der Heraushebung der griechischen Kirche und ihrer Patriarchen, die mit höchstem Lob gefeiert würden[48]. Bei der Übernahme des Buchs nach Moskau ist es nämlich zu einer Verschiebung des ursprünglichen Skopus gekommen. Die Kn., „die in der Ukraine vormals ihren Hauptskopus darin hatte, die Flucht der Orthodoxen zur Union mit Rom zu unterdrücken und sie in der orthodoxen Kirche zurückzuhalten, trat im Moskauer Rußland teils für die Altgläubigen, teils für die Gräkophilen, deren Absichten sie zum inneren Schisma ... führte, gleichsam als Mittel zur Verteidigung der eigenen Meinungen hervor“[49]. Das Mißtrauen gegen die „irrgläubig gewordenen Griechen“ schien nur überwunden, denn die „altrussische Überzeugung von der alleinigen Rechtgläubigkeit des russischen Volkes und das Mißtrauen gegen die ‚ungläubigen Griechen‘ flammt ... wieder auf

– aber jetzt als Spaltung innerhalb der russischen Kirche selbst, zwischen der altrussischen Tradition und der griechenfreundlichen Wendung zur Gesamtorthodoxie"[50].

Die Altgläubigen hielten die Kn. später gleichsam für „göttlich inspiriert" und gaben sie 1785 in der Druckerei des polnischen Königs in Grodno „unverändert", wie es am Ende der Ausgabe heißt, noch einmal heraus; fast ein Jahrhundert später (1876) erlebte sie noch eine 3. Aufl. in Pskov (Edinoverčeskaja tipografija)[51].

Daß die Kn. die Übersetzung eines südrussischen Werks aus dem Weißrussischen ins Altrussisch-Kirchenslawische ist, wird durch die Abschrift der handschriftlichen Fassung (im Poluustav) belegt, die sich in der Handschriftenabteilung der Moskauer Staatsbibliothek (Gosudarstvennaja biblioteka imeni V.I. Lenina, früher Bibl. Rumjancevskogo Muzeja, Sobranie Undol'skogo, Nr. 427) befindet[52]. Die Sprache der Handschrift ist strenggenommen nicht einmal weißrussisch, sondern eine Mischsprache von polnischen, weißrussischen, kleinrussischen und lateinischen Elementen. Schon die Palinodija des Zacharij Kopystenskij, aus der viele Kapitel in die Kn. übernommen worden sind, zeigt diese sprachlichen Eigenheiten[53]. Dement'ev hat die Unterschiede der handschriftlichen Fassung mit der gedruckten Ausgabe untersucht und einander im Paralleldruck gegenübergestellt und nach drei Gesichtspunkten geordnet: Auslassungen im Druck, Hinzufügungen im Druck und Veränderungen einiger Wörter. bzw. Ausdrücke im Druck[54]. In der Handschrift[55] fehlen nach S. 140 einige Blätter, wo ursprünglich die Kap. 11 und 12 und der Anfang von Kap. 13 gestanden haben[56]. Hauptunterschied zur gedruckten Ausgabe ist der Schluß.

Kap. 30 bildet in der Handschrift das „Wort des seligen Hippolyt, des römischen Papstes, zur Fastenwoche über das Ende der Welt, den Antichrist und die zweite Ankunft unseres Herrn Jesus Christus", während in der gedruckten Ausgabe ein ganz anderes Kapitel unter der Überschrift „Über den Antichrist, das Ende der Welt und das Schreckliche Gericht" steht[57]. P. Pascal nimmt an, man habe im letzten Moment vor dem Druck in Moskau noch das 30. Kap. durch ein anderes ersetzt[58], was wahrscheinlicher ist als die Behauptung Undol'skijs[59], das Wort des Hippolyt habe ursprünglich schwerlich zur Kn. gehört.

Die gedruckte Ausgabe enthält außerdem noch ein zusätzliches 31. Kap. (von $9\,^1/_2$ S. Umfang), das von den Moskauer Herausgebern angehängt worden ist (es wird im Inhaltsverzeichnis, S. 7a, nicht erwähnt), über die Immersionstaufe. Es stammt aus den Streitgesprächen mit dem Pastor Matthias Velhaber anläßtlich der geplanten Heirat des dänischen Prinzen Waldemar mit der Zarentochter Irina Michajlovna, die 1644 stattfanden. Seltsamerweise wird der lutherische Pastor Velhaber in der Überschrift als „*lateinischer* Kaplan“ (am Rand: „Pope“) bezeichnet (283b,2).

Das Datum der Abschrift, das 1648 als Jahr der Abfassung der Kn. angibt (auf S. 1), kann nicht stimmen. „Es ist schwerlich anzunehmen, daß das Buch, zusammengestellt im Jahre 1648, im Verlauf zweier Monate, Januar und Februar, übersetzt und korrigiert und am 1. März in den Druck gegeben worden ist“[60]. Eher trifft wohl die Angabe der Sil'vestr Medved'ev (1661–91) zugeschriebenen[61] ersten russischen Bibliographie[62] zu, nach der das Buch „vkratce sobrana v leto mira 7151 (1644), Maja 1-go“[63]. Undol'skij[64] erwähnt, daß die Kn. auf jeden Fall nach dem Tode Zacharij Kopystenskijs (1626 bzw. 1627) verfaßt sein muß, da es dort sonst nicht heißen könnte „blažennyja pamjati Zacharija Kopystenskago“.

Das Autograph der Kn. ist unbekannt, ebenso der Grund, warum sie nicht bereits in Kiev gedruckt worden ist. Auch die Frage nach dem Übersetzer der nach Moskau gesandten Abschrift ist nicht geklärt[65]. An zwei Stellen der gedruckten Ausgabe finden sich Ergänzungen, die vielleicht auf den Übersetzer zurückgehen, aber auch nichts Konkretes über seine Person wissen lassen außer, daß er das Buch als einfacher Mönch in einem Kloster übersetzt hat und es für unwürdig hielt, seinen Namen zu nennen[66]. Am Schluß des 1. Vorworts, das auf S. 5a,25 mit „Amin“ endet, ist der Satz auf der Rückseite 5b angehängt, der auf die (traditionelle) Bitte um Vergebung seiner Sünden am Schluß des Buches hinweist, wo sie aber fehlt (in der Kir.kn. aber da ist): „Um Vergebung der Sünden will ich am Ende dieses Buches die wahren Knechte des Herrn bitten, der ich nicht würdig bin, vor dem Himmel und auf Erden, [meinen] Namen unnützerweise zu schreiben, da ich bloß ein elender und leidenschaftlicher Sünder bin (točiju mnogogrešnyj okajannyj i strastnyj).“ Im 15. Kap. ist am Ende, wo es gegen die Trunkenheit geht, hinzugefügt: „Es täte auch uns gut, die rechte Zeit [des Fastens] zu beachten und dies nicht zu dulden, vor allem uns *Mönchen* ... Blick jedoch nicht darauf, daß dies hier nur ein einfältiger, ungebildeter Mann schreibt“ (132a,4–13). Es folgt auch hier die Bitte um Vergebung seiner Fehlerhaftigkeit[67].

### *1.2.2.1. Verfasser*

Der Autor, der die Kn. im Original verfaßt bzw. zusammengestellt hat, muß heute als unbekannt gelten. Da man bisher allgemein einen Kiever Abt (Igumen) Nafanail vom Michaelskloster als solchen bezeichnete[68], der aber für kein Kiever Kloster für die Zeit um 1644 nachweisbar ist und selbst dem Zeitgenossen Epifanij Slavineckij (falls er der Verfasser der obenerwähnten Bibliographie ist) unbekannt war, ist es angebracht, ihn mit Mychalskyj „Pseudo-Nafanail"[69] zu nennen. Aus dem 1. Vorwort und dem Schluß von Kap. 9 erfährt man jedoch einiges über den Verfasser, seine Motive und die Arbeitsweise bei der Zusammenstellung des Buches. Die Vermutung, daß er zu den Mönchen gehörte, legt schon die Veränderung eines Bibelzitats am Anfang des Vorworts nahe. Nachdem der Verfasser Am. 8,11 (wo vom Kommen des Hungers nach dem Wort Gottes die Rede ist) angeführt hat, heißt es: „Davon spricht der Herr Christus[70]: ‚Es werden unter euch kommen greuliche Wölfe, die die Herde nicht verschonen werden'. Und wenn der eine gestorben ist, wird ein anderer aufstehen, der die Schuld auf die armen Mönche schiebt, um sie zu verderben. Ich habe mit Eifer für die Frömmigkeit gekämpft; da ich erkannt hatte, daß wir von den Ältesten des Herrn hierher gesandt worden sind zur rettenden Tat, habe ich mehr, als in meinen Kräften stand, gewagt, eingedenk des Schriftwortes: die Zeit eines jeden Dinges, die Zeit des Leidens, die Zeit der Vergeltung [ist gekommen][71] ... Obwohl ich in dieser Frömmigkeit kämpfen wollte, bedauerte ich doch, daß ich die große Sache mit der Armut meines Verstandes begriffen berühre, da ich weder an Rhetorik gewohnt bin noch jemals Philosophie studiert habe, sondern meine Hoffnung einzig auf den allmächtigen Gott legte, der auch die Unweisen weise machen kann ... Aus diesen Gründen gefiel es mir, als geringsten Teil dieses Büchlein über die Frömmigkeit und Rechtgläubigkeit zu schreiben um meiner Sünden willen, der ich in lateinischen Schulen von den Jesuiten für kurze Zeit verführt worden bin[72], damit ich dies mit dieser kleinen Arbeit wiedergutmache, und schließlich auch um meiner Mitbrüder willen, die mit mir leben"[73]. Legt man das Schema des Jesuitenkollegs zugrunde, wonach die Schule in zwei Stufen eingeteilt war (1. Stufe 6 Klassen; 2. Stufe 2 Klassen: Philosophie und Theologie), so hat Ps.-Nafanail das Kolleg nur bis zur letzten Klasse der ersten Stufe, wo die Rhetorik gelehrt wurde, besucht. Aus dem Schlußsatz des 9. Kap.s erfahren wir noch, in welchem Kloster er lebte: „Wir bezeugen die Liebe [Christi], die wir bei der Kirche der Kreuzeserhöhung leben" (75b,20–23); dort befand sich das Michaelskloster[74].

Die Gründe, die den Verfasser bewegten, seine Kn. zu schreiben, legt er selbst im Eingangsgebet, den beiden Vorworten und den dazwischenstehenden Versen dar: „Herr, mach uns stark, daß wir in deinen heiligen Geboten stehen und nicht vom Osten, von dir, Christus, zum Westen abfallen! ... Hilf und gib den Segen deiner unerforschlichen Barmherzigkeit, daß ich das Nötige und Nützliche zur Rettung und Stärkung der Orthodoxie (pravoverija) hier sammle und mich weder von deinen Geboten entferne noch gegen sie versündige; denn durch dich bin ich dazu stark gemacht und würdig, dir Lobpreis, Ehre, Dank und Anbetung in alle Ewigkeit emporzuschicken"[75]. „Wenn es nach dem Apostel (Eph. 4,5) heißt: ‚ein Herr, ein Glaube', dann sind alle anderen kein Glaube, sondern Häresien und Spaltungen (razdory). ‚Der Geist spricht klar, daß in den letzten Zeiten einige vom Glauben abfallen werden, die auf verführerische Geister und Lehren hören werden' (1. Tim. 4,1). Ich bitte, ‚daß ihr für den Glauben kämpft, der den Heiligen ein für allemal übergeben worden ist' (Jud. 3b)" (1b,19–25).

Konkreter wird Ps.-Nafanail im 1. Vorwort, wo er seine Situation in Anlehnung an Worte aus den Klageliedern (3,48.54) ausdrückt: „Wer wird meinem Haupt Wasser geben und meinen Augen eine Quelle der Tränen, damit ich Tag und Nacht weinen kann über die erschlagenen Töchter der Leute Gottes, d.h. über die Seelen der Getauften, die Zerstörung und den Ruin der christustragenden Kirchen (chramov), wie es im hiesigen Lande ... jeder sehen kann" (2a,6–12).

Es geht in der Kn. also um die Verteidigung der orthodoxen Kirche, um die Stärkung der eigenen Seite im Widerstand gegen die vom „wahren Glauben abgefallene" römische Kirche des Westens. Osten und Westen stehen für Wahrheit und Häresie. Bereits in der Überschrift wird der Glaube, um den es in dem Buch geht, als der Glaube der „wahren" und „östlichen" Kirche bezeichnet. Es ist die „Zeit des Duldens, die Zeit des Gerichts" (2a,24) gekommen, und diese Zeit sieht Ps.-Nafanail als Entscheidungszeit eschatologisch-apokalyptisch unter dem Aspekt der Nächsterwartung des Antichrist, dessen Reich sich in der katholischen Kirche ausbreite.

„Während der Teufel eitle Ruhmsucht bringt, lege ich auf meinen Ruhm und Stolz das Anathema, denn ich weiß genau, daß die letzte Zeit da ist und das Reich des Antichrist sich ausbreitet und er selbst bald erscheinen wird. Und heute schon gibt es, nach dem hl. Apostel Johannes (1. Joh. 1,8), viele Antichristen" (3a,1–6). „Deswegen habe ich kurz, da es beim Vorwort nicht üblich ist, längere Ausführungen einzuschieben, mit Eifer dargestellt, wie in diesen gegenwärtigen letzten Zeiten aufgrund der Sünden unserer Fahrlässigkeit (neradenija) das große Feuer arglistiger und vielhäuptiger Häresien entbrannt ist. Deswegen weichen viele von der Orthodoxie zum Irrglauben ab, da sie solch einen Sturm sehen, der uns bedroht, die verschiedenen Spötter und viellästernden Widersacher. Und sie haben diese Dreistheit wegen unserer Unerfahrenheit und Schwachheit, weil wir das geistliche Schwert, wie der Apostel (Eph. 6,17) sagt, nicht bereit haben, d.h. das Wort Gottes. Und wir lernen nicht noch eifern wir, aufs letzte (po verchovnomu) allezeit bereit zu sein zur Antwort; denn einige wissen auch nicht, worin wir Orthodoxen uns von den Abgefallenen unterscheiden" (4b,5–22)[76].

In den Versen des Vorspanns heißt es: „In dieser grausamen und des Weinens würdigen Zeit erschrickt das gottesfürchtige Herz, dies sehend: die vielen Widersacher und raubgierigen Wölfe, die teuflischen Versuchungen häretischer Heere. Wenn du deshalb den rechten Glauben erfahren willst, rate ich dir, auf die Göttliche Schrift zu merken ... Die östliche orthodoxe Kirche ist die rechte im russischen Volke, denn ihre Heiligkeit leuchtet im vielverführerischen Unglück. Denn das Wort Gottes wird nicht im geringsten verändert, die Rechtgläubigkeit leuchtet mitten unter dem Irrglauben ... Die westliche katholische Kirche (kostel) ist wie die Finsternis der Nacht, denn zu erkennen ist der Baum an seinen Früchten" (7a–b). „Die Kirche Christi wollten sie von Anfang an verderben, aber es ist ihnen nicht gelungen. Die Kirche blüht nämlich sehr, und der orthodoxe Zar verherrlicht sie" (8a,23–8b,1).

Das Thema des Antichrist in der Zeit der katholischen Gegenreformation und der Brester Union ist der eine Punkt, der den Verfasser der Kn. bewogen hat, sein Buch zu schreiben. „Nach ihrer Stimmung und ihrem Ton harmonierte sie ... völlig mit den ‚Poučenija Efrema Sirina' und der ‚Kirillova kniga'"[77]. „Die Themen der Notwendigkeit, jederzeit bereit zu sein, vor dem Jüngsten Gericht zu stehen, der Prüfung des eigenen Gewissens und der Verantwortlichkeit des Christen durchzogen wie ein roter Faden auch die ‚Belehrungen Ephrems des Syrers', die von 1647 bis 1652 vier Auflagen erhielten."[78] Schon von dem hl. Avraamij von Smolensk weiß seine um 1250 verfaßte Vita zu berichten, daß dieser „mit ganzer Liebe oft die Lehre des hochehrwürdigen Ephrem" las. „Die finstere Poesie dieser Worte ..., die Bilder vom Ende der Welt darstellen, eins phantastischer als das andere, eine Darstellung mit erschrekkenden Einzelheiten, machte besonders auf die altrussischen Leser einen großen Eindruck, die in den Jahren sozial-ökonomischer Erschütterungen aus den einen oder anderen Gründen selbst durchdrungen waren von eschatologischen Stimmungen und Erwartungen, besonders im 14. Jh., den Tagen des ‚schwarzen Todes', und am Ende des 17. Jh.s"[79].

Das zweite Motiv des Verfassers ergibt sich aus dem ersten als Folge des Willens zum Widerstand, zum Kampf für den einen wahren Glauben. Die selbstkritische Analyse, daß unter den Orthodoxen zu wenig getan worden sei, um sie in ihrem Glauben zu unterweisen, führt zu der Aufgabe, „eine Art religiöser Enzyklopädie“[80] zu schreiben gegen das „lateinische Gift“, d.h. die größtenteils in polnischer Sprache geschriebenen Propagandaschriften für die Union, unter Rückgriff auf den reichen Schatz der Tradition. Dabei hält es Ps.-Nafanail für notwendig, entegen der Tendenz, sich der kirchenslawischen Sprache als Vehikel zu schämen, gerade in dieser Sprache zu schreiben. Kenntnis und Praxis der Hl. Schrift seien vonnöten. „Vom müßigen Hören nämlich ist gar kein Nutzen. Denn auch die Häretiker und die Teufel hören [vgl. Jak. 2,19], aber verkehrt. Viele auch von den Unsrigen haben sich mit Stolz über alle Maßen erhoben und verachten die kirchenslawische (slovenskim) Sprache, in der sie getauft und der Gnade Gottes für würdig erachtet worden sind, die weit verbreitet und hochberühmt, vereinigend, demütig und vollkommen ist, die sich gegenüber dem einfachen Latein (ljatskij) als besser erweist und in sich großen Ruhm hat, nicht bloß durch die aus dem Griechischen übersetzten theologischen Schriften und Kirchenlieder, sondern auch durch die Göttliche Liturgie und die anderen Mysterien, die in dieser gottwohlgefälligen Sprache in Groß- und Kleinrußland, unter den Serben, den Bulgaren und in anderen Ländern vollzogen werden. Und viele haben heute ihr Brot und ihre geistlichen Schätze, die überreichen slawischen Bücher zu lesen und zu lehren, verlassen und greifen nach fremdem, wie mit todbringendem Gift bereitetem Brot, aber des Verbots des 7. Konzils gedenken sie nicht“, das das Lesen häretischer Bücher mit Exkommunikation bestrafe (3a,14–3b,8)[81].

Der Verf. erinnert daran, daß die wahren Propheten schon im Alten Testament sterben mußten, während die falschen Propheten beliebt waren. „Was du nun willst, wähle: entweder du sorgst dich um die Wahrheit und stirbst um ihretwillen, oder du tust das, was den Menschen zu Gefallen ist, und wirst von ihnen geliebt sein, von Gott aber gehaßt. Dazu will ich kurz an den Nutzen dieser Schrift erinnern. Jedem geziemt es zu wissen, wieviel Eifer er zeigen muß, den wahren orthodoxen Glauben zu kennen ...“ (4a,3–11). Der Glaube sei die Mutter aller Güter, „Gott kennen ist an Gott glauben, und wer durch den Glauben Sohn Gottes geworden ist, ist Erbe des Himmelreichs. Man kann nicht außerhalb des rechten Glaubens gerettet werden. Aber wenn dieser Glaube lebendig ist und nicht tot, dann wird er an den Taten und Früchten erkannt ... Bemühen wir uns, jeglichen Eifer mit fleißigen Gebeten und Ernsthaftigkeit zu zeigen“ (4a,16–4b,5).

In seinem 1. Vorwort gibt Ps.-Nafanail auch über die Art seines Vorgehens bei der Zusammenstellung des Buches Hinweise. Er wollte keine systematische Gesamtdarstellung der orthodoxen Theologie liefern, sondern nur das Notwendigste über den orthodoxen Glauben schreiben und über die Ostkirche und auch über den Abfall der Gegner, und das in nur 30 Kapiteln „in Kürze, nicht von mir selbst erdacht, sondern aus den Göttlichen Schriften, eingedenk des hl. Petrus Damascenus[82], der sagte, daß es eine große Torheit sei, die bereiten Worte stehenzulassen und seine eigenen zu reden. Weiter habe ich auch vom seligen Andenken des Zacharij Kopystenskij, des Archimandriten des Kiever Höhlenklosters und Eiferers und Kämpfers für die Frömmigkeit, 10 Kapitel abgeschrieben, die ich für sehr nützlich für die Vermahnung (nakazanie) in der Wahrheit hielt. Und an einigen Stellen wie an den Anfängen habe ich ein wenig geglättet, damit wir uns nicht zu Feindschaft oder Streit überreden lassen, sondern zur Besserung, wie der Apostel (2. Tim. 2,24f.) ermahnt, daß ein Knecht Gottes nicht streiten, sondern milde (tichu) und nicht böse sein und mit Sanftmut die Gegner vermahnen soll" (5a,1–16). Der Verf. will also weniger polemisch sein[83] als Zacharij, wobei er aber nicht erwähnt, aus welchem seiner Werke er die 10 Kapitel entlehnt hat. Er verschweigt auch, daß er sein Material auch noch aus einem anderen, zweiten Werk Zacharijs geschöpft hat, von dem er auch den Titel „Kniga o vere" entlehnt haben könnte.

N. F. Kapterev legte in Auseinandersetzung mit N. I. Subbotin, der die Kn. und die Kr.kn. als katechtische Glaubensbelehrung einstufte (um sie von den rein „kirchlichen" bzw. liturgischen Büchern abzugrenzen, die in Moskau herausgegeben wurden), Wert darauf festzustellen, daß dessen Bezeichnung ungenau sei und beide Bücher als „polemische" zu kennzeichnen seien[84]. Beide haben wohl recht, da für den Verf. der Kn. zur Polemik positiv die Glaubensunterweisung dazugehört. In Moskau freilich, wo die Feinde der Orthodoxie viel weniger gefährlich waren als in Kiev (und sich der Anlaß zur Polemik z.B. nur bei einer geplanten „Mischehe" ergab), war für die Herausgeber weniger das polemische Moment ausschlaggebend als das Interesse an der Bildung des Klerus und einer allgemeinen Hebung des Frömmigkeits- und Glaubensniveaus[85].

### *1.2.2.2. Inhalt*

Auf den ersten Blick erscheint die Kn. wegen ihres Mangels an Ordnung und logischer Verbindung der einzelnen Kapitel als eine lose Sammlung verschiedenster Traktate[86]. Aber dieser erste Eindruck täuscht. Gegenüber der Kir.kn., die in ihrer nicht-homogenen Zusammengewürfeltheit kaum zu übertreffen ist, stellt die Kn. ein in sich viel geschlosseneres Werk dar, für dessen Komposition Ps.-Nafanail allein verantwortlich zu machen ist. Auf sein didaktisches Geschick weisen die klare Gliederung der einzelnen Kapitel, die Voraus- und Rückverweise, Zusammenfassungen und Übersichten am Kapitelanfang, welche Punkte jeweils behandelt werden sollen, hin. So heißt es z.B. am Schluß von Kap. 27: „Aber darüber ist es jetzt genug. Weiter oben im 20. Kap. haben wir an das Notwendigste erinnert. Danach werde ich übergehen zur Darstellung der Unterschiede zwischen der orthodoxen Kirche und der römischen (kostelom)" (243b,19–25). Die ständig wiederkehrenden methodischen Bemerkungen des Verf.s, wie er z.B. die Schrift- und Väterbeweise einleitet und abschließt, wirken allerdings auf die Dauer schulmeisterhaft stereotyp.

Dement'ev meint, die ganze Kn. lasse sich auf zwei Themen aufteilen: es gehe um die Verteidigung a) der Dogmen, b) der Riten der orthodoxen Kirche[87]. Besser ist jedoch eine Unterscheidung zwischen kirchengeschichtlich-polemischen und dogmatisch-theologischen (vor allem ekklesiologischen) Kapiteln:

1. *Kap. 1–3:* historischer Rückblick auf den Ursprung der orthodoxen Kirche[88];

2. *Kap. 4,16, 30, 31:* dogmatischer Teil, mit den kontroversen Lehren, beginnend beim Filioque:
a) Trinitätslehre,
b) Sakramentslehre,
c) Ekklesiologie,
d) Eschatologie;

3. *Kap. 17–28:* historischer Teil über die Bedeutung der Tradition:
die 7 Ökumenischen Konzile,
das Unions-Konzil von Florenz,
die Macht der Patriarchen und die begrenzte Macht des Bischofs von Rom,
das römische Schisma,
die Exkommunikation der römischen Päpste durch die Patriarchen,
die „wahre Beschreibung" des Abfalls der sog. Unierten zu Brest,
die Abhängigkeit der russischen Kirche von Konstantinopel,
die Differenzen zwischen Ost- und Westkirche;

4. *Kap. 29:* ein gegen die Juden gerichtetes Kap. über die Hl. Trinität.

Der Inhalt der Kn. setzt sich wie folgt zusammen:

*Überschrift:* Das Buch über den einen wahren orthodoxen Glauben und über die hl. östliche Kirche und über die wichtigsten rechtgläubigen Lehren (složenijach), aus der Göttlichen Schrift in Kürze ausgewählt (1a, 1–4).

Auf die Überschrift folgt die *Bitte:* „Herr, mach uns stark, daß wir in deinen hl. Geboten stehen und nicht vom Osten, dir, Christus, zum Westen abfallen!", woran sich ein

A)

1) *Gebet* überschriebener Abschnitt anschließt (1a,7–1b,25).

2) Das Inhaltsverzeichnis (A 3) ist von zwei Vorworten (A 2 und A 5) und 15 Versen an den Leser (A 4) eingerahmt: *Vorwort an den Leser* (2a,1–5a,25).

3) Das *Inhaltsverzeichnis* (oglavlenie razdelenij) gibt die Überschriften (teils verkürzt, teils modifiziert) zu 30 Kapiteln an (6a,1–7a,8). Das letzte, 31. Kap. wird nicht erwähnt.

4) *Verse* (stichi ili virši) *an den Leser* (7a,9–7b,23).

5) Ein *2. Vorwort* („Anderes Vorwort an den Leser") wird mit einer Entschuldigung eingeleitet: „Geliebter Leser, ich bitte Deine Liebe, demütige nicht mein Elend, daß ich hier aus Eifer für die Frömmigkeit ein zweites zusammenfassendes (sobornoe) Vorwort vorangestellt habe zur Festigung und zum Kennenlernen (uvedeniju) für die Erprobtesten und in der Rechtgläubigkeit Eifernden" (8a,1–16). Darauf folgt unter der nochmaligen Überschrift „Vorwort" ein Prolog über den orthodoxen christlichen Glauben und seine Überlieferung durch die Zeiten (8a,7–9a,5).

B)

1) Woher die Lehre des wahren Glaubens gekommen ist (10a,1–15b,17)

2) Über die eine hl. östliche Kirche und über ihren Ruhm, daß sie vom Anfang der Welt an in der Verfolgung die Pforten der Hölle nicht überwältigt haben (16a,1–30a,11)

3) Über die Bekehrung (uverenii) und die Taufe Rußlands (Rusii), wie nach der Vorsehung Gottes das russische Volk (rod) von der östlichen Kirche, d.h. von Konstantinopel den christlichen Glauben und die ganze Ordnung (čin) empfangen hat (30a,12–39a,8)

4) Über den Ausgang des Allerheiligsten und Lebenschaffenden Geistes (39a,9–44b,25)

5) Über die allerreinsten Mysterien des Leibes und Blutes Christi (45a, 1–50a,16)

6) Zeugnisse über die Eucharistie (pričaščenii) des allerreinsten Blutes des Sohnes Gottes (50b,1–54b,21)

7) Zeugnisse aus den Hl. Schriften, daß Jesus Christus, unser Erlöser, selbst Haupt, Hirte, Hoherpriester und Fundament ist (55a,1–60a,15)

8) Zeugnisse aus der Hl. Schrift, daß alle Apostel Gleichheit und einerlei Macht hatten (60b,1–66b,13)

9) Über das lebenschaffende Kreuz und über dessen Herrlichkeit (slave) und Nutzen (67a,1–75b,25)

10) Zeugnisse aus der Göttlichen Schrift über die hl. Ikonen (76a,1–82b,15)

11) Über die Seele der Heiligen, über das Paradies, den Himmel und das Reich Gottes (83a,1–96a,11)

12) Über den Lobpreis (slave) und die Anrufung der Heiligen und ihr Gebet (96a,12–105b,13)

13) Zeugnis aus der Göttlichen Schrift über das Gedenken der im orthodoxen Glauben Verstorbenen, weshalb wir für sie beten und ihrer gedenken (pominanija tvorim) (105b,14–114a,11)

14) Gegen das neuausgedehnte Fegefeuer (114a,12–117b,8)

15) Über das hl. Fasten, das viermal im Jahr die Kirche Gottes hält, und über das Fasten am Sonnabend und gegen die Trunkenheit (117b,9–132a,25)

16) Erklärung (skazanie) aus den Hl. Schriften über den Kirchengesang, woher er seinen Ursprung hat (132b,1–147b,19)

17) Über die sieben Ökumenischen Konzile und über die Vorsitzenden und den Primat bei ihnen (147b,20–159a,10)

18) Wie die Zusammenkunft (s-ezd) in Florenz kein Konzil war noch Konzil genannt werden kann (159a,11–167b,14)

Beschreibung der Konzile in Kürze (167b,14–168b,15)

Über den Vorsitz auf den Konzilen, daß weder der Papst noch seine Legaten den Patriarchen gegenüber den Vorsitz hatten; weshalb die rechte Seite beim Einzug in die Kirche die ehrenvollere ist (168b,16–172a,16)

19) Über die Patriarchen. Beweis, daß den Patriarchen alles gegeben ist und solche Macht und das Hirtenamt (pastyrstva nadpisanija) zugeschrieben ist wie auch den römischen Bischöfen (172a,17–177a,23)

20) Zeugnisse der Hl. Schrift, daß der Bischof des Alten Rom in seiner Macht begrenzt ist (177b,1–186b,25)

21) Über den Abfall der Römer von den Griechen und von der hl. östlichen Kirche (187a,1–195b,12)

22) Wie die östlichen Patriarchen die römischen Bischöfe verurteilten, exkommunzierten (otlučali) und verfluchten (195b,13–202b,25)

23) Die wahre Beschreibung über den Abfall der sogenannten Unierten von der hl. östlichen Kirche (203a,1–217a,23)

24) Der Eid (prisjaga ili kljatva)[89a] der von der hl. östlichen Kirche Abgefallenen und die Bewahrung der Gläubigen (217b,1–218b,23)

Das Glaubensbekenntnis, wie die Eidleistenden (prisjažnicy) dem römischen Papst ein Bekenntnis gaben (219a,1–222b,19)

Anhang (Pristiženie) (222b,20–225a,24)

Anhang (225b,1–18)

25) Wie die Union das Allerschlimmste ist und welch ein Schaden und Verderben für die, die auf den Papst und die römische Kirche hören (226a,1–229a,5)
Darüber, welch ein Schaden und Verderben für die ist, die auf den Papst und die römische Kirche (kostela rimskago) hören (229a,6–232a, 25)

26) Durch welches Recht (pravy)[90] Rußland (Rusija) der östlichen Kirche von Konstantinopel und dem Ökumenischen Patriarchen von Konstantinopel untersteht (232b,1–236a,21)

27) Wie die östlichen Kirchen die westliche von Häresien reinigten und durch ihre Legaten den Papst und die westlichen Kirchen überwachten und korrigierten; und wie die Bischöfe, wenn sie für die römische Hauptstadt eingesetzt worden waren, sogleich vor den Patriarchen ihren frommen Glauben erklärten, wie auch alle übrigen Patriarchen das gegenseitig voreinander zu tun pflegten (236b,1–243b,25)

28) Aufweis (ob-javlenie) der Verschiedenheiten der Kirche[91] von der katholischen Kirche (244a,1–257b,25)

29) Erklärung (skazanie) über die Hl. Trinität aus den Propheten und die Antworten gegen die Juden (258a,1–267a,18)

30) Über den Antichrist, das Ende der Welt und das Schreckliche Gericht – Zeugnisse aus der Hl. Schrift (267b,1–283a,14)

31) Kapitel über die hl. Taufe, wie man untertauchen muß und nicht begießen, aus dem Streitgespräch mit dem lateinischen Kaplan (am

Rand: Popen) und seinen Gefährten, die aus dem dänischen Lande zusammen mit dem Prinzen Waldemar in der Hauptstadt (v carstvujuščem grade) Moskau im Jahre 7152 (= 1644) waren (281b,1–288a,15).

C)

Abgeschlossen wird das Buch durch ein kurzes *Nachwort* (288b,1–289,a, 21).

*1.2.2.3. Quellen*

Über seine Quellen sagt Ps.-Nafanail im 1. Vorwort nur, daß er 10 Kap. von Zacharij Kopystenskij entlehnt hat[92]. Aber er hat für seine 30 Kap. mit Ausnahme von höchstens drei auf Quellen zurückgegriffen. Ein Vergleich mit den Quellen zeigt, daß er auch die angeführten Schrift- und Väterstellen nicht direkt zitiert oder selbständig ausgewählt hat, sondern sie bereits als Zitate aus den Quellen übernahm[93]. Das wird auch dort deutlich, wo er nicht das ganze Zitat übernimmt, sondern nur das ihm wichtig Erscheinende oder es in einen selbst formulierten Rahmen stellt (z.B. im 3. Kap., wo Anfang und Schluß von Ps.-Nafanail stammen). Oft findet sich die gleiche Reihenfolge und Auswahl der zitierten Beweise wie in den Quellen (z.B. in Kap. 4 und 9). Ps.-Nafanail ordnet das entlehnte Material nach der traditionellen Methode, die sich in jedem Kapitel wiederholt: Beweise aus dem AT, dem NT, den Vätern und Lehrern der Kirche, den Historikern[94].

1) Aus der sog. *Kniga o vere* des Zacharij Kopystenskij der 2. Auflage (Kiev)[95] stammt das Material für 10 Kap.[96]:

| | | | |
|---|---|---|---|
| Kap. 4 – | Zacharijs Kniga o vere, | Kap. I,8 | (AJZR I,1, S. 181–224) |
| Kap. 5 – | „ | Anhang nach I,8 | (ebd., S. 224–227) |
| Kap. 6 – | „ | Anhang nach I,8 | (ebd., S. 227–240) |
| Kap. 9 – | „ | Kap. II,4 | (ebd., S. 295–299) |
| Kap. 10 – | „ | Kap. II,1 | (ebd., S. 59–68) |
| Kap. 12 – | „ | Kap. II,7 | (ebd., S. 299–306) |
| Kap. 13 – | „ | Kap. II,8 | (ebd., S. 306–313) |
| Kap. 14 – | „ | Kap. II,9 | (ebd., S. 313–325) |
| Kap. 15 – | „ | Kap. II,10 | (ebd., S. 326–344) |
| Kap. 29 – | „ | Kap. I,1 | (ebd., S. 124–136). |

2) 12 Kap. stammen fast wörtlich aus Zacharij Kopystenskijs „*Palinodija*“[97]. Dieses Werk war von Zacharij als Widerlegung der Schrift „Obrona Iedności Cerkiewney“[98] (1617/18) des Vil'naer Abtes Leo Kreuza (Lev Krevza, 1625–39 unierter Bischof von Smolensk)[99] verfaßt wor-

den. 1617 hatten die Unierten Vil'nas eine Zusammenkunft mit den Orthodoxen vorgeschlagen, um mit ihnen über den Primat des Papstes und die Frage der Union zu diskutieren. Kreuza hielt einen Vortrag, der wegen der Nichtteilnahme der eingeladenen orthodoxen Bruderschaft dann gedruckt erschien. „Das Buch Kreuzas übergingen die Orthodoxen nicht mit Schweigen. Schon in der ‚Kniga o vere' ... verweist Zacharij Kopystenskij ... den Leser auf von den Orthodoxen schon herausgegebene Bücher gegen den Primat des römischen Papstes, ‚nicht ohne Hoffnung jedoch, daß demnächst eine spezielle Ausgabe eines Buches erscheinen wird, das sowohl gegen den Primat als auch gegen den ungesunden Abfall einiger in Rußland von der östlichen Kirche gerichtet ist'. Auf diese Weise informierte Zacharij die Orthodoxen bereits unmittelbar vor dem Schreiben über den Gegenstand der Palinodija."[100] Wahrscheinlich hat Zacharij sein Werk 1621 beendet und zur Zensur und Korrektur abgegeben[101]. Warum es dann aber doch nicht gedruckt wurde, ist unklar[102].

Nach dem Urteil sowjetischer Historiker vereinigt sich in der Palinodija „die theologische Polemik mit Exkursen in die Geschichte zum Beweis des Rechtes des russischen Volkes auf nationale und religiöse Unabhängigkeit, wobei unter ‚russischem Volk' sowohl das großrussische als auch das ukrainische und weißrussische Volk verstanden ist"[103]. Filaret (Gumilevskij) faßt in seiner „Geschichte der Kirche Rußlands" zusammen: „In einer ausführlichen Gegenschrift widerlegt er, mit Kraft des Gedankens und Wärme des Herzens, die Abhandlung eines Unirten, der die Union vertheidigt. Er weist den Ursprung und die Ursachen der Union nach, legt die Willkür der Papisten in den Dogmen und Gebräuchen dar und spricht viel über den Zustand der russischen Kirche"[104].

Von katholischer Seite heißt es anerkennend: „Inde Palinodia quasi culmen et corona scientiae orthodoxorum est – sui generis ‚Panoplia' – longe excedens omnia opera polemica, quae adhuc ab disunitis scripta sunt tum ratione formae cultioris, tum ratione argumentorum."[105]

Der Titel des Werkes ist zu verstehen im Sinne von „Widerrede" (griech. Palinōdia). Zacharij schreibt zwar selbst im Vorwort: „Es ist nicht nötig, den Abtrünnigen, die sich ‚Unierte' nennen, zu antworten"[106], tut es aber doch. „Gefolgt ist er dabei dem Beispiel der ihm vorangehenden Polemiker, die ihre Schriften ‚Apokrisis' 1598 (Martin Broniewski), ‚Antirrhesis' 1599 (Ipatij Pocej), ‚Antigrafe' 1608 (Meletij Smotrickij) nannten"[107]. Wahrscheinlich hat Zacharij den Titel bei Marcantonio de Dominis, dem zeitweise zum Anglikanismus übergetretenen ehemaligen Erzbischof von Spalato (Split), gefunden, dessen Werk „De Republica

Ecclesiastica" (1617–22) Zacharij für seine Palinodija benutzt hat[108], in dem es heißt: „Palinodia illa, quam Carthagiensem Ecclesiam ad Bonifacium III cecinisse quidam conficit"[109].

Die Disposition der Palinodija folgt ganz der des Traktats von Kreuza, selbstverständlich vom entgegengesetzten Standpunkt aus: „1. es gibt keinen Primat des Petrus, weil alle Apostel in Bezug auf ihre Macht gleich sind; 2. alle Patriarchen und nicht nur der eine Bischof von Rom sind die Nachfolger des Petrus; 3. die ukrainische Rus' empfing die Taufe von Konstantinopel und nicht von Rom; 4. der Papst und die Lateinier, nicht aber die Orientalen sind Schismatiker, und die Union der ukrainischen und weißrussischen Bischöfe ist nicht anders denn als Glaubensabfall zu beurteilen"[110]. An Umfang hat Zacharij den Traktat Kreuzas dabei um ein Vielfaches überboten.

Folgende Kap. der Kn. entsprechen Abschnitten der Palinodija:

| | | | |
|---|---|---|---|
| Kap. 3 – | Palinodija, | Kap. III,1,1 | (RIB 4, 969–973; 973–984) |
| Kap. 7 – | „ | Kap. I,1,1 | (ebd., 335–352)[110a] |
| Kap. 17 – | „ | Kap. II,2,3 | (ebd., 536–552) |
| Kap. 18 – | „ | Kap. II,13,1; IV,1,4; Anhang | (ebd., 940–951; 1120–1123; 1168–1174) |
| Kap. 19 – | „ | Anhang | (ebd., 1161–1166) |
| Kap. 20 – | „ | Kap. II,2,1 | (ebd., 525–531, nur „Spuren") |
| Kap. 21 – | „ | Kap. II,9,6 | (ebd., 757–765; 775–777) |
| Kap. 22 – | „ | Kap. II,7,3–4 | (ebd., 661–670) |
| Kap. 25 – | „ | Kap. IV,1,2; III,4,2 | (ebd., 1112–1117; 1083–1085) |
| Kap. 26 – | „ | Kap. III,3,1 | (ebd., 1070–1075) |
| Kap. 27 – | „ | Kap. II,2,6; II,12,8 | (ebd., 560–563; 932–940) |
| Kap. 28 – | „ | Kap. II,9,7 | (ebd. 780–785). |

3) Für das *1. Kap.* hat Ps.-Nafanail das meiste Material aus der Kniga o vere des Vasilij Suražskij[111] geschöpft. Die darin enthaltene Erzählung vom Wunder der sich in der Osternacht von selbst entzündenden Kerzen in der Jerusalemer Grabeskirche[112] war schon seit dem Anfang des 12. Jh.s aus dem Bericht der Pilgerreise des Abtes Daniil bekannt[113]. „Seine Reisebeschreibung gelangte in die polemischen Sborniks gegen die Werke der Lateiner"[114].

4) Verschiedene Quellen: *Kap. 11* stammt aus älteren Sborniks (u.a. freier Gebrauch der Antworten des Ps.-Athanasius)[115] und hat vieles mit dem 6. Kap. des 1608 in Wilna auf Polnisch erschienenen Werkes Antigrafē von Meletij Smotrickij gemeinsam[116].

Für *Kap. 24* hat Ps.-Nafanail den Thrēnos[117] von Smotrickij benutzt; dieses „Klagelied" war 1610 unter dem Pseudonym eines Feofil Ortolog in Vil'na erschienen. Am Anfang des Kap.s steht ein für die Geschichte der Brester Union wichtiges Dokument: das Glaubensbekenntnis, das Ipatij Pocej und Kirill Terleckij am 23.12.1595 in Rom vor Papst Clemens VIII. vorgetragen hatten (219a,1–222b,19). Die Quelle gibt der Verf. selbst an (217b,23–25): er hat dieses Glaubensbekenntnis den Annales ecclesiastici des Baronius, Anhang zu Bd. 7, erschienen in Mainz 1601, entnommen[118].

*Kap. 30* war ursprünglich (vergleicht man die Abschriften der Kn.)[119] das Werk „Peri tou Antichristou"[120] des Hippolyt von Rom (gest. 235), das in Rußland schon in Handschriften des 11./12. Jh.s bekannt war[121]. Das in der Moskauer Ausgabe befindliche 30.Kap. könnte dem Stil nach von Ps.-Nafanail stammen. Es wird dort außerdem auf vorherige Kapitel zurückverwiesen (vgl. 271a). Auch die Mahnung, im Jahre 1666 wachsam zu sein, muß nicht unbedingt auf die Großrussen bezogen werden (272b), weil auch ihnen der Abfall zur Union mit Rom drohen könnte, sondern kann ebensogut auf die südwestrussischen Leser der Kn., für die Ps.-Nafanail das Buch geschrieben hatte, bezogen werden, die ihrer Kirche treu geblieben sind. Aber die Tatsache, daß das handschriftliche Exemplar dieses Kap. nicht enthält, ist das stärkere Argument. Pascal[122] nimmt an, man habe in Moskau noch im letzten Moment vor dem Druck das Wort Hippolyts durch ein anderes über den Antichrist ersetzt. Mychalskyj[123] geht stillschweigend davon aus, daß das Kapitel von Ps.-Nafanail stammt.

*Kap. 31,* das ursprünglich nicht zur Kn. gehörte (s. Inhaltsverzeichnis) und erst in Moskau angehängt wurde, enthält Teile aus den Streitgesprächen mit dem Hofprediger Matthias Velhaber[124].

5) Kapitel, die auf Ps.-Nafanail zurückgehen:

In *Kap. 2* (16a,19–21a,11 = Teil 1–2) „videtur auctorem propriam mentem exprimere"[125], während der 3. Teil des Kap.s wiederholt, was zuvor schon Vasilij Suražskij, Ivan Vyšenskij, Martin Broniewski und Zacharij Kopystenskij zum gleichen Thema gesagt hatten.

*Kap. 7 und 8* hat Ps.-Nafanail „non simpliciter ex aliquo scripto" abgeschrieben, sondern „propria manu" verfaßt[125a].

Für *Kap. 16* ist keine Quelle bekannt, so daß man hier Ps.-Nafanail als Autor vermuten könnte. Mychalskyj meint: „nunc quidquid dici nequit"[126]. Ein Teil von *Kap. 23* wird ebenfalls Ps.-Nafanail zum Verfasser haben[127].

6) Für das Vorwort in Versen (A 4) hat sich Ps.-Nafanail das Vorwort der berühmten Ostroger Bibel (1581) zum Teil fast wörtlich zum Vorbild genommen[128].

7) Der Kir.kn. entsprechen thematisch aufgrund der Benutzung derselben Quellen folgende 7 Kapitel:

| | | | |
|---|---|---|---|
| Kn., Kap. 4 | – | Kir.kn., | Kap. 8 |
| Kn., Kap. 9 | – | „ | Kap. 13 |
| Kn., Kap. 10 | – | „ | Kap. 10 |
| Kn., Kap. 12 | – | „ | Kap. 22 |
| Kn., Kap. 13 | – | „ | Kap. 23 |
| Kn., Kap. 15 | – | „ | Kap. 16 |
| Kn., Kap. 29 | – | „ | Kap. 1. |

Um der besseren Übersicht willen folgt eine tabellarische Zusammenstellung der Quellen der Kn.:

| Kniga o vere (1648) | Kniga o vere des Zacharij (2. Auflage) | Palinodija des Zacharij | Kniga o vere des Vasilij | Kirillova kniga (1644) |
|---|---|---|---|---|
| 1 | | | 1 | |
| 2 | | | | |
| 3 | | III,1,1 | | |
| 4 | I,8 | | | 8 |
| 5 | Anhang nach I,8 | | | |
| 6 | Anhang nach I,8 | | | |
| 7 | | (I,1,1) | | |
| 8 | | | | |
| 9 | II,4 | | | 13 |
| 10 | II,1 | | | 10 |
| 11 | | | | |
| 12 | II,7 | | | 22 |
| 13 | II,8 | | | 23 |
| 14 | II,9 | | | |
| 15 | II,10 | | | 16 |
| 16 | | | | |

| Kniga o vere (1648) | Kniga o vere des Zacharij (2. Auflage) | Palinodija des Zacharij | Kniga o vere des Vasilij | Kirillova kniga (1644) |
|---|---|---|---|---|
| 17 | | II,2,3 | | |
| 18 | | II,13,1; IV,1,4; Anhang | | |
| 19 | | Anhang | | |
| 20 | | (II,2,1) | | |
| 21 | | II,9,6 | | |
| 22 | | II,7,3–4 | | |
| 23 | | | | |
| 24 | | | | |
| 25 | | IV,1,2; III,4,2 | | |
| 26 | | III,3,1 | | |
| 27 | | II,2,6; II,12,8 | | |
| 28 | | II,9,7 | | |
| 29 | I,1 | | | 1 |
| 30 | | | | |
| 31 | | | | |

## 2. Tradition und Glaube in der Kirillova kniga und der Kniga o vere

Die Moskauer kirchliche Führung, die in ihrem Aufruf an die südwestrussischen Unierten 1613 diese aufforderte, in den Schoß der Orthodoxie zurückzukehren und u.a. auch das antikatholische „Werk des Stefan Zizanij" zu lesen[1], benutzte für ihre Auseinandersetzung mit dem Protestantismus und dem Katholizismus, mit dem man es in der „Zeit der Wirren" handgreiflich zu tun bekommen hatte, Werke, die im südwestrussischen Raum entstanden waren, wo man sich mit der Brester Union auseinanderzusetzen hatte und dabei zum Teil auch auf die Hilfe der Protestanten (Vil'naer Generalkonföderation) angewiesen war. Deshalb muß der Einfluß Südwestrußlands auf Moskau als nicht gering veranschlagt werden. Was A. P. Golubcov in der Einleitung seiner Edition der Streitgespräche über den Glauben anläßlich der geplanten Verheiratung der Zarentochter Irina mit dem dänischen Prinzen Waldemar sagt, trifft in noch weiterem Maß für die Kir.kn. und die Kn. zu: sie informieren ziemlich genau über den Stand der russischen orthodoxen Theologie des 17. Jh.s[2]. Wir erfahren aus ihnen, wie man auf die Dogmen, die kirchlichen Riten und deren Verhältnis zueinander blickte, mit welchen Fragen man sich hauptsächlich beschäftigte und auf welcher Grundlage man sie löste, wie man sich zur Heterodoxie des Westens verhielt und mit welchen Waffen man gegen die lateinischen und protestantischen Lehren kämpfte.

„Aus diesen polemischen Werken erfährt man auch, daß die augenfälligsten Besonderheiten unseres Raskols des Altritualismus geteilt wurden von den besten, gebildetsten Männern der 40er Jahre des 17. Jh.s, der Zeit, die dem Erscheinen des Raskol in unserer Kirche unmittelbar vorangıng."[3] Tradition wird gegen Tradition ausgespielt, und das unter dem alle Schlußfolgerungen radikalisierenden Aspekt der eschatologischen Erwartung der Ankunft Christi für die unmittelbar bevorstehende Zukunft[4]. Dabei geht es in der auf ein letztes Ziel ausgerichteten Zeit um die Kontinuität des Glaubens mit sich selbst[5]. Aber welche Kriterien gibt es? Neben der „scholastischen" Methode, die jeweiligen neuen Häretiker mit den alten, bereits verurteilten zu identifizieren und damit ebenfalls zu verdammen, ohne die Wahrheitsfrage selbst wieder neu zu stellen

– neben dieser auch in der Kir.kn. und der Kn. angewandten Methode muß es auch Kriterien formaler und inhaltlicher Art geben, die es erlauben, die Unterschiede zu den Häresien aufzuzeigen und zu begründen. Was galt in jener Zeit als „typisch" orthodoxer Glaube? Wie sollte die wahre Tradition erkannt und gesichert werden?

Waren es im 16. Jh. Männer aus den Kreisen des Mönchtums, die die Kirche verteidigten, sind es im 17. Jh. die orthodoxen (Laien-)Bruderschaften[6]. Sie sind es, die, nachdem die Spitze der Hierarchie, die Bischöfe, in der Ukraine und in Polen-Litauen zur Union übergetreten sind, sich der „modernen" Methode der Druckerkunst bedienen und zahlreiche Bücher zur Stützung, Bekräftigung und Selbstbesinnung der orthodoxen Christen publizieren. Nach eingehender Selbstkritik, man wisse unter den Orthodoxen selbst nicht genügend Bescheid über den eigenen überlieferten Glauben[7], fordern sie auf zum Gegenangriff. Man will die Unterschiede zu den Häresien aufzeigen.

Auch der Zar in Moskau, Aleksej Michajlovič, sah, „trotz seines kirchlichen Konservatismus, daß das kirchliche Leben an der mangelhaften Bildung und den mangelnden Kenntnissen der Geistlichkeit litt ... Im Jahre 1649 richtete der Zar Aleksej an den Kiever Metropoliten ein besonderes Schreiben mit der Bitte, ‚Lehrer, die der Göttlichen Schrift gut kundig und in der griechischen Sprache gewandt sind, für einige Zeit nach Moskau zur Korrektur der Bibelübersetzung zu schicken'"[8].

Auf den Zusammenhang zwischen der Kenntnis des Wortes Gottes und der aktuellen Situation der orthodoxen Kirche im Jahre 1644 weist das Vorwort der Kn. deutlich hin: „... deswegen habe ich kurz mit Eifer vorgelegt, wie in diesen gegenwärtigen letzten Zeiten aufgrund der Sünden unserer eigenen Fahrlässigkeit (neradenija) das große Feuer arglistiger und vielköpfiger Häresien entbrannt ist. Deswegen weichen viele von der Orthodoxie zum Irrglauben ab, da sie einen solchen Sturm sehen, der uns belagert, nämlich die verschiedenen Spötter und viellästernden Widersacher. Und sie haben diese Dreistigkeit wegen unserer Unerfahrenheit und Unfestigkeit, weil wir das geistliche Schwert (nach dem Apostel[9]) nicht bereit haben, d.h. das Wort Gottes. Und wir lernen nicht noch bemühen wir uns, aufs höchste bereit zu sein allezeit zur Antwort denen, die uns fragen; und nicht bloß zur Antwort, sondern einige wissen auch nicht, worin wir Orthodoxen uns von den Abtrünnigen unterscheiden" (4b,8–22). Der Zusammenhang zwischen Theorie und Praxis, Dogmatik und Ethik wird deutlich aus Sätzen des gleichen Vorworts wie: „daß wir in die Netze des Teufels fallen und dem Verderben überantwortet werden, wenn wir die Göttliche Schrift nicht kennen. Aber man muß sie nicht nur kennen, sondern auch beachten und das Gehörte tun. Vom müßigen Hören nämlich ist gar kein Nutzen" (3a,11–14). „Welcher Nutzen ist es, mit dem Wort zu glauben, mit den Taten aber den Glauben zu verwerfen und Gott und der Welt gefallen zu wollen!" (4a,22–24).

In dem 2. Vorwort der Kn. wird in einer Art dogmatischer Prolegomena die Frage der Offenbarung „des orthodoxen christlichen Glaubens" erörtert. Dabei wird der Weg von der Selbstoffenbarung des dreieinigen Gottes über die Verkündigung durch die Apostel und die Tradition der Kirchenväter und Märtyrer bis zum heutigen Glauben der orthodoxen Christen erwähnt und als Norm, deren Leugnung der dreimaligen Verfluchung entspricht, für die Zugehörigkeit zur „orthodoxen katholischen Kirche" (9a,2f.), für das Verbleiben in der Kontinuität der Kirche genannt. Woher der Glaube kommt, woher – wie es in der Überschrift des 1. Kap.s der Kn. dann heißt – die Lehre des wahren Glaubens gekommen ist, darum geht es in der Kn. deshalb folgerichtig am Anfang.

## 2.1. *Tradition als Kriterium des rechten Glaubens*[10]

### 2.1.1. *Formale Kriterien*

#### 2.1.1.1. *Das Alter*

Während für den katholischen Glauben Schrift und Tradition als Quellen der Offenbarung (depositum fidei) ihre Verbindlichkeit und die Garantie ihrer Richtigkeit durch das Lehramt des Papstes erhalten[11] und in der protestantischen Theologie die Schrift allein als Quelle des Glaubens gilt (evangelisches Schriftprinzip „sola scriptura") und die Tradition sich an ihr messen lassen muß vom subjektiven Standpunkt des vom Hl. Geist erleuchteten Glaubenden „heute", sind in der Orthodoxie Schrift und Tradition gleichberechtigte Quellen der Offenbarung, bei denen eine in die andere (zeitlich) übergeht. Dabei ist aber die Tradition zeitlich in ihrer Verbindlichkeit dadurch begrenzt, als sie mit dem 7. Ökumenischen Konzil als weitgehend abgeschlossen zu gelten hat, da nach diesem die Christenheit nicht mehr als ganze geschlossen auf einem Ökumenischen Konzil sich zu Fragen des Glaubens hat äußern können. Spätere Entwicklungen auf dem Gebiet der Dogmatik oder des kirchlichen Brauchtums werden deshalb (von einzelnen Ausnahmen wie dem Palamismus abgesehen) als Häresien verurteilt[12] und, indem man sie mit einer der alten, bereits von den Ökum. Konzilen verurteilten Häresien identifiziert, widerlegt bzw. entlarvt.

So wird in Filarets Konzilsentscheidung von 1620 gegen die römische Kirche polemisiert, indem alle altkirchlichen Häresien aufgezählt werden, die Rom in irgendeiner Weise übernommen habe (Kir.kn., 257b–261b). So wird der Zölibat als Manichäismus interpretiert, d.h. als montanistische Eheverachtung[13]. Das Ergebnis dieser Identifikation mit den alten Häretikern lautete dann praktisch, daß man die Lateiner auch wiedertaufen müsse. Denn: „die römische Häresie kommt von den Eunomianern her", und die Eunomianer müssen nach dem Kanon 8 des 2. Ökum. Konzils[14] vollständig wiedergetauft werden, als wären sie Heiden (elliny; 248b,17). Ebenfalls komme die römische Häresie von den Arianern, Messalianern und Basilianern her (250a). Der immer wiederkehrende Refrain in der Kir.kn. lautet dann: „Deshalb müssen ... vollständig wiedergetauft werden, denn weil es eine häretische Taufe war, ist es keine Taufe, sondern eine Besudelung" (249a,12–19).

Aufgrund der zugespitzten politischen Lage (Brester Union, Zeit der „Wirren") und der eigenen, persönlich in der polnischen Gefangenschaft gemachten Erfahrungen Filarets sollte hier die Notwendigkeit einer Wiedertaufe der Lateiner, falls sie sich zum orthodoxen Glauben bekehren sollten, begründet werden[15]. Es kommt dabei zu vielen historisch nicht haltbaren Beschuldigungen der Lateiner, indem es auch Verwechslungen gibt. So heißt es, die Römer hätten keine Seelenmessen für die Verstorbenen (249b,24f.), nicht das Sakrament der hl. Ölung (253a, 22)[16], vergötterten die Gestirne und hielten die Bewegung der Planeten für Zauberei (247b,11–17), indem sie nach ihnen weissagten. Als Haupthäresie wird das Filioque genannt: „Und also möge jeder wissen, daß diese böse Erfindung das Haupt aller Häresien ist, aus der alle anderen Häresien emporwachsen" (253a,4–7). Alle in dem langen Kap. 27 der Kir.kn. beschriebenen Häresien, heißt es, träfen auch auf die Lateiner zu (257b,6–9).

Da die Entwicklung der Tradition für die orthodoxe Theologie mit dem 7. Ökum. Konzil gewissermaßen als abgeschlossen gilt und die nachfolgenden Theologen und Kirchenväter diese nur noch wiederholend zusammenzufassen und weiterzugeben hatten, mußten zwangsläufig alle neueren Entwicklungen mit äußerstem Mißtrauen betrachtet werden, was sich z.B. bei Nikons Reformvorhaben hindernd in den Weg stellt. „Dieses Mißtrauen wurde noch dadurch gesteigert, daß die Zensoren und Korrektoren zum Teil die Ausgaben des ‚Abtrünnigen römischen Papstes' ... als Vorlage nahmen, die in Rom und Venedig erschienen waren. Auch unter den Anhängern der Nikonschen Reformen hat dies Anstoß erregt"[17].

Luthers Reformation wurde auf dem Hintergrund dieses Traditionsverständnisses entweder als Bilderstürmerei mit der auf dem letzten Ökum. Konzil verurteilten Häresie des Ikonoklasmos identifiziert oder als Neoterismos, der keinen Anhalt in der Tradition hat, verurteilt[18].

Die Neoterismoi („neoterizmos", Kir.kn., 499b,5) stellten sich aber auch schon in der Alten Kirche als Problem, da es sie als inzwischen längst mehr oder weniger anerkannte und praktizierte Bräuche gab, für die man aber keine alten Zeugnisse in der Schrift hatte. Basilius d.Gr. zählte z.B. schon all die Neuerungen auf, die bis zu seiner Zeit entstanden waren, wie Kreuzzeichen, Gebetswendung nach Osten, die Worte der Epiklese, die Segnung des Taufwassers, des Salböls, des Täuflings, die Myromsalbung, das dreimalige Untertauchen bei der Taufe und die Abrogatio an den Teufel u.a., wofür er wie selbstverständlich, weil es dafür eine alte Tradition geben muß, eine Geheimüberlieferung voraussetzt, was nichts anderes als eine „unbewußte Fiktion" ist[19].

Den Lateinern warf Meletios Pēgas wegen der Kalenderreform vor, bloß um des Reizes des Neuen willen („omnia nova placent") willkürlich das von Alters her Überkommene geändert zu haben, und stellte die These auf, daß es überhaupt niemals zu Häresien gekommen wäre, hätte man immer nur auf die Väter gehört: „Und ich selbst[20] sage, würden wir uns überhaupt nicht von der Lehre der Väter entfernen und ihren Fußtapfen folgen, dann gäbe es weder kirchliche Wirren noch würden die Heilstatsachen (spasenija našego vešči) ins Wanken geraten, und unsere Hoffnung auf unsere Errettung wäre ganz gewiß, wenn wir den alten Dogmen der Väter folgen und die Tradition wiederholen und nicht nur auf die Probe stellen -- so wie es neue Dogmen und Lehren neuer Lehrer gibt, bloß um damit zu prangen, nach dem Motto der Lateiner ‚omnia nova placent' (am Rand: ‚neue Erfindung der Lateiner')" (Kir.kn. 436a,9–21).

In der Kn. wird im 21. Kap. (Über den Abfall der Römer) das Kriterium des Alters als entscheidendes kirchentrennendes Moment genannt: „Über die Trennung des Reichs und der Kirche [gemeint ist die Trennung in Ost und West durch die Kaiserkrönung Karls d.Gr. 800] haben viele Heilige im Osten, in Rußland und in Bulgarien gegen die Päpste und Lateiner geschrieben und ihnen alle Neuerungen (novovnesnych) in der Kirche vorgeworfen, die dem alten Glauben (drevnej vere) nicht entsprechen, Artikel und Riten, die es vorher in Rom nicht gegeben hatte" (194b, 19–195a,1).

Ein gewisser Nikita Grečin wird als Zeuge für die Hoffnungslosigkeit einer Wiedervereinigung von Ost- und Westkirche angesichts der von Rom selbst angerichteten Trennung genannt (195a,10–13), worauf der Verf.

entgegnet: „Ich sage gleichfalls, daß der, der die Einmütigen in einem Haus Wohnung nehmen läßt und uns seine Liebe vom Himmel brachte und seinen Frieden zurückließ, entsprechend jenes Hindernis bald aus der Mitte wegnehmen kann, wenn der römische Papst zum Gefühl und Bewußtsein seiner selbst kommt, daß er ein Mensch ist und ein Sünder, und seine Erhöhung verwirft, den von den sieben Ökumenischen Konzilen der Kirche Christi überlieferten Glauben bekennt ... und den neuen und veränderten Artikel des hl. Glaubens[bekenntnisses], der jenem hl. Althergebrachten (starožitnosti, am Rand: drevnosti)[21] unbekannt ist, wegläßt, das hl. Althergebrachte aber liebt und annimmt und den ihm Anvertrauten zu halten befiehlt. Dann wird sich dieser Grenzwall in eine Ebene verwandeln, und die Herzen werden miteinander die Ankunft des Herrn bewirken, wenn er nicht nur die, die in einem Hause wohnen, sondern auch die, die sich davon entfernt hatten, vereinen wird ... Das gebe Christus, der Herrscher, in unseren Tagen" (195a,17–195b,12)!

Als im 14. Jh. innerhalb der griechischen Orthodoxie der Hesychastenstreit ausbrach, wurde die „asketische Methode des Gregor vom Sinai ... zunächst als Neuerung verworfen, aber schließlich selbst von Markus von Ephesus, jener Säule der Orthodoxie auf dem Konzil von Florenz, verteidigt mit der Begründung, daß sie keimhaft angelegt sei in der überlieferten Lehre, daß aber erst jetzt die Zeit erfüllt sei, die zu ihrem Wachsen und Reifen nötig war"[22].

Die Tatsache, daß die orthodoxe Kirche im wahrsten Sinne „Kirche der Tradition" ist, führte sie aber nicht nur in Schwierigkeiten wie die des Hesychastenstreits, sondern auch in die Gefahr des Traditionalismus, wo die Tradtion nicht deshalb geachtet wird, weil sie die Wahrheit ist, sondern in erster Linie wegen ihres Alters, worin tatsächlich, ganz entgegen der Intention dieses an sich richtigen Grundgedankens (Prinzip des Alters), die Gefahr einer neuen Häresie liegt. Programmatisch und exemplarisch ist dies der Fall bei den „Altgläubigen". Die ihnen zugelegte und später von ihnen selbst übernommene Bezeichnung als „Altgläubige" besagt, daß sie sich mit ihrem Glauben als dem „alten" absetzen von einem angeblich neuen Glauben, der die Wahrheit nicht mehr bei sich hat.

„Wieder ist es ergreifend zu sehen, wie mit geradezu schicksalhafter Konsequenz das Prinzip der alleinigen Rechtgläubigkeit und ausschließlichen Gültigkeit des eigenen Herkommens, des eigenen Brauches, der eigenen, besonderen Sitte und Lebensform, das einst die griechische Orthodoxie der Sonderart des Westens gegenüber geltend gemacht hatte, nunmehr, innerhalb der russischen Tochterkirche, derselben griechischen Kirche gegenüber und gegenüber denen, die in der russischen Kirche dem griechischen Brauch sich anzugleichen bereit waren, als alleiniges Kriterium der Rechtgläubigkeit geltend gemacht wird, und zwar in fanatischer Weise. Denn es hat Märtyrer im Kampf für den alten Ritus (den ‚alten Glauben', wie man sagt) gegeben, schwere Verfolgungen und erbitterten Widerstand ..."[23]

### *2.1.1.1.1. Das Kreuzzeichen*

Den Altgläubigen selbst ging es beim Festhalten an der ihnen durch ihr vermeintliches Alter als richtig geltenden Tradition über das Zwei- bzw. Fünffingerkreuz in der Tat nicht nur um einen Brauch, sondern u.a. auch um das Festhalten am Prinzip des Alters und an der dadurch geheiligten Glaubensaussage. Man muß für unser Verständnis wohl ausdrücklich darauf hinweisen, welche Bedeutung das Kreuzzeichen für die Gläubigen hat, um zu verstehen, worum es ging. Es ist die häufigste und von jedem Christen geübte Praxis seines Bekenntnisses zu Jesus Christus[24]. So heißt es u.a. in der Kn. (Kap. 9, 72a,1–13), wo aus Johannes Damascenus' De fide orthodoxa (IV,11) zitiert wird:

„Unser Lob gilt vor allem dem allerehrwürdigsten Holz, der Hauptursache allen Heils, dem Kreuz, an dem sich Christus selbst zum Opfer gebracht hat, da es geheiligt ist durch die Berührung des hl. Fleisches und Blutes[25]. Ebenda heißt es: Wohl ist jede Handlung und Wundertat Christi überaus groß, göttlich und wunderbar, aber ehrwürdiger als alles ist sein Kreuz. Denn durch nichts anderes wurde der Tod unseres Stammvaters vernichtet[26], die Hölle gefangengenommen, uns die Auferstehung und Kraft geschenkt, das Paradies und der Himmel geöffnet, und wir sind Kinder Gottes geworden. Weiter unten: Man muß das Zeichen Christi verehren (poklonjatisja), denn wo sein Kreuz sein wird, dort ist auch er"[27]. Christus selbst habe in seiner Barmherzigkeit für seine Gläubigen gesorgt und ihnen einen neuen Namen gegeben: Christen. Und außerdem habe er ihnen ein Zeichen hinterlassen, das schon von den Propheten des AT durch den Hl. Geist vorhergesehen worden sei: das ehrwürdige Kreuz. „Davon zeugen alle Nachfolger der Apostel, daß er seinen sich fürchtenden wahren und rechten Christen das Kreuz gab, mit dem sie ihre Person zeichneten, so daß von den Personen die Bosheit flieht, d.h. all jene Verleumdungen und teuflischen Ränke, die unaufhörlich die Herzen der Gläubigen verwunden, böse Geister, die die Feiernden hassen und die rein und gottwohlgefällig Lebenden. Darüber sagen die hl. Väter: wenn ein böser Vorsatz kommt oder dich zur Sünde führt, bekreuzige dich und rufe den Gekreuzigten herbei, indem du sagst: Herr Jesus Christus, Sohn Gottes, erbarme dich meiner! Und so wird der böse Vorsatz von dir weichen, und du wirst gekräftigt in der Wärme der Liebe Christi und wirst ein rechter Christ der einen katholischen apostolischen Kirche sein" (Kir.kn., Kap. 14, 178b,8–179a,2). Dies hätten die Gläubigen nicht nur für sich gewußt, sondern auch vor den Ungläubigen gezeigt, nämlich als den christlichen Märtyrern die Zunge abgeschnitten wurde, konnten sie ihren christlichen Glauben ja nicht mehr durch das Aufsagen des Symbols bekennen, aber sie konnten sich als Christen durch das Bekreuzigen bekennen (vgl. 179a).

An dieser „Lebensäußerung“ des Christen kam es im Zusammenhang mit vier Texten in der Kir.kn.[28] und einem Text in der Kn. zum Streit, als die dort beschriebene Praxis und Auslegung zugunsten der damit nicht identischen Praxis der griechischen Kirche als ein Teil der Reformen des Patriarchen Nikon geändert wurde.

Als der Mönch Arsenij Suchanov[29] auf seiner Reise in den Nahen Osten als Reisebegleiter des Jerusalemer Patriarchen Paisios unterwegs auf dem Heiligen Berg Athos von den dort lebenden Mönchen erstaunt gefragt wurde, nachdem man ihn gebeten hatte, es doch noch einmal vorzumachen, wie man sich bekreuzigte, woher er das habe. Arsenij war seinerseits erstaunt und verwies die Frager auf die Kir.kn., in der der selige Theodoret und Maksim Grek bezeugten, daß seine Art richtig sei:

> „Der Patriarch ... legte drei Finger zusammen und sagte: Arsenij! So bekreuzigt ihr euch? Und der Starec Arsenij, indem er die Finger seiner Hand zusammenlegte, wie es in der Kir.kn. geschrieben steht, sagte: So bekreuzigen wir uns. Und der Patriarch sagte: Wer hat es euch so befohlen? Und der Starec Arsenij sagte: Bei uns ist darüber geschrieben in den hl. Büchern, ja auch euer Grieche vom Heiligen Berg, Maksim Grek, hat ebenso geschrieben. Und der Patriarch antwortete: Häretiker ist jener Maksim, der so geschrieben hat“[30].

Es ergibt sich ein längeres Streitgespräch, bei dem Arsenij nun auch seinerseits die Griechen fragt, wo denn bei ihnen geschrieben stehe, wie sie das Kreuz machten.

Die Griechen – dies muß hier kurz erwähnt werden – machten das Kreuzzeichen seit dem 13. Jh.[31] mit den ersten drei Fingern der rechten Hand, Daumen, Zeige- und Mittelfinger, wenn sie sich damit selbst bekreuzigten. Zum Segnen aber machten sie das auch auf der Christusikone dargestellte Kreuzzeichen, worauf Arsenij sie übrigens hinweist, mit allen fünf Fingern der rechten Hand. Dieses zweite hatte sich im Moskauer Rußland in den letzten hundert Jahren zuvor als einziges Kreuzzeichen durchgesetzt, wie die Bestimmungen des Stoglav von 1551 und das Kap. 13 des Domostroj belegen[32], so daß Arsenij eher die Rechtgläubigkeit der Griechen in Zweifel zieht als die Richtigkeit der eigenen Überlieferung, zumal es in der Kir.kn. ausdrücklich heißt: „So ist es von den hl. Vätern gelehrt und zum Gesetz gemacht worden (ukazano i uzakoneno)“ (181a,11f.). Im Zusammenhang des 14. Kap.s finden sich drei Erklärungen des 5-Fingerkreuzes und ein Hinweis auf das Wunder des Patriarchen Meletios von Antiochien (358–381), durch das die Wirksamkeit dieses Zeichens sogar vor den Heiden erwiesen worden sei. Der erste Text beruft sich auf keinen Kirchenvater, ist aber dem Inhalt nach identisch mit dem folgenden, der dem seligen Theodoret[33] zugeschrieben wird, und bringt zusätzlich zur Deutung der Symbolik der 5 Finger auch eine symbolische Deutung der vier Gesten des Sich-Bekreuzigens:

Die hl. Väter sagen, im Kreuzzeichen werde „das große Geheimnis der unteilbaren Trinität gepriesen. Und wie in der hl. Taufe durch das dreimalige Untertauchen ins Wasser das dreitägige Begrabensein und die Auferstehung Christi gezeigt wird, wie der Apostel (Röm. 6,3ff.) sagt: ‚Alle, die wir in Christus getauft sind, sind in seinen Tod getauft und mit ihm begraben durch die Taufe in den Tod.' Er fügte noch dieses hinzu: ‚Damit, gleichwie Christus ist auferweckt von den Toten durch die Herrlichkeit des Vaters, also auch wir in einem neuen Leben wandeln sollen.' Dementsprechend lehrt uns auch das Zeichen des ehrwürdigen Kreuzes das immergute Geheimnis des Glaubens zu begreifen. Denn durch das Zusammenlegen der drei Finger, des Daumens (velikij), des kleinen Fingers (malyj) und des dritten (!), der danebenliegt, wird das Geheimnis der drei göttlichen Hypostasen bekannt, des Vaters und Sohnes und des Hl. Geistes, des einen Gottes in drei Personen. Durch das Zusammenlegen der zwei Finger aber, des Zeige- und des Mittelfingers (vyšnij i srednij velikij), wird das Geheimnis unseres Herrn Jesus Christus selbst gezeigt, der vollkommen Gott ist und vollkommen Mensch. Indem man den Mittelfinger aber etwas neigt, wird das Geheimnis bekannt, daß der Sohn Gottes den Himmel neigte und auf die Erde herabstieg (Ps. 18,10) und Mensch wurde um unserer Errettung willen. Nachdem man so die zwei Finger zusammengelegt hat, legt man sie zuerst auf das Haupt oder die Stirn, wodurch bekannt wird, daß unser einziges wahres und ewiges Haupt Christus ist: ‚er hat ihn gesetzt zum Haupt der Kirchen[34] über alles, welche da sind sein Leib' (Eph. 1,22f.).

Darauf legen wir sie auf den Bauch (am Rand: na pup, auf den Bauchnabel), wodurch bekannt wird, sein Herabstieg auf die Erde und seine unbefleckte Empfängnis im allerreinsten Leib der Gottesmutter, und wir verkünden klar das neunmonatige Wohnen darin. Denn er durchlief als einziger allein ihren Leib wie die Sonne das Glas, ohne durch seine Geburt ihrer Jungfräulichkeit Schaden zuzufügen.

Darauf legen wir sie auf die rechte Schulter und bekennen, daß er zur Rechten Gottes des Vaters sitzt ...

Dann legen wir sie auf die linke Schulter, wodurch wir darstellen, daß er zum zweitenmal kommen wird zum Gericht und denen zur Linken ewige Qual, denen zur Rechten ewiges Leben zuteilen wird. Und wenn wir uns so mit dem Zeichen des ehrwürdigen Kreuzes bekreuzigt haben, verneigen wir uns und beten zu Gott, daß er uns vor dem Linksstehen bewahre und uns seinen Segen gebe" (180a,11–180b,7).

Gleich anschließend folgt das sog. Wort des Theodoret, in dem die Symbolik der 5 Finger etwas ausführlicher und mit mehr dogmatisch gefüllten Termini auftritt:

„Der selige Theodoret aber sagt, wie man sich mit der Hand bekreuzigen muß, um sich mit der Hand zu segnen und zu bekreuzigen. Drei Finger auf die gleiche Art zusammenzuhaben, den großen, der Daumen genannt wird (velikij iže glagolet-sja palec), und die zwei letzten – damit wird das Geheimnis nach dem Bild der Trinität bekannt: Gott Vater, Gott Sohn und Gott Hl. Geist, nicht drei Götter, sondern ein Gott in der Dreiheit. Die Namen sind geteilt, aber die Gottheit ist eine einzige.

Der Vater ist ungezeugt, der Sohn aber ist gezeugt vom Vater, jedoch ungeschaffen, der Hl. Geist aber ist weder gezeugt noch geschaffen, sondern ausgegangen (ischoden), drei in einer Gottheit: eine Kraft, eine Ehre, eine Anbetung von der ganzen Schöpfung, den Engeln und den Menschen. So ist die Bestimmung für die drei Finger.

Das Zusammenlegen der zwei Finger aber, des Zeigefingers und des mittleren großen, wobei man sie ausstreckt, den Mittelfinger aber etwas geneigt hält, stellt die zwei Naturen Christi dar: die Gottheit und Menschheit, Gott nach der Gottheit, den Menschen entsprechend der Menschwerdung, in beidem vollkommen. Der höhere Finger (vyšnij, d.h. der Mittelfinger) nämlich stellt die Gottheit dar, der niedrigere (der Zeigefinger) die Menschheit, weil er aus der Höhe herabstieg und das Niedrige rettete. Das Krümmen des Fingers bedeutet (tolkuetsja): denn er neigte den Himmel und fuhr herab auf die Erde (vgl. Ps. 18,10) um unserer Erlösung willen.

Ja, so geziemt es sich also, sich zu bekreuzigen und zu segnen. So ist es von den hl. Vätern gelehrt und bestimmt worden (ukazano i uzakoneno). Von solcher Kraft also ist das Zeichen des ehrwürdigen Kreuzes, mit dem wir Gläubigen uns bezeichnen, wenn wir beten, indem wir in geheimnisvoller Weise die Heilsvorsehung (spasovo smotrenie, Heilsgeschichte) bekennen, die Zeugung von Gott und dem Vater vor aller Schöpfung, seinen Herabstieg von oben auf die Erde und die Kreuzigung und seine zweite Ankunft, die zur Besiegelung der ganzen menschenliebenden Vorsehung für uns dient" (180b,7–181a,21).

Zu den beiden Texten, in denen besonders deutlich wird, wie das Kreuzzeichen das ganze Glaubensbekenntnis symbolisiert, die gesamte Heilsgeschichte vom präexistenten Sohn über Inkarnation und Erlösung bis hin zu 2. Parusie und Endgericht, wobei außerdem die Hauptdogmen (Trinitäts- und Zweinaturenlehre) ausgedrückt sind, gehört in der Kir.kn. noch ein Maksim Grek zugeschriebenes Wort:

„Über dasselbe Zeichen des Kreuzes, mit dem wir uns bekreuzigen, schreibt Maksim Grek in seinem Buch[35] folgendes: Du mußt also wissen, daß in der göttlichen Taufe mit dem dreimaligen Untertauchen ins Wasser die kirchliche Tradition das dreitägige Begrabensein und die Auferstehung des Erretters Christus vorhersagt (gadaet) entsprechend der göttlichen Stimme, die sagt (zit. frei Röm. 6,3ff.): Alle, die wir in Christus getauft sind, sind in seinen Tod getauft. So sind wir ja mit ihm begraben durch die Taufe in den Tod. Wie er dieses also sagt, d.h. in den Tod, fügt er hinzu: damit, gleichwie Christus ist auferweckt von den Toten, also sollen auch wir in der Erneuerung des Lebens geistlich leben, voll jeglicher Wahrheit (Gerechtigkeit), Ehrwürdigkeit und Heiligkeit, nachdem wir den alten Menschen ausgezogen haben, d.h. seine bösen und gotteslästerlichen Begierden und Taten des Fleisches und des Geistes.

Wie nun durch die Taufe uns auf geheimnisvolle Weise diese apostolische Tradition übergeben wird, so lehrt sie uns auch durch das Zeichen des ehrwürdigen Kreuzes zugleich das Geheimnis des rechten Glaubens auf geheimnisvolle Weise zu bekennen, nämlich die heiligste und zu verehrende Trinität und den Herabstieg vom Himmel auf die Erde des Eingeborenen und seine Kreuzigung und seine zweite Ankunft vom Himmel, wenn er richten wird die Lebendigen und die Toten, d.h. die Gerechten und die Sünder.

Denn durch die Vereinigung der drei Finger, d.h. des Daumens (palca) und des mittleren (sic! – srednjago) und des kleinen (malago), bekennen wir das Geheimnis der drei gottursprünglichen (bogonačalnych) Hypostasen des Vaters, des Sohnes und des Hl. Geistes, des einen Gottes in der Dreiheit.

Durch das Ausstrecken aber des langen und mittleren (dolgago i srednjago) Fingers bekennen wir, daß sich die zwei Naturen in Christus vereinigt haben, d.h. den Erretter Christus selbst als vollkommenen Gott und vollkommenen Menschen, der geglaubt und erkannt wird in zwei Seinsweisen (suščestvu) und Naturen.

Durch das Legen der Finger auf die Stirn bekennen wir diese beiden gewissen Dinge: daß er von Gott dem Vater gezeugt ist, wie auch unser Wort aus dem Verstand (ot uma) hervorgeht, und daß er von oben herabstieg nach dem Wort Gottes (Ps. 18,10): Er neigte den Himmel und stieg herab. Indem wir aber die Finger auf den Nabel legen (na pupe), verkündigen wir klar seinen Abstieg auf die Erde und seine unbefleckte Empfängnis im allerreinsten Leib der Gottesmutter, in dem er neun Monate Wohnung nahm.

Indem wir von hier die ganze Hand auf die rechte und die linke Seite führen, stellen wir deutlich dar, daß er die bittere Antwort vor den Gerechten, die zur Rechten des Richters stehen, gegen die Unfrommen und Sünder aussprechen wird, gemäß dem göttlichen Wort des Erretters (Mt. 25,31ff.), das er zu den widerspenstigen und sich nicht unterwerfenden Juden gesagt hat. Deswegen soll jeder Gläubige, wenn er diese Zeugnisse gehört hat, nicht fahrlässig sein und dies nicht für nichts halten und furchtlos sein, sondern mit Furcht und rechtem Glauben und reinem Gewissen sich mit dem Zeichen des Kreuzes bezeichnen, wie die Göttlichen Schriften befehlen. Es ist nämlich auch in den Büchern der Väter darüber geschrieben worden, daß, wer nicht so (po podobiju) seine Person bezeichnet, d.h. nicht recht das Kreuzzeichen macht und aus Stolz oder Trägheit hierin und dahin wedelt, sich über dessen Gewedel die Teufel freuen" (184a,1–185a,22).

Dieser Text spricht zwar auch vom Fünffingerkreuz, aber bei der Bezeichnung der einzelnen Finger kommt es zu Ungereimtheiten[36]. Weiterhin fehlt ein Hinweis auf den etwas zu neigenden Mittelfinger, wie wir ihn in den beiden vorangehenden Texten hatten. Und schließlich bringt er eine andere Auslegung der ersten Geste beim Bekreuzigen: hier die ewige Zeugung des Sohnes durch Gott den Vater mit dem Vergleich: „wie unser Wort aus dem Verstand hervorgeht", dort die ekklesiologische Aussage von Christus als dem einzigen Haupt der Kirche. Anders ist auch der Schluß, der vor einem Mißbrauch des Sichbekreuzigens warnt, ähnlich dem im entsprechenden Kap. 9 der Kn.[37], dessen Text über das Fünffingerkreuz dem ersten Text in der Kir.kn. sehr ähnlich ist, hier aber zu Beginn die Aussagen in den Zusammenhang des Gesamtthemas der Kn. bringt, daß die letzten Zeiten für die orthodoxe Christenheit angebrochen seien als Entscheidungszeit und man deshalb wissen müsse, was man glaubt:

„Die Zeit kommt, da man wissen muß, womit wir uns bezeichnen und welches Geheimnis darin eingeschlossen ist. So bekennt die hl. Kirche: die Vereinigung (sovokuplenie) der drei Finger der rechten Hand, d.h. des Daumens (velikago) und des kleinen Fingers und des dritten, der neben dem kleinen liegt, darin wird das Mysterium der drei göttlichen Hypostasen bekannt, des Vaters, des Sohnes und des Hl. Geistes, des einen Gottes in drei Personen.

Durch das Ausstrecken (protjagneniem) der zwei Finger, des Zeige- und Mittelfingers (vyšnjago i srednjago), wird das Mysterium unseres Herrn Jesus Christus selbst gezeigt, daß er vollkommen Gott und vollkommen Mensch war um unserer Erlösung willen.

Und haben wir so die Finger zusammengelegt, legen wir als erstes die Hand auf das Haupt oder auf die Stirn, wodurch wir bekennen, daß unser einziges wahres und ewiges Haupt Christus ist, wie der Apostel sagt (vgl. Eph. 1,22f.): Gott, der Vater unseres Herrn, hat der Kirche, die sein Leib ist, ein Haupt gegeben, das höher ist als alles.

Danach legen wir die Hand auf den Bauch, wodurch wir seinen Abstieg auf die Erde bekennen und seine unbefleckte Empfängnis im allerreinsten Leib der Gottesmutter, denn er ging durch ihren Leib hindurch wie die Sonne durch das Glas, ohne der Jungfräulichkeit (ihrem ‚Schlüssel') durch seine Geburt Schaden zuzufügen.

Danach legen wir sie (die Hand) auf die rechte Schulter, wodurch wir bekennen, daß er zur Rechten Gottes des Vaters sitzt, wo er wartet, bis man ihm seine Feinde zu seinen Füßen legt.

Danach legen wir sie auf die linke Schulter, wodurch wir darstellen, daß er zum zweitenmal kommen wird zum Gericht und denen, die auf der linken Seite stehen, ewige Qual zuteilen wird, denen aber, die auf der rechten Seite sind, ewiges Leben. Und wenn wir so unsere Person bekreuzigen mit dem Zeichen des Kreuzes, verneigen wir uns vor Gott, daß er uns davor bewahre, auf der linken Seite zu stehen, und uns seinen Segen gebe.

Auch dies muß man noch wissen, damit das Zeichen des Kreuzes, ehrlich, fromm und mit zerknirschtem Herzen dargestellt, immerdar währe, wir aber unfromm und ohne Ausharren überhaupt keine Hilfe empfangen werden, bei einem rechten Leben aber große Hilfe von ihm ..." (73a,25–74b,10).

Soweit die Texte, auf die sich Arsenij bei seinem Disput mit den Griechen berufen konnte und auf die sich später die Altgläubigen berufen, indem sie meinen, für die alte und wahre Tradition einzutreten.

Verstärkt wurde ihre Meinung noch durch den Wunderbericht eines Gottesurteils, der in der Kir.kn. vor dem Wort Maksim Greks zum Kreuzzeichen eingefügt ist:

„Es gab nämlich noch ein Wunder, schrecklich (strašno), hochberühmt und der Bewunderung würdig, als Meletios Patriarch von Antiochien war." Meletios, der im arianischen Streit um „das göttliche Mysterium" der Wesenseinheit des Sohnes mit dem Vater zu vermitteln suchte, wurde um eine baldige Belehrung gebeten. Da erhob sich „der gottgelehrte Mann und zeigte ihnen gemäß seiner göttlichen Gnade, da er die Häretiker in Furcht versetzen und beschämen und alle Leute in Staunen versetzen wollte, drei Finger, und das war nicht das Zeichen. Danach fügte er zwei zusammen – und den einen davon krümmte er – und segnete die Leute, und es ging von ihm ein Feuer wie der Blitz aus, und der lobenswürdige senkte die Stimme: Drei Hypostasen nämlich verstehen wir (razumevaem) darunter, über ein einziges Wesen predigen wir (o edinom že suščestve beseduem). Und so beschämte er die Häretiker, und alle Menschen waren voll Furcht und Zittern und lobten den hl. Mann und waren erfreut über die göttliche Gnade und die Beschämung der Häretiker. Solcherart nämlich ist die Kraft des Zusammenlegens der Finger und des Kreuzzeichens" (183a,21–183b,25)[38].

Auffällig ist, daß dieser Text nur vom Segnen mit dem Zeichen des Kreuzes spricht, für das das Dreifingerkreuz ja auch von den Griechen als richtig anerkannt wird. Denn der Patriarch Paisios unterscheidet in dem Gespräch mit Arsenij beide Vorgänge, das Segnen und das Sichbekreuzigen. Die Notwendigkeit von zwei verschiedenen Formen für ein und dasselbe Kreuzzeichen kann Arsenij aber nicht einsehen. Ein schönes Zeug habe den Griechen da ihr Hypodiakon Damaskēnos[39] eingeredet, auf den sich die Verteidiger des Dreifingerkreuzes beriefen[40].

Jenes Zeugnis des Damaskēnos Studitēs, des Lehrers von Ieremias II., sagt, daß jeder Christ sich so bekreuzigen müsse, daß er seine drei Finger für die Hl. Trinität vereinigt, den Daumen und die zwei Finger daneben („velikij perst i drugija dva suščaja bliz' ego"), und sie dann mit der Hand erstens auf seine Stirn, zweitens auf seinen Bauch, drittens auf die rechte Schulter und viertens auf die linke legt. „Gedruckt erschien dieses Wort in dem Buch Thēsauros, das 1568 in Venedig auf Bitten des Herrn Iakov unter der Obhut des Grēgorios Malaxas herausgegeben worden war. In kirchenslawischer Übersetzung wurde dieses Wort im Skrižal', Moskau 1656, auf S. 573 gedruckt"[41]. Gegen das Zeugnis des Damaskēnos wendet Arsenij ein, daß er ihm nicht glaube, „weil er viele Jahre nach dem siebten Konzil gelebt hat, und woher er stammt, welcher Art sein Leben war und in welchem Jahr er lebte, darüber steht nichts geschrieben; und es gab keine Zeichen und Wunder von ihm"[42]. Hier gibt Arsenij neben dem notwendigen Alter einer Aussage der Vätertradition, das selbstverständliche Voraussetzung ist („viele Jahre nach dem 7. Konzil"), noch zwei weitere Kriterien an, die einen Autor würdig sein lassen oder disqualifizieren können: die Vita und die Legitimation durch Wunder.

Als man aber Arsenijs Zweifel nur damit beschwichtigen kann, daß man ihm sagt, das Buch des Damaskēnos sei aber gut, verweist man ihn weiter auf den „großen" Johannes Chrysostomus und was dieser in seiner 54. Homilie zum Mt.-Ev. schreibt[43]. Arsenij läßt um das Buch bitten, der Patriarch läßt es besorgen, aber man sucht vergeblich darin nach einem Beweis für das Dreifingerkreuz. Dort heißt es nur, man solle sich kreuzförmig bekreuzigen, aber wie die Finger zusammenzulegen sind, davon steht nichts da.

Als der Patriarch einwirft, die Russen hätten doch die Taufe von den Griechen empfangen, womit er sagen wollte, also müßten sie sich doch genauso wie sie bekreuzigen, da dreht Arsenij den Spieß einfach um und sagt: „Wenn ihr eher getauft seid, dann antwortet auch eher, woher ihr eure Lehre habt, euch mit drei Fingern zu bekreuzigen!" Darauf können die Griechen nur antworten, daß sie es von nirgendwoher überliefert haben, aber sicher seien, es von Anfang an so empfangen zu haben. Arsenijs Antwort, voll Selbstbewußtsein vorgetragen, zeigt die Schwierigkeit der Verständigung: „Auch wir haben es so von Anfang an empfangen, wir haben es direkt vom Apostel Andreas." – Arsenij drückt damit aus, daß auch Rußland unmittelbar von einem Apostel Jesu bekehrt worden ist, seinen Glauben also nicht in Abhängigkeit von einer anderen Kirche erhielt, sondern unmittelbar von Gott. Somit steht Anspruch gegen Anspruch[44].

Als Patriarch Nikon um der griechischen Orientierung willen in Moskau das Dreifingerkreuz einführt und das bisher praktizierte Zwei- bzw. Fünffingerkreuz verbietet, hat er für die Behauptung der Richtigkeit dieser Reform, die gegenüber der älteren die vermeintlich ältere Tradition wieder einführte[45], nur den schon erwähnten Text des Damaskēnos anzuführen. Aber auch in der Kir.kn. selbst gibt es einen Passus, der bloß von einem Dreifingerkreuz spricht, ohne allerdings zu sagen, welche Finger gemeint sind. Der Text stellt das griechische Dreifingerkreuz dem katholischen Zweifingerkreuz gegenüber. Nach der haarsträubenden Geschichte, warum sich der Papst den Bart habe abrasieren lassen, folgen weitere Fragen und Antworten, die die „72 Häresien" (236a,18) betreffen, die der Philosoph Panhagiot dem Kardinal Ivan Azimit in einem fingierten Dialog[46] vorwirft:

Warum nennten die Lateiner die Gottesmutter nicht so, sondern „hl. Maria", „und warum legst du nicht drei Finger zusammen und bekreuzigst dich mit der rechten Hand, wenn du sie auf deine Stirn legst, und kleidest dich nicht mit der Waffe des Kreuzes des Herrn, sondern machst das Kreuz mit beiden Fingern und schließlich mit den Fingern zur Außenseite hin, so daß die Darstellung des Kreuzes wegsieht? Statt daß du dich mit ihm bekleidest wie wir Christen, entkleidest du dich des lebenschaffenden Kreuzes. Weswegen verneigst du dich nicht vor den hl. Ikonen und küßt sie nicht mit Liebe und Furcht, sondern legst dich auf die Knie und machst flüsternd ein Kreuz auf die Erde mit beiden Fingern und, nachdem du es geküßt hast, trittst du darauf und bist ein Kreuzesniedertreter" (236a,25–236b,15)?

Abgesehen davon, daß der Dialog ein übles Machwerk der griechischen antilateinischen Polemik ist (der Kardinal hört sich die Unverschämtheiten seines Gegners alle gelassen an und erscheint am Ende sogar völlig überzeugt)[47], bleibt dieser Text noch in anderer Hinsicht problematisch. Die „vermeintlichen Eiferer für die alte Zeit blicken auf dieses Gespräch mit großer Hochachtung, gründen darauf einige ihrer falschen Lehren, und Panhagiot nennen sie sogar heilig“[48].

Sollten sie dieses Zeugnis über das Dreifingerkreuz überhaupt nicht als ihrer Auffassung entgegenstehend empfunden haben? Jedenfalls wird in einem Brief des Bojaren Andrej Pleščeev an den Protopopen Avvakum, in dem er diesen zur Wiedervereinigung mit der orthodoxen Kirche bewegen will, bezüglich des Kreuzzeichens auf die ebengenannte Stelle Bezug genommen: „Über die Darstellung des Kreuzes aber und das Zusammenlegen der drei Finger bitte ich dich, daß du nicht in Verwirrung gerätst, denn du hast bekanntermaßen die Bestätigung, wenn du fleißig die Göttliche Schrift liest, das Buch Kyrills von Jerusalem auf S. 236, den Prolog zum 14. November, das Buch des geistlichen Skrižal' (Gesetztafel) auf S. 756, dazu auch noch die Bestimmung der Ökumenischen Partriarchen[49], die mit schrecklichen Flüchen folgendes festlegten: ‚Wenn, heißt es, jemand nicht mit den ersten drei großen Fingern der rechten Hand das Zeichen des Kreuzes auf seiner Person darstellt, dann ist er ein Häretiker und Nachahmer der Armenier und wird deswegen vom Vater und vom Sohn und vom Hl. Geist ausgeschlossen sein und verflucht.‘ Die Verkündigung der Wahrheit unterschrieb jeder von ihnen eigenhändig. Und alle Christen, die ihnen unterstehen, vom Osten bis zum Westen und den nördlichen Ländern ..., kennen nicht die Regel des Theodoret, die aus Unwissenheit in den Psaltern ... und den Kyrill-Büchern abgedruckt worden ist, und machen das Zeichen des ehrwürdigen Kreuzes ebenso mit den drei großen Fingern der rechten Hand. Du aber, Geliebter, sei nicht weise von dir selbst und eifere nicht ungestraft, wenn du reinen Weizen finden willst zur Zeit der Ernte“[50].

Der Kiever Metropolit Petr Mogila vermeidet in seiner 1642 verfaßten Confessio Orthodoxa jede nähere Angabe, mit welchen Fingern das Kreuzzeichen zu machen ist, und erwähnt nur, daß es mit drei Fingern der rechten Hand zu machen ist[51]. Auch in der Kiever Ausgabe seines „Kleinen Katechismus“ von 1645 in polnischer Sprache steht der Text über das Dreifingerkreuz (S. 25f.), aber in der Moskauer kirchenslawischen Ausgabe von 1649 ist statt dessen die Anweisung über das Fünffingerkreuz eingefügt worden (S. 16b–17a)[52], also etwa gleichzeitig mit dem Erscheinen der Kn.

Am Beispiel des Streites um das rechte Kreuzzeichen wird deutlich, wie zwiespältig die Berufung auf das Alter der Tradition sein kann, denn sie führte schließlich zum Raskol. Die Folgen dieser Entwicklung waren, daß das Vorhandensein der für die Schismatiker sprechenden Texte in der Kir.kn. und der Kn. dazu führte, daß beide Bücher insgesamt von der offiziellen orthodoxen Kirche in ihrem Wert herabgesetzt wurden und dort bald jegliche Bedeutung verloren, während sie andererseits bei den Altgläubigen derart aufgewertet wurden, daß sie als heilige Schriften galten.

Wo das Alter einer Tradition als Kriterium für deren Wahrheit gilt, ohne daß man die Frage von historischer Forschung abhängig zu machen bereit ist, besteht die Gefahr des Schismas, wenn es strittig ist, wer das Alter der Tradition für sich in Anspruch nehmen darf.

So urteilt der russische Theologe Kartašev: „Das aufrichtige heroische Märtyrertum der russischen Altgläubigen zeigt uns das tragische Beispiel einer primitiven Lösung der Frage: sie erhoben sich für die ganze steingewordene Eigenart des Moskauer Kultus und Lebens, für Kleidung und Bart, für grammatische Fehler, für Verschreibungen und Druckfehler ... Richtig ist hier der Durst nach der absoluten Wahrheit und richtig ist, daß man sie in der Kirche findet, aber das zweite Gebot ist nicht beachtet, das da sagt: Mach dir keinen Götzen! Und dieser Sündenfall ist für uns Russen offenbar eine besondere Gefahr“[53].

Den Altgläubigen vorzuwerfen, nur „sogenannte“ Altgläubige zu sein, wie dies in der orthodoxen Polemik durchweg geschah[54], ist deshalb nur ein Ausdruck dieses Dilemmas. Auch der Rat Lilovs wird ihnen nicht gerecht. „Hätten sie die Ausgabe der Kirillova kniga ... nach den Handschriften kontrolliert, dann hätten sie z.B. gesehen, daß es die entstellende Legende über Meletios ... und das Wort des Maksim Grek über das Kreuzzeichen in den alten Handschriften, die die Artikel gegen die Lutheraner enthalten, die in der Kirillova kniga abgedruckt sind, nicht gibt, daß folglich die Legende über Meletios ... und das Wort des Ehrwürdigen Maksim in die Krillova kniga nach dem Gutdünken der Moskauer Herausgeber hineingetragen worden sind ... Wenn sie die notwendige Aufmerksamkeit auf die verschiedenen falschen Legenden über die Lateiner und Armenier gewandt hätten, ... dann wären sie frei von jenem Geist der Bosheit und Feindschaft zu allen Andersgläubigen, ja sogar zu ihren orthodoxen Mitbrüdern, den für gewöhnlich in der Seele des Menschen verschiedene ungerechte Legenden hervorrufen, die als Glaube angenommen werden, um so weniger würden sie natürlich anfangen, jedem Wort eines alten Buches zu glauben“[55].

Bisher haben wir am Beispiel der Vorschriften über das Kreuzzeichen gezeigt, wie das Kriterium des bloßen Alters einer Überlieferung dazu führte, daß es im Streitfall zum Schisma kam. Es gibt noch weitere Punkte in der Kir.kn. und der Kn., die nach der Reform Nikons nur noch als Sonderlehren der Altgläubigen weiterexistierten, weil sie ebenfalls als vermeintlich alte Tradition in den beiden Büchern vorgegeben waren.

*2.1.1.1.2. Der Text des Glaubensbekenntnisses*

Die beiden ersten Eigenheiten beziehen sich auf den Text des Glaubensbekenntnisses, des nizänokonstantinopolitanischen Symbols[56]. Im 7. der 12 Glieder steht in der Kir.kn. (in dem im Lehrbrief des Partriarchen Photios zitierten Text des Symbols, 507a,7–507b,7): „Jetzt aber erlegen wir dir die hl. und von Gott geoffenbarte Lehre unseres hl. Gottesdienstes (služby) auf: Ich glaube ..., dessen Reich ohne Ende ist (ego že carstviju nest' konca) " (507a,25). In der Kn. heißt es in Kap. 7 über Christus als Haupt, Hirte, Hoherpriester und Fundament der Kirche nach einer Einleitung (in der der apophatische Grundansatz der orthodoxen Theologie betont wird, so daß anschließend darüber nur Schriftzitate beigebracht werden) im Anschluß an die Aussage, daß Christus zwei Willen hatte, einen göttlichen und einen menschlichen, mit letzterem „im Fleische litt, starb und auferstand und den Weg, der zum ewigen Leben führt, allen sagte und die wahrhaftig an Gott den Vater und den Sohn und den Hl. Geist Glaubenden errettet, die Ungläubigen aber bei seiner zweiten Ankunft richten wird, dessen Reich kein Ende hat" (56a,10–15).

Als im Zuge der Nikonschen Reform die Lesart „nest' konca" durch die „ne budet konca" (ohne Ende sein wird) ersetzt wurde, machten die Altgläubigen diese Korrektur nicht mit, da sie ihrer Meinung nach den alten heiligen Wortlaut verändere. Dabei beriefen sie sich auf die genannten Stellen. Hier ist die angeblich ältere Lesart eine Neuerung, und für die im Osten allgemein übliche Lesart „ne budet konca" gibt es auch in unseren beiden Büchern Belege: gleich in der Überschrift des 1. Teils der Kir.kn. heißt es so (1a,5), allerdings auf der nächsten Seite schon zitiert Zizanij das Symbol mit „egože carstviju nest' konca" (1b,25). Im Text des Glaubensbekenntnisses, das die zur Union mit Rom übertretenden Bischöfe Pocej und Terleckij am 23.12.1595 Papst Clemens VIII. überreichten, heißt es wieder: „Egože carstvu ne budet konca" (Kn., 219a,19f.). Dogmatisch bedeutet beides dasselbe, aber die letztere Form hat ihr Vorbild in Lk. 1,33[57].

Auch beim 8. Glied des Symbols gibt es in unseren beiden Büchern eine Version, die die Altgläubigen beibehielten, während die orthodoxe

Kirche sie korrigierte. Es geht um den Zusatz des Attributs „istinnago". Wir finden ihn im 8. Kap. der Kir.kn. über den Ausgang des Hl. Geistes:

„Weiter war das erste hl. ökumenische Konzil der dreihundertachtzehn Väter in Nizäa, und danach das zweite ökumenische Konzil der hundertfünfzig Väter in Konstantinopel. Diese beiden lehrten und überlieferten folgendes in der Darlegung des orthodoxen Glaubens, d.h. dem Symbol: Ich glaube an einen Gott und den Hl. Geist, den Herrn, den Wahrhaftigen und Lebenschaffenden, der vom Sohne ausgeht" (127b,19–128a,1). Ebenso heißt es an der entsprechenden Stelle im Lehrbrief des Photios (507b,1). Und wir finden die erweiterte Formel in der Kn. im vierten Kap. über den Ausgang des Hl. Geistes: „Nachdem ich mit Gottes Hilfe die wahren Schriften so vieler berühmter Heiliger durchgegangen bin, werde ich meinen Bericht bis zu den ökumenischen Konzilen ausdehnen, die das Bekenntnis des Glaubens dargelegt und erklärt haben ...: ‚und an den Hl. Geist, den Herrn, den Wahrhaftigen und Lebenschaffenden, der vom Vater ausgeht'. Und dies wahre Bekenntnis ohne die Hinzufügung des ‚und vom Sohn' haben die hl. Märtyrer durch ihr Blut besiegelt" (43a,6–43b,2).

Das Attribut „istinnago" kommt nicht vor in dem Glaubensbekenntnis Pocejs und Terleckijs, das das Filioque enthält: „Und an den Hl. Geist, den Herrn, den Lebenschaffenden, der vom Vater und vom Sohn ausgeht" (Kn., 219a,21f.). Das Problem verschiedener Lesarten dieses Artikels hatte schon den Stoglav beschäftigt, damals standen sich drei Lesarten gegenüber, zwei alternative („und an den Hl. Geist, den Herrn, den Lebenschaffenden"; „und an den Hl. Geist, den Wahren und Lebenschaffenden") und eine Kombination aus beiden, wie wir sie auch in der Kir.kn. und der Kn. vorfinden. Der Stoglav hatte die beiden Alternativen zugelassen, die Kombination aber abgelehnt[58]. Dement'ev erklärt das Zustandekommen der dritten Lesart aus der Unwissenheit der Abschreiber, die die am Rande angegebene Alternative nicht als solche, sondern als versehentlich ausgelassenes Wort verstanden und darum in den Text einfügten[59].

### *2.1.1.1.3. Das Barttragen*

Betrafen die beiden Punkte über den Text des Symbols in erster Linie das unveränderliche Festhalten an der für alt gehaltenen Überlieferung eines Textes, ja *des* Textes des Glaubens schlechthin, geht es in den beiden folgenden Streitfragen um das Festhalten an einem Brauch und um das rigoristische Verbot des Tabakrauchens. In beiden Büchern wird in Form einer bösartigen Verleumdung die Bartlosigkeit der katholischen Priester erklärt und verworfen. So heißt es in dem fingierten Dialog zwischen dem „Kardinal Azimit" und dem „Philosophen Panhagiot"[59a]:

„Sag mir, warum sich eure Päpste und alle Kleriker den Bart rasieren! Azimit: Es kam ein Engel des Herrn nachts zum Papst und sagte ihm: Wenn du sein willst wie die Engel, rasier dir den Bart, denn die Engel stehen ohne Bart vor Gottes Thron. Panhagiot: Nicht so! Das hast du gelogen! Höre, Azimit, ich will dir die Wahrheit gestehen ..., und wenn ihr sie verschweigt, dann werden die Steine reden. Denn euer Papst wollte es, weil er eine Frau haben wollte. Und so schickte er nach einer gewissen Frau, daß sie zu ihm ins Bett (na lože) kommen sollte. Die Frau aber ließ ihm sagen: Wenn du willst, daß ich zu dir ins Bett komme, dann schneide dir den Bart ab! Und der Papst gehorchte ihr, rasierte sich seinen Bart und schickte gleich danach einen Boten zu der Frau und ließ ihr sagen: Ich habe schon meinen Bart rasiert, komm zu mir in mein Bett! Und die Frau antwortete ihm: Weil du dir deinen Bart rasiert und dich zuschanden gemacht hast und deinen Rang und deine Ehre zugrunde gerichtet hast um meines weiblichen Bartes unter dem Bauchnabel willen, so wahr Gott lebt – ich will nicht zu dir ins Bett kommen! Und da war euer Papst in großem Kummer und Unglück und gedachte bei sich, eine große Bosheit zu tun.

Und so dachte der Papst bei sich nach und begann, Tauben aus seinen Ohren zu füttern, und dressierte (priuči) sie so und ging in seinen Palast, und die Tauben flogen hinter ihm her und setzten sich auf seine Schultern, und er fütterte sie aus seinen Ohren mit Hirsekörnern. Und der Papst war sehr froh darüber. Danach verfaßte er einen Brief und schickte ihn in all sein Gebiet, in alle Länder zu allen Bischöfen, Popen und Diakonen, und sie kamen zu ihm. Der Papst aber rief sie zusammen in die Kirche, die Tauben flogen hinter ihm her in die Kirche, setzten sich auf seine beiden Schultern und pickten die Körner aus seinen Ohren. Da sagte der Papst zu allen Bischöfen, Popen und Diakonen: Friede sei mit euch! Hört, meine kirchlichen Brüder und Kinder, ich will euch in friedfertiger Liebe sagen, was mir Demütigem offenbart worden ist zu eurem Heil. Gott schickte seinen Engel zu mir mit diesem Brief in Taubengestalt und sagte mir, wenn du und deine Kinder sein wollen wie die Engel, die beim Thron Gottes stehen, rasiert euch die Bärte, denn die Engel stehen ohne Bart vor dem Thron Gottes. Und ich, meine Kinder, habe das mir von Gott Befohlene getan, und ihr, meine Kinder, sollt ebenso tun wie ich, damit wir dem Rang der Engel würdig sein werden.

Nachdem sie das gehört hatten, nahmen sie Rasiermesser und rasierten sich alsbald ihre Bärte. Als der Papst sich nun nicht überführt sah, ergriff ihn große Freude. Und solchen Betrug haltet ihr auch bis heute, weil eine Frau euch entehrt hat und euer Bartrasieren wegen der Gegend unter dem weiblichen Bauchnabel geschehen ist" (Kir.kn., 224b,25–236a,15).

In der Kn. wird in dem Kap., das die Unterschiede zur katholischen Kirche aufzeigt, ebenfalls auf diese Geschichte angespielt, ohne daß sie jedoch erzählt wird:

„Dazu will ich auch noch an diese Torheit der westlichen vermeintlichen Geistlichen erinnern, das Rasieren der Schnurrbärte und Bärte, dessen Anfänger, so erzählt man, der Papst Petrus der Näsler (Petr Gugnivyj) und von den Kaisern der Häretiker Konstantin Kavalin[60], der Bilderfeind, waren, die in Torheit verfallen die von Gott im ersten Menschen geschaffene gute Qualität verdarben und ihre Gesichter aussätzig machten (prokazjat), so daß sie den Eunuchen ähneln. Es scheint, daß sie dies mehr um der Buhlerinnen willen taten" (257a,6–15).

Daß der Mann von Gott mit Bart geschaffen worden ist und das so gut war, hat später die Altgläubigen jegliches Rasieren der Bärte ablehnen lassen, sowohl für die Geistlichen als auch für die Laien. Dagegen setzte sich in der orthodoxen Kirche die Meinung durch, daß das Verbot nur für die Geistlichen gemeint sei[60a]. Besonders anstößig für den orthodoxen Christen war z.B., daß es bei den Lateinern Christusbilder gab, auf denen er ohne Bart dargestellt war (Kir.kn., 240a,14f.).

*2.1.1.1.4. Das Tabakrauchverbot*

Schließlich konnten sich die Altgläubigen in ihrer Ablehnung des Tabakrauchens auf eine Stelle in der Kn. berufen, die dort im größeren Zusammenhang des Kap.s über das Fasten steht, wo auch das Alkoholtrinken als Sünde angeprangert wird:

„Christus, unser Erretter, weil er alles vorhersah über das letzte wütende Geschlecht, sagte in seinem göttlichen Evangelium: Wie es in den Tagen Noahs war, so wird es auch in den Tagen des Menschensohns sein: sie aßen und tranken, freiten und ließen sich freien bis zu dem Tage, als Noah die Arche bestieg und die Sintflut kam und alles umkam[60b]. Urteile hier, Geliebter, ob in diesen Zeiten sich nicht die Worte Christi erfüllt haben in den eigenwilligen Menschen, so daß alle zusammen zur verfinsternden Trunkenheit neigen; und als jener größte Spaß und größtes Vergnügen erwies sich der teuflische Tabak, mit dem die Menschen sich noch mehr Schaden zufügen, und sie wollen nicht wieder zur Besinnung kommen" (128a,9–24)[61].

Das Tabakrauchen war aus Amerika nach Europa gelangt, galt aber bei den Orthodoxen als typisch mohammedanische Eigenart und wurde schon deshalb abgelehnt. Sowohl der römische Papst (bis 1724) als auch der russische Zar (im Uloženie von 1649) verboten das Rauchen als schwere Sünde[61a].

*2.1.1.2. Die Unveränderbarkeit*

In der polemischen Auseinandersetzung der Orthodoxie mit dem Katholizismus und der Reformation, von denen sie sich abgrenzen mußte[62], wird als weiteres Kriterium für den Kampf um den rechten Glauben die Unveränderbarkeit der Tradition betont[63]. Durch die Veränderung der Tradition entstanden Spaltungen, Häresien, denn „wenn es nach dem Apostel (1. Tim. 4,1) heißt: ein Herr, ein Glaube, dann sind alle anderen kein Glaube, sondern Häresien und Spaltungen ... Ich bitte zu kämpfen für den Glauben, der den Heiligen ein für allemal überliefert worden ist (Jud. 3b)" (Kn., 1b,19–25)[64]. Ein für allemal verbindlich formuliert ist der Glaube zu allererst im Glaubensbekenntnis, das bei jeder Feier der hl. Liturgie gesungen wird:

„Uns aber und allen, die bis ans Ende der Welt Christen sein wollen, haben die hl. Väter das Bekenntnis des orthodoxen Glaubens auf den hl. ökumenischen Konzilen dargelegt, das so geht: Ich glaube an den einen Gott – ganz bis zu Ende. Dies ist der Glaube Christi, dies ist der apostolische Glaube. Dieser Glaube ist von einem Ende der Erde bis zum anderen über die ganze Welt verkündigt worden. Dieser Glaube ist durch die Schriften der hl. gottragenden Väter und ökumenischen Lehrer befestigt und durch die Mühen der Bekenner und das Blut der Märtyrer geschmückt worden. So glauben auch wir und bekennen mit den hl. Vätern. Aber wer nicht so glaubt, den verfluchen wir; dreimal mögen sie verflucht sein! Wer aber so geglaubt hat und die anderen mit Schrift und Wort ebenso gelehrt hat, wie heute die orthodoxe katholische Kirche bekennt, dem sei ewiges Andenken dreimal" (Kn., 8b,12–9a,5)!

Am Schluß von Kap. 28, in dem die Unterschiede zur katholischen Kirche aufgezählt werden, zitiert die Kn. Johannes Chrysostomus als warnende Stimme vor der Schwere der Sünde einer Kirchenspaltung[65]:

„‚Ein hl. Mann', sagt er, ‚kann auch nicht durch sein Märtyrerblut diese Sünde wiedergutmachen.' Die hl. Väter ihrerseits auf den Konzilen, die ein so großes Verderben der menschlichen Seelen in ihre Überlegungen einbezogen, das daraus entsteht, gaben folgenden Beschluß heraus[66]: Alles außer der kirchlichen Tradition und Lehre ... der ... Väter, was neu oder danach hervorgebracht ist, ist dreimal verflucht. Wir Rechtgläubigen aber fürchten uns vor diesem dreifachen Fluch und wagen überhaupt nicht, die kirchliche Tradition zu verderben. Wer aber dies mißachtet, der wird mit Recht die Verfluchung empfangen in Ewigkeit, Amen" (257b,10–25).

Mit den 7 Ökum. Konzilen hat die Tradition eine Fixierung erhalten, so daß man sogar von dem auf sieben Säulen ruhenden Glauben spricht[67]. Was von ihnen festgelegt worden ist, das soll unverändert bleiben, unangetastet bis zum kleinsten Jota (Mt. 5,19), ohne jeglichen Widerspruch.

Denn „wenn jemand in dieser von den sieben ökumenischen Konzilen befestigten Wahrheit bleibt, wird er errettet, wie geschrieben steht (Ps. 73,27): Wer aber abfällt oder sie irgendwie verletzt, wird in Ewigkeit umkommen. Als nämlich das letzte und in allem vollkommene Bekenntnis des Glaubens festgelegt wurde, da war es nicht mehr nötig, es umzubilden oder etwas wegzunehmen oder zu ändern [vgl. Dt. 12,32].

Wenn sie etwas erneut hätten verändern wollen, dann hätten die hl. Väter der sieben ökumenischen Konzile zum Lob und zum Gedächtnis das verkündigen können. Aber sie sagten und schrieben so[68]: Wenn jemand wagt, etwas Neues (v novo) festzusetzen und zu predigen und nicht so, wie die hl. Apostel es überliefert und die hl. Väter befestigt haben, der dient schon der Zerstörung und Spaltung, ist aber nicht ein Anfänger der Predigt und des Glaubens. Aber es wird dann für die ganze Schöpfung das Ende kommen (Mt. 24,14). Er [Christus] sagt nicht ‚wird sein' (budet), sondern ‚wird kommen' (priidet)" (30a,12–30b,8).

Angesichts dieses letzten Ernstes heißt es im Brief des Meletios Pēgas an den Fürsten Konstantin von Ostrog (Kir.kn., Kap. 38):

„Wenn wir alle vor dem schrecklichen Thron stehen werden[69], wen werden die Väter als die Ihren erkennen? Diejenigen, die den Glauben der Väter und die gottinspirierten Überlieferungen der hl. Väter verworfen haben, oder uns Orthodoxe, die wir nichts und abernichts verändert haben? Nicht jene, meine ich (mnju;

griech. oimai, weiß ich), sondern uns. Die Zusammenstellung des Glaubensbekenntnisses, das ganz von jenen besten gottragenden[70] Vätern verfaßt worden ist ..., ist nämlich bei den andern heute anders. Bei uns aber wird es durch die Gnade Gottes unverändert bewahrt[71]. Sie haben zwar die Überlieferungen überliefert, aber auch die Überlieferung verworfen, und sie verwerfen sie vielmals und vielfältig. Dies aber geziemt sich nicht gegenüber den Märtyrern und Gläubigen, weil es allen offenbar ist. Die aber so seltsam über den Glauben und die Überlieferung der hl. Väter denken, daß sie nicht in derselben zusammenkommen, sondern in Verwerfung und Schmähung – wie werden die wohl verdammt werden beim Gericht" (434b,11–435a,8)!

Nicht umsonst erklärt deshalb Petr Mogila in seiner Confessio Orthodoxa die 6. Bitte des Vaterunsers im Blick auf die Versuchungen, die Christen bedrängen können, es gäbe zweierlei Arten:

„die einen kommen von der Welt, vom Teufel, vom Fleisch, und verführen uns zum Sündigen, die andern aber von jenen Tyrannen, die die hl. Kirche durch falsche Lehre, schmeichelhafte und täuschende Worte, falsche Wunder, Versprechungen von Reichtum und Ruhm bekämpfen und schließlich durch Tyrannei, Konfiszierung der Güter, Infamie, was wir alles in unseren Tagen erfahren. Wir bitten auch Gott den Herrn in dieser Bitte, wenn es geschehen sollte, daß wir um seines Namens willen und der hl. Kirche, seiner Braut, und der Wahrheit des hl. Evangeliums willen das Martyrium leiden müssen, daß er uns mit seiner Gnade stärke, durch die wir mit starkem Mut ausharren können und im Himmel die Märtyrerkrone erlangen; schließlich, daß er nichts zulasse, was unsere Kräfte übersteigt"[72].

Es gibt bei der Aufgabe, die Tradition unverändert zu bewahren, keine Ausnahmen, sie gilt für jeden. Der folgende Text des Vasilij aus dem 34. Kap. der Kir.kn. über die „Häresie", ungesäuertes Brot bei der Eucharistie zu verwenden, zeigt auf, daß auch ein Zusammenhang mit dem ethischen Verhalten des einzelnen besteht, und warnt dabei vor der menschlichen Klügelei, der Autonomie der eigenen Vernunft gegenüber der Offenbarung Gottes:

„Den Orthodoxen ist es nicht nur schrecklich und furchterregend, das vom Hl. Geist Überlieferte zu verändern, das immer unwandelbar bleibt (nepreložno prebyvaet), sondern auch darüber nachzudenken ... Deshalb gebührt es jedem, mit aller Kraft die kirchliche Tradition zu halten, die von den göttlichen Aposteln durch den Hl. Geist festgelegt und von einer solchen Menge ehrwürdiger und gottragender Väter ... befestigt und befolgt worden ist. Wer etwas hinzufügt oder wegnimmt oder verändert, selbst wenn es der größte Lehrer sein sollte, auf den soll man in keiner Weise hören, sondern sich von einem solchen fernhalten, wie uns die göttlichen Apostel (Gal. 1,8) lehren, indem sie sagen: ‚Aber wenn auch wir oder ein Engel vom Himmel euch würde das Evangelium anders verkündigen, als wir es euch verkündigt haben, der sei verflucht' usw. Denn das Gesetz Gottes ist untadelig, es bedarf niemals einer Verbesserung. ‚Denn die Worte des Herrn', heißt es (Ps. 12,7), ‚sind rein'; ‚es ist nichts Verkehrtes noch Falsches darin. Sie sind alle recht für die Verständigen und richtig denen, die Erkenntnis gefunden haben' (Spr. 8,8f.).

Mit ihrer Vielzahl schlagen die an hohem Fieber Erkrankten die Gesunden, die sich zu ihnen setzen, mit ihrer Krankheit ... Daher ist also klar, daß, wer das vom Hl.

Geist befestigte Gesetz zu verbessern wagt, wird es mit jenem fleischlichen Klügeln krank machen, wie denn einem Gesunden die Arznei nicht nützt, sondern ihm vielmehr schadet. So auch, wer das Richtige verbessert, der beugt es mehr, als daß er es verbessert. Um so mehr geziemt es solchen, sich selbst zu verbessern, d.h. ihren Lebenswandel nach dem göttlichen Gesetz einzurichten, nicht aber das göttliche Gesetz mit ihren eigenen afterweisen Absichten zu verderben und nach ihren eigenen Gelüsten zu beugen. Sondern, wie der selige Chrysostomus in seinen Homilien zu den Evangelien erinnert, wenn er sagt[73]: ‚Wenn wir nämlich im Bösen leben, so braucht uns niemand erst Böses nachzusagen, wir sind doch schlimmer daran als alle anderen. [...] Diese werden sich eben nicht um die Verunglimpfungen der Bösen kümmern, sondern lieber auf ein tugendhaftes Leben bedacht sein. Der Beweis aus euren Werken spricht lauter als der lauteste Herold, und ein reines Leben glänzt mehr als selbst das Licht.'

Dies ist die nützliche Lehre der wahren Hirten und Erleuchtung für die übrigen Christen, viel nützlicher als jede schönrednerische Lehre, ‚damit sie eure guten Werke sehen', wie er [Christus] (Mt. 5,16) gesagt hat, und euren Vater im Himmel preisen'. Wenn wir auch nicht in allem vermögen, solche Werke zu zeigen – denn sind wir nicht alle leidenschaftliche Menschen? –, muß sich doch jeder darum bemühen, damit Gott es nach Kräften fördere, nicht aber wagen, die vom Hl. Geist festgelegten überlieferten Gesetze zu verändern.

Denn es heißt: Ändere nicht die ewigen Bestimmungen, die deine Väter gesetzt haben![74] Oder ist nicht die Übertretung solcher klar, die die von den hl. gottragenden Vätern durch den Hl. Geist aufgeschriebene Tradition und Ordnungen zu bestimmten günstigen Zeiten verderben (raz-vraščati), die eigene bessere Lehren als die vom Hl. Geist hineinzubringen meinen – wie soll man solche nicht zu den Abtrünnigen Gottes zählen, den Heiden, d.h. den Türken und Skythen und den Gottesmördern, den Juden, und den übrigen ihnen ähnlichen Häretikern, die sich der Wollust des Bauches unterwarfen und vom Ruhm dieser Welt verfinstert wurden! Jeder von ihnen meint, daß seine eigenen Lehrer besser als die aller Völker sind und ihre Lehren, Bräuche, Gesetze und Sitten für viele urteilslose Menschen schön und süß sind. Aber alle werden am Ende als nicht wahr und bitter befunden werden und Fürsprecher ewiger Qual sein. Denn die Wahrheit bedarf keiner Schönfärberei. Deshalb sagt auch der Apostel (2. Kor. 4,3f.): ‚Ist nun unser Evangelium verdeckt, so ist's denen verdeckt, die verloren werden, den Ungläubigen, denen der Gott dieser Welt den Sinn verblendet hat, daß sie nicht sehen das helle Licht des Evangeliums von der Herrlichkeit Christi.'

Deshalb gefiel es Gott wohl, nach seiner Himmelfahrt und dem Tod seiner göttlichen Jünger und der übrigen hl. Apostel, als er den ersten Kaiser vom Unglauben zum Glauben bekehrte und ein christliches Reich errichtete, daß er den ökumenischen Lehrern und Theologen von überallher sich zu versammeln befahl, die von den göttlichen Aposteln und ihren Nachfolgern überall eingesetzt worden waren, und einer Vielzahl von ehrwürdigen Vätern und gottragenden Eremiten und großen Wundertätern mit engelgleichem Lebenswandel, die Gesprächspartner der Engel waren, zu verschiedenen Zeiten und unter verschiedenen frommen Kaisern, daß sie sich unter dem Wohlwollen Gottes bis zu sieben Mal zu ökumenischen Konzilen versammelten, erleuchtet vom Hl. Geist den wahren Glauben reinigten von den widerlichen Häresien, die von den Gefäßen des bösen Feindes ausgesät wurden und die sie wie die Spreu vom Weizen von dem unverdorbenen Glauben ausrotteten und jene scheußlichen Unkrautsäer selbst als Häretiker überführten und wundertätig besiegten, beschämten und durch den Fluch zum ewigen Feuer verurteilten ...

Deshalb wird jeder, der etwas ändert, etwas hinzufügt oder wegnimmt, klar erfunden als einer, der dies nicht im Geist Gottes tut, sondern an menschlicher Klügelei krankt und verführt wird, so wie auch die übrigen von Gott Abtrünnigen auf Irrwege geraten von Mutterleib an (Ps. 58,4) und Lüge zusammenstellen. ‚Der natürliche (duševen) Mensch aber', heißt es (1. Kor. 2,14)[75], ‚vernimmt nichts vom Geist Gottes, es ist ihm eine Torheit, und er kann es nicht erkennen'. Aber darüber nur bis hier! Man muß nämlich auch an das übrige erinnern, das die Lateiner in den Hl. Schriften der apostolischen Tradition verändert und nach ihrem Eigendünkel verwandelt haben" (305b,4–308b,9).

### *2.1.1.2.1. Das Filioque*

Als größte Häresie wird den Lateinern immer wieder die Veränderung des Symbols durch die Hinzufügung des Filioque vorgeworfen[76]. Weil es in älteren Texten nicht zu finden ist, wird es abgelehnt. Der Streit scheint in erster Linie ein formaler zu sein, wie denn das Kriterium der Unveränderbarkeit ein formales ist und sich der Osten und der Westen inhaltlich in ihrer Lehre über den Hl. Geist nicht so sehr unterscheiden, daß dieser Unterschied kirchentrennend sein müßte. Das hat die gesamte Diskussion wiederholt bewiesen, wo immer man sich um Kompromißformeln bemüht hat[77]. Es ging und geht der orthodoxen Kirche in diesem Punkt weniger um den Inhalt der Filioque-Lehre[78] als um deren Einfügung in das Glaubensbekenntnis, ganz abgesehen davon, daß sie historisch gesehen von der abendländischen Kirche damit überrascht worden war, was deutlich als Ressentiment hinter den Legenden über den Ursprung des Filioque steht.

Es ist also das formale Kriterium der Unveränderbarkeit der Tradition, das mit der Hinzufügung des Filioque verletzt wurde. Wie empfindlich der orthodoxe Christ gerade an diesem Punkt sein muß, weil es ihm um die Integrität des verbindlich formulierten Glaubensbekenntnisses geht, soll folgender Text verdeutlich, in dem der Konstantinopler Partriarch Photios den bulgarischen Zaren Michail, seinen Patensohn, über den orthodoxen Glauben belehrt. Dort heißt es im Anschluß an den Text des Symbols:

„So also denkend und glaubend gemäß der Tradition der hl. katholischen und apostolischen Kirche Gottes empfange und nimm an, o gutes Beispiel meiner Mühen, die hl. sieben ökumenischen Konzile, teils gleichsam als Lehrer, teils als Kämpfer für die Frömmigkeit. Denn durch diese wird jede neue Lehre und Häresie vertrieben, wird das unsterbliche und altüberlieferte Denken der Orthodoxie den frommen Seelen in unveränderlicher Achtung eingeprägt, von denen ich beginne mit der Mitteilung von Zeit, Ort und Zahl der Teilnehmer und dem Alter um einer gewissen Wohlbelehrung willen, wobei ich mit meinen eigenen Worten ihre Geschichte erläutere" (Kir.kn., 507b,8–21)[79].

Nach dem Bericht über die sieben Konzile (bis 521a,12) fährt Photios fort: „Dies ist das reine und unverdorbene Bekenntnis unseres christlichen Glaubens. Dies sind unsere reinsten und hellen Gottesdienste und die mit göttlicher Weisheit begabte Geheimlehre (mystagōgia) über ihre ehrwürdigen Sakramente (Mysterien)[80]. Demgemäß denkend, glaubend und lebend eilen wir bis zum Ende unseres Lebens der gen Osten gedachten Sonne zu, von wo die Abendröte und Helle nicht so klar und vollkommen zu genießen sind. Dies geziemt sich auch eurem von Gott bewahrten Verstand, schon mit Blick auf unseren Verstand der Frömmigkeit, mit klarem Willen und rechtem Verstand und unanfechtbarem Glauben zu empfangen und zu lieben und weder nach rechts noch nach links, noch im geringsten sich davon zu entfernen. Denn dies ist die apostolische Predigt, dies die Lehre der Väter, dies das Denken (mudrovanie) der ökumenischen Konzile, weshalb es nicht nur dir selbst so zu denken geziemt und auch zu preisen, sondern auch die dir untertan sind, zu demselben Denken der Wahrheit zu führen und zu demselben Glauben zu bringen. Nichts ist ehrwürdiger als solches Bemühen und solcher Fleiß" (521a,12–521b,11)[81].

Abgesehen von der formalen Seite, das soll hier nur kurz angedeutet werden, und einer missionspolitischen beim Streit zwischen Ost und West um die Bulgarenmission hat der Streit um das Filioque natürlich auch eine inhaltliche Seite, die besonders ausführlich in der Kir.kn. in Maksim Greks Traktat gegen die Lateiner (Kap. 36) zu Wort kommt[82]. Die Ablehnung des Filioque hängt mit einer Denkschwierigkeit zusammen, die von dem anderen theologischen Ansatz der Orthodoxie herrührt. Der russische Theologe L. Zander formulierte ihn so: „Die östliche Lehre, die von den griechischen Vätern erarbeitet war, ging von der Unterscheidung der drei Personen der Gottheit aus. Dagegen war für die westliche Theologie die Lehre des Heiligen Augustin, die von der Einheit der göttlichen Natur ausging, bestimmend. Dieser Unterschied in der Akzentuierung (Dreiheit der Personen und Einheit der Natur) ist eigentlich kein Widerspruch, und er kann als Verschiedenheit der theologischen Spekulation in den Bemühungen um das Verständnis des göttlichen Mysteriums angesehen werden."[83] Den Ausgang des Hl. Geistes auch vom Sohne in das orthodoxe Denkmodell zu integrieren machte ihnen mehr Schwierigkeiten, als dies bei den Lateinern der Fall war. Die Schwierigkeiten der Orthodoxen, theologische Neuformulierungen zu verstehen und damit die Notwendigkeit der Aktualisierung der Offenbarung (etwa zur Abgrenzung; oder das ganze Problem der Hermeneutik) rühren aber auch daher, daß die östliche Theologie grundsätzlich apophatische Theologie ist und lieber auf Aussagen verzichtet, als daß sie über die in der Tradition formulierte Offenbarung hinausginge:

„Und wenn unseren Blicken einiges unverstanden bleibt, schreiben wir deshalb nicht der Göttlichen Schrift Unvermögen oder Einfalt zu, sondern verehren wir durch Schweigen, was über uns erhaben ist, und lieben wir das, was darin gesagt wird, und verbleiben wir darin“ (Kir.kn. 395b,25–396a,6)[84].

Kehren wir zum Streit um das Filioque zurück! Historisch diente der Kampf „hauptsächlich den Zielen formaler Apologetik und wurde als Banner im allgemeinen Kampf zwischen Ost und West angesehen“, lautet das kritische Urteil des orthodoxen Theologen L. Zander[85]. Die theologische Auseinandersetzung wurde auf der formalen Ebene geführt, indem man sich auf die Unveränderbarkeit berief, und man wiederholte im Grunde immer wieder dasselbe, indem man dazu Schriftbeweise, Konzilsbeschlüsse und Väterstimmen bemühte[86].

Man solle keiner Lehre folgen, die der Lehre Jesu und der seiner hl. Apostel widerspreche, und nur die Lehre lehren, die Christus selbst gelehrt habe. Die Gefahr sei hier beim Filioque so besonders groß, weil Jesus (Mt. 12,32) klar gesagt habe, wer ein Wort gegen den Hl. Geist rede, dem werde weder in dieser Welt noch in der zukünftigen vergeben (vgl. Kir.kn. 126a; Kn. 40b,16f.). Wegen des Filioque seien die Lateiner deshalb explizite Häretiker (sami sut' javnii eretici), heißt es am Schluß des 4. Kap.s in der Kn. (44b,18).

Bei den biblischen Aussagen müsse man zwischen Sendung und Ausgang unterscheiden (ino bo poslanie est', i ino ischoždenie, 40b,23). „Dies[87] verstehen die Lateiner nicht richtig und legen es nicht gut aus, daß der Hl. Geist auch vom Sohn ausgehen würde; aber wir haben ihnen dies schon früher gesagt, daß eines das Sein wovon (ot kogo) ist, ein anderes das Sein wodurch (byti č'im). Wie jener der Hl. Geist ist, ist er wahrhaftig der Geist des Sohnes (duch synoven') und wird von der ganzen Göttlichen Schrift so bezeugt. Aber daß er auch vom Sohn (ot syna) wäre, findet sich nirgends in der Schrift, ebenso wie wir zwei Prinzipien (dvoju načalu) für den Hl. Geist, vom Vater und vom Sohn, nicht kennen“ (Kn. 42a,19–42b,4)[88]. Und unter der Anhauchung der Jünger nach der Auferstehung (Joh. 20,22) zu verstehen, daß der Hl. Geist da von Jesus ausging, sei eine Dummheit („Ole bezumija“) (42b,6), denn der Hl. Geist sei erst zu Pfingsten auf die Jünger herabgekommen und nicht schon am Abend des Tages, an dem er von den Toten auferstanden ist: „Das ist doch sehr lächerlich“ (42b,13)!

Die traditionellen inhaltlichen Aussagen über den Ausgang des Hl. Geistes, wie sie in der Kniga o vere entwickelt werden, hat Mychalskyj[89] übersichtlich zusammengefaßt: „1. Sanctus Spiritus procedit a solo Patre; 2. Unicum principium est in Deo, scilicet Pater, a quo Filius et S. Spiritus procedit; 3. Spiritus Sanctus sicut cum Patre ita cum Filio unicum est ens; 4. Proprietates personales singulae personae proprias habent.“

Vergleichen wir diese Aussagen mit denen der Confessio Orthodoxa des Petr Mogila (CO I, Q. 71)[90], so muß einen die Behauptung Mychalskyjs[91], „doctrinam enim catholicam ... nec in tali viro ut Petrus Mohyla inimicum habuisse", einigermaßen verwundern. Denn er lehnt dort eindeutig das Filioque (et a Filio) ab und erwähnt die Geschichte von Papst Leo III. (795–816), der zwei Silbertafeln mit dem Symbol ohne das Filioque im Petersdom aufstellen ließ, als Beweis dafür, daß beide Kirchen, die Ost- und die Westkirche, gegen das Filioque protestierten[92]. Mogila betont allerdings nicht expressis verbis das Kriterium der Unveränderbarkeit, wie überhaupt seine Erklärung frei von antirömischer Polemik ist[93]. Nur am Schluß droht er dem, der „a consensu Ecclesiae minime recedit"[94]. Daß der Hl. Geist nur vom Vater ausgeht, „sicut a fonte et principio Diuinitatis", habe Christus selbst so gelehrt, und das sei im Symbol durch das 2. Ökumenische Konzil bestätigt worden. Während in der CO Mogila aber außerdem noch von der Missio des Geistes „per Filium in mundum"[95] spricht, fehlt diese Aussage in seinem Kleinen Katechismus[96].

In der Kir.kn. wird dagegen die Unveränderbarkeit als Hauptargument gegen das Filioque angeführt:

„Das 3. Ökumenische Konzil der 200 hl. Väter in Ephesus schrieb in seinem 7. Kanon auf[97]: Wenn jemand etwas hinzufügt oder wegnimmt von dem, was die hl. Väter auf dem ersten Konzil in Nizäa und auf dem zweiten Konzil in Konstantinopel[98] dargelegt haben als Bekenntnis des orthodoxen Glaubens, der soll, wenn er ein Bischof ist, vom Bischofsamt entfernt werden (allotrioustha i... kathērēmenon), wenn er ein Kleriker ist, abgesetzt werden (ekpiptein), und wenn er ein Laie ist, ausgeschieden werden (anathematizesthō)[99].

Das 4. Ökumenische Konzil der 630 Väter in Chalkedon sagt im 1. Kanon so[100]: Die Kanones der hl. Väter, die auf jedem Konzil dargelegt worden sind, sind auch bis heute kräftig zu halten" (129a,17–129b,7).

„Das 5. Ökumenische Konzil der 165 hl. Väter in Konstantinopel schrieb in seinen Kanones[101]: ‚Was der Kirche Gottes gut überliefert worden ist und bekanntgemacht, das halten wir unverletzlich.' Sie haben auch dies hinzugefügt, was auf dem hl. 4. Konzil von Chalkedon der hl. Väter verbessert worden war, und alle orthodoxen Überlieferungen bekräftigt.

Ebenso auch das 6. Ökumenische Konzil der 170 hl. Väter in Konstantinopel, die sowohl die apostolische Überlieferung über den Glauben als auch die hl. Kanones der hl. Ökumenischen Konzile unverändert zu halten befohlen haben. Und in ihrem 1. Kanon heißt es so[102]: Der apostolische Glaube soll unverändert bleiben, ebenso auch der der hl. Väter von Nizäa ganz.

Dementsprechend schrieb auch das 7. Ökumenische Konzil der 367 hl. Väter in Nizäa im 1. Kanon so[103]: Die hl. Kanones nehmen wir gern an und halten die der hl. Apostel und der 6 Ökumenischen Konzile, dazu auch die der lokalen Konzile und die unserer hl. Väter als von ein und demselben Hl. Geist inspiriert" (130b,10–131a,10).

Die Tradition ist vorgegeben, begrenzt und endgültig („bis in alle Zeiten") fixiert:

„Darüber dachten die hl. Väter so, und ebenso glauben und predigen wir. Und was uns von Christus und den Aposteln und ihren Schülern und den hl. gottragenden Vätern schriftlich nicht überliefert,ist, wie der hl. Kyrill von Jerusalem sagt[104], brauchen wir nicht zu lehren. Genau das, was geschrieben steht, das reden wir auch, und das, was von der Hl. Göttlichen Schrift nötig ist, sagen wir unverändert; ebenso das, was er [Kyrill] unbeugsam als Wahrheit über den Ausgang des Hl. Geistes schreibt, wie uns darüber ... Christus selbst klar belehrt hat, indem er sagte (Joh. 15,26): Wie ich vom Vater ausgegangen bin, werde ich euch auch seinen Geist senden, ‚den Geist der Wahrheit, der vom Vater ausgeht'. Dem füge auch von dir selbst aus nichts hinzu! Deswegen haben auch nicht nur wir, sondern alle Heiligen zu allen Zeiten, die vom Anfang des Glaubens an dem folgten, nicht ‚und vom Sohne' hinzugefügt" (134b,9–135a,1).

Der Verf. verweist dann auf das Buch des Petr Skarga „Über die Einheit" von 1577, wo er auf S. 204 zugebe, daß die lateinische Kirche nur an einer Stelle etwas zum Glaubensbekenntnis hinzugefügt habe, nämlich das Filioque. Von Kirchen, die sich evangelisch („evangelikami", 135a,25) nennen, weiß der Verf. zu berichten, daß es in deren Lehrbüchern in der Ausgabe von 1563[105] noch auf S. 11 im Glaubensbekenntnis heiße „der vom Vater ausgeht", während es dann in der Vil'naer Ausgabe von 1584 auf S. 9 erweitert heiße „und vom Sohne" (135b).

Neben der Berufung auf das Verbot der ökumenischen Konzile, nichts zum Glaubensbekenntnis hinzuzufügen, wird in polemischer Weise die Einführung des Filioque und der Versuch, es zwangsweise auf dem Konzil von Florenz auch bei den Griechen einzuführen, berichtet, um die Orthodoxen emotional in ihrem Ressentiment noch zu unterstützen.

„Viele Jahre nach ihrem letzten Konzil, als ihr verfluchter Papst Formosus[106] den päpstlichen Stuhl empfangen hatte, schrieb er das von den gottragenden Vätern schriftlich überlieferte hl. Glaubensbekenntnis (veru), das heißt ‚ich glaube an einen Gott', mit arglistiger Gewohnheit eigenhändig getreu ab und sandte es nach der Sitte der ihm vorangegangenen frommen Päpste den vier hl. Partriarchen und bekannte, daß er es so zu halten verspricht. Aber in seinem Herzen dachte er anders und ersann heimliche Häresien, die er die Leute lehrte, die er mit seiner Lehre wie mit tödlicher Speise zugrunde richtete[107]. Nach ihm schrieben auch andere Päpste diese trübe Lehre auf und begannen sie klar zu offenbaren. Um so mehr der achte Papst nach Formosus, Christophorus[108], der hinzufügte, daß der Hl. Geist vom Vater und vom Sohn ausgeht,und andere Häresien, die er offen ausspie. Und während er von der Wahrheit abfiel und in dieser finsteren Welt unterging, förderte er nicht zuerst das Emporkommen des rechten Glaubens, sondern bekämpfte vielmehr die, die sich bemühten, die anderen zur Frömmigkeit zu bekehren, während diese Streit hervorriefen und sich zur Rache rüsteten[109].

Und das hat sich klar gezeigt in Florenz auf ihrem 8. Räuberkonzil (razbojničeskom sobore), zu dem von der ganzen Ökumene eine Vielzahl ehrwürdiger Väter der makellosen Ostkirche kamen, unter ihnen auch der gottragende Markus von Ephesus, anstelle der drei Partriarchen gesandt, ein in den Göttlichen Schriften wahrhaft meisterhaft erfahrener Mann. Seinen wahren Worten, die voll des Hl. Geistes waren, konnten die Lateiner keine Erwiderung geben, und sie gedachten, mit Gewalt die hl. Väter der Ostkirche zu nötigen, mit der eigenhändigen Unterschrift ihre Gewohnheit gewordenen Verführungen zu befestigen. Viele der hl. Väter wurden damals mit Waffengewalt geschlagen, anderen wurden die Hände abgehackt, und unter verschiedenen Foltern und in dunklen Kerkern eingeschlossen kamen sie um durch das Schwert. Andere wieder erreichte der Tod auf der Flucht unterwegs" (Kir.kn., 309b, 2–310a,24)[110].

### 2.1.1.2.2. *Unveränderbarkeit und Ethik*

Der Streit um das Filioque diente den Autoren der Kir.kn. und der Kn. nur als Anlaß für die Austragung des allgemeinen Kampfes zwischen Ost und West. Denn bei der Beschwörung der Unveränderbarkeit der Tradition geht es um mehr als nur Formales. In einer Zeit der Bedrohung durch die Unionspolitik Roms geht es um die Bewährung, ein orthodoxer Christ zu bleiben und den Versuchungen der Union, faule Kompromisse um materieller und machtpolitischer Vorteile willen zu schließen, zu widerstehen. Dazu soll ihnen das Festhalten an einer unveränderten Tradition helfen, ihnen die nötige Sicherheit und festen Rückhalt geben. Denn sonst, das sollen die Beispiele beweisen, gibt es bald kein Halten mehr, und man verändert den Glauben je nach dem, was gerade opportun ist. Das hat aber ethische Konsequenzen, und deshalb stellt Zizanij seine Ausführungen dazu in den Zusammenhang eschatologischer Dimensionen, und die Kn. redet von den zwei Wegen (Mt. 7,13f.) im Zusammenhang mit dem Kriterium der Unveränderbarkeit:

„So war es und geschieht auch jetzt am Ende der Zeit, da die Söhne der Kirche Christi, die Bischöfe und Geistlichen ..., einen abstoßenden Lebenswandel bei den Abtrünnigen und Häretikern sehen, so daß sie selbst verführt worden sind und sich selbst als Fleischlichen (1. Kor. 3,1) die Not dieser Welt und das Leiden Christi und die Armut als Fluch und ewige Qual anrechnen; die Selbstherrschaft (samovlastie) und Korruption (raspuščenie) aber, sagen sie, sind zum Segen und Himmelreich. Deshalb wollten sie nicht in Demut und im Leiden Christi sein und vereinten sich mit ihnen. Und in diesem Äon bringen sie ihnen mit der Eigenmächtigkeit dieser Welt zusammen Rat und Freundschaft dar und haben vergessen, was der Apostel gesagt hat (Tit. 3,10f.): ‚Einen ketzerischen Menschen meide, wenn er einmal und abermals ermahnt ist, und wisse, daß ein solcher ganz verkehrt ist und' immer ‚sündigt und spricht sich selbst damit das Urteil'" (Kir.kn., 14b,6–15a,2).

Es folgt eine Anspielung auf 1. Kor. 3,1: fleischliche Weisheit sei dem Gesetz Gottes zuwider. Sie könne sich eben dem Gesetz nicht unterwerfen. „Und wie wir sehen, die Geistlichen selbst verstehen alles fleischlich und leben in dieser Welt nach dem Fleisch, aber nicht nach dem Geist. Und um des freien (libertinistischen) Lebens willen kehren sie die Gesetze um und verändern die Grenzen, die ihnen gesetzt sind, und fallen vom Glauben ab. Und die Orthodoxie vereinigen sie mit der Häresie. Bald nämlich wird der Antichrist und das Ende dieser Welt kommen. Zuerst kommt der Abfall, dann der Mensch der Gesetzlosigkeit, der Sohn des Verderbens, der Gegner, der Antichrist" (Kir.kn. 15a,3–16).

Christus befahl der Kirche nicht, den breiten Weg zu gehen, sondern den engen. „Deswegen geleitet die hl. östliche Kirche, die sich bei den Griechen befindet, auf dem rechten königlichen Weg, auch wenn er sehr eng ist, der aber von beiden, von unserm Gott und Erretter Jesus Christus und seinen wahren Nachfolgern, eingetreten worden ist, weder nach rechts noch nach links vom Weg abweichend, ihre Söhne zum himmlischen Jerusalem, in der von Gott dem Herrn gegebenen Geduld des Kreuzes und verletzt nicht im geringsten die Bestimmungen (ustanovlenija) ihres Erretters und seiner seligen Jünger und die Überlieferungen (predanija) der hl. Väter und die Kanones (ustavy) der vom Hl. Geist versammelten sieben ökumenischen Konzile, noch fällt sie davon ab ..., sondern erstrahlt wie die Sonne in einem einzigen Strahl der Wahrheit immer ... im rechten Glauben" (Kn., 27b,21–28a,12).

Neben der Warnung hat auch das positive Beispiel seinen Platz. Im 5. Brief des Meletios Pēgas, in dem er den in Polen-Litauen unterdrückten, orthodox gebliebenen Russen Mut machen will durch das Lob ihrer Standhaftigkeit und den Hinweis auf die eigene Beteiligung am „wahrhaft olympischen Kampf" (Kir.kn., 468a,18–20) für die Orthodoxie, heißt es:

„O ihr Schafe, die ihr den Namen Christi tragt und wahrhaftig zu Christus gehört (tōonti Christou kai para Christou) und von Christus gelernt habt, auf die Stimme der Fremden nicht zu hören noch den Fremden zu folgen; o ihr irdischen Engel, die ihr die himmlischen nachahmt und dies erlitten habt für die himmlischen ..., o großes Wunder, wie euch die Gnade Gottes bewahrt hat vor euren Bischöfen, die, o Trug, die jetzige Welt (Äon) geliebt haben und sich zurückgewandt haben und von der Frömmigkeit und Orthodoxie abgefallen sind!

Ihr aber seid unerschütterliche Säulen geblieben, beständig in der von den Vätern überlieferten Lehre, der des Erretters, der Apostel, der Väter, mit denen ihr auch gekrönt werdet, ich weiß es wohl, mit jener Krone der Gerechtigkeit (pravdy, dikaiosynēs), von der Paulus sagt (2. Tim. 4,7f.): Denen, die ‚den Lauf vollendet' und ‚den Glauben gehalten' haben, ‚wird der gerechte Richter' aufgrund der Verheißungen sie ‚geben an jenem Tage'" (467b,18–468a,14)[111].

Und immer wieder wird die Mahnung ausgesprochen, die Tradition unverändert zu bewahren, wo die menschliche Vernunft mit ihr zu konkurrieren droht. Im Brief vom 8.3.1594 schreibt Meletios an den Ostroger Fürsten:

„Ihr aber, die ihr dabeibleibt, den Namen Christi zu predigen auch denen, die die Herde Christi danach bestürmen, steht fest und haltet die Überlieferungen der Väter unverändert, indem ihr die gottragenden Väter in nichts hineinzieht (potjazajušče), aber auch nicht erlaubt, das orthodoxe Volk Gottes zu verführen (potjazati; parasysesthai). Sondern wie der Apostel warnend sagt (Kol. 2,8): Brüder, ‚sehet zu, daß euch niemand einfange durch Philosophie und leeren Trug', denn wenn irgendwer sie verkündigt, ist er vom Glauben abgefallen. Denn das Evangelium Christi wurde nicht durch Worte menschlicher Weisheit verkündigt oder gepredigt, noch lehren wir, daß wir das Evangelium der Errettung durch Menschenverstand (smyšleniem; syllogismois) gelernt haben, sondern durch die Kraft des Hl. Geistes, wie der Apostel sagt[112], durch Zeichen und Wunder, gemäß dem Evangelium, das über den Erretter Zeugnis ablegt, den wir Orthodoxen durch seine hl. Gnade wie einen unerschütterlichen Fels halten. Denn ‚Fels' nennt die Göttliche Schrift Christus (vgl. 1. Kor. 10,4). Dieser ist für uns, seinen Leib, seine eigene Kirche, das Haupt" (Kir.kn., 433b,15–434a,13)[113].

### 2.1.1.2.3. *Die Unveränderbarkeit als theologisches Problem*

Meletios argumentiert in dem zuletzt zitierten Brief überhaupt nicht formal, sondern er begründet die Notwendigkeit der Unveränderbarkeit theologisch; der Übergang gelingt ihm, indem er die Versuchung zu verändern mit der menschlichen Vernunft in Verbindung bringt, die gar nicht in Konkurrenz zur Predigt des Evangeliums treten könne, weil sie schon von Anfang an davon ausgeschlossen war. Der Hl. Geist, die Kirche, Christus, das Evangelium von der Errettung sind hier die Stichworte.

Die Gefahr des Traditionalismus, der ungeschichtlichen Wahrheit einer Tradition, die sich historisch entwickelt hat, finden wir auch schon in den sog. deuteropaulinischen Briefen[114]. Die Gefahr eines schlechten Konservatismus ist vermeidbar durch die Verbindung der Tradition mit dem Wirken des Hl. Geistes. Das Kriterium der Unveränderbarkeit wird dadurch erst in die richtige Relation gesetzt.

Zur Verdeutlichung dessen, was gemeint ist, weil hier Grundsätzliches über das orthodoxe Verständnis der Tradition klar werden kann, soll der Bericht der Theologischen Kommission über Tradition und Traditionen an die Vierte Weltkonferenz für Glauben und Kirchenverfassung in Montreal (1963) herangezogen werden: „Obwohl der Begriff der Tradition niemals genau definiert wurde, kann man die orthodoxe Kirche des Ostens als *die* Kirche der Tradition bezeichnen. Mit Tradition ist hier ganz einfach die Kirche in ihrem Leben gemeint. Seit den Zeiten der Apostel hat eine konstante Bewegung stattgefunden, nicht eine Bewegung im Sinne von ‚Veränderungen', sondern eine Existenz ‚in Christus', geleitet vom Heiligen Geist. Die Kirche gründet sich nicht auf das geschriebene Wort, sondern auf die Person Christi, das lebendige, ewige, fleischgewordene Wort, von dem die Heiligen Schriften zeugen. Das Wort selbst ist immer größer als seine Zeugen. Die Kirche ist der Bibel nicht untergeordnet, sondern eher beigeordnet. Die Kirche hat durch den Glauben und das Zeugnis des Heiligen Geistes ihre eigene Einsicht in die Wahrheit ... Tradition ist das ständige Verweilen des Herrn in der Kirche und der Welt, die Fortsetzung des ununterbrochenen charismatischen, heiligen Lebens – das ‚Gedächtnis' und das ‚Bewußtsein' der Kirche"[115].

Zur Stützung dieser Interpretation zitiert der Bericht der Kommission den orthodoxen Theologen P. Evdokimov[116]: „Gott hat in der Bibel gesprochen, und er fährt fort, seine Worte zu erläutern. Zwischen Bibel und Tradition gibt es keine Konkurrenz. Die Bibel umfaßt auch die Tradition als ihre lebendige Interpretation. Die Geschichte der Kirche, das heißt die Tradition, ist das fortdauernde Wirken der Apostel und stellt das ‚Evangelium des Heiligen Geistes' dar, so wie die vier Evangelien ‚das Evangelium von Jesus Christus' bilden. Die ein für allemal geschenkte Offenbarung wird in jedem Augenblick der Geschichte durch die Kirche weitergereicht: die Tradition ist darum gewissermaßen der Garant dafür, daß das ursprüngliche Ereignis der Offenbarung in ununterbrochener Kontinuität fortgesetzt wird. Die Tradition ist sozusagen die permanente Epiklese des Heiligen Geistes im Leben der Kirche. Die Tradition ist kein Museum der Kirche, sondern das lebendige Wort Gottes in der vergangenen wie in der gegenwärtigen Kirche. Tradition ist in diesem Sinne nicht eine der vielen Traditionen, denen wir in der Kirche begegnen, sondern die eine heilige Tradition, die mit der Geschichte der orthodoxen Kirchen selbst identisch ist."[117]

Dieser ungeheure Anspruch steht also dahinter, wenn in der Kir.kn. und der Kn. die Unveränderbarkeit der Tradition verteidigt wird. Die Kirche selbst steht auf dem Spiel.

### *2.1.1.2.4. Die Auseinandersetzung mit „Luther und seiner Häresie"*

Mit der Formulierung „häretische Tradition" wird in der Kir.kn. im Vorwort (8b,21) die Reformation Luthers bezeichnet. Sie sei eine verfluchte Tradition, auf die man keine Zuversicht setzen dürfe. „Sie werden nur Finsternis ohne Licht haben, weil sie bei sich nicht an das ewige Licht denken" (8b,23–25). Für die Orthodoxie war die Reformation weniger die Antithese gegen den römischen Katholizismus und schon gar nicht der Versuch, den verlorengegangenen Anschluß an die Alte Kirche wiederzugewinnen, vielmehr erschien sie als eine neue Häresie innerhalb der alten „lateinischen"[118]. In ihrer Reduktion der kirchlichen Tradition war die Reformation ein Extremfall der Veränderung der Tradition (alles würden sie verwerfen, die Bilder, das Kreuzzeichen, das Mönchtum, die Beichte und andere Sakramente, wie der Titel einer Schrift des Arfemij „An die lutherischen Lehrer" aufzählt[119]). Die Position der russischen Orthodoxie gegenüber der Reformation wird deshalb besonders schroff formuliert.

Denn Luthers „Arglist der bösen, Gott bekämpfenden Verführung folgten viele ... Um all dieser Gottlosigkeit willen sei Luther verflucht, samt allen seinen Anhängern!

Dies haben wir in Kürze geschrieben, damit alle Orthodoxen ihre Hinterlist (lukavstvo) erkennen. Wenn wir aber von nun an ihre lügenhaften Taten erkannt haben, wollen wir uns vor ihrer List hüten! Der Herr aber bewahre uns vor jeglicher Arglist, von diesen Gott abscheulichen ‚Luthern' mehr noch als von den Lateinern, und vor jeglicher List des Bösen und vor feindseligen Taten! Und laßt uns immer von Gott bewahrt weiterleben in jeglichem rechten Glauben und in Reinheit, indem wir die Heiligkeit (svjatynju) in der Furcht Gottes wirken! Wir aber predigen und bekennen den von den Propheten geweissagten, den Aposteln gepredigten und den hl. Vätern bekräftigten, von alther überlieferten christlichen Glauben, der durch die auf den sieben Säulen ruhenden Dogmen auf dem Fels des Glaubensbekenntnisses von den vom Hl. Geist bewegten hl. Männern bekräftigt worden ist, die siebenmal zusammengekommen sind von den Enden der Ökumene zu verschiedenen Zeiten und in verschiedenen ... Orten, zur Befestigung der Frömmigkeit ... Und sie haben uns gelehrt, das hl. apostolische Symbol theologisch zu verstehen (bogosloviti), und befohlen, den Ausgang des Hl. Geistes vom Vater allein zu sagen, und sie haben mit schrecklichen Verfluchungen besiegelt, weder ein Geringes hinzuzufügen noch wegzunehmen. Und sie haben hl. Kanones und wunderbare Ordnungen (ustavy) aufgeschrieben und zur Festigung der Kirche überliefert" (Kir.kn., 265a,6–265b,16).

Es ist deshalb im Grunde immer der gleiche Vorwurf, der gegen alle Häretiker gemacht wird: sie haben die Tradition verändert und sich damit von der Kirche getrennt.

So beginnt die Polemik gegen „Luther und seine Häresie" (Kap. 29 der Kir.kn.) mit dem Vorwurf, sie hätten bei der Umstürzung des „Gesetzes" (d.h. des Glaubens) nicht die göttliche Wahrheit gesucht, sondern sich vielmehr von ihr entfernt, sie seien in schlechter Weise hochmütig geworden und hätten sich ein sehr schlaffes „Gesetz" gewünscht und seien damit von der Gnade Gottes auf jegliche Weise abgefallen, „sehr übel und jämmerlich", da sie sich „vom wahren Glauben losgerissen haben und alle Grundlagen ihres Verstandes geschwächt worden sind, als sie von der ursprünglichen Frömmigkeit ... abfielen und in jeglicher Gott abscheulichen Unfrömmigkeit untergegangen sind. Sie folgten dem Verderben ihres übelsten Lehrers, des neuen Vorläufers des Antichrist, der ein gewisser Mönch aus ihrem Lande war, im Rang eines Kardinals[120], von ihrer ehelosen Regel, aber den Taten nach ein Teufel, mit Namen Martin, Sohn des Satans selbst, mit dem bösen Namen Luther[121], der im jetzigen 8. Jahrtausend erschienen ist" (263a,12–263b,1).

In der Meinung, seinen lateinischen Glauben zu festigen, d.h. zu berichtigen, habe Luther nicht nur die apostolische Tradition und die Väterlehre sehr beleidigt, sondern auch die Reste dieses Glaubens noch vernichtet und damit seine eigene lateinische Kirche zerstört.

Und nun folgen konkrete Vorwürfe: „Und die hl. Liturgie schmähte und lästerte er und fiel von ihr ab. Das Bild unseres Herrn Jesus Christus, das nach dem Ebenbild des Menschen gemalt ist, und das seiner allerreinsten Mutter und die Ikonen aller Heiligen nannte er Götzenbilder (idoly). Und weiter lästerte er gegen die Heiligen, indem er sagte, sie hätten nicht den freien Zugang zu Gott (derznovenie)[122], für die Menschen zu beten. Und deshalb verbot er, sie zu verehren (poklonjatisja) und in den Gebeten um Hilfe anzurufen. Und alle Hl. Schriften, die evangelischen, apostolischen und prophetischen, legte er verkehrt aus zur Verführung und zu jeglicher Schwachheit. Und die allerreinste Gottesmutter, unsere Fürsprecherin und Hoffnung, schämte sich der Verfluchte nicht zu lästern. Sein ehrwürdiges Kreuz, das der Herr seinen Ruhm nannte, um dessentwillen der Tod zerstört worden ist und die Hölle gefangengenommen, so daß die flammende Waffe (vgl. Gen. 3,24) die Flucht ergriff und das Paradies sich öffnete, und dessen Zeichen der Herr vor seiner schrecklichen Wiederkunft versprach, um mit Herrlichkeit zu erscheinen – dieses Kreuz nannte der verfluchte Luther ‚seinen Galgen' (viselicu), und er befahl, es nicht nur nicht zu ehren ..., sondern es auch zu verabscheuen; und jegliches Gebet entleerte er. Fasten aber und Askese, Verneigungen (poklony) und jegliche körperliche Mühe und jeglichen geistlichen Kampf (podvig) um Christi willen und des eigenen Heils und des ewigen Lebens und der zukünftigen Welt, all dies Gute verwarf der Unverständige und Gottlose (nečestivyj) und rechnete es für gar nichts. Und von aller seelischen und tugendhaften Kleidung entblößte er sie gänzlich.

Die Ordnung der hohepriesterlichen Handauflegung (chirotonisannyj ... svjatitel'skij rukopoložennyj čin), um die Bischöfe, Popen, Diakone und die anderen kirchlichen Amtsträger (činovnikov) einzusetzen, verwarf er. Anstelle des Vollzogenen setzte er fest, daß ihnen die Handauflegung von einfachen Männern geschehe. Mit Kinderspielereien verglich er die himmlischen Einrichtungen und den Dienst der Engel, mehr noch, er verspottete sie.

Die geweihten kirchlichen Gefäße veränderte er zu weltlichem Gebrauch, ebenso auch Phelonion, Sticharion, Epitrachilion, Orarion, Epimanikien und alle übrige geweihte Kleidung, Ikonentücher (peleny) und Vorhänge (zapony) und jeglichen kirchlichen Schmuck, sei er aus Gold, Silber, Edelstein oder Perlen, geschmückte kirchliche Gegenstände, all das machte er nach und nach zu weltlichen Gegenständen und verkaufte sie.

Die zehn Gebote, die den Juden auf Zeit gegeben waren, befahl er, die Völker zu lehren in seinen Schulen, und den breiten und geräumigen Weg; den angemessenen Weg aber verwarf er: nämlich die Gesetzesbestimmungen des Evangeliums; den schmalen und leidvollen Weg, den der Herr selbst gepriesen hat, hielt er für nichts. Er verführte viele Menschen zu jeglichem bösen und seelenverderbenden Tun, zu jeglicher Schwachheit und Verführung, zu jeglichem abscheulichen Lebenswandel und unzüchtigen Leidenschaften. Der Elende selbst sagte sich von seinem Mönchsgelübde und ehelosen Leben los, kleidete sich in weltliche Kleider und nahm sich eine Frau. Allen lateinischen Mönchen befahl er, die Mönchskleidung abzulegen und sich in weltliche Kleider zu kleiden und sich Frauen zu nehmen. Und viele andere Ausschweifungen schlug er vor, die zu erzählen keine Zeit ist.

Seiner Arglist der bösen, Gott bekämpfenden Verführung folgten viele und wurden verführt und kamen zuschanden. Um all dieser Gottlosigkeiten willen sei Luther verflucht samt allen, die ihm anhängen! Und die ihn rühmen, seien verflucht" (263b,6–265a,11)!

Bei allen Vorwürfen gegen die Reformation erhält im Zusammenhang dieses Kapitels (das aus Zacharij Kopystenskijs „Über die Bilder" entnommen ist) die als „Bilderstürmerei" verstandene Ablehnung des Heiligenkults das Hauptgewicht. Deshalb stellt der Verf. auch an den Schluß seiner Darstellung die orthodoxe Gegenposition der auf dem 7.

Ökum. Konzil[123] definierten Theologie der Ikone als materielles Abbild, mit dessen Hilfe der nicht-materielle Verstand zum nicht-materiellen Urbild emporgeführt wird. Deshalb kann der Vorwurf, die Orthodoxen würden in den Ikonen Götter anbeten, sie gar nicht treffen. Typisch ist die Gegenargumentation auf dem Hintergrund der negativen Theologie: keine positiven Aussagen, nicht einmal Reflexionen (und erst recht nicht bildliche Darstellung) über das Wesen Gottes sind möglich[124].

„Über die Verehrung der ehrwürdigen Ikonen aber schrieben sie[125], sie als wahrhaftig von den Aposteln selbst empfangen in Ehrfurcht zu verehren, und befahlen, sich vor ihnen zu verneigen, weil diese Dinge geschaffen sind zur Ehre und zum Lobpreis Gottes und seiner Heiligen, die, herrlich und in allem vollkommen, sich von den fleischlichen Leidenschaften abgewandt haben und nahe bei Gott weilen und große Kühnheit (derznovenie, Freimütigkeit) bei ihm haben, zu unserem Nutzen überreichlich Barmherzigkeit von ihm zu erbitten. Von diesen materiellen, mit Farben auf Holztafeln gemalten, von göttlicher Schönheit erstrahlenden Abbildern fliegt unser nicht-materieller Verstand zur nicht-materiellen Gottheit empor und wird zur urbildlichen Schönheit emporgeführt[126].

Aber wir nennen sie nicht Götter[127] ... das sei ferne! Denn die Gottheit ist nicht nur unbeschreibbar, sondern auch den überweltlichen Geschöpfen unerreichbar; es ist unmöglich, darüber Aussagen zu machen noch zu reflektieren, und das nicht nur den Menschen, sondern auch den überweltlichen, Gott sehr nahe stehenden Mächten[128]. Denn auch diejenigen, die auf die Herrlichkeit der Gottheit schauten, bedeckten ihre Gesichter mit den Flügeln, da sie nicht auf die göttliche Herrlichkeit zu blicken vermochten" (265b,16–266a,16; vgl. 159a,1ff.).

Die Schroffheit der Auseinandersetzung mit der Reformation wirkt nicht so unverständlich, wenn man an den Versuch des Jakobos Heraklides „Despota" denkt, der als Fürst der Moldau (1561–1563) versuchte, dort die Reformation einzuführen. Sein Vorhaben mußte schon aufgrund seiner gewaltsamen Methoden scheitern[128a]. Konnte der Heraklide einerseits durch seine Besuche in Wittenberg als Lutheraner erscheinen, so war er andererseits in Polen von Kalvinisten und Unitariern beeinflußt worden. Seine Reformationsversuche, die ein bilderstürmerisches Gepräge hatten, könnten den Sitz im Leben bilden für den in der Kir.kn. tradierten Spott über die orthodoxe Bilderverehrung.

### *2.1.1.2.5. Die Kalenderreform Gregors XIII.*

Eine Frage, in der die orthodoxen Christen in aller Welt sich bis heute von Katholiken und Protestanten unterscheiden[129] und die heftige Polemik und Ablehnung erfuhr, war die Einführung des „neuen" Kalenders durch Papst Gregor XIII. im Jahre 1582 in den katholischen Ländern, worunter auch die der polnischen Krone unterstehenden orthodoxen Gebiete Litauens und der Ukraine fielen[130]. Durch die Überschlagung von 10 Tagen wurde der Kalender astronomisch richtiggestellt: auf den 4. Oktober sollte sogleich der 15. Oktober folgen. Diese Differenz hatte sich nämlich inzwischen ergeben, weil der 46 v. Chr. von Cäsar eingeführte Julianische Kalender das Jahr mit 365,25 Tagen (365 + alle 4 Jahre 1 Schalttag) zählte, die Erde aber in Wirklichkeit 0,0078 Tage weniger für den Umlauf um die Sonne braucht. Dies hatte zur Folge gehabt, daß sich der Frühlingsanfang immer mehr von dem Datum des 21. März entfernte, auf das ihn das 1. Ökum. Konzil (325) festgelegt hatte[131]. Obwohl die Korrektur des Kalenders nur ein mathematisches Problem war, das sich aus der Unvollkommenheit des alten Kalenders ergeben hatte, wurde es für die orthodoxen Christen ein theologisches und kirchenrechtliches Problem, das mit ihrer Auffassung von der unantastbaren Unveränderbarkeit der Tradition zusammenhing. Zugespitzt ließe sich auch hier sagen, daß das formale Kriterium der Unveränderbarkeit die Orthodoxie daran hinderte, eine objektiv notwendig gewordene Lösung eines Problems zu akzeptieren[132]. „Die Abwehr eines wirklichen Neoterismos kann sich zu einer ungeschichtlichen Fiktion ausweiten und einer geschichtlich notwendigen sowie durch eine legitime Auslegung durch die Tradition gerechtfertigten ‚Neuerung' den Weg versperren. Je mehr sich die O.[rthodoxe] K.[irche] geschichtlich verstehen lernt, um so mehr wird sie dieser Frage gegenüber aufgeschlossen werden"[133].

Der theologische Streit um die Unveränderbarkeit der Tradition, mag er auch mit noch so berechtigt erscheinenden Argumenten aus dieser Tradition selbst geführt sein, machte die Orthodoxie blind gegenüber den Erfordernissen einer sinnvollen Korrektur. In ihrer Argumentation kehrten sie diese geradezu in ihr Gegenteil um, indem sie ihre Sinnlosigkeit behaupten. Auch wenn die Lateiner 10 Tage überschlügen, würde das nichts nützen, schreibt Meletios Pēgas in dem Kapitel „Über den gottfeindlichen Kalender" (Kir.kn., Kap. 39). Was im Vorwort zum Gregorianischen Kalender gesagt sei, daß dieser in Ewigkeit nicht mehr verändert zu werden brauche, stimme nicht; morgen schon müßte man ihn erneut ändern, denn man hätte nur einen anderen unvollkommenen Kanon aufgestellt (442b–443a)[134]. Meletios appelliert an die menschliche Vernunft, die „sinnlose (bezslovesnoe) Erneuerung des Kalenders" (465a, 13) einzusehen, wenn er im Brief an den Fürsten von Ostrog vom 30.8. 1596 schreibt:

„Denn das, was unverändert ist und immer bewahrt wird, welchen Nutzen hätte es, es zu verändern, die Kirche zu erschüttern und die ganze Welt in Aufruhr zu bringen?! Denn wenn es schon den äußeren Gesetzgebern nicht notwendig scheint, außer bei großem und offensichtlichem Nutzen zu verändern, was an Menschensatzungen (ot složenija ljud'skago) in langen Zeiten befestigt worden ist, um wieviel mehr darf man nicht (ne dostoit) verändern, was vom Erretter selbst und seinen göttlichen Aposteln und den gottragenden Vätern durch den Hl. Geist als Gesetz bestimmt worden ist" (464b,24–465a,8)[135].

Während die Lateiner behaupten, „nicht über den Glauben ist dieses Unterfangen usw., bei dieser Neuerung kann man unbesorgt sein" (439b,3–5), da die Reform des Kalenders mit den alten Kanones gar nichts zu tun habe, sehen die Orthodoxen das Problem gerade als ein kanonisches[136], weil sich mit der Überschlagung der 10 Tage auch die komplizierte Rechnung des Osterfesttermins derart verändert, daß die Einhaltung des 7.Apostolischen Kanons nicht mehr gewährleistet bleibt, der das Feiern des Osterfestes vor oder mit dem jüdischen Passahfest zusammen verbietet[137]. „Deshalb bringt jede Neuerung Unglück, auch wenn sie noch so klein erscheint, bringt sie großen Schaden" (439b,21–25). Wer die Paschalien verändere, habe sich tausend- und abertausendmal schuldig gemacht (438b,21f.), denn man nähere sich zu sehr dem Judentum (439a,2).

Weil nach dem Julianischen Kalender das Jahr nicht genau mit dem Umlauf der Erde um die Sonne zusammenfiel[138], ergab sich eine wachsende Diskrepanz zwischen dem tatsächlichen „Frühlingsanfang" und dem festgelegten Datum „21. März", nach dem man sich weiterhin für die Berechnung des Ostertermins richtete.

„Ist dies die Schuld der Väter, die den Kanon verfaßten?", fragt Meletios und antwortet: „Nein, nicht ihr Unverstand ist daran schuld, sondern die Differenz" zwischen Kalenderjahr und Sonnenjahr (Kir.kn. 446a,11f.). Er bringt sogar eine Tabelle für diese Verschiebung des wirklichen Frühlingsanfangs, die nach seinen Berechnungen alle 300 Jahre einen Tag ausmache (447a)[139]. Diese Ungleichheit sei nicht zu vermeiden, weil niemand die Natur der Bewegung der Himmelskörper ändern oder neuschaffen könne. Das habe die „weltkünstlerische Weisheit Gottes" so eingeteilt (447a). Es konnte deshalb von den Vätern auch kein anderer Kanon verfaßt werden (446a,2–5). „Was aber ein Fehler des Kanons zu sein scheint, ist nämlich das jüdische Passahfest", behauptet Meletios (449a,5–7); denn der Kirche gehe es darum, „immer weit weg von dem gesetzlosen Gottesdienst der Juden zu bleiben" (449a,7–9), und deshalb halte die orthodoxe Kirche den Kanon der Väter, nach dem es nicht passiere, vor oder mit den Juden zugleich Ostern zu feiern (442a,8–11). „Denn nicht die Astrologen, sondern die Väter sind die Lehrer der Kirche" (441a,2–4).

Der Vorwurf, mit dem reformierten Kalender hätten die Lateiner einen neuen Kanon eingeführt, stimmt natürlich nicht. Die Bestimmung der Väter von Nizäa wurde davon ja gar nicht berührt. Und würden auch die Juden die Reform des Kalenders mitvollzogen haben, wäre alles in Ordnung geblieben. Was Meletios an der „Veränderung" des Kalenders beanstandet, ist, daß die römische Kirche nun Ostern oftmals vor und mit dem jüdischen Passahfest zusammen feiere und damit dem 7. Apost. Kanon widerspreche. Das beruht jedoch auf dem Denkfehler, daß die Kalenderreform eine wirkliche Verschiebung des Frühlingsanfangs um 10 Tage bedeute, während sie doch nur eine scheinbare ist, die den angewachsenen Fehler beseitigte und von der die vom 1. Frühlingsvollmond abhängige jüdische Passahfeier gar nicht berührt wird[140]. Nur wenn die Juden ihr Passahfest am Julianischen Kalender orientieren, d.h. ihr Passah nicht vor dem 14. März feierten, während nach dem Gregorianischen Kalender man damals schon den 24. März zählte, mußte es zu Verschiebungen kommen, so daß z.B. „auch in diesem Jahr" (1588) die römische Kirche Ostern vor dem jüdischen Passahfest feierte „und alle festgelegten Feiertage um 10 Tage vorgezogen hat" (248a,13–15).

Auch in der Kn., wo Ps.-Nafanail dem „Schisma des Kalenders" jedoch kein eigenes Kapitel gewidmet hat und deshalb in seiner 20 Artikel umfassenden Aufzählung der Unterschiede (Kap. 28)[141] die „Veränderung des Kalenders" mit Argumenten aus der Göttlichen Schrift „kurz widerlegen will" (2 Seiten, 247b,12–248b,16), wirft er vor, damit einen neuen Kanon festgelegt zu haben.

„Dieses Zerreißen (rasterzanie) im Jahre 1582 nach der Geburt des Gottessohnes erforderte den alten über 1000 Jahre alten Kanon, ohne den auch heute der neue nicht gefunden werden kann. Die Lateiner werden vielmals auch nach diesem alten Kanon Ostern feiern[142]. Das ist wahrlich klar, daß jedenfalls der neue in Abgötterei verfallene (bludnyj-verhurte) ganz umsonst ist und nichts anderes als nur Vergewaltigung der Festtage und Zwietracht und Streit schafft. Denn dies kann auch ein kleines Kind beurteilen, wenn die angenommene Regelung der hl. großen von der ganzen Welt versammelten Väter viele Jahrhunderte unverändert durch ihr Alter strahlt und von allen gehalten und gebraucht wird" (248a,16–248b,4). Was Gregor XIII. erfunden habe, sei deshalb neu und widerspreche dem Kirchenrecht, dem Himmelslauf, der Wahrheit und dem Alter (drevnosti; 248b,6–8).

Daß die Kalenderreform dem Himmelslauf (d.h. der beobachtbaren Wirklichkeit) und der Wahrheit widerspreche, behauptet der Verf. jedoch nur, ohne es zu begründen. Was den Apost. Kanon 7 und die Regelung von Nizäa (325) betrifft, so trifft die Behauptung einer Veränderung nicht zu, und über das Alter läßt sich nur sagen, daß ein alter Fehler korrigiert wurde.

Neben dem Vorwurf der Veränderung des Osterfestes finden wir noch eine zweite Argumentationsebene des Rückzugs hinter die Unantastbarkeit: die Veränderung des Kalenders an sich sei unzulässig.

Das erste Argument komme von Gott selbst, von einem „Philosophen" geschrieben (Spr. 22,28): „Verrücke nicht die uralten Grenzen, die deine Väter gemacht haben", das zweite habe der Herr selbst sie gelehrt (Apg. 1,6): „Es gebührt euch nicht zu wissen Zeiten und Jahre, die der Vater in seiner Macht bestimmt hat" (247b,18–23).

Der Ausspruch wird vom Verf. falsch zitiert (es heißt: Zeit oder Stunde) und aus dem Zusammenhang herausgerissen, wo ja der Zeitpunkt der Wiederkunft Christi gemeint ist, nicht aber der Kalender, worauf jetzt die Worte „Zeiten und Jahre" deuten. Damit soll die Inkompetenz des Menschen in Fragen des Kalenders „bewiesen" werden. Die Existenz des Kalenders wird als heilsgeschichtlich qualifizierte Offenbarung Gottes angesehen. Dem entspricht der Vorwurf, die Kalenderreform bringe die Schöpfungsordnung durcheinander, den Vasilij im Kapitel „Über die Veränderung der Tage und Festtage" erhebt:

Nur Gott selbst werde die einmal festgelegte Ordnung am Ende der Welt, dem „Tag des Herrn", ändern, „und diesen Tag weiß nur der Herr, er ist weder Tag noch Nacht, und gegen Abend wird es hell werden (Sach. 14,6f.). Denn jenen ganzen Tag macht er so anders durch die Veränderung des Lichts und der Finsternis, wie der Prophet (Jer. 15,9) sagt: ‚die Sonne wird untergehn am Mittag'" (328b,16–22). Bei der Kreuzigung Christi war das geschehen, und damit habe Gott den Juden an ihrem größten Feiertag, dem Passahfest, ein Zeichen gegeben: die jüdische Gesetzlosigkeit fiel auf sie selbst zurück, indem Gott ihren Festtag in Wehklagen verwandelte. So werde es auch den Lateinern gehen, wenn sie die gefügte Ordnung verletzen (vgl. 329a–329b). Die Veränderung des Kalenders wird mit der Prophezeiung der Apokalypse des Danielbuches (7,25) in Verbindung gebracht: das vierte Tier werde „sich unterstehen, Zeiten und Gesetz zu ändern" (vgl. 347b,18–348a,1; Kn., 248b,9f.)[143], um durch die Unterschiebung dieses Motivs die Reform des Kalenders als antichristliches Werk des Papstes Gregor XIII. zu qualifizieren.

Darüber sei ausführlich von den Orthodoxen geschrieben worden, erwähnt der Verf. der Kn. dazu und hat wohl die Kir.kn. im Auge gehabt, wo außer Vasilij und Meletios Pēgas auch Stefan Zizanij in seinem Kommentar zur 15. Katechese Kyrills von Jerusalem zur Kalenderfrage Stellung nimmt: er geht noch weiter in der Behauptung, der Papst hätte damit die Absicht gehabt, den Zeitpunkt der nahegekommenen Ankunft des Antichrist zu verbergen (21a).

Damit fiel Zizanij jedoch „in ein Extrem, das seine zeitgenössischen Schriftsteller nicht zugelassen hatten"[144]. Zu solchen Konsequenzen konnte die Orthodoxie die Forderung nach Unveränderbarkeit führen. Obwohl der Kalender der Bestimmung des heilsgeschichtlich bedeutsamsten Festes der Christen dient, ist er doch selbst keine Schöpfungsordnung, sondern nur die Beschreibung dieser, und als solche Beschreibung der Wirklichkeit sollte er dieser durch die Reform so weit wie möglich angepaßt werden. Aber dieses Problem wurde von den Orthodoxen ohne Verständnis beiseite geschoben, und statt dessen sah man darin das Problem der Treue und unveränderten Kontinuität im Glauben der Kirche, so daß auf der anderen Seite nur der Abfall vom Glauben festgestellt werden konnte.

So sieht Vasilij 1588, 6 Jahre nach der Einführung der Reform, aber noch vor der Brester Union, die „jüngste frevlerische Anmaßung" als den Gipfel einer schon lange vorher begonnenen Kette von Häresien, die die römische Kirche heimlich, d.h. ohne Beratung mit der Ostkirche, aus eigener Machtvollkommenheit, der „unweisen" Vernunft mehr gehorchend als dem Hl. Geist, einführte, ohne auf die Vermahnungen der östlichen Partriarchen zu hören.

Er schreibt: „Ich halte es für unbedingt notwendig, sich auch an die heutige lateinische mutwillige Gesetzesübertretung zu erinnern, an die Veränderung der Tage und Festtage ..., die von unserem Herrn und Heiland Jesus Christus selbst und seinen hl. Aposteln festgesetzt und vom Hl. Geist bestätigt worden sind und überall von den orthodoxen Christen gefeiert ... werden. Dies haben in heutiger Zeit die Lateiner, die vom Eigendünkel verblendet und durch die Weisheit dieser Welt närrisch geworden sind, alles verändert ...

Denn vor vielen Jahren, bald nach dem 6. Konzil, ließen sich einige Päpste oder Lenker der römischen Kirche durch Eigendünkel und die Weisheit dieser Welt verführen. Zuerst fielen sie für einen geringen Teil von der apostolischen Tradition ab, an deren Stelle sie heimlich begannen, ihre eigenen Vorsätze zusammenzustellen, die die damaligen hl. Väter, die ökumenischen Partriarchen, die teilweise davon Kenntnis hatten, auch aufdeckten (obličiša), wie über das Ungesäuerte und andere Häresien. Darüber findest du Bestimmtes in den griechischen oder slawischen Chroniken, ebenso auch in den Kanones der hl. Väter, die aus brüderlicher Liebe mit großem Fleiß vielmals aus der Göttlichen Schrift sie mit Tränen und Gebet vermahnt und sich schriftlich an sie gewandt haben. Sie haben ... wenig darauf gehört. Ihre Häresien haben sie bei sich heimlich verfaßt" (308b,11–309b,2).

Wenn man auch die Lateiner nicht mehr zu bekehren hofft, so muß es doch, wo es um den Glauben geht, um die Stärkung und Bewahrung der eigenen Leute vor dem Abfall gehen. Schweigen wäre Sünde. „Wenn aber die hl. gottragenden Väter und die frommen Kaiser sie von solch einem Unglauben (zloverija) nicht zu bekehren vermochten, was können wir ihnen da helfen, die wir grob und einfältig von Verstand sind und voll jeglicher Wunden (jazv – Pestbeulen) der Sünde? Aber nur wie die Schrift sagt[145]: Diese Worte betrüben uns selbst. Jedoch soll niemand, weil er seine eigenen vielen Sünden sieht, die Wahrheit Gottes verschweigen oder verheimlichen, sondern er muß Reue empfinden und seine Sünden bekennen und darf über die Gerechtigkeit[146] Gottes nicht schweigen[147]. Denn wie es ehrenhaft ist, das göttliche Mysterium geheimzuhalten, so ist es ebenso ehrwürdig, das Wort Gottes zu predigen. Denn seit wir in der heutigen wirrenreichen und des Weinens würdigen Zeit die Kirche Christi, die durch sein ehrwürdiges Blut vom Untergang und dem Fluch des Gesetzes losgekauft ist, von allen Seiten gebeugt vom Wehen der verschiedenen Winde sehen, sind viele von uns, seelisch geschwächt und nicht fest im Glauben, zum verführerischen Unglauben abgefallen ... Wir erinnern nicht daran, um die Lateiner zu bekehren, sondern wir schreiben dies, um die Unseren zu festigen" (310b, 14–311a,22).

Am Schluß des Kapitels steht die Bitte: „Gott der Herr möge uns für würdig erachten, diese wahre, vom Hl. Geist festgesetzte Überlieferung immer ganz und unverändert zu bewahren und, von der großen Nacht der Verirrung befreit, im Lichte zu feiern und gemäß der Tradition der ökumenischen hl. Kirche des Ostens, der wahren Mutter der wahren Sänger Gottes, zu singen: ‚Voskresenija den', prosvetimsja ljudie, pascha, gospodnja est' pascha, ot smerti k životu, i ot zemli na nebo Christos Bog nas prevel est'.'[148] Ihm gebührt aller Ruhm, alle Ehre und Anbetung samt seinem anfanglosen Vater und dem Allerheiligsten Gnädigen und Lebenschaffenden Geist, jetzt und immerdar und von Ewigkeit zu Ewigkeit, Amen" (355b,9–25).

Meletios Pēgas holt am Anfang seines Briefes gegen die Kalenderreform sogar noch weiter aus, indem er vom Zweck der Existenz der Dogmen, Häresien zu verhindern, ausgeht, der er die modische Sucht nach Neuem aus menschlicher Eitelkeit als große Gefahr für die Einheit und Festigkeit der Kirche im rechten Glauben gegenüberstellt:

„Wahrhaftig gut und fromm redete Basilius der Große im 1. Buch gegen Eunomius[149], daß, wenn wir nicht die Dogmen und Überlieferungen der Väter erwähnt hätten und einfach mit dem nicht neugierigen Glauben der Apostel geglaubt hätten, dann hätte es überhaupt keiner Worte bedurft. Und ich sage selbst, daß, wenn wir uns gar nicht von der Lehre der Väter entfernen und ihren Fußtapfen folgen würden (vgl. 1. Petr. 2,21), es weder kirchliche Wirren noch Erschütterungen unserer Errettung gäbe, und unsere Hoffnung auf unsere Errettung wäre ganz gewiß, wenn wir den alten Dogmen der Väter folgen und die Tradition wiederholen würden, statt sie nur auf die Probe zu stellen. So wie es neue Dogmen und Lehren neuer Lehrer gibt, bloß um damit zu prangen, nach dem Motto der Lateiner ‚omnia nova placent' (am Rand: neue Erfindung der Lateiner). Die unbeständigen Seelen der eitlen Männer sind wie ein Rohr, das beim Anstoß des Windes schwankt (vgl. Mt. 11,7), und nicht wie die Beständigen und Frommen und mit Weisheit Geschmückten" (436a, 3–25).

Die Kalenderfrage ist einer der 5 Artikel, die nach der Auffassung des Ipatij Pocej[150] die Brester Union verhinderten, weil sie von den Orthodoxen nicht anerkannt wurden. Die Forderungen Roms betrafen folgende Artikel: 1. der Ausgang des Hl. Geistes, 2. das Fegefeuer, 3. der Primat, 4. der Kalender, 5. die Auffassung vom Papst als Antichrist[151]. In der Kalenderfrage nahm der Papst dann für die Brester Union „eine vermittelnde Stellung ein. Er verlangte die Annahme der astronomischen Richtigstellung ..., gestattete aber die Datierung des Osterfestes nach der bisher üblichen Art, d.h. die Beibehaltung der ostkirchlichen Paschalien und damit des ganzen liturgischen Kirchenjahres. Damit wäre schon zu Ende des XVI. Jahrhunderts von Rom aus eine Form des Kalenders eingeführt worden, die in den orthodoxen Balkankirchen erst im XX. Jahrhundert, nach dem ersten Weltkrieg, in Gebrauch kam. Dieser so reformierte Kalender sollte in allen unierten Kirchen Polen-Litauens eingeführt werden"[152].

Die Orthodoxen konnten diesem Kompromiß nicht zustimmen, weil ihnen die Trennung des Jahres in zwei verschiedene Kalender, einen zivilen und einen kirchlichen, absurd erscheinen mußte. Damit die Kirche nicht in Aufruhr gerate, halte sie den Kanon der Väter ein (Kir.kn., 449a,4f.). Schließlich wußten sich die Orthodoxen dort nicht allein mit ihrer Tradition: „Diese Bestimmung ist älter, und viele Königreiche und

Völker, die frei von der päpstlichen Unfreiheit sind, halten die alte" (Kn., 248b,14–16).

Zur Bestätigung der Richtigkeit des alten Kalenders verweist Meletios am Schluß seiner Abhandlung über den Kalender sogar auf drei Wunder: Zeichen, mit denen Gott selbst den Beweis dafür liefere (Kir.kn., 449b, 8–450b,17).

Die Berufung auf die Unveränderbarkeit der Tradition ließe sich auch noch an den Streitfragen der Benutzung von ungesäuertem Eucharistiebrot, der Fastentage, der Kirchenmusik u.a. zeigen, worauf in diesem Zusammenhang aber verzichtet werden kann, da die Funktion dieses Kriteriums an den vorherigen Beispielen deutlich geworden ist und die Argumente sachlich nichts Neues gegenüber der älteren Polemik bringen. Auch davon, daß die Unveränderbarkeit sogar bis zu einem solchen Extrem führen konnte, daß eine aus Unkenntnis falsch verstandene Schreibweise des Namens Jesu[153] (Isus bzw. Iisus) nicht mehr verändert werden durfte, soll hier nicht mehr die Rede sein. Die Korrektur der liturgischen Bücher konnte zur Zeit des Patriarchen Iosif sowieso nicht streng wissenschaftlich durchgeführt werden, da dazu geeignete Kriterien und Möglichkeiten fehlten. Und eine Korrektur aus kirchenpolitischen Motiven konnte deshalb nur eine Tradition gegen die andere ausspielen. Die unerwünschte wurde von den Gegnern dann einfach für gefälscht erklärt.

### *2.1.2. Inhaltliche Kriterien*

Die Argumente, mit denen der Kampf um die unveränderte Tradition geführt wird, werden aus dieser Tradition selbst entnommen. Zur hl. Überlieferung zählt nach orthodoxem Verständnis nicht nur die Hl. Schrift als die schriftlich fixierte apostolische Überlieferung, sondern auch eine mündliche Überlieferung. „Obwohl Jesus Christus die ganze Wahrheit, die volle, auf die Erde gebracht hat, so ist viel von dem, was Er gelehrt hat, nicht aufgeschrieben erhalten geblieben, sondern wurde von den Aposteln mündlich überliefert. Diese göttliche Lehre heißt auch: Heilige ... Überlieferung. Demgemäß ist nach der Lehre der Orthodoxen Kirche ... die Heilige Überlieferung eine ebensolche Göttliche Offenbarung wie das Wort Gottes, wie auch die Heilige ... Schrift, nur mit dem Unterschied, daß sie das Wort Gottes ist, das mündlich der Kirche durch ihren Stifter und die Apostel übergeben worden ist"[154].

Von dieser hl. Überlieferung als dem Willen Gottes wird die kirchliche Überlieferung als der Wille der Kirche, der sich in der mündlichen Gesetzgebung manifestierte, unterschieden. Noch eine Stufe darunter steht der kirchliche Brauch, der seine Quelle im Willen der ganzen kirchlichen Gemeinschaft hat und nicht in den kirchlichen Organen mit gesetzgebender Befugnis[155].

Wo so unterschieden wird, verliert die Frage nach der Schriftgemäßheit, an der der Reformation so sehr gelegen war, die ihr zukommende Exklusivität. Anders als Professor Talyzin äußerte sich Erzbischof Filaret in einem 1971 gehaltenen Vortrag über das Filioque zur Frage der Offenbarung, wobei er auch eine Abgrenzung gegenüber der patristischen Tradition machte. „Unser Herr Jesus Christus brachte uns Seine Göttliche Lehre. Sie wurde entwickelt durch seine engsten Jünger in ihrem Apostolischen Evangelium, das somit die ganze Offenbarung enthält. Aber wir wissen, daß von den allerersten Tagen der Existenz der christlichen Kirche an die Apostolischen Väter und nach ihnen die Kirchenväter und Kirchenlehrer daran arbeiteten, den in der Offenbarung gegebenen Glauben (the truths – die Glaubensaussagen) zu erklären. Ihre Ideen, die auf der Göttlichen Offenbarung basierten, waren eine Reihe von Meditationen über diese oder jene Frage. Die Schriften der Heiligen Väter übertrafen das Apostolische Evangelium bei weitem im Umfang, aber sie führten nichts fundamental Neues, keine ‚neue Lehre' in die Kirche ein, denn in der Kirche kann es nur Einen Lehrer geben – Christus (Mt. 23,8)"[156]. Diese christozentrische Sicht der Offenbarung liegt zweifellos dem Denken der Reformation näher, ist aber keineswegs „neu" im orthodoxen Denken, wie überhaupt der „Begriff der ‚ungeschriebenen' oder mündlichen T.[radition], die zu den Aposteln zurückführt, ... von nebensächlicher, wenn überhaupt von irgendeiner Bedeutung in der Ostkirche" ist[157].

Im 2. Vorwort der Kn. (8a,8–19) heißt es: „Der orthodoxe christliche Glaube stammt nicht von Menschen, sondern hat seinen Ursprung bei Gott durch seinen eingeborenen Sohn, der im Schoße des Vaters vor allen Zeiten war, zeitlich aber das menschliche Fleisch annahm, unter den Menschen lebte und mit seinem göttlichen Mund in der Welt den Glauben verkündigte; nach seiner ruhmreichen Erhöhung kam der Hl. Geist, der Geist der Wahrheit, auf die hl. Apostel am 50. Tag und lehrte sie alles, was zu glauben ist. Und diese haben wahr bezeugt und verkündigt den orthodoxen Glauben auf der ganzen Erde."

Die Linie geht von Gott über den Sohn als das ewige und historische Wort Gottes über den Hl. Geist auf die Apostel, von denen das Kerygma ausgeht.

Die Hl. Schrift als das Dokument dieses Kerygmas wird in ihrer Exklusivität auch im Nachwort der Kir.kn.gepriesen im Blick auf die Gaben Gottes des Schöpfers,

„der alles mit seiner großen Allweisheit auferbaut und von oben herabschaut und jeden Menschen zum guten Werk einsetzt, damit der Mensch alles Gute und Nützliche tue und zu ihm, seinem Schöpfer, erhöht werde. Und viel nämlich ist uns gegeben von ihm, der alles geschaffen hat, auf Erden, in den Wassern und in der Luft, um des leiblichen Genusses (naslaždenie) willen. Mehr noch aber als alle Gaben ist uns seine Göttliche Schrift gegeben, durch die wir erleuchtet und empor zu ihm, unserem Schöpfer und Gott, erhöht werden" (558a,6–19).

### *2.1.2.1. Der Schriftbeweis*

Der Schriftbeweis für die Richtigkeit des orthodoxen Glaubens steht an erster Stelle und hat sein Vorbild im Neuen Testament selbst, wo das Alte Testament als Prophezeiung des Heilsgeschehens zitiert wird, die sich im Neuen Testament als erfüllt erweist[158]. Um die Funktion des Schriftbeweises in der für die orthodoxe Theologie richtigen Relation zu sehen, soll hier der orthodoxe Theologe G. Florovskij zu Wort kommen: „Die Kirche leitet ihre Kenntnis der göttlichen Wahrheit nicht von den einzelnen Bibeltexten ab[159]. Sie hat ihre eigene Einsicht in die Wahrheit, durch den Glauben und durch das Zeugnis des Geistes. So ist die Kirche der authentische Ausleger der Schrift. In diesem Sinn weiß die Kirche mehr, als geschrieben ist, oder vielmehr, als ein für allemal geschrieben wurde. Dies bedeutet nur, daß Christus größer als die Schrift ist. Die Kirche gründet sich nicht auf das schriftliche Wort, sondern auf die Person des lebendigen, ewigen und leibhaftigen Wortes, von dem die Hl. Schrift das Zeugnis ablegt. Aber die Sache ist größer als irgendein Zeugnis"[160].

Bedeutet dies aber wirklich „nur", daß Christus größer ist als die Schrift? Hat es nicht viel weitreichendere Konsequenzen, weshalb sich die reformatorische Theologie bewußt anders abgrenzte? Da auch Florovskij schließlich die Tradition als das „Bewußtsein" der Kirche[161] definiert, sind gegen die orthodoxe Auffassung nicht die gleichen Bedenken geltend zu machen, die G. Ebeling gegenüber dem römisch-katholischen Traditionsbegriff einzuwenden hat?

G. Ebeling zählt drei Momente dieses Begriffs auf, die zugleich auch dessen ungemein große Flexibilität ausmachen: 1. bezüglich der Überlieferungsweise: der Vollzug der Weitergabe der Offenbarung wird eingeengt auf nichtschriftliche, „lebendige" Tradition;

2. bezüglich des Überlieferungsinhalts: es besteht die Möglichkeit inhaltlicher Ergänzung der Schrift durch mündlich tradierte Apostelworte und explizierende Folgerungen;

3. bezüglich der Überlieferungsnorm: die notwendige Wahrung der Reinheit beim Vorgang des Wachstums der Tradition geschieht durch das in letzter Instanz unfehlbare kirchliche Lehramt.

Letzteres (bei den Orthodoxen nimmt diese Stelle die Kirche in ihrer Gesamtheit ein: auch die Beschlüsse der Ökum. Konzile müssen theoretisch noch nachträglich von der Gesamtheit der Gläubigen akzeptiert werden; die Hierarchie in ihrer apostolischen Nachfolge ist nicht Garant der Lehrreinheit, sondern der Gültigkeit der Sakramente) hat die entscheidende und folgenreiche Konsequenz, „daß im Begriff der T.[radition] als kirchlichen Selbstbewußtseins Vollzug, Inhalt, Norm und Instanz der Überlieferung ununterscheidbar und kritische Prüfung ausschließend zur Deckung kommen. Der T.[radition] ... kommt darum der Schrift gegenüber ... hermeneutische Funktion zu ..., so freilich, daß sie letztlich der hermeneutischen (und historischen) Rechenschaft enthebt“[162].

Zwei Gesichtspunkte sollen uns im Blick auf die Kir.kn. und die Kn. interessieren: 1. welche Schriften zum Kanon der Hl. Schrift gezählt werden, 2. wie der Schriftbeweis geführt wird.

*2.1.2.1.1. Die Liste der kanonischen Bücher*

Im 17. Jh. unterscheiden die Orthodoxen noch nicht proto- und deuterokanonische Bücher. Beide gelten in gleicher Weise als inspiriert[163]. In der Kir.kn. befindet sich am Anfang eine Liste, in der insgesamt 76 Bücher als von der Kirche anerkannte gezählt werden (in fortlaufender Zählung: 1–49 AT, 50–76 NT), wobei jeweils auch die Anzahl der Kapitel[164] angegeben ist, beim NT auch die Zahl der Perikopen (začalo). Gegenüber Luthers Abtrennung der „Apokryphen“ (Texte der Vulgata, die aus der LXX stammten und nicht im hebräischen Text standen) vom Kanon des AT zählt die Liste der Kir.kn. im Anschluß an Neh. noch 2. Esr., 3. Esr., Tob., Judith dazu, nach dem Hhld. Weish. und Sir., nach den Klgl. Bar. und nach Mal. 1., 2. und 3. Makk. (bis auf 2. und 3. Esr. und 3. Makk. sind diese Bücher von der katholischen Kirche 1546 im Tridentinum sanktioniert worden).

Die Reihe der 27 ntl. Schriften wird eingeleitet mit einer Zusammenfassung dessen, was das Evangelium schlechthin bedeutet: „Denn es kam wahrhaftig unser Herr Jesus Christus, der Sohn und das Wort Gottes, beginnt das Evangelium“ (2a,9f.). Auf die 4 Evangelien folgen die Apg., die 7 Kath. Briefe, die 14 Pls.-Briefe (der Hebr. wird mitgezählt) und die Apk.

In der Kn. befindet sich im 29. Kap., in dem Schriftzeugnisse für die Hl. Trinität gebracht und kommentiert werden, wegen der notwendigen

Kürze, da es sich um ein kleines Buch handle, im Anschluß an 12 Zitate aus den prophetischen Büchern des AT eine summarische Aufzählung des ntl. Kanons, dessen Schriften alle von der Hl. Trinität Zeugnis gäben (265a,6–13).

Gegenüber der Liste bei Johannes Damascenus (De fide orth. 4,17 = MPG 94,1177–1180) fehlt beim AT die Begrenzung auf die hebräischen Bücher. Von den anderen, nur griechisch überlieferten, erwähnt Johannes nur das „Tugendbuch (Panaretos), d.i. die Weisheit Salomons und die Weisheit Jesu, die der Vater des Sirach hebräisch herausgab und dessen Enkel Jesus, des Sirachs Sohn, ins Griechische übersetzte – sie sind zwar trefflich und gut, werden aber nicht gezählt und lagen auch nicht in der Bundeslade“[165]. Zum NT zählte Johannes noch die 85 Apostolischen Kanones, die ihrerseits zum NT auch 1. und 2. Clem. und die 8 Bücher der Apostolischen Konstitutionen zählten, „quas non oportet inter omnes devulgare ob mystica, quae in eis sunt“[166].

### *2.1.2.1.2. Der Schriftbeweis gegen den Arianismus*

Daß Christus wahrer Gott und wahrer Mensch war, soll aus den prophetischen Schriften (Kap. 3 und 4) und den apostolischen Schriften (Anfang Kap. 6) belegt werden, kann man schon den Überschriften in der Kir.kn. entnehmen.

„Denn so war die Gewohnheit bei den Propheten, daß sie den ungläubigen Königen die Ankunft des gerechten Messias Christus prophezeiten. Zuerst teilten sie ihnen die sich in naher Zukunft ereignenden Dinge mit, damit sie auch den weiter entfernten glaubten“ (Kir.kn., 102a,4–9). Als Beispiel wird auf Jes. 7 Bezug genommen: „Wie der Prophet Jesaja König Ahas zuerst das Heer der nahe gegen sie Herangekommenen anzeigte, wollte er danach wiederum von den weiteren und großen Dingen weissagen, über Immanuel. Er überführte sie: wenn sie diesem seinem vorhergesagten Wort nicht glauben, dann können sie auch die weiteren nicht verstehen – und sie haben sie auch nicht verstanden“ (102a,9–17). Nun wird die Weigerung des Ahas, von Gott ein Zeichen zu erbeten, als Verstoß gegen Gottes Gebot ausgelegt: er wollte Gott nicht glauben. „Deshalb wollte der Prophet Jesaja wiederum ihm über jenes Zeichen nicht weissagen, sondern redete zu dem ganzen Haus Juda insgesamt und überführte alle ihres Unglaubens ... mit diesen Worten: ‚Höre, Haus David, ist es euch zu wenig, daß ihr den Menschen Mühe macht, warum macht ihr dann auch dem Herrn Mühe, denn ihr wolltet es ja nicht? Darum wird der Herr euch ein Zeichen geben.‘[167] Was für ein Zeichen? Wiederum fügte er hinzu: ‚Siehe, eine Jungfrau wird schwanger werden und einen Sohn gebären, und sie werden ihnen nennen Immanuel‘ (Jes. 7,14).

Wie begannen die Juden nun jenes Zitat für sich zu verstehen? So, wie von Anfang an sie ein böses Geschlecht sind, das sich, wie Salomon (Weish. 12,10) schreibt, ‚in Ewigkeit nicht ändern wird‘. Denn sie fingen an zu verstehen, daß es über den

Sohn des Ahas, Hiskia, gesagt sei, andere aber anders, und selbst waren sie unter sich uneinig und schwatzten einer so, einer so, wie auch heute alle Ungläubigen verschieden darüber schwatzen.

Deswegen zeigte Gott der Herr durch denselben Jesaja, indem er sie dann abermals des Unglaubens überführte oder die Hartherzigkeit aus ihnen vertrieb, allen klar die Ankunft oder Geburt des Immanuel mit folgenden Worten" (102b,1–103a,5) – es folgt Jes. 9,5 mit dem Kommentar des Johannes Chrysostomus dazu, in dem der Beweis weitergeführt wird mit Jes. 35,4f. und der ntl. Bestätigung dieser Weissagung in Mt. 11,5/Lk. 7,22: „aber auch an anderer Stelle zeigte er mit nicht weniger klaren Worten, daß nicht ein einfacher Mensch, sondern Gott selbst kommen und uns erretten wird" (103b,19–22).

Dasselbe habe schließlich auch Jer. geweissagt, was sein Schüler Baruch aufgeschrieben habe (Bar. 3,36ff.)[168] (104a,20ff.). Weiter werden Ps. 118,26/Mt. 21,9; Ps. 18,10; 99,1; 87,5 angeführt. Das folgende Zitat aus Hab. 3,3, Gott werde vom Süden her kommen („Gott kam von Teman und der Heilige vom Gebirge Paran", heißt es dort), soll den Weg Jesu von Bethlehem nach Jerusalem vorausgesagt haben.

Schließlich wird mit Jes. 45,14f. die Verheißung der Herrlichkeit Gottes, die sich in aller Welt durchsetzen werde, auf Christus bezogen. Da Gott zu jemand anderem rede und ihn Gott nenne, könne das einzig und allein auf Christus bezogen sein – und damit leitet Zacharij Kopystenskij zu den ntl. Zeugnissen über –, „wie auch der Apostel Paulus über ihn sagt: ‚Groß ist das Geheimnis[169] der Frömmigkeit: Gott erschien im Fleisch' (1. Tim. 3,16). Lies nun abermals weiter und sieh, wie darüber klar die heiligen Apostel Zeugnis geben und ihre Schüler und Nachfolger, die heiligen Väter" (105a,20–25)[170]!

Wie eng Schrift- und Väterbeweis zusammenhängen und problemlos nebeneinander stehen und ineinander übergehen, deutet schon die Überschrift des Kap.s 6 an:

„Aus den Schriften der Apostel, ihrer Schüler und Nachfolger, der hl. Väter, über die wahre Gottheit und Menschheit unseres Herrn Jesus Christus". Die relativ kurze Reihe ntl. Schriftbeweise beginnt mit Pls. „Das erste Zeugnis sei von jenem am Anfang erwählten Gefäß Gottes, dem Apostel Paulus, der uns zeigt, wie Christus der Menschheit nach Jude, der Gottheit nach aber Gott ist" (119a,5–9). Es folgen Röm. 9,15, 1. Tim. 3,16 (mit Kommentar des Joh. Chrysostomus), Tit. 2,13, Eph. 5,3, Jud. 1,4, um mit dem Bekenntnis des „ungläubigen Thomas" Joh. 20,28 zu den Lesern überzuleiten: „Ebenso geben auch wir nicht acht auf die Verführung, sondern reden mit dem Apostel Thomas zu Christus: Du bist unser Herr und Gott".

Daran schließt sich unmittelbar die an Umfang viel längere Reihe der Väterzitate an, auf die weiter unten (2.1.2.2.2.) eingegangen wird: „Hören wir dazu die Zeugnisse der Schüler und Nachfolger der Apostel, der hl. Väter, die alle durch alle Zeiten der Reihe nach folgen, die vom Anfang des Glaubens an wahrhaftig bekannt haben, daß unser Herr Jesus Christus wahrhaftiger Gott ist" (120a,8–14).

### *2.1.2.1.3. Der Streit um die richtige Auslegung*

Da auch Häretiker sich auf den Schriftbeweis berufen, geht der Streit auch um den rechten oder falschen Gebrauch der Schrift. Den durch den Humanismus rationalistisch geprägten Antitrinitariern[171] wird vorgeworfen, sie würden den Sinn der Schrift verändern, indem sie z.B. das griechische Wort „logos“ im Joh.-Prolog nicht christologisch übersetzten. In Kap. 9 der Kir.kn. heißt es:

„Da gewisse ungebildete Leute die Gottheit Christi leugnen, wollen wir ihnen Antwort geben. Nicht, um mit ihnen Streit anzufangen, sondern damit sie ihre widergöttlichen Worte erkennen und sich, gemäß dem Wort des Apostels (Tit. 3,10), nach der ersten und zweiten Ermahnung von ihnen entfernen. Erstens nämlich haben vor nicht allzulanger Zeit die Wiedertäufer ein Buch in Druck gegeben, das ‚Kredo‘ genannt wird, in dem sie ein Wort des Evangelisten Johannes änderten, wo er schreibt (Joh. 1,1): ‚Im Anfang war das Wort (slovo, logos).‘ Sie jedoch schrieben: ‚Im Anfang war das gesprochene Wort (reč’ – Rede; am Rand: glagol).‘ Genau dort haben sie ihre widergöttliche Auslegung mit folgenden Worten begonnen: ‚Jesus, der Sohn Gottes, war am Anfang seines Evangeliums, d.h. zu der Zeit, als Johannes der Täufer anfing, die Leute Israels zur Taufe zu führen; denn den Juden war dies zur Erinnerung (na pamjat’).‘

Wir aber antworten ihnen: Wer hat denn das nicht verstanden, daß Christus zu jener Zeit den Juden zur Erinnerung da war, als er zu predigen anfing?

Unter weiter, wer versteht nicht auch, daß dies der Evangelist Johannes nicht darüber geschrieben hat, d.h. über die fleischliche Existenz Jesu, sondern über seine Gottheit, denn er sagte: ‚Im Anfang war das Wort‘, und er fügte hinzu: ‚und das Wort war bei Gott (am Rand: in Gott), und Gott war das Wort.‘ – Denn dies ist von ihnen schon vor langer Zeit geschrieben worden, und es hat solche Streitgespräche mit ihnen gegeben, von denen sie mit großer Beschämung weggegangen waren. Weil er dies wußte, ihr Lehrer ‚Minister‘ Čechovič[172], wie schwierig es ihnen schon mit ihren obengenannten gegnerischen Erfindungen war, ersann er seine widergöttliche Erfindung (am Rand: Auslegung) so: ‚Am Anfang der Schöpfung war die Rede (reč’) vom Messias, und die war bei Gott; denn Gott selbst hat mit unsern Erzvätern geredet.‘ Aber auch diese seine Auslegung ist offensichtlich nicht angemessen und widerspricht dem Evangelisten Johannes. Denn der Evangelist Johannes hat nicht so geschrieben, wie Čechovič zu schreiben wagte, ‚die Rede war vom Messias ...‘, sondern gerade das hat er geschrieben: ‚Im Anfang war das Wort ...‘, und er hat nicht gesagt ‚die Rede‘. Denn wenn es auch bei den Propheten das Wort (glagol) Gottes über den Sohn gab, war jenes Wort doch nicht der Sohn, denn der Evangelist Johannes hat, wie auch die Wiedertäufer selbst wohl wissen, vom Sohn gesprochen“ (136a,3–137a,5).

Bei der Auslegung von Joh. 14,28 fragt sich der Verf. desselben Kap.s besorgt:

„Was nun noch, ihr Wiedertäufer? Weil ihr unwissend seid, verführt ihr damit das einfache Kind (prostuju čad), als wäre Christus der Gottheit nach geringer als der Vater, weil er auch dies Wort sagte: ‚Ich gehe zum Vater, denn mein Vater ist größer als ich.‘ Wir aber antworten ihnen darauf so: Christus hat das nicht bezüglich der Gottheit gesagt, sondern bezüglich der Menschheit“ (138b,22–139a,4).

### 2.1.2.1.4. *Ungesäuertes Brot*

Zur Widerlegung derer, die ungesäuertes Brot bei der Eucharistie verwenden, wird die Schriftauslegung der katholischen Kirche widerlegt. Lateiner und Lutheraner, schreibt Vasilij Suražskij, würden ihr frevelhaftes Opfer mit dem Ungesäuerten der Juden durch Zitierung der Schrift (1. Kor. 5,8) zu bekräftigen versuchen (Kir.kn., Kap. 34, 293b, 11–16).

„Genauso halten es auch die Lateiner, indem sie die Schriften der Apostel nach ihrem Willen zitieren und umbiegen. Der Apostel schrieb nämlich: ‚wir feiern (prazdnuem)', aber sie schreiben: ‚wir gebrauchen (upotrebljaem)', was ein großer Unterschied ist. Denn eines ist ‚gebrauchen' und etwas anderes ‚feiern'. Und der Apostel redet dort nicht von der Kommunion des göttlichen Leibes Christi, wo er an den Sauerteig erinnert, sondern er tadelt die Blutschande des unzüchtigen Ehebruchs der Korinther" (294a,14–24).

Um diese Auslegung zu belegen, folgt der Hinweis auf den Kontext des Schriftzitats (294b–295a) und auf einen analogen Fall des Mißverständnisses: So, wie Jesus selbst seinen Jüngern erklären mußte, daß er nicht vom Sauerteig des Brotes, sondern von dem der Lehre der Pharisäer und Sadduzäer sprach (Mt. 16,12), sollten sich auch die orthodoxen Christen vor solchen hüten und die falsche Lehre des Papstes Alexander (II., 1061–73) entfernen, der den jüdischen Gesetzesübertretern gleiche und festlegte, das hl. Opfer mit dem leblosen ungesäuerten Brot des Zorns[173] darzubringen (295b,17–296a,3).

### 2.1.2.1.5. *Sub utraque*

Zur Streitfrage der Kommunion sub utraque verweist Vasilij Suražskij auf Mt. 26,27: „Seht und vernehmt mit Furcht, was Christus selbst klar beteuert: er befiehlt allen, im Wein sein lebenschaffendes Blut zu trinken, und nicht nur den Popen" (Kir.kn., 297a,21–23).

Der katholische Standpunkt dagegen behauptet das glatte Gegenteil: „Quid dicendum de veracitate hujus affirmationis? – Doctrina catholica hac de re ita sonat: Nullum extat divinum praeceptum quo laici et clerici non conficientes obligantur ad Eucharistiam sub utraque specie sumendam; sed ulterutrius speciei communio ad salutem sufficit"[174].

In der Kn. ist dieser Frage die zweite Hälfte des 6. Kap.s gewidmet (52b–54b), wo auf die geschichtliche Entwicklung bis zum Konzil von Konstanz 1415 eingegangen wird, um dagegen die Schrift und die Väter zu zitieren[175].

Die ersten Erfinder dieser Häresie seien die Manichäer im Jahre 449 gewesen, wogegen Papst Leo d. Gr. gekämpft habe; aber nicht alle Christen hätten, Gott sei Dank, diese Häresie angenommen: „die Griechen, Bulgaren, Serben, Ruthenen (rusove), Moskauer, Ungarn und [Ost]preußen (prusove) kommunizieren auch heute ohne jegliche Schande unter beiderlei Gestalt" (54a,4–7), und erst vor kurzem seien die Tschechen (die Utraquisten) unfreiwillig dazu gezwungen worden, sich der katholischen Kirche zu fügen.

St. Runciman weist darauf hin, daß Meletios Pēgas es gewesen sei, der eine neue Nuance in die antirömische Polemik einführte, „indem er die Weigerung der lateinischen Geistlichen verurteilte, den Laien das Abendmahl in beiderlei Gestalt zu verabreichen. Diese Weigerung war, obwohl sie der orthodoxen Tradition völlig zuwiderlief, von seinen Vorgängern eigentümlicherweise nicht beachtet worden. Möglicherweise hielt Meletios ... es für nötig, Aufklärung über einen Gegenstand zu liefern, der den unerschütterlichen Orthodoxen eine Selbstverständlichkeit war"[176]. Die Kir.kn. und die Kn. sind ein Beleg dafür, daß schon vor und neben Meletios die Frage erörtert wurde (Vasilij schrieb seine Kniga o vere schon 1588).

In Meletios' Brief vom 30.8.1596 an den Fürsten von Ostrog (Kir.kn., Kap. 40) findet sich in der Aufzählung der römischen Häresien neben dem Hinweis auf den Laienkelch noch ein anderer Punkt erwähnt: die römische Ablehnung der Kinderkommunion.

Sie hätten es gewagt, „den Kindern vollständig das Mysterium zu rauben, indem sie ihnen weder die Kommunion des Leibes noch des Blutes geben; den Erwachsenen aber wurde es halb geraubt, um dadurch die Glieder Christi einander zu entfremden und ganz oder halb von Christus loszureißen" (461a,12–18; s. auch unten, S. 167: 5. Zeichen des Antichrist).

### 2.1.2.1.6. *Die Beichte*

Die Verteidigung des Sakraments der Beichte, des „Sündenbekenntnisses in der Kirche vor den Priestern auf Befehl Gottes" (Überschrift von Kir.kn., Kap. 18), um „mit reinem Gewissen zur Kommunion des Leibes und Blutes Christi" schreiten zu können (Schluß des Kap.s, 204b,2f.), wird mit dem Schriftbeweis geführt[177].

„Denn die Gegner schwatzen: Weshalb sollen wir durch die Beichte vor dem Priester unsere Sünden bekennen? Denn, sagen sie, das ist eine neue Erfindung. Wir aber antworten ihnen, daß es sowohl im Alten wie auch im Neuen Testament auf Befehl Gottes das Bekenntnis der Sünden gab und gibt" (202a,15–22). Es folgen aus dem AT „Beweise" aus Num. 5,5–7.16 und Sir. 4,26; 7,29.

„Im Neuen Testament reinigte unser Herr, der nicht gekommen war, das Gesetz zu zerstören, sondern zu erfüllen (Mt. 5,17), nicht einfach den Aussätzigen und schickte ihn dann weg von sich, sondern sagte zu ihm: ‚Geh und zeig dich dem Priester und opfere' für deine Reinigung (Mt. 8,4/Mk.1,44/Lk. 5,14). Dementsprechend gab er auch den neuen Priestern, d.h. seinen Jüngern und Aposteln, die Vollmacht zu reinigen, d.h. die Sünden zu vergeben" (203a,1–10). Es folgt die klassische Stelle Joh. 20,23. Als Beweis, daß dies auch praktiziert wurde, wird Apg. 19, 18 angeführt. Zunächst habe man vor den Aposteln gebeichtet, danach vor ihren Schülern und Nachfolgern, so wie man sich bis heute bei allen Sünden in der Kirche an die Geistlichen wende. Der nachfolgende Schriftbeweis gelingt nur durch eine falsche Übersetzung dessen, was Paulus Gal. 6,1 [ironisch? Anspielung auf Gal. 5,25] zu den „Brüdern" und nicht zu irgendwelchen Geistlichen sagt („ihr, die ihr geistlich seid"): „Brüder, wenn ein Mensch in eine Sünde fällt, so bringt ihr Geistlichen einen solchen wieder zurecht mit dem Geist der Sanftmut" (203b,8–10)! In Verbindung mit dem unmittelbar folgenden Zitat (Hebr. 13,17) werden die Lehrer, denen es zu gehorchen gelte, weil sie über die Seelen der Gläubigen wachten, als „die wahren Stellvertreter der Apostel" (203b,12f.) bezeichnet.

Abschließend, bevor drei Väterzitate noch auf den Aspekt hinweisen, daß es gut tue, seine Sünden zu bekennen, und man sich dabei vor dem Priester nicht zu schämen brauche, wird klargestellt, daß man bei der Beichte zwar vor einem Priester stehe, aber eigentlich vor Gott selbst („jako samomu bogu", 203b,22), woran auch die bei der Beichte praktizierte Formel erinnere: zuerst sage man: „ich bekenne Gott dem Herrn Himmels und der Erden", und dann erst: „und dir, Vater" (203b,24–204a,1).

### *2.1.2.1.7. Die Kindertaufe*

Die Argumente der Wiedertäufer, die in ihrer „Verfinsterung" die Kindertaufe ablehnen, werden im 24. Kap. der Kir.kn. aus der Hl. Schrift widerlegt. Die Gegner der Kindertaufe bringen, heißt es, zwei Argumente vor: 1. Christus habe befohlen, erst zu belehren und dann zu taufen (222b,13f.), 2. hätten Kinder noch keine Sünde (222b,16).

Der 1. Einwand verliere, so argumentiert Zacharij Kopystenskij, ins rechte Licht gerückt, seine Beweiskraft. Zunächst müsse nämlich festgestellt werden, was auch die Wiedertäufer behaupten, daß sich in Gottes Wort nirgends etwas über die Kindertaufe finde. Mt. 28,19 heiße es gerade „gehet hin und lehret alle Völker und taufet ..."[178], und die Apostel hätten zweifellos Erwachsene getauft, aber keine Kinder (224b, 10–23). Die Wiedertäufer vergäßen aber, daß die Jünger nicht zu den Gläubigen, sondern zu den Ungläubigen gesandt waren. Diese mußte man zuerst belehren, wie das ja auch noch heute geschehe mit den Juden, „Griechen" (Heiden) und anderen Ungläubigen. So hätte es auch Paulus gemacht (Apg. 16,33): den Kerkermeister zuerst belehrt und dann mitsamt seinem Haus getauft; und mitsamt seinem Haus bedeute, daß darunter auch kleine Kinder gewesen seien (224b,23–225a,17). Einen wörtlichen Beleg, der auch „Kinder" erwähnt, kann Zacharij nur aus der Tradition beibringen: Prochoros' Vita des Evangelisten Johannes, wozu er versichert: „Dies sind keine falschen Zeugnisse" (225b,2f.). Auf jeden Fall bleibt festzustellen, daß es nicht einfach um die Kindertaufe schlechthin geht, sondern (wie schon die Überschrift des Kap.s klar zu verstehen gibt) um „die Taufe christlicher Kinder", d.h. von Kindern christlicher Eltern.

Auch der Einwurf, Christus sei erst mit 30 Jahren getauft worden, könne nicht zur Bekräftigung der Argumente der Gegner herangezogen werden, da Christus erst das alte Gesetz erfüllen mußte, bevor er seine Jünger das neue lehren konnte (225b, 4–14).

Gegen den 2. Einwand zitiert Zacharij Ps. 51,7, Hi. 14,4, Spr. 20,9 (222b,17–223a,10). Auch die Interpretation des Wortes Mt. 18,3: „Wenn ihr nicht umkehrt und werdet wie die Kinder ...", muß Zacharij zurechtrücken. Damit sei nicht die Sündlosigkeit, sondern die Demut der Kinder gemeint. Sie überheben sich nicht, sondern sind unterwürfig (223a,13–223b,9). Dafür kann Zacharij 1. Kor. 14,20, 1. Petr. 2,1 und Mk. 10,16 anführen (223b,9–23). So wie Jesus die Kinder segnete (Mt. 19,13–16 und Par.) und die Jünger aufrief, es ihnen nicht zu verwehren, so erinnere auch die Kirche die Wiedertäufer daran, den Kindern nicht die Taufe zu verwehren, durch die sie den Segen erlangen und das Himmelreich empfangen (224a,19–21). Joh. 3,5 schließlich zeige deutlich die Heilsnotwendigkeit der Taufe, und der Jammer Gottes über das Verderben derer, „die nicht wissen, was rechts oder links ist" (Jona 4,11), besage nicht deren Unschuld, sondern nur deren Unwissenheit (224a,21–224b,9).

### *2.1.2.1.8. Das Fegefeuer*

Gegen das von den Lateinern „neuausgedachte" Fegefeuer, dessen Behauptung Maksim Grek und Meletios Pēgas „gesetzeswidrig und anmaßend" erschien, während andere griechische Theologen vor ihnen da weit weniger kritisch waren[179], wird in Kap. 14 der Kn. der negative Schriftbeweis geführt.

Im Anschluß an Lk. 16,26 wird festgestellt, daß die Bibel nur zwei Orte für die Verstorbenen kenne, das Reich Gottes und das Reich des Teufels; von einem dritten Ort aber sei weder bekannt, wer über ihn herrschen, noch wo er sich befinden könnte (114a,14–114b,2). Auch die törichten Jungfrauen habe Jesus in seinem Gleichnis (Mt. 25,1–13) nicht ins Fegefeuer geschickt, sondern einfach zu ihnen gesagt: „Ich kenne euch nicht!" – „Also gibt es im Göttlichen Evangelium keine einzige Erwähnung des Fegefeuers" (115a,11f.; vgl. a. 117a,4–6).

Schließlich sei es auch undenkbar, wie die nach dem Tode vom Körper des Menschen getrennte Seele als nicht materielles Wesen („netelesnym veščestvom byvaet") „von sichtbarem Feuer gequält werden" könne (117a,9–11). Um die Vergebung der Sünden bäten die Orthodoxen lieber Gott im Vertrauen auf seine Barmherzigkeit als auf das Fegefeuer, denn „durch das Opfer des Blutes des Gottessohnes können wir gereinigt werden", weshalb auch für die Verstorbenen gebetet werde (117a,20–25). „Wer aber an das Fegefeuer glaubt, der wird in ihm in Ewigkeit gereinigt werden![179a] Wir Orthodoxen aber glauben der Rechtfertigung (opravdaniju) Gottes, durch die er uns berufen, erlöst und geheiligt hat ..."(117b,1–4)

Eine interessante und spitzfindige Widerlegung der Behauptung des Fegefeuers findet sich in Kap. 11 der Kn.[180]:

„Wenn also noch niemand, wie du gesagt hast, weder ins Himmelreich noch in die Hölle eingegangen ist, wie ist es dann möglich, daß wir von dem Reichen, der bei Lazarus war, hören, daß er im Feuer und in Qualen sich mit Abraham unterhielt?

Antwort: Der Herr hat im Gleichnis über Lazarus geredet, wie auch über die zehn Jungfrauen und in anderen Gleichnissen. Denn das Gleichnis von Lazarus war nicht als Tatsache gemeint, denn die Sünder, die in der Hölle sind, sehen nicht die Gerechten, die mit Abraham im Himmelreich sind, noch erkennt jemand seinen Nächsten wieder, der dort in der Finsternis weilt. Du kannst dich außerdem erinnern, daß Abraham vor der Kreuzigung Christi im Hades war, durch die Ankunft Christi aber von dort befreit wurde und der Reiche den dort seienden Abraham folglich gar nicht sehen konnte. Und der Herr Christus hat dieses Gleichnis vor seiner Auferstehung gesagt, nicht aber nach der Auferstehung" (86b,10–25)[181].

### *2.1.2.2. Der Traditionsbeweis*

Das Verhältnis von Schrift und Tradition nach orthodoxem Verständnis wurde schon oben (S. 111ff.) erörtert. Grundsätzlich stehen Schrift und Tradition gleichberechtigt nebeneinander; Tradition ist nicht als Gegenpol zur Schrift gedacht, und es sollte „keinerlei Möglichkeit eines Widerspruchs zu ihr zugelassen sein"[182].

Die Tradition wird durch Glaubensbekenntnis, Konzilsbeschlüsse und kirchliche Schriftauslegung nur vage begrenzt. Zur Tradition gehören sowohl die nur mündlich überlieferten angeblichen Apostelworte als auch die diese überliefernden Apostolischen Väter und Kirchenväter mit ihren Schriften. „Eine der Kirche gegenübertretende kritische Eigenständigkeit kommt dem urchristlichen Zeugnis nicht zu ... Ein kritisches Bewußtsein von der die Ursprünge verdeckenden Funktion der Tradition ... fehlte"[183].

Schrift und Tradition decken sich in Wirklichkeit aber nicht immer, denn man kann die Existenz der verschiedenen Konfessionen auch als verschiedene Traditionsgebilde auffassen, wobei freilich einschränkend zu sagen ist, daß keineswegs alle Unterschiede in der Tradition die „Entscheidung an der Wahrheitsfrage" implizieren. „Vielmehr gehört die Vielgestaltigkeit der T.[radition]en notwendig zum rechten T.[radition]sgeschehen"[184]. Deshalb ist die Tradition für das orthodoxe Denken „weniger juristisch und mehr charismatisch, mehr ‚demokratisch', aber deshalb auch weniger klar, weniger ‚definiert', manchmal etwas verwirrt"[185]. Petr Mogilas Versuch, „in den orthodoxen Glauben eine gewisse Präzision einzuführen", ist „dem orthodoxen Geist einigermaßen fremd"[186].

Um ein Dogma, ein Sakrament, eine bestimmte Form des Ritus, die sich mit der Zeit entwickelt hatte, zu begründen, verwies man, wo es in der Hl. Schrift kein ausgesprochenes Zeugnis dafür gab, auf die sog. ungeschriebene apostolische Tradition (dazu gehören u.a. die sog. Apostolischen Kanones). Johannes Damascenus rechnete z.B. die Bilderverehrung, die Anbetung gegen Sonnenaufgang und die Verehrung des Kreuzes dazu[187], was inhaltlich schon Basilius d.Gr. ebenso bestimmt hatte[188]. Kyrill von Alexandrien (gest. 444) war es, der den traditionellen Schriftbeweis durch Beweise aus den Kirchenvätern ergänzte, „in denen er geschickt das Zeugnis der Kirchenväter in der Beweisführung auf gleiche Ebene mit den Schriftzeugnissen stellt“[189]. Um die Mitte des 8. Jh.s war die theologisch-dogmatische Entwicklung so weit abgeschlossen, daß Johannes Damascenus ein zusammenfassendes, kompilatorisches Werk einer Dogmatik schreiben konnte[190]. Seine „Quelle der Erkenntnis“ klärt im 1. Teil die benutzten Begriffe („Dialektik“: Kephalaia philosophika), im 2. Teil werden die Häresien dargestellt, „so daß die inhaltliche Abgrenzung der Glaubensaussagen deutlich wurde“[191] (ursprünglich 100 Kap., größtenteils Auszug aus der Doctrina Patrum de incarnatione Verbi), und der 3. Teil bringt die Darlegung der Glaubenslehren selbst (De fide orthodoxa: Ekthesis akribēs tēs orthodoxou pisteōs, ebenfalls 100 Kap.)[192]. Von da an soll es nur noch um die Weitergabe des Definierten ohne jegliche Veränderung gehen. „Die orthodoxe Kirche Christi besteht ... von Anfang an und bis zu diesem Tag unverändert; sie bleibt in der einen Lehre der Tradition und dem einen Glauben, wie es vor aller Welt offenbar ist“, heißt es im 1. Kap. der Kir.kn. (94a,8–13).

Johannes Damascenus führt den Väterbeweis nur „dann und wann ausdrücklich“; von den Vätern führt er „auch gelegentlich den einen oder andern mit Namen an. Im allgemeinen aber kann er sich eines solchen Beweises entschlagen, da er ja von vornherein nur das zusammenfassen will, was die erprobten Lehrer vor ihm erarbeitet“ hatten[193]. Gelegentlich werden auch Sätze aus der Kirchenlehre (Symbol, Konzilsbeschlüsse) herangezogen. Für die Beurteilung seines „souveränen Stils“ ist deshalb nicht nur der Nachweis der Quellen wichtig, „sondern auch die Auswahl, die Auslassung, die Zwischenbemerkungen usw.“ sind „von entscheidender Wichtigkeit“[194]. In der Kir.kn. und der Kn. werden die Väter ebenfalls nur in Auswahl zitiert, denn nicht die Summe der gesamten Tradition erst ergibt die Wahrheit, sondern der Hl. Geist ist es ja, der die Kirche in der Erkenntnis der Wahrheit leitet.

Er „hat alle Lehrer gelehrt und des orthodoxen Glaubens versichert. Wir nämlich, die wir die apostolische Orthodoxie wie ein kirchliches Kleid (jako cerkovnoe odejanie) tragen, werden Erben des Himmelreichs sein durch die Gnade der Ungeschaffenen und Einen Dreifaltigkeit, Amen“ (Meletios Pēgas am Schluß von Kap. 37 der Kir.kn., 431b,13–18).

Da meist die Tradition nur in einigen ausgewählten Sätzen zitiert wird, ermuntert man den Leser (was aber angesichts der nur selten vorhandenen Texte wohl nur ein frommer Wunsch bleiben mußte) dazu, selbst die Väter im Zusammenhang zu lesen. So heißt es im 13. Kap. der Kir. kn. mit pädagogischer Zielsetzung: „... wie unsere hl. Lehrer bezeugen, die Nachfolger der Apostel, deren Zeugnis wir aber jetzt nicht bringen, damit ihr selbst ihre Bücher lest" (177a,15–19). Oder es heißt entschuldigend: „Weitere Zeugnisse der gottragenden Väter darüber – wer kann sie in einem so kleinen Buch unterbringen" (Kir.kn., 431b,7–9)!

Die Nachweise der Väterzitate sind – entsprechend den Quellen (meist Anthologien), denen sie entnommen sind – in der Mehrzahl unzureichend. Meistens wird nur der betreffende Autor und das Werk, aus dem zitiert wird, als Einleitung des Zitats genannt und am Rand daneben wiederholt (dort meist nur der Name), die entsprechenden Kapitelangaben fehlen aber oft. Andererseits werden manchmal sogar Seitenzahlen angegeben, ohne daß dann die benutzte Ausgabe vermerkt ist (z.B. Kn., 14a,5–6). Oft wird sogar nur der Name des Kirchenvaters erwähnt, ohne daß angegeben ist, welches Werk gemeint ist. Aber es kommen auch Zitate vor, die überhaupt nicht als solche gekennzeichnet sind (z.B. Kir.kn., 310b,21–25, wo aus Joh. Dam., 1. Bilderrede = MPG 94,1232, zitiert wird).

Im 1. Kap. der Kir.kn. heißt es (93a,24–93b,22): „Von all diesen hl. Vätern habe ich die Lehren hier nicht genau (podlinno) eines jeden dem Namen nach aufgeschrieben, damit ihr selbst ihre Bücher lest und findet, wie sie vom Anfang des Glaubens an alle ohne Unterschied über die Allerheiligste Trinität ausführlich und klar geschrieben haben, wie der Glaube insgesamt gezeigt wird und das Wesen der Allerheiligsten Trinität, d.h. der eine wahre Gott, der wahrhaftig in Ewigkeit bleibt und gepriesen wird in der ganzen Welt, in der orthodoxen wahren Kirche Christi, vom Anfang, den Tagen der Apostel, bis heute und ans Ende der Welt (veka). Was soll ich noch viel über die Wahrheit und Gerechtigkeit (istinu i pravdu) reden und sagen? Die orthodoxe Kirche Christi und der Glaube bleiben unverändert vereint ‚alle Tage bis an der Welt Ende' (Mt. 28,20), und sie zeigt und hält die wahre und ungeteilte und in nichts verletzte Lehre ihrer Tradition immer in alle Ewigkeit."

Der nivellierenden Charakterisierung der eigenen Tradition („alle ohne Unterschied") entspricht die pauschale Verurteilung der „anderen Tradition" der lateinischen Kirche:

„Die abtrünnigen Häretiker der Kirche Gottes und die Lateiner meinen alle mit jeglicher Erfindung, daß ihre Tradition von Anfang an von den Aposteln und ihren Schülern gelehrt worden sei, aber der Reihe nach und der Wahrheit gemäß aufzeigen können sie es nicht, wie wir es aufzeigen. Ebenso können sie auch nicht der Wahrheit gemäß etwas über die Gottheit sagen, denn oft und immer wieder verändern sie das Bekenntnis des orthodoxen Glaubens; sie zerstörten und veränderten es und fügten den Ausgang des Hl. Geistes vom Sohn hinzu" (ebd., 93b,22–94a,8).

### *2.1.2.2.1. Die „Väterliste"*

Im Anschluß an die Liste der kanonischen Bücher findet sich im Vorspann der Kir.kn. eine weitere 97 (98, einer wird doppelt gezählt) Verfasser bzw. anonyme Werke umfassende Liste unter der Überschrift:

„Die Bücher der ehrwürdigen und gottragenden Väter, unserer Hirten und ökumenischen Lehrer sind folgende:

das Buch Dionysius Areopagita (Dionisij Areopagit)[1];
Hierotheos von Athen (Ierofej Afynskij)[2];
Basilius von Cäsarea (Vasilij Parijskij)[3];
Basilius von Emesa (Vasilij Amasijskij)[4];
Hippolyt von Rom (Ippolit papa rimskij)[5];
Silvester von Rom (Silivestr papa rimskij)[6];
Basilius d. Gr.: Über das Fasten[7],
 seine Auslegung des Psalters, der Evangelien und des Apostels[8],
 seine Predigten zu den Herrenfesten[9],
 sein Hexaëmeron[10]
 und seine Vita[11];
Athanasius d. Gr. von Alexandrien: Gegen die Arianer[12],
 seine Auslegung des Psalters, der Evangelien und des Apostels[13],
 seine Festreden zu den Herrenfesten[14]
 und sein Streitgespräch mit den Arianern[15];
Gregor der Theologe: seine Auslegung der Davidpsalmen, der Evangelien und des Apostels[16]
 und seine Festreden[17];
Gregor der Wundertäter (Grigorij Neokesarijskij)[17a];
die Bücher des Johannes Chrysostomus (Ioann Zlatoust):
 die Homilien zu den Evangelien, den 14 Pls.-Briefen und der Apg. mit den moralischen Belehrungen (nravoučenija, Admonitiones)[18],
 die Festpredigten zu den Herrenfesten[19],
 die Auslegung der Psalmen[20], der Evangelien und des Apostels[21],
 der Margarit[22],
 der Zlatostruj[23],
 der Andriatis[24],
 das Buch über das Priesteramt[25];
Johannes Damascenus: sein Brief an Kosmas von Majuma[26]
 und seine übrigen Schriften[27];
Ioann, Exarch[28];
Johannes Climacus (Ioann Lestvičnik)[29];
das Synodikon (Sinadik)[30];
Grēgorios Dekapolitēs[31];
Gregor d. Gr. (Grigorij papa rimskij)[32];
Gregor der Erleuchter (Grigorij Velikija Armenii)[33];
Gregor Dialogus (Grigorij Dvoeslovec)[34];
Grēgorios Sinaïtēs[35];
Kyrill von Alexandrien[36];
Kyrill von Jerusalem[37];
Grēgorios ho Palamas (Grigorij archiepiskop Selunskij)[38];
Grēgentios von Taphar (Grigorij Omiritskij)[39];
Grigorij Camblak[40];
Grigorij Akraganskij[41];
Kirill Slovenskij[42];
Kosmas der Presbyter[43];

Amphilochios von Ikonion[44];
Palladios der Mönch (Palladij mnich)[45];
Irenäus von Lyon (Irinij Lugdonskij);
Petros Damaskēnos[46];
Spyridon von Trimithus (Spiridonij Trimifinskij)[47];
die Zlataja Cep' (Čep')[48];
Anastasios Sinaïtēs (Anastasij Sinajskija gory)[49];
Symeon der Gottesempfänger (Simeon Bogopriimec)[50];
Symeon der Thaumaturge (Simeon Divnogorec)[51];
Symeon von Jerusalem[52];
Symeon der Neue Theologe (Simeon Novyj Bogoslov)[53];
Euodios (Evvodij)[54];
Barlaam (Varlam) und Joasaph (Ioasaf Carevič)[55];
Ephrem der Syrer[56];
Maximus Confessor (Maksim Ispovednik)[57];
Maksim Grek[58];
Daniil[59];
Nikon[60];
Nil[61];
Theodor von Edessa[62];
Iosif[63];
Paulos von Amorion (Pavel Monasijskij)[64];
der Zlatostruj des Gennadios (Gennadij – am Rand: Nil – zovomyj Zlatostruj)[65];
der Chronograf[66];
das Rodoslovie[67];
die Glubina[68];
der Biser[69];
die Krinica[70];
Methodios von Patara (Mefodij Patrskij)[71];
die Pčela[72];
die Chronik des Großen Berges (Letopisec Velikija gory)[73];
Makarios d.Gr.[74];
Isidoros von Pēlousion (Isidor Pilusiot)[75];
Hēsychios von Jerusalem (Isichij Prezviter)[76];
die Dioptra, genannt beschaulicher Spiegel (zercalo mirozritelnoe)[77];
der zweite Spiegel: Dialog der Seele mit dem Leib[78];
Augustin von Hippo (Avgustin Ippona grada episkop);
Hilarion d.Gr.[79];
Geōrgios Pisidēs[80];
Joseph, Sohn des Matathias (Iosif Mattafiin)[81];
Kosmas Indikopleustēs (Kozma Indikoplov)[82];
Kosmas von Chalkedon[83];
Theodōros Studitēs[84];
Theodoros Abu Qurra (Feodor Avukar Karijskij episkop)[85];
Isaak der Syrer[86];
Dorotheos (Dorofej)[87];
der Ustav der hl. Väter[88];
der Pandekt[89];

der Limon (Limonis)[90];
Jesus Sirach[91];
der Slovopoložnik[92];
der Zakonnik[93];
der Stoglav[94];
Andreas Salos (Andrej Urodivyj)[95];
Justinus Martyr (Justin filosof);
Nēphōn (Nifont)[96]
Epiphanios von Zypern[97];
Jakob der Jude (Jakov Židovin)[98];
der Sudebnik[99];
die Mineja obščaja[100];
die Cet'i Minei für die zwölf Monate, in denen die Viten der hl. Propheten und Apostel, der Heiligen und der ehrwürdigen Väter aufgeschrieben sind[101];
das ägyptische Paterikon[102];
das Paterikon des Kiever Höhlenklosters[103];
das alphabetische Paterikon (Paterik Azbučnyj)[104];
das Skiten-Paterikon[105];
das Jerusalemer Paterikon[106];
das Paterikon des Hl. Berges[107];
Petros Damaskēnos[108];
Neilos Sinaïtēs[109].
Das sind die überlieferten Bücher, die wir lesen sollen" (2a,8–4a,12; die gedruckte Blattzahl 5 ist ein Druckfehler).

Dieser Index hat viele Vorgänger[110]. Er ist jedoch in der Kir.kn. „vollständiger als in allen bekannten Abschriften"[111], allerdings ebenso fehlerhaft. Die Aufzählung läßt zwar immer noch kein konsequent eingehaltenes Ordnungsprinzip erkennen, es kommt sogar zu Wiederholungen (Petros Damaskēnos und Papst Gregor I. erscheinen zweimal), und Jesus Sirach gehört gar nicht in diese Reihe, zumal er schon einmal im Kanon des AT aufgezählt wurde, sie ist aber gegenüber ihren Vorgängern „geordneter" (einzelne Untergruppen passen thematisch oder zeitlich zusammen), wobei auch einige Korrekturen angebracht und Werke aus neuerer Zeit ergänzt sind. „Aus all dem ist ersichtlich, daß die Herausgeber die vollständigste und getreuste Version ... liefern wollten, obwohl auch sie dies wegen ihrer Unbildung nicht erreichen konnten"[112]. Größtenteils werden nicht die Werke angegeben, die gemeint sind, sondern nur Verfassernamen bzw. die Namen von Heiligen aufgezählt, deren Vita gemeint ist. Dazu muß man wissen, daß im Alten Rußland nur wenige Väterschriften in mehr oder weniger vollständigen Sammlungen in kirchenslawischer Übersetzung existierten, während die Mehrzahl in verschiedenen Sborniks verstreut (meist nur in Auszügen) standen. Da es schwierig und für die meisten völlig unmöglich war, ganze Werke in Abschriften zu besitzen, war es die am weitesten verbreitete Form, Anthologien, Sammlungen mit Väterzitaten zusammenzustellen und abzuschreiben, wie sie z.B. die Pandekty darstellen, die auch in der Liste genannt sind[113].

Neben tatsächlich von der Kirche anerkannten hl. Vätern werden aber auch viele andere genannt, die gar nicht dazugehören wie z.B. Grigorij Camblak, Kosmas Indikopleustēs, ja sogar anonyme oder apokryphe Werke. Daß sich auch die Beschlüsse der Hundertkapitelsynode von 1551 erwähnt finden, veranlaßte A. I. Lilov[114] zur Polemik: „Wie ungerechtfertigt es ist, daß der Stoglav in die Reihe der Schriften der hl. Väter eingetragen worden ist, halten wir für überflüssig, auch nur zu sagen[115], da heute jedem ausreichend bekannt ist, welcher Art die Würde seines Inhalts ist ... Wir richten die Aufmerksamkeit nur auf die Absicht des Redaktors der Kirillova kniga". Früher hätte an dieser Stelle der Stoslov gestanden[116].

Da der Inhalt der Liste insgesamt keineswegs den Kriterien der Überschrift entspricht, ist sie eher als der mehr oder weniger vollständige Katalog der Bücher zu verstehen, die bei den altrussischen Theologen vorhanden waren und vor allem benutzt wurden, sozusagen ihre Bibliothek bildeten[117]. In vielen Fällen ist es schwierig, genau zu bestimmen, welche Werke der aufgezählten „Väter" gemeint sind. Trotzdem ist aus dieser Liste ersichtlich, daß fast alle wichtigen Väter und Lehrer der Kirche bekannt waren, darunter sechs lateinische (Hippolyt, Silvester, Gregor I. Dialogus, Justin, Irenäus und Augustin). Es fehlen u.a. Ignatius von Antiochien, Clemens von Alexandrien, Tertullian und Cyprian von Karthago, Origenes, Eusebius von Cäsarea, Gregor von Nyssa, Ambrosius von Mailand, Hieronymus, Theophylakt von Ochrid, Kliment von Ochrid, Nikolaos Kabasilas, der Izmaragd[118]. Aber in der Kir.kn. selbst kommen mehr Väterzitate vor, als in der Liste angezeigt sind.

Die Liste gibt uns Auskunft über die bevorzugten Väter. An der Spitze steht mit den meisten Ausgaben der bei den orthodoxen Christen beliebteste und populärste Kirchenvater, Johannes Chrysostomus. Auch der Protopope Avvakum, der Wortführer der Altgläubigen, verdankte seine Kenntnis der Kirchenväter „den Anthologien, die damals in kirchenslawischer Sprache vorlagen. Besonders vertraut war er mit dem ‚Margarit'. So ist auch Johannes Chrysostomus derjenige Kirchenvater, auf den er sich am häufigsten beruft. Hinzu kommen die Sammelwerke ‚Kirillova kniga' und ‚Kniga o vere'"[119].

Weiter genossen besondere Hochachtung Kyrill von Jerusalem mit seinen Taufkatechesen, Basilius d.Gr. mit seinen Fastenregeln, Athanasius'

Reden gegen die Arianer, Gregor von Nazianz, der (wie der Evangelist Johannes) den Ehrentitel „der Theologe“ trägt, und Johannes von Damaskus, dessen 3. Teil seiner „Quelle der Erkenntnis“ „lange Zeit neben den liturgischen Büchern die hauptsächlichste Quelle des theologischen Wissens bei den Ostslawen“ war[120]. Beliebt waren auch die „Geistliche Leiter“ des Johannes Climacus und die Werke der Syrer Ephrem und Isaak[121].

In der Kn. findet sich im 25. Kap. über die Union eine kurze Aufzählung der wichtigsten orthodoxen Väter unter dem Gesichtspunkt, daß der „ökumenische Partriarch den Glauben der hl. ökumenischen Lehrer hält und bekennt, auf denen die Kirche ruht, nämlich:

Dionysius Areopagita,
Athanasius d. Gr.,
Basilius d. Gr.,
Gregor d. Theol.,
Johannes Chrysostomus,
Gregor von Nyssa,
Kyrill von Jerusalem,
Kyrill von Alexandrien,
Ambrosius von Mailand,
Augustin von Hippo,
die römischen Bischöfe Clemens, Damasus, Leo, Agathos, Gregor, Martin,
Maximus Confessor,
Johannes Damascenus,
Theophylakt
u.a. mehr“ (231a,20–231b,7).

Ein Vergleich hinsichtlich der Benutzung der patristischen Tradition mit Petr Mogilas Confessio Orthodoxa[122] zeigt nicht das typische Bild, wie wir es in der Kir.kn. und der Kn. finden. Er zitiert relativ selten: die 89 ausgewiesenen Zitate verteilen sich auf 10 Väter, den Partriarchen Jeremias II., das Athanasianum, die Apostolischen Kanones, die Chrysostomus-Liturgie und die Annalen des Baronius. Johannes von Damaskus steht an erster Stelle mit 55 nachweisbaren Zitaten, gefolgt von Ps.-Dionysius (6), Theophylakt (5), Basilius d. Gr. (5), Gregor von Nazianz (4), Kyrill von Jerusalem (4), Gregor von Nyssa (1), Johannes Chrysostomus (1), Ps.-Athanasius (1) und Cyprian (1).

### *2.1.2.2.2. Der Traditionsbeweis gegen den Arianismus*

Im 6. Kap. der Kir.kn. schließt sich unmittelbar an die Schriftbeweise für die wahre Gottheit und Menschheit Christi auf gleicher Ebene der Traditionsbeweis an. Die Reihe der Väterbeweise ist in zwei Zeugenreihen unterteilt, die – so argumentiert der Verf. – in der Sache übereinstimmen und dadurch noch beweiskräftiger sind (vgl. Joh. 8,17), und hält ungefähr das Prinzip der zeitlichen Aufeinanderfolge der Väter ein: die 1. Gruppe bilden drei „Apostelschüler“ (Ps.-Ignatius[123], Prochoros, die in der Tradition beide als Johannesjünger gelten, und Ps.-Dionysius, der für einen Paulusjünger gehalten wurde); die zweite Gruppe bildet eine Reihe von 12 Kirchenvätern, „die nach ihnen lebten und vereint (nerazdelno) mit ihnen ebenso bekannten und lehrten“ (120a,16–120b,13): Justinus, Irenäus, Clemens von Alexandrien, Origenes, Gregor der Wundertäter, Eusebius, Cyprian, das 1. Ökum. Konzil als die Summe von 318 Vätern (das Nizänische Symbol), Ps.-Athanasius[124], Basilius d. Gr., Gregor der Theologe, Kyrill von Jerusalem und schließlich Johannes Chrysostomus, von dem die Schriftauslegung zu 7 Bibelzitaten gebracht wird (120b,13–123b,16). Die einzelnen Väterberweise sind einfach aneinandergereiht, ohne ergänzenden Kommentar. Das Kapitel schließt zusammenfassend mit den Worten: „Und dies bis hierher. Wie die Apostel, so verkündigen auch ihre Schüler und Nachfolger, die hl. Väter, die ihnen vom Anfang des Glaubens an nachfolgten, alles gemäß dem Überfluß aus den prophetischen Schriften, daß Christus wahrer Gott ist“ (123b,16–22).

### *2.1.2.2.3. Die Bilderverehrung*

In der Kir.kn. und der Kn. findet sich je ein Kapitel über die hl. Ikonen (in beiden das 10.), die beide auf die gleiche Quelle zurückgehen. In der Kir.kn. steht die Polemik im Vordergrund. Die Bilderstürmer der Gegenwart sind gemeint; von dieser Aktualität her erhält das alte Thema des Bilderstreits des 8. Jh.s erneut seine Wichtigkeit. Deshalb wird gegen die Behauptung, die hl. Ikonen seien heidnischen Ursprungs, die Behauptung gesetzt, sie seien biblischen und damit göttlichen Ursprungs. Die Gegner bestimmen mit ihrer Position das Thema, was sich auch im Stil zeigt: „die Ikonomachen sagen“ – „wir erwidern“ (145b,3.6; 146a,10f. 14). Dem entspricht auch die Weglassung des letzten Teils der Vorlage, der noch auf die Bestimmungen des 6. und 7. Ökum. Konzils und die auf letzterem definierte theologische Differenzierung zwischen Anbetung und andächtiger Verehrung eingeht und damit den „Bilderkult“ noch einmal in den richtigen theologischen, d.h. christologischen Rahmen stellt: „auf ihn selbst [Christus] legen wir all unsere Hoffnung und nicht auf die Ikonen“ (Kn., 82a,25–82b,1). Die Kir.kn. bricht den Traditionsbeweis mit dem 4. Jh. ab und faßt zusammen, indem sie zum Ausgangspunkt zurückkehrt:

Johannes Chrysostomus „schreibt ausreichend[125], daß die Christen vom Anfang des Glaubens an Ikonen hatten, also die Ikonen nicht vom 6. und nicht vom 7. Jahrhundert an ihren Anfang haben, wie die Ikonomachen schreiben und andere hinzufügen: ‚von den Heiden'". Das beweise klar die Schrift (153a,15–22). Es folgt ein angehängter Schluß aus Ivan Nasedkas Izloženie na Ljutory, Kap. 19, um noch den Vorwurf der Lutheraner zu widerlegen, die Orthodoxen würden die Ikonen anbeten, statt sie nur zu verehren (153b,5ff.)[126]. Der Vorwurf wird aufgegriffen und gegen die Lutheraner selbst gerichtet: „Wenn sie schon sagen: ‚statt sie nur zu verehren', weshalb ehren sie sie dann aber nicht, wie es sich gebührt" (153b,11–13)?

Typisch ist in diesem Zusammenhang der Vorwurf, die Lutheraner hörten leider nur auf die Hl. Schrift: „Wir aber machen die Ikonen nicht zu Götzen, sondern verrichten vor ihnen einen Gott würdigen Gottesdienst, und wir haben viele Zeugnisse aus den Göttlichen Schriften des Neuen Testaments von den hl. Vätern darüber, aber die Lutheraner wollen niemals etwas davon hören außer vom Alten Testament, dem Evangelium und dem ‚Apostel'" (155b,1–7).

In der Kn.[127] dagegen hat Ps.-Nafanail das Material der Vorlage wesentlich souveräner verarbeitet (Straffung, klarere Gliederung, Rückverweise, z.B. 79a,3–5) als der Redaktor der Kir.kn. Der Einstieg ist theologischer: die orthodoxe Position als von Gott ausgehende Setzung steht positiv am Anfang:

„Der allwohltätige und hochbarmherzige Herr und Gott, der immer mit seiner Vorsehung an die Rettung des Menschengeschlechts dachte[128], wollte seine Gläubigen nicht in Unwissenheit über seine Wohltaten bleiben lassen (der auf der Erde in Menschengestalt hochgepriesene und sehr wunderbare Wunder vollbrachte), sondern übergab in seinem überreichen Erbarmen seiner geliebten Kirche zur Hilfe das Sichtbare in den hl. Bildern dargestellt, das sie wie mit kaiserlichem Purpur durch die hl. Ikonen geschmückt in der gebührenden Ehre hält und ihre orthodoxen Söhne zur schuldigen Ehre der hl. Ikonen lockt" (76a,3–14).

Erst jetzt wird gesagt, welche These widerlegt bzw. bewiesen werden soll: „Daß aber die hl. Ikonen ihren Ursprung nicht in menschlichen Erfindungen haben, sondern sowohl im Alten als auch im Neuen Testament [blagodati = Gnade, sonst heißt es meistens zakon = Gesetz] und auf Befehl Gottes ..., ist aus der Göttlichen Schrift mit Gottes Hilfe zu zeigen nötig. O Herr, gib deine Hilfe und deinen Segen dazu" (76a,14–19)!

Obwohl für die Ikonen der Schriftbeweis geführt werden soll, spielt dieser doch nur eine untergeordnete Rolle[129], da der Bezug auf die Ikonen nur indirekt abgeleitet werden kann.

Die 12 atl. Zitate Ex. 28,36; 25,18; 26,1; Num. 21,8; Ex. 31,1; Num. 17, 22; Ex. 30,25–29; 1. Sam. 6,29; Ps. 26,8; 5,8; 99,9; Dt. 6,4 sollen das atl. Bilderverbot so interpretieren, daß es nur von den Götzenbildern gemeint sei, niemals aber von den Bildern, die zu Gottes Ehre gemacht wurden. Aus dem NT wird überhaupt kein Zitat gebracht (Kir.kn., 148a, 11f. dagegen zitiert 1. Tim. 3,16): „Beim Neuen Testament angelangt finden wir, daß die Ikonen vom Herrn Christus selbst ihren Anfang haben" (77b,9–11).

Die Hauptstütze für diese Behauptung liefert nun nicht etwa eine ausführliche christologische Begründung, wie sie in ihren Grundlagen Johannes Damascenus entwickelte (besonders in den 3 Bilderreden[130]), sondern es schließt sich unmittelbar, nahtlos und wie selbstverständlich der Traditionsbeweis (über den erst 2 Seiten weiter reflektiert wird) mit der Abgar-Legende an:

„Als Abgar, der König der Stadt Edessa, einen Ikonenmaler nach Judäa sandte, um das Bild Christi zu malen, befahl der Herr Jesus Christus selbst, Wasser herbeizutragen, und wusch sein allerreinstes Gesicht und trocknete sich mit einem Tuch, und auf dem Tuch stellte sich das Bildnis seines göttlichen Gesichts dar, und er sandte es zu Abgar mit Ananias. Und als er es nach Edessa brachte, wurde Abgar von seiner Krankheit geheilt und glaubte dem Herrn" (77b,11–19). Die Kir.kn. erwähnt noch zusätzlich, daß „wir dasselbe Bild bis heute ‚das nicht von Händen gemachte Bild' nennen, das heute in Rom ist" (148b,1–3)[131].

Der Traditionsbeweis, der auf diese Legende aufbaut, läßt sich wie folgt gliedern:

1. die ungeschriebene „apostolische" Tradition:
   a) die Abgar-Legende,
   b) Wunderberichte der Historiker über die Christusikone zur Bestätigung der Legende (77b,20–78b,4),
   c) Schriftbeweise für die Existenz ungeschriebener Tradition (78b, 6–21),
   d) Ps.-Dionysius als der Hauptzeuge (78b,21–25);
2. Beweise aus der Kirchengeschichte, wobei Wunderberichte im Vordergrund stehen, vom 1. bis zum 8. Jh., in dem das 7. Ökum. Konzil 787 die Ikonentheologie endgültig festlegte (79a,1–81b,3);
3. lebendige Beweise durch Märtyrer für die Bilderverehrung (81b,4–82a,10).

Die *Wunderberichte* werden eingeleitet durch die Versicherung: „Über diese Ikone gibt es große und glaubwürdige Zeugnisse, daß Gott durch sie Wunder tat" (77b, 14–16). Es folgen 6 Zeugnisse: Evagrius Scholasticus (Hist. Eccl. 4,26)[132], wo er über das 7. Ökum. Konzil berichte; zur Unterstützung heiße es bei Johannes Damascenus (De fide orth. 4,16): „Die Kirche feierte nach der Überführung dieser Ikone von Edessa nach Konstantinopel den Empfang am 16. August 6442 bzw. 942 nach Christi Geburt[133]" (77b,25–78a,3). Weitere Zeugen sind Nikēphoros Kallistos Xanthopoulos (Hist. Eccl. 2,7; 6,15)[134], Baronius (Annales zum Jahre 431), Eusebius (Hist. Eccl. 7,18)[135] und ein Hegoumenos (Avva) Josephos[136] (im „6. Wort"), der davon berichte, daß der Apostel Lukas die Bilder Jesu der Gottesmutter und der hl. Apostel und Propheten gemalt habe (78a,21f.).

„Aber weil darüber *nichts im Evangelium und in den Briefen der Apostel geschrieben* steht, deswegen glauben die Ikonomachen dies nicht. Man muß wissen, daß nicht alles im Evangelium geschrieben steht, denn auch das Evangelium bezeugt dies" (78b,4–8): es folgen Joh. 20,30; Apg. 16,4 und 2. Thess. 2,15. Wegen der schweren Zeiten großer Verfolgungen hätten die Apostel es nicht geschafft, alles aufzuschreiben, aber ihre Schüler hätten es dann schriftlich überliefert, als sich das Christentum weiter ausgebreitet hatte und die teuflischen Gottesdienste der Heiden verschwunden waren (78b,16–21).

Wichtigster und einziger *Hauptzeuge* für die Existenz von Ikonen schon zur Zeit der Apostel ist „der hl. Dionysius Areopagita, der Jünger des hl. Apostels Paulus" (78b,21f.). Wenn er in seinem Werk über die Himmelshierarchie[137] frage: „Weshalb zeichnet man die Engel in Menschengestalt und die Evangelisten in viergestaltigen Ikonen?" (78b,22–24), dann müsse daraus geschlossen werden, daß es zu seiner Zeit Ikonen gab. Aber das Zitat redet weder von Ikonen im eigentlichen Sinne, noch handelt es sich um einen Zeitgenossen der Apostel, sondern unter dem Pseudonym Dionysius verbirgt sich ein bis heute unbekannter (syrischer?) Autor, der um 500 lebte[138].

Die Beweise aus der *Kirchengeschichte* sind geordnet nach Jahrhunderten.

Am Ende des 1. Jh.s sei dem Eustathius Plakidas das Bild der Kreuzigung Christi erschienen, wovon seine Vita berichte.

Für das 2. Jh. berichten die griechische Chronik (Synopsis) des Symeon Metaphrastēs und lateinische Quellen, wie es am Rand heißt, über das weitere Schicksal der nicht mit Händen gemalten Ikone Christi. Die Christen hätten es in jener Verfolgungszeit nicht gewagt, ihre Ikonen offen zu zeigen (79a,11–22).

Im 3. Jh. schreibe „der hl. Eusebius, der ehrwürdige Kirchenhistoriker, in seinem Buch gegen die Häretiker, die in jenen Zeiten lebten"[139], daß die Ikonen eine alte Tradition hätten und damals in vielen Klöstern zu finden gewesen seien (79a,23–79b,4).

Für das 4. Jh., in dem das Christentum durch Kaiser Konstantin Staatsreligion wurde, berichten, heißt es, griechische und lateinische Chroniken von der Bekehrung Konstantins durch Papst Silvester, der ihm die Ikonen der Apostelfürsten Petrus und Paulus gezeigt habe mit den Worten: „Dies sind die Bilder, die dir in der nächtlichen Vision erschienen waren", woraus ersichtlich sei, daß es bei den Christen von Anfang an Ikonen gegeben haben muß (79b,7–12)[140]. Als weitere Zeugen werden genannt Athanasius d.Gr. mit einem Ikonen-Wunderbericht, Basilius d.Gr., Gregor d. Theol., Kyrill von Jerusalem und Johannes Chrysostomus.

Diese Belegstellen sind entweder unecht oder nicht beweiskräftig, weil sie gar nicht von Ikonen reden. Auch der berühmt gewordene Grundsatz des Basilius, die Ehre des Bildes gehe auf das Urbild (prōtotypon, pervoobraznoe) über[141], war nicht im Blick auf reale Bildvorstellungen gedacht[142], was erst Johannes Damascenus entwickelte. Er und alle Bilderverteidiger zitieren Basilius dann immer wieder „wie einen Refrain"[143]. Die Wiedergabe der Väterbeweise und Wundererzählungen geschieht unter Berufung auf das 7. Ökum. Konzil, wo sich die Väter „zumeist auf dieselben patristischen Zeugnisse" beriefen, „wie sie Johannes aufführt, nur hatten hier die Wundererzählungen ein auffallendes Übergewicht"[144].

Von Johannes Chrysostomus wird aus seiner Vita berichtet, daß sein Schüler Proklos bei ihm die Ikone des hl. Paulus gesehen habe; folglich habe auch Johannes Ikonen besessen, was von dem Erzbischof Georgios von Alexandrien bezeugt sei (80a,7–10)[145]. Schließlich berichte „Sozomenos, der alte und berühmte Historiker", über die Ikone Christi, die der Kaiser Julian Apostata zerstörte, woraufhin „er bald danach auch selbst verschied" (80a,10–13)[145a]. Die Erzählung des hl. Sosima von der blutflüssigen Frau Veronika, die aus der Weltchronik des Malalas stammt und auch von Johannes Damascenus in seiner 3. Bilderrede erwähnt wurde[146], hat Ps.-Nafanail bei seiner Verarbeitung des Quellenmaterials weggelassen, während sie der Redaktor der Kir.kn. ebenfalls berichtet (152b,15–22).

Im 5. Jh. habe es dann wiederum Ikonen gegeben, „denn auf Befehl des Kaisers Konstantin d. Gr. waren viele Kirchen gebaut und mit hl. Ikonen geschmückt worden" (80a,14–17)[147]. Denn nur so lasse es sich verstehen, daß Maria die Ägypterin (nach deren Vita) vor der Ikone der hl. Gottesmutter gebetet habe, die sich im Narthex (Vorraum, pritvor) der Kirche befand, bevor sie in die Wüste zog[148]. Wenn es schon im Narthex eine Ikone gab, dann müsse es in der Kirche selbst viele Ikonen gegeben haben, schließt Ps.-Nafanail daraus (80a,17–21).

Daß während so vieler Jahrhunderte seit Christi Geburt „alle Heiligen in großer Ehre hl. Ikonen besaßen" (80b,9f.), das müsse schließlich aus dem Schweigen der ersten fünf ökumenischen Konzile zur Bilderverehrung geschlossen werden. Denn wären die Väter all jener Konzile der Meinung gewesen, die Ikonen entsprächen nicht dem Willen Gottes, dann hätten sie darüber bestimmt nicht geschwiegen (80b,11–15).

Die Möglichkeit, daß die Väter dazu geschwiegen hatten, weil sich das Problem noch gar nicht gestellt hatte, vielmehr die Ikonenverehrung sich erst langsam entwickelte[149], bis sie Formen annahm, die eine grundsätzliche theologische Reflexion darüber erforderlich machte, diese Möglichkeit konnte und sollte nicht erwogen werden, weil sie die Grundthese der gesamten Beweise (daß es die hl. Bilder von Anfang an gab) in Frage gestellte hätte. Solange man die Legitimität historisch nachweisen zu müssen glaubte, mußte die wirkliche Historie der Bilderverehrung hinter der Legende zurückstehen. Der christologische Grund (die Inkarnation und damit auch die Verklärung der Materie, des sinnlich Erfahrbaren, mit dem Ziel der künftigen Vergottung des gesamten Kosmos) für die Bilderverehrung kam bei dem historischen Beweis zu kurz, während er doch der einzig tragende sein kann[149a].

Erst auf dem 6. und 7. Konzil haben sich die Väter zu den Bildern geäußert, führt Ps.-Nafanail die historische Linie fort. Die Väter hätten eben auch früher nicht geschwiegen, wenn sie gegen die Ikonen gewesen wären, wie sie ja auch im Kanon 82 des 6. Ökum. Konzils[150] sich dazu geäußert hätten mit der Bestimmung, daß das Bild Christi nicht als Lamm, sondern als vollkommener Mensch zu malen sei (80b, 16–18).

Es folgt eine Paraphrase des Horos des 7. Konzils[151] über die Bilderverehrung: „Gemäß der göttlichen Inspiration der hl. Väter und der Tradition der hl. katholischen Kirche sollen ebenso wie das hl. Kreuz Christi auch die gemalten Bilder (Ikonen) unseres Herrgotts und Erretters Jesus Christus, unserer unbefleckten Herrin, der hl.

Gottesgebärerin, und aller Heiligen in der Kirche aufgestellt werden. Wir werden sie nicht mit kultischer Anbetung (ne liatreja, am Rand: nesluž̌ebne) verehren, d.h. nicht mit der Ehre, mit der wir Gott selbst dienen, sondern wie wir das Kreuz Christi, das Evangelium und andere heilige (geheiligte) Gegenstände verehren, denn die Ehre des Bildes geht hinein und kehrt zurück zum Urbild[152]. Gemäß dem Glaubensbekenntnis und dem Befehl über die hl. Ikonen, wie sie die Stimmen jener hl. Väter bestimmten, glauben wir alle so, halten wir mit guten Gründen (blagoslovne) alle das eine Bekenntnis der ersten Konzile, unterschreiben wir dabei alle. Dies ist der apostolische Glaube, dies ist der Glaube der hl. Väter usw. Wer aber nicht so bekennt, der sei verflucht ..." (80b,20–81a,12).

Eine weitere Verfluchung aus dem Fastentriodion (am Rand: Triod postnaja, Druck des [Kiever] Höhlenklosters) schließt sich an die Anathematismen an, wobei an die heilsgeschichtliche Bedeutung der Ikonen erinnert wird: „Wer also die universalen und rettenden Taten auf den Ikonen sieht und Jesus Christus, unsern Herrn, nicht annimmt, wie er geboren ist, getauft worden, als Mensch gelebt hat, wie er gekreuzigt worden ist und begraben, wie er auferstanden ist und aufgefahren gen Himmel und alles um unseretwillen gelitten und vollbracht hat, wer dies nicht ehrt und sich davor nicht verneigt, der sei dreimal verflucht" (81a,18–24).

Der heilige Ernst dieser Verfluchungen werde bestätigt, argumentiert im Anschluß an die Kirchengeschichtsbeweise Ps.-Nafanail, durch den mannhaften Einsatz und das *Martyrium* der hl. Väter, die danach lebten und nicht nur mit ihren Schriften, sondern auch mit ihrem Leben gegen die Ikonomachen kämpften. Da die Zeit nicht reiche, alle einen nach dem andern aufzuzählen, sollen nur die berühmtesten genannt werden (15 werden namentlich erwähnt), an deren Spitze Johannes Damascenus steht, dem wegen seines großen Einsatzes für die Bilderverehrung die rechte Hand (im Text steht: die Hände) abgehackt wurde, wie die Vita berichte, die von Patriarch Johannes von Jerusalem verfaßt ist[153]. Von der Ikone der hl. Gottesmutter sei er wieder geheilt worden (81b,3–11). „Selbst die hl. orthodoxen Patriarchen litten für die hl. Ikonen, dasselbe gilt auch von den Klerikern, Mönchen und Rechtgläubigen jeden Grades (čina)" (82a,3–5).

Am Schluß des Kap.s wird der Anfang wieder aufgegriffen, wird das Ganze in seinem liturgisch-theologischen Kontext wie von einer Klammer zusammengehalten:

„Nachdem ich durch Gottes Gnade und Hilfe solch klare Zeugnisse des Alten und Neuen Testamentes dargelegt habe, will ich zum Schluß auch dies erwähnen, daß sie das, was das Gottesvolk des Alten Bundes zu Ehre und Preis des wahren Gottes geschaffen hatte, in Ehre hielten und in prachtvoller Ausschmückung (blagolepotno) im Hause Gottes bewahrten, und während sie es ansahen, beteten sie Gott den Schöpfer an (poklonjachusja) und legten alle Hoffnung auf Gott. Ebenso tun auch wir Christen: wie wir die Ikonen, die zur Ehre des wahrhaftigen Gottes und unseres Herrn Jesus Christus gemacht sind, und die der allereinsten Gottesgebärerin und aller seiner Heiligen in Ehre halten und, wenn wir auf sie blicken, des ganzen Heilsplans unseres Erretters, was er um unseretwillen vollbracht hat, gedenken und ihn dafür loben und anbeten, so legen wir auf ihn selbst all unsere Hoffnung und nicht auf die Ikonen, wie die Heiden tun. Und die Heiligen ehren wir ebenso um der Worte Christi willen, die er über sie geredet hat (Joh. 17,22): ‚Ich habe ihnen gegeben die Herrlichkeit, die du mir gegeben hast, daß sie eins seien, gleichwie wir eins sind, ich in ihnen und du in mir'" (82a,10–82b,6).

Daß die Ikonen auch eine Art Bilderbibel, Biblia pauperum, sind[154], Vehikel der Heilsgeschichte für die des Lesens unkundigen Gläubigen, hat wirkungsgeschichtlich vielleicht sogar die größte Bedeutung gewonnen.

„Und wenn wir auf die Ikonen blicken, ist es eigentlich so, als ob wir die Geschichte des Alten oder Neuen Testamentes lesen; auf diese Weise rufen wir sie uns ins Gedächtnis, und deswegen erweisen wir ihnen große Liebe. Aber wir beten nicht zu den Holztafeln, sondern zu den Personen (personam), die sie darstellen[155]. Wir blicken auf die Ikonen mit leiblichen Augen, mit den Augen des Herzens aber geben wir auf den acht, von dem das Bild ist" (82b,6–13).

Nach dieser nochmaligen Abwehr des Vorwurfs der Idolatrie wird ganz zum Schluß der Brauch, die Ikonen zu küssen, erklärt: „Wir küssen sie mit dem Mund und zeigen damit unsere Liebe zu denen, von denen das Bild ist, in dem Sinne, wie der selige Erzvater Jakob das blutbefleckte Gewand seines geliebten Sohnes Joseph küßte" (82b,13–17)[156].

### *2.1.2.2.4. Das Wochenfasten*

Die orthodoxe Kirche fastet am Mittwoch und Freitag (am Mittwoch, weil mit dem Verrat des Judas an jenem Tage das Geschöpf gegen den Schöpfer rebellierte; am Freitag, weil Jesus am Freitag gekreuzigt wurde – vgl. Kir.kn., Kap. 16, 196a,24–196b,6; Kn., Kap. 15, 126b,1–12), während die katholische Kirche auch am Samstag fastet, was von der Ostkirche von Anfang an bekämpft wurde (Kn., 127b,5–128a,7). In der besonderen Situation der Brester Union sind außerdem viele Orthodoxe in Polen-Litauen der Versuchung, während der Fastenzeit Fleisch zu essen, erlegen (Kir.kn., 198a).

„O Unglück, daß in den heutigen Zeiten die Bauchvergötterer dieser apostolischen Überlieferung so große Gewalt antun" (Kn., 120b,10–12)!

Deshalb der Appell: „Versucht nicht die, die ihrem Erretter Christus folgen und sich entsprechend ihren Kräften bemühen wollen, sondern fastet vielmehr nach der Tradition der Kirche, wie sie immer gefastet hat" (Kir.kn., 195b,17–22)! „Dazu sollt ihr wissen, weshalb wir am Mittwoch und Freitag fasten. Denn das ist *nicht eine von den neuen Erfindungen*, wie ihr meint, *sondern eine apostolische Tradition*, die der Kirche Gottes überliefert ist, wovon der Apostolische Kanon[157] zeugt, wo geschrieben steht: Wenn jemand am Mittwoch und am Freitag nicht fastet und ein Geistlicher ist, soll er abgesetzt werden, ist er ein Laie, soll er ausgeschlossen werden" (196a,9–18; vgl. 242a und Kn., 120b,4–10).

Als Beweis folgt ein Zitat aus dem 4. Phil. des Ps.-Ign.: „Ehrt die hl. Tage und erleichtert euch nicht das Fasten! Fastet am Mittwoch und am Freitag ..." (196a, 23ff.; vgl. Kn., 126b,15–18).

Auf die heilsgeschichtlich-symbolische Begründung der beiden Fastentage folgt aus der „apostolischen“ Tradition (Ps.-Ign.; Ignatios galt als Apostel-jünger des Johannes und Nachfolger des Petrus auf dem Bischofsstuhl von Antiochien) erneut die Mahnung:

„Deswegen, Geliebte, laßt uns nicht achtgeben auf die Verführten, sondern laßt uns fasten an den Tagen, die uns von der Kirche Gottes überliefert worden sind, und uns auf diese Weise bemühen und unsern Leib töten“ (196b,7–10; vgl. Röm. 8,13)!

Auch in der Kn. wird der römischen Kirche vorgeworfen, gegen den Apost. Kanon 69 zu verstoßen, da sie am Mittwoch und Freitag nicht nur den Laien, sondern auch den Geistlichen erlaube, Fleisch zu essen, wie jeder sehen könne (127b,18–25).

Wegen des Fastens am Samstag wird den Katholiken der Vorwurf gemacht, zu judaisieren (subbot-stvujut, Kir.kn., 324a,21), womit gegen den Apost. Kanon 65 verstoßen werde (Kn., 127b,5–21)[158].

„Aber jenes Fasten am Samstag hat Papst Innozenz sich ausgedacht, um damit zu verkündigen, daß Christus im Grabe lag und seine Jünger damals fasteten. Da dies beides aber gegen die Apostolischen Kanones ist, ist es unannehmbar ... Denn was nicht nach dem Willen Gottes ist, auch wenn es uns gut erscheint, führt in die Sünde“ (128a,1–7).

Meletios Pēgas beruft sich in der Kir.kn. ebenfalls auf die notwendige Übereinstimmung mit dem Kanon:

„Uns aber läßt er weit entfernt vom gottlosen Gottesdienst der Juden. Genau um diesen Kanon der hl. Apostel geht es (est' razum). Einen anderen Kanon, der nicht mit dem Kanon der Väter zusammenfallen würde, kann es nicht geben. Sehr gut nämlich ist es, den Vätern zu folgen. Und wer es wagte, mit einem Kanon wie mit einem anderen Apfel[159] mit Streit die Kirche zu verwirren, ... bringt Schande auf die Väter. Mit so großem Bösen machen sie sich selbst schuldig und sind dem schrecklichen gerechten Gericht Gottes unterworfen ...“ (449a,7–20).

### *2.1.2.3. Der Vernunftbeweis*

Der Vernunftbeweis, wie ihn z.B. Kyrill von Alexandrien in die Diskussion mit den Arianern neben dem patristischen Beweis einführte[160], spielt in der Kir.kn. und der Kn. im eigentlichen Sinne keine Rolle. In der abendländischen Theologie gehörte er zu dem scholastischen Schema der drei Beweise (Schrift-, Traditions-, Vernunftbeweis) und spielte dort eine wesentliche Rolle. Johannes Damascenus führt den Vernunftbeweis für die Existenz Gottes und zum Beweis seiner Einheit[161].

Die Vernunft wird hauptsächlich in ihrer Begrenztheit in bezug auf die göttliche Offenbarung gesehen; man hegt „ein gewisses Mißtrauen dem menschlichen Verstande gegenüber“, erklärt der orthodoxe Theologe L. Zander: „Alles orthodoxe Denken beginnt mit einem abwehrenden, negativen Gesichtspunkt: Gott und das Göttliche sind dem Menschlich-Kreatürlichen gegenüber so erhaben, daß es unmöglich ist, über sie etwas Endgültiges und Vollkommenes zu sagen. Wir erfassen das Göttliche nur in dem Maße, in dem Gott sich selber unseren beschränkten Erkenntnismöglichkeiten offenbart, und unsere Gotteserkenntnis bleibt der göttlichen Wirklichkeit immer inadäquat, sie erhält im günstigsten Falle den Charakter eines Symbols ... Symbol ist ein Hinweis auf eine geistige Realität, die hinter den Worten steht und zu der die dogmatischen Formeln nur als ein Weg, als eine Annäherung, angesehen werden können. Die Hauptsache besteht im Teilnehmen am göttlichen L e b e n – dies ist die wahre Gotteserkenntnis"[162].

### *2.1.2.3.1. Die Vernunft und der apophatische Ansatz der orthodoxen Theologie*

Aussagen über Gott selbst seien eigentlich unmöglich, beginnt das 1. Kap. der Kir.kn. über die Hl. Trinität mit einem Schluß a minori ad maius, wobei die Prämisse ein vorwissenschaftliches Weltbild voraussetzt[163].

Es gebe viele Geschöpfe Gottes, von denen wir, obwohl wir sie sehen, wenig wissen und über die wir wenig zu sagen vermögen. „Wir sehen den Himmel, wie er über uns befestigt ist, aber sagen können wir es nicht. Wir sehen die Sonne, die große Wärme schafft, und der Mond zeigt seinen Wechsel, ebenso auch die Sterne, und viele andere Geschöpfe sehen wir. Aber woraus sie geschaffen sind und woraus sie bestehen, können wir weder begreifen noch sagen. Was aber erst, wenn wir über Gott selbst nachdenken, der das alles geschaffen hat nach seinem Willen – wie können wir ihn begreifen oder etwas von ihm aussagen? Unmöglich, wahrlich, ist es nicht nur, mit Worten etwas darüber zu sagen, sondern auch darüber nachzudenken" (83a,13–83b,9).

Hier wird die Existenz Gottes theistisch vorausgesetzt und nur die Möglichkeit der Reflexion über Gott bestritten. Von Johannes Damascenus wird zu Beginn seiner Aussagen über Gott ein Vernunftbeweis (der kosmologische und physikoteleologische Gottesbeweis) vorangestellt, weil uns ein von Natur aus eingepflanzter Theismus Gott entsprechend unserem Fassungsvermögen erkennbar sein lasse (De fide orth. I,1 und 3). Deshalb heißt es (I,4): „Daß es einen Gott gibt, ist klar. Was er aber seiner Wesenheit und Natur nach ist, das ist völlig unbegreiflich und unerkennbar ... Nur das ist von ihm begreifbar, seine Unendlichkeit und Unbegreifbarkeit"[164]. Trotzdem macht auch Johannes Damascenus positive Aussagen über Gott, denn, so zitiert er zur Begründung die Doctrina Patrum, sowohl in der Gotteslehre als auch in der Heilsveranstaltung sei weder alles unaussprechbar noch alles aussprechbar (I,2)[165].

Denn „was zu unserm Heil notwendig ist", fährt der Text im 1. Kap. der Kir.kn. fort, das allein habe Gott uns zu wissen befohlen und darin müsse dann aber auch jeder Bescheid wissen, „nämlich Gott zu preisen und mit Gehorsam (s povinoveniem) zu ehren, denn davon vermag auch das Gestein zu reden, wie der Prophet (Ps. 148) sagt, die ganze Schöpfung, die himmlische und die irdische, die Wasser, die Berge, die Bäume und jegliches Lebewesen sollen loben den Namen des Herrn mit Gehorsam. Denn niemand kann von selbst seinem allerheiligsten Namen würdige Lobpreisungen erweisen. Aber wenn er auf die unsagbaren Werke der Schöpfung durch die Trinität unseres einen Gottes blickt, wie der mit seiner allweisen Vorsehung alles einzurichten vermochte, wundert er sich darüber und wird Ehre und ewigen Lobpreis seinem hl. Namen erweisen wegen dieser seiner wunderbaren und unaussprechlichen Werke" (83b,9–84a,4).

Der ökonomischen Beschränkung der Offenbarung muß auf Seiten der Gläubigen ein Nicht-weiter-Hinterfragen entsprechen, wie zu Beginn von Kap. 7 der Kir.kn. über die Gottheit des Hl. Geistes vorausgeschickt wird:

„Denn es ist ein Heil, ein Ruhm, ein Glaube, ein Gott, der Vater, ein Gott, sein eingeborener Sohn, und ein Hl. Geist, der Tröster. Nur dies geziemt sich uns zu wissen; über die Natur aber oder die Hypostase oder das Wesen geziemt es sich nicht nachzuforschen (ispytovati). Denn wenn darüber geschrieben worden wäre, würden wir darüber auch reden. Aber was nicht geschrieben steht, wagen wir nicht zu sagen. Um des Heils willen müssen wir wissen, daß es den Vater, den Sohn und den Hl. Geist gibt" (124b,7–17).

In Kap. 7 der Kn. wird dieser Gedanke unter Berufung auf Johannes Damascenus zur Erklärung der Entstehung der Häresien herangezogen:

„Ich bin Alpha und Omega, Anfang und Ende, sagte der Herr von sich (Offb. 1,8). Christus der Erretter, der der Schöpfer und Herr aller Dinge ist, sei auch mir der Anfang dieses Wortes über seine göttliche Majestät, Herrlichkeit und Kraft! Denn nicht nur einem vergänglichen Menschen, sondern auch den himmlischen Mächten selbst ist es schrecklich und unmöglich zu berichten, was allein er selbst, der Lehrer der Weisheit, durch die Propheten, Apostel, Evangelisten und seine anderen Heiligen als das den Gläubigen zur Errettung Notwendige offenbart hat, gemäß dem Zeugnis des hl. Johannes Damascenus: ‚Wieviel uns nützlich ist, offenbarte er zu verstehen, aber welche Lasten wir nicht ertragen können, das hat er mit Schweigen zugedeckt'[166]. Deswegen ist es den wahren Christen verboten, über Gott zu forschen, denn alle, die Gott durch Erforschung zu erreichen versucht haben, sind in die Tiefe des Verderbens gefallen und sind zu verschiedenen Häresien gelangt" (55a, 4–20)[167].

Die natürliche Möglichkeit einer Gotteserkenntnis liegt, wie Maksim Grek im 36. Kap. der Kir.kn. schreibt, im Menschen selbst als Geschöpf angelegt, der mit Vernunftstrukturen begabt ist, die dieser Möglichkeit adäquat sind:

„Den Griechen zeigte er [Gott] alles, was an ihm erreichbar ist, d.h. alles, was um das Wesen herum liegt, was zwar den sinnlichen Augen unsichtbar ist, mit der Vernunft aber erfaßbar wegen der den Geschöpfen eigenen Wohlordnung" (394b,17–22)[168].

Maksim Grek bringt hier ein angebliches Zitat des Joh. Chrysostomus, das jedoch von Theophylakt (MPG 124,353 B–C) stammt. „Bemerkenswert an der Theologie des Theophylakt ist hier die klare Unterscheidung zwischen dem unerkennbaren Wesen Gottes und seinen erkennbaren, das Wesen umgebenden Eigenschaften (die schon in der Theologie der gegen Eunomius streitenden Väter aufscheint oder wenigstens andeutungs- oder ansatzweise vorhanden ist). Man sieht deutlich die Annäherungslinie hin zum theologischen Palamismus"[169].

*2.1.2.3.2. Der Vernunftbeweis gegen den Arianismus*

Einen Vernunftbeweis (syllogikē apodeixis), wie ihn z.B. Joh. Damascenus (De fide orth. I,6)[170] vom Logos und Sohne Gottes mittels logischer Schlüsse (in enger Anlehnung an Gregor von Nyssa) führt, finden wir in der Kir.kn. nicht ausgeführt, ebensowenig in der Kn., so daß man sagen kann, daß der spekulativen Vernunft dort entsprechend dem apophatischen Ansatz konsequent kein Raum gelassen wird. Dafür hat dort neben den Schrift- und Väterbeweisen für die Gottheit Christi (s.o., S. 115f.) auch ein Kapitel seinen Platz gefunden, das unter der Überschrift steht: „Über die griechischen Weisen (O ellinskich mudrecech), die zum Teil von der allerhöchsten Gottheit und von der Geburt Christi von der allerreinsten Gottesgebärerin geweissagt haben" (Kir.kn., Kap. 5). Es handelt sich dabei weniger um einen Vernunftbeweis als um einen Weissagungsbeweis (in Analogie zum atl. Schriftbeweis), wobei die zitierten Zeugnisse jedoch Männern zugeschrieben werden, die mit Hilfe ihrer philosophischen Vernunft zu diesen Weissagungen gekommen sein sollen.

Ihnen, „die danach strebten, menschliche Dinge zu erfinden, selbst die luftigsten und höchsten, offenbarte Gott eben dadurch auch, teilweise die Wahrheit zu berühren" (115b,4–7). Zwei Einschränkungen werden damit von vornherein gemacht: teilweise und aufgrund von Gottes Offenbarung kamen sie zu diesen Weissagungen, denn für gewöhnlich, ohne die Offenbarung Gottes, wird die griechische Philosophie als „Täuschung der Griechen" verstanden.

Es folgen apokryphe oder allegorisch umgedeutete Zitate von 24 Weisen der griechischen Antike, darunter der Geschichtsschreiber Thukydides, die Philosophen Aristoteles, Platon, die Stoiker, Diogenes, Hermēs Trimegistos, die Dichter Euripides und Homer, ja selbst das Orakel des delphischen Gottes Apoll. Von Platon heißt es: „Platon sagte: Gott, weil er gut ist, ist also die Ursache des Guten, aber in keiner Weise des Bösen. Derselbe Platon sagte: Apoll ist kein Gott, sondern es ist ein Gott im Himmel, der auf die Erde herabkommen und von einer reinen Jungfrau Mensch werden wird, an den auch ich glaube. Und nach vierhundert Jahren bei seiner göttlichen Geburt wird die Sonne mein Gebein erleuchten" (116b,2–11).

Drei sibyllinische Weissagungen schließen sich an[171], die die Kreuzigung Christi am allerseligsten Holz[172], seine Geißelung und Wiederkunft zum Jüngsten Gericht betreffen (116b,11–23).

Der Redaktor der Kir.kn. hat diese Sammlung christlich überarbeiteter Weissagungen aus dem Chronograf übernommen[173]. Darin sind Teile aus den Pčely enthalten, in die auch eine Anthologie des Maximus Confessor mit 71 Kap. aufgenommen worden war, die viele Zitate weltlicher Schriftsteller und Philosophen enthält[174]. „Die Sprüche in den Kapiteln folgen gewöhnlich in dieser Anordnung: am Anfang befinden sich die Stellen aus dem Evangelium, dem Apostel und den Büchern des Alten Testaments, vor allem aus den Sprüchen, dem Prediger und Sirach, danach aus den Vätern und Lehrern der Kirche und schließlich aus den antiken weltlichen Schriftstellern"[175]. Diesem Schema ist auch der Redaktor der Kir.kn. bei den Kapiteln zur wahren Gottheit und Menschheit Christi gefolgt.

*2.1.2.3.3. Das Gebet für die Verstorbenen*

In der Kn. (Kap. 13) steht neben einer Beweisebene, die die drei Termine für das Gebet für die Toten (der 3., 9. und 40. Tag nach dem Tode) symbolisch mit Argumenten aus der Hl. Schrift zu erklären versucht, eine zweite Beweisebene, die für die Begründung der Symbolik Argumente aus der Natur benutzt und sich insofern auf die Vernunft beruft, als auf die Erfahrbarkeit des biologischen Verwesungsprozesses in angeblich drei wahrnehmbaren Phasen zurückgegriffen wird.

Am dritten Tag nach dem Tode werde gebetet, weil sich dann beim Toten das Gesicht verändere; am neunten Tag, weil dann die ganze Gestalt zerfalle und nur noch das Herz allein übrigbleibe; am vierzigsten Tag schließlich, weil dann auch selbst das Herz verwest sei (111b,12–16). Bei der Empfängnis sei es ebenso, nur in umgekehrter, positiver Reihenfolge: am dritten Tag bilde sich das Herz, am neunten das Fleisch und am vierzigsten die vollständige Gestalt. „Aus diesen vorhergenannten Gründen gedenken wir der Seelen" der Verstorbenen (111b,20f.).

Ein Vernunftbeweis im eigentlichen Sinn ist auch dies Beispiel nicht, eher eine Erklärung der Symbolik des Totengedächtnisses mit Argumenten aus der Natur. Die inhaltlichen Kriterien für den rechten Glauben werden, wie wir gesehen haben, aus der Schrift und der Tradition geholt; der Vernunftbeweis ist kein Kriterium für den rechten Glauben.

Als Petr Mogila 1645 seinen Kleinen Katechismus (Zebranie Krotkiey nauki o artykulach wiary) in Kiev drucken ließ, sprach er im Vorwort dazu von einem Plan, eine ausführlichere Darlegung der Lehre der orthodoxen Kirche zu veröffentlichen „mit den Beweisen aus der hl. Schrift, den Ökumenischen Konzilen und den hl. Vätern"[176], womit er seine Confessio orthodoxa meinte. Die Kir.kn. und die Kn. sind ihr gegenüber in bezug auf die Beweise sehr viel ausführlicher, behandeln aber dafür nicht die gesamte Lehre der Kirche, wie dies Mogila tut (es fehlt z.B. eine Sakramentslehre), weil die Polemik die Auswahl der Themen bestimmte.

## 2.2. *Das Kirchengeschichtsbild*

Während im Abendland, hervorgerufen durch die Gegensätze von Reformation und Gegenreformation und die philologisch-kritische Haltung des Humanismus gegenüber der Tradition (U. von Hutten gab 1519 Lorenzo Vallas Entlarvung der Konstantinischen Schenkung als Fälschung heraus[177]) neue Kirchengeschichtswerke entstehen (1559 beginnt Flacius die Magdeburger Centurien, die Alter und Wahrheit der evangelischen Lehre im Kampf der „testes veritatis" mit dem Antichrist durch die Jahrhunderte beweisen sollen[177a], 1588 beginnt Baronius seine Annalen), greift man in Kiev und Moskau auf die alte, unkritische Betrachtung der Kirchengeschichte zurück, wie sie mit Eusebius begonnen hatte und sich durch das ganze Mittelalter mit den byzantinischen Chroniken und deren russischen Pendents fortsetzte. Das Interesse war rein apologetisch: der wunderbare Verlauf der Kirchengeschichte (deshalb die vielen Wunder- und Märtyrergeschichten) sollte Heiden und Juden die Wahrheit des christlichen Glaubens beweisen. Hinzugekommen war aufgrund des Schismas zwischen Ost und West die Polemik gegen Rom (siehe z.B. Kap. 25 der Kir.kn. „Über den Abfall Roms"). Auf historische Fehler (z.B. in der Papstliste in Kap. 25[178]) und falsch geschriebene Eigennamen[179] kam es in diesen Texten nicht an. Ebensowenig war man gegenüber den unwahrscheinlichsten Legenden kritisch, wenn sie der eigenen Polemik nützlich waren. Sogar die groteske Skandalgeschichte von dem Papst Johannes, der in Wirklichkeit die Päpstin Johanna gewesen sein soll, wird in der Kn. (242b,1–243a,7) mit einem außergewöhnlich langen Zeugennachweis (darunter wird auch Boccaccio erwähnt!) berichtet:

> An einem Feiertag („v nekij prazdnik") habe sie vor allen Leuten vor der Basilica S. Giovanni in Laterano ein Kind geboren. Und damit man nicht einwende, dies sei eine Erfindung der Lutheraner, verweist der Autor auf „griechische Zeugen, die darüber in ihren Büchern zuverlässig (dobre) geschrieben haben, und zwar viele Jahre vor Luther". An erster Stelle wird Barlaam von Kalabrien genannt[180].

Aber man greift nicht nur auf alte Legenden zurück. Im Kirchengeschichtsbild der Kir.kn. und der Kn. finden sich auch westliche Einflüsse, die hier neu sind, nämlich die zeitgeschichtliche Deutung der apokalyptischen Antichristlehre.

Das in der Kir.kn. und besonders in der Kn. gezeichnete Bild von der griechischen Orthodoxie „bereitete direkt den Boden für die kirchliche

Reform Nikons vor"[181] und brachte beide Bücher wirkungsgeschichtlich in den Zwiespalt, den wir zu Beginn unserer Überlegungen feststellten (s.o., S. 9f. u. 70). Konnten sich die Altgläubigen auf die in den Büchern vertretenen formalen und inhaltlichen Kriterien des rechten Glaubens und selbst auf die inhaltlich explizierten Lehren berufen, konnten die Verteidiger der Reform Nikons ihrerseits diese Bücher ebenso auch für sich in Anspruch nehmen, weil die dort ausgesprochene griechische Orientierung ihnen recht gab. Daß in der Folgezeit trotzdem die Altgläubigen gleichsam das Patronat für die beiden Bücher übernahmen und sie bei der Patriarchatskirche in Verruf gerieten, könnte als eine nachträgliche Bestätigung der Altgläubigen angesehen werden, daß sie sich mit mehr Recht darauf beriefen. Es wird aber der Grund eher darin liegen, daß die Bücher angesichts der explizit formulierten Aussagen über das Fünffingerkreuz usw. für die Patriarchatskirche störend waren und es leichter war, sich von den Büchern zu distanzieren als sie für die Orthodoxie „zu retten", zumal sie aufgrund ihres uneinheitlichen Charakters als Sammlung und ihres Umfangs unpraktisch und wegen ihrer rückständigen Polemik später durch die neu entstehende Katechismusliteratur[182] überholt waren.

Die Orientierung an der griechischen Orthodoxie war für die orthodoxe Kirche im damaligen Polen-Litauen nichts grundsätzlich Neues, denn die Metropolie Kiev unterstand dem Ökumenischen Patriarchat von Konstantinopel, das nach der Zerstörung der Metropolie im Tatarensturm seit 1458 wieder die Metropoliten von Kiev ernannte, nachdem der Unions-Metropolit Isidor (der ein Grieche war) wegen seines Beitritts zur Union von Ferrara-Florenz nicht mehr in seine Diözese zurückkehren konnte. 1458 hatte noch Papst Pius II. die Einsetzung des Basilianermönchs Grigorij aus Konstantinopel zum Kiever Metropoliten durchgesetzt (mit dem Titel Metr. von Kiev, Galič[183] und ganz Rußland), aber schon bald distanzierten sich seine Nachfolger von Rom[184] und erkannten nur noch Konstantinopel an. „So erwuchs auf dem Boden des alten Kiever Rußland organisatorisch und kulturell ein Kirchenwesen, das in der ungebrochenen griechischen Tradition blieb, zugleich aber durch die ständigen Auseinandersetzungen mit dem Katholizismus und bald auch mit dem Protestantismus ein eigenes Gepräge erhielt"[185]. Seit dem Übertritt des Kiever Metropoliten zur Union 1596 war die orthodoxe Kirche noch mehr auf die Hilfe der griechischen Kirche angewiesen, mit deren Hilfe 1620 auch eine neue orthodoxe Hierarchie eingesetzt wurde (durch Patriarch Theophanēs von Jerusalem)[186].

Neu für die Ukraine war im Gegensatz zur Kn. und zur Kir.kn. vielmehr die Haltung Petr Mogilas zur griechischen und katholischen Kirche, als sich die Lage der Orthodoxen schon wieder konsolidiert hatte. „Als König Wladislaw IV. 1632 in seiner Wahlkapitulation die rechtliche Gleichstellung der orth. Hierarchie neben der nach der Brester Union allein legalen unierten zugestehen mußte, konnte er dieses Zugeständnis nur dadurch mildern, daß er Mogila zum Metropoliten von Kiew erhob. Obwohl Mogila das polnisch-litauische Reich im Gegensatz zur orth. Führungsmacht Moskau bejahte, vermied er doch eine neue Union“[187]. Aber er war auch nicht für einen Anschluß an Moskau (nach der „Wiedervereinigung“ der Ukraine mit Moskau freilich geschah, was Mogila zu vermeiden suchte: Kiev wurde 1685 auf den Rang einer bloßen Eparchie herabgestuft), sondern blieb bei der Unterordnung unter das Ökum. Patriarchat. Trotzdem hatte Mogila „nicht viel übrig für die Kirche von Konstantinopel ... Er war in der lateinischen Theologie wesentlich besser beschlagen als in der griechischen, und aus seinem Studium war ihm eine gewisse Sympathie für die Einstellung der römischen Kirche zur Doktrin verblieben“[188]. In den Jahren von 1633–1646 bewirkte er als Metropolit von Kiev „eine völlige Wandlung in der Haltung der Ukrainischen Kirche. Er begriff, daß es zur Bekämpfung der Katholiken notwendig war, ihre Theologie und ihre Bräuche zu kennen und zu verstehen, und gründete Schulen für die orthodoxen Geistlichen und Laien, in denen außer Griechisch auch Lateinisch gelehrt und slawische und westliche geistliche und weltliche Schriften und die Naturwissenschaften studiert wurden“[189]. Mogila mußten die zu seiner Zeit verfaßte Kn. und die Kir.kn. auf einem zu niedrigen Niveau erscheinen (vielleicht wurde die Kn. aus diesem Grunde in Kiev nicht gedruckt?).

Wenn es heißt, Mogila habe für die Kirche von Konstantinopel nicht viel übrig gehabt, so paßt das gut mit der Haltung zusammen, die man auf der Synode von Jassy 1642 am Hofe des Moldauer Fürsten und Freundes Mogilas, Basil Lupul, den Exarchen des Konstantinopler Patriarchen (dem gelehrten Meletios Syrigos und dem alten Porphyrios von Nizäa) entgegenbrachte. Der dänische Leibarzt des Fürsten, Scogardi[190], berichtete am 6. Nov. 1642 dem kaiserlichen Residenten Herrn Schmid, daß die beiden zwar öffentlich mit viel Ehre empfangen worden seien („con molto honore ricevuti ... nelle publiche audienze e visite“), privat aber ganz anders behandelt wurden („benché poi come privati ... furono trattati diversamente“). Dazu, daß Syrigos es durchsetzte, entgegen dem Wunsch der drei anwesenden ukrainischen Theologen nicht öffentlich zu verhandeln, bemerkt Scogardi etwas bissig: „cred'io per non scemare la reputatione sua, se per sorte a qualche propositione difficile non potesse dare pronta risposta“[191].

Neu war die Meinung der Kn. und der Kir.kn. von der Rechtgläubigkeit der griechischen Kirche jedoch für Moskau, das sich 1448, als Konstantinopel für kurze Zeit (1439–53) mit Rom uniert war, von Kiev getrennt und als selbständige Metropolie von da an einen eigenen russischen Weg zu beschreiten begonnen hatte. Für rund 200 Jahre litt die russische Kirche an einer wachsenden Isolierung und Stagnation, dem „russischen Gallikanismus", wie K. Onasch[192] sie bezeichnet. „Eine Reihe von charakteristischen Erscheinungen des russischen kirchlichen und geistigen Lebens dieser Zeit stehen im Zeichen des ausschließlichen Anspruchs Rußlands auf die Rechtgläubigkeit und des Mißtrauens gegen die ‚irrgläubig gewordenen Griechen'"[193]. Griechenland „war für seinen Abfall von der ‚wahren' Frömmigkeit von Gott bestraft worden, indem es unter die Herrschaft der Ungläubigen fiel. So behauptete es jedenfalls die traditionelle Meinung. Zwei Jahrhunderte lang hatte die offizielle kirchliche Publizistik gelehrt, daß nur die russische Kirche die wahre und einzige Hüterin des orthodoxen Glaubens sei"[194]. In Moskau hatte sich eine allgemeine Abneigung gegen die Griechen entwickelt (Maksim Grek verbrachte in der 1. Hälfte des 16. Jh.s von seinen 38 Jahren Rußlandaufenthalt 26 Jahre in Haft!), die nicht gerade durch die vielen Reisen von Patriarchen und Mönchen des Orients nach Moskau gemildert wurde, kamen doch diese vielfach bloß, „um sich dort die Taschen mit Almosen zu füllen"[195].

Als unter dem an Reformen interessierten jungen Zaren Aleksej Michajlovič der gräkophil gesinnte Kreis unter der Führung des Beichtvaters Stefan Vonifat'ev die Kn. drucken ließ, in der jenes weitverbreitete Bild vom Verlust der Rechtgläubigkeit der Griechen widerlegt wurde, mußte das bei der Masse des niederen Klerus auf Unverstand und Widerstand stoßen. Als Patriarch Nikon mit seinen Reformen den kirchlichen Anschluß an die griechische Kirche in vollem Umfang nachzuholen suchte, war ein nicht geringer Teil seiner Geistlichkeit offensichtlich überfordert. Daran konnte auch die in der Kir.kn. und Kn. vertretene „Rehabilitation" und Hochschätzung der griechischen Kirche als treuer Bewahrerin des unverändert überlieferten rechten Glaubens nichts ändern. Sollte man jetzt auf einmal „die griechische Kirche als höchste Autorität anerkennen? Da die kirchliche Reform außerdem mit einer ausländischen Tradition verbunden war, aber kein Produkt westlichen Einflusses darstellte, sondern von konservativen Tendenzen getragen war, wurde sie von den Verteidigern der unberührten nationalen Tradition als Ergebnis der Einwirkung des katholischen Westens mißverstanden. Dieses konnte um so mehr geschehen, da Nikon für die Verbesserung der gottesdienstlichen Bücher venezianische Ausgaben benutzte"[196]. Verwirrt warf Ivan Neronov[197] dem Patriarchen

Nikon vor: „Du lobst die Gesetzgebung der Ausländer [d.h. der Griechen] und nimmst deren Bräuche an, nennst deren Väter rechtgläubig und fromm. Wir aber haben vordem bei dir gehört, daß du uns vielmals sagtest: ‚Die Griechen und Kleinrussen haben den Glauben verloren und haben keine Festigkeit und guten Sitten mehr; die Ruhe und Ehre hat sie verführt, und sie sind Sklaven ihrer eigenen Sitten, aber Beständigkeit zeigte sich bei ihnen nicht, und wenig Frömmigkeit'"[198]. Damit griff Neronov auf die alte Bezweiflung der griech. Orthodoxie zurück.

Filaret (Gumilevskij) stellt in seiner Kirchengeschichte den verwirrenden Sachverhalt verkürzt dar: „Dieselben, die nicht lange vorher, namentlich unter dem Patriarchen Joseph, in ihren gedruckten Schriften die Nothwendigkeit ausgesprochen hatten, mit der Kirche des Orientes in Relation zu treten, weil die Patriarchen des Orientes die Hüter der Rechtgläubigkeit seien, dieselben schrieen jetzt überall, dass die Christen des Orientes ihren Glauben unter der Herrschaft der Türken verloren hätten. Sie verbreiteten mündlich und schriftlich überallhin die Behauptung, dass ‚die emendirten Bücher ketzerisch, die Kirche nicht mehr Kirche, die Bischöfe nicht mehr Bischöfe seien'. Die Aufregung wuchs im Volke. ‚Die Priester hörten auf, die gute Ordnung ihrer Kirchen im Auge zu behalten ... sie gaben nur dem Aergernisse über die unter Nicon gedruckten Bücher Raum'"[199].

In Wirklichkeit war folgendes geschehen: Die in der Kn. und in der Kir. kn. gegen den römischen Vorwurf des Verlustes (P. Skarga, L. Kreuza)[200] vertretene Behauptung der Unversehrtheit der griechischen Orthodoxie wechselte in Moskau die Front. Dort richtet sie sich gegen die bisher verbreitete eigene Meinung über ebendenselben Verlust der Rechtgläubigkeit der griechischen Kirche und ist insofern eine „neue" Meinung, ein folgenreicher Kurswechsel, den die beiden Bücher publizistisch vorbereiten helfen. Rom hatte den Verlust der griechischen Rechtgläubigkeit behauptet, weil die griechische Kirche die Union von Florenz nicht verwirklicht hatte, und benutzte den Hinweis auf die historische Entwicklung (der Fall Konstantinopels und damit der Zustand politischer Unfreiheit der griechischen Kirche unter der Herrschaft der islamischen Türken) als Beweis, indem sie als Gottesstrafe interpretiert wurde. In Moskau hatte man die gleiche historische Entwicklung ebenfalls als Beweis für den Verlust der griechischen Rechtgläubigkeit benutzt, jedoch mit der Begründung, daß Gott die Griechen für ihre Zustimmung zur Union von Florenz bestraft hatte. Die gleiche Behauptung wird mit dem gleichen Beweis lediglich verschieden begründet. So kommt es dazu, daß in der Kir.kn. und der Kn. mit der Widerlegung des römischen Vorwurfs zugleich der Moskauer Vorwurf widerlegt wurde.

Daß sich durch das Große Moskauer Konzil von 1667 die Gräzisierungspolitik auch in Rußland durchsetzte, „die der ökumenische Patriarch mit den griechischen Patriarchen des Orients trieb, gestützt auf seinen politischen Sonderstatus innerhalb des türkischen Reiches"[201], lag vor allem an der höheren Geistlichkeit, die ihre eigenen Interessen durch die Reformen nicht gefährdet sah, urteilt der sowjetische Historiker N. K. Gudzij. „Im Gegenteil, sie gewann nur dabei. Das wird vor allem dadurch bewiesen, daß die russischen Bischöfe, die später den gestürzten Patriarchen verurteilen sollten, ihn zu Anfang unterstützten und seine These vom Vorrang der Geistlichkeit über das Kaisertum billigten"[202], an der Nikon persönlich scheitern mußte. Die griechische Orientierung hatte die Moskauer Kirche in eine tiefe Krise gestürzt[203].

Das Kirchengeschichtsbild, wie es die Kn. zeichnet, lehrt die griechische Orientierung als Kriterium des rechten Glaubens zu verstehen. Aus ihrem Aufbau läßt sich dies deutlich erkennen. Woher der Glaube kommt, steht am Anfang. Die weitere Geschichte wird als Geschichte der Bewährung in Treue auf der einen Seite, Abfall und Trennung auf der anderen Seite gesehen; deshalb auch der Nachweis, daß keine Wiedervereinigung (Union) stattgefunden habe, weder zu Florenz noch zu Brest. Die für die unmittelbare Zukunft erwartete Ankunft des Antichrist und des Jüngsten Gerichts schließt das Bild ab.

In der Kir.kn. wird dieses Schema weniger deutlich, da das Buch nicht aus einem Guß ist und zu viel verschiedenes Material aneinandergereiht bringt. Das Thema des Antichrist bildet hier als Einstieg (der 1. Teil der Kir.kn.) gleichsam den einstimmenden Rahmen, während von der Herkunft des orthodoxen Glaubens und der griechischen Orientierung nur vereinzelt (z.B. am Ende des 1. Kap.s) und thematisch nur in den Briefen des Patriarchen Meletios Pēgas die Rede ist.

In den folgenden drei Kapiteln soll nun dargestellt werden, wie nach den beiden Büchern die Kontinuität und Übereinstimmung mit der griechischen Kirche Kriterium des rechten Glaubens ist und die Bewährung im gegenwärtigen Leiden und das treue Ausharren angesichts des nahen Weltendes die Probe aufs Exempel sind.

### 2.2.1. *Der Blick zurück*

#### 2.2.1.1. *Jerusalem, die Mutter der Kirchen aufgrund der Heilsgeschichte*

Die Frage der Überschrift des 1. Kap.s der Kn. „Woher kam die Lehre des wahren Glaubens?" findet in der Überschrift zugleich auch ihre

Antwort mit Jes. 2,3: „Von Zion ging das Gesetz aus, und das Wort des Herrn von Jerusalem" (10a)[1]. Die historische Rückbesinnung auf den Ursprung (russische Kirche – griechische Kirche – Jerusalem – Christus – Gott) hat etwas zu tun mit dem Glauben an den Dreieinigen Gott selbst. Die ekklesiologische Begründung für Jerusalem als Mutter aller Kirchen setzt trinitätstheologisch ein (10a,20ff.): Gott der Vater habe, davon zeuge das ganze Alte Testament (Gesetz und Propheten), von Anfang an in Zion seine Kirche gehabt. Gott das Wort (Logos) als der eingeborene Sohn Gottes wurde in Jerusalem Mensch. Es folgt eine knappe Zusammenfassung der Stationen seiner Heilsgeschichte, etwas abweichend vom nizänokonstantinopolitanischen Glaubensbekenntnis, orientiert an den liturgischen Herrenfesten der Kirche:

„... und wurde beschnitten, nach vierzehn Tagen in der Kirche dargestellt, erzogen, getauft, verklärt, gekreuzigt und begraben, auferweckt und nach vierzig Tagen in den Himmel emporgehoben, wo er sich zur Rechten Gottes des Vaters setzte" (10b,1–6). Gott der Hl. Geist, „der allein vom Vater ausgeht", kam in Jerusalem auf die Apostel herab, gab das Gesetz der Gnade (d.h. das Evangelium des Neuen Testaments), lehrte die Apostel, die Lehre der Wahrheit von Jerusalem in die ganze Welt zu bringen, „und dieser Hl. Geist ist auch heute in der Kirche Zions ... der Herr" (10b,7–15).

Die Geschichte der orthodoxen Kirche Christi und der Hl. Geist gehören zusammen; deshalb kann P. Evdokimov[2] auch formulieren, daß die Geschichte der Kirche, ihre Tradition, „das Evangelium des Hl. Geistes" sei.

### 2.2.1.2. *Jerusalem, die Mutter der Kirchen aufgrund der Kirchengeschichte*

Daß „die Jerusalemer Kirche die Mutter der orthodoxen Kirchen auf der ganzen Welt (Ökumene) ist" (10b,22–24)[3], wird anschließend unter dem historischen Aspekt gesehen.

Aus Jerusalem kamen das Evangelium, die Apostel, die Predigt, die Taufe und der Glaube, und von Jerusalem breitete sich das Christentum aus. Daß aber der Glaube auch in Jerusalem „wuchs und nicht abnahm", beweise die Apostelgeschichte (der Apostelkonvent, Apg. 15). Schließlich sei in Jerusalem die hl. Gottesmutter Maria entschlafen, wo sich ihr wundertätiges Grab befinde, und der leibliche Bruder des Herrn sei dort von Christus selbst zum Bischof geweiht worden, wie Joh. Chrysostomus in seinem Kommentar und seinen Homilien zur Apg. bezeuge[4]. „Seine Stelle nimmt für immer als der wahre Hirte beim wundertätigen Grab des Herrn der orthodoxe Patriarch ein" (11a,23–25). Außerdem befänden sich in Jerusalem als dem Zentrum der Christenheit viele hl. Väter, Märtyrer, Bekenner der Orthodoxie und viele Mönche und Nonnen. „Dies alles bewirkt der Hl. Geist, weil er dort ist und ewig in der Kirche Zions und Jerusalems bleibt, die die Mutter aller Kirchen ist" (11b,3–6). Viele hl. Väter und Historiker werden zur weiteren Bestätigung angeführt, darunter Theodoret, Joh. Damascenus, Joh. Chrysostomus, Basilius d. Gr. und Ps.-Athanasius[5], aber auch die Tatsache, daß in Jerusalem viele Kirchen erbaut wurden, angefangen bei Helena, der Mutter des Kaisers Konstantin d. Gr. (13b,1–9)[6].

Die Hervorhebung Jerusalems als des eigentlichen Zentrums der Christenheit ist im historischen Kontext als Spitze gegen den Anspruch Roms zu verstehen, jetzt Zentrum der Christenheit zu sein[7].

Gegen die Behauptung, nach der Himmelfahrt Christi habe es wegen der Verfolgung durch die heidnischen Kaiser bis zu Konstantin d. Gr. weder in Jerusalem noch in Rom die wahre Kirche gegeben, wird erwidert: „Dies widerspricht der ganzen Hl. Schrift.“ Denn der Untergang des heidnischen Reiches beweise gerade, daß die Kirchen und hl. Stätten nicht untergegangen sind (12b,23–25; vgl. a. 24b).

Der berühmteste und wunderbarste Beweis für die Kontinuität der Jerusalemer Kirche aber sei das Wunder, das sich dort jedes Jahr in der Osternacht bis heute vollziehe, wenn ein wunderbares Feuer vom Himmel herabfalle und das ganze Grab Christi erfülle und die Kerzen dort anzünde (13b,9–14). „Aber damit du weißt, wie das geschieht, höre: Diese Gnade kommt und das Wunder erscheint durch die Gebete des hl. und orthodoxen Patriarchen von Jerusalem, wenn er mit viel Volk dreimal um das Grab herumzieht und dabei dieses Lied singt: ‚Deine Auferstehung, Christus, du Erretter, preisen die Engel im Himmel; mach auch uns auf Erden würdig, mit reinem Herzen dich zu preisen (Voskresenie tvoe Christe Spase, angeli slavjat na nebesech; i nas na zemli spodobi čistymi serdcy tebe slaviti).‘ Und danach geht der Patriarch in das Grab und entzündet die schönen weißen Wachskerzen an jenem Licht [dem vom Himmel herabfallenden Feuer]. Nachdem er wieder herausgegangen ist und sich auf den ihm bereiteten Platz gesetzt hat, treten alle versammelten Leute heran und zünden ebenfalls ihre Kerzen an jenen an, die sich in den Händen des Patriarchen befinden“ (13b,15–14a,2).

Als Gewährsmann wird Baronius, „der berühmte Schreiber der Kirchlichen Annalen, auf S. 1094“, genannt, und wenn der berichte, dieses Wunder sei immer nach der früheren Gewohnheit geschehen, so müsse man aus dem ‚nach Gewohnheit‘ schließen, daß es durch die Gnade Gottes auch heute nicht aufgehört habe (14a, 2–10)[8].

Wie wichtig dieses Wunder als Beweis für die ununterbrochen erhaltengebliebene Rechtgläubigkeit der Jerusalemer Kirche (und damit der griechischen) genommen wurde, belegt ein Protokoll des Moskauer Außenamtes (Gesandten-Prikaz) über ein Gespräch, das der Beamte Michail Vološeninov mit dem Jerusalemer Patriarchen Païsios am 29.1.1649, am 3. Tag nach seiner Ankunft in Moskau, u.a. über die Lage seiner Kirche führte. Darin berichtet Païsios, daß sich das Wunder auch zu seinen Zeiten ereigne, und er erwähnt auch, daß es den orthodoxen Christen erlaubt sei, am Herrengrab zu beten, die Türken von ihnen dafür aber 7 Albertustaler (efimok) pro Person nähmen[9].

Der Patriarch Meletios Pēgas schreibt am 23.7.1597 aus Konstantinopel, daß in der römischen Polemik gegen die Patriarchentitel der östlichen

Patriarchen und deren Rangfolge (sie fragten: warum „Ökumenischer" Patriarch, warum „Ökumenischer Richter", warum Jerusalem als Mutterkirche nicht an erster Stelle?) niemals Jerusalem wegen des Herrengrabes hervorgehoben werde:

Die Lateiner seien gar nicht wirklich an einer Erhebung Jerusalems auf den ersten Platz vor Konstantinopel, Alexandrien und Antiochien interessiert, sondern benutzten den Vorwurf nur als Vorwand, um „hinterlistig die drei zu degradieren", während sie den römischen Stuhl ganz aus der Diskussion ausklammerten. Den Grund, weshalb bei den von römischer Seite vorgegebenen Argumenten für Jerusalem das Herrengrab nicht erwähnt werde, sieht Meletios in der Absicht Roms, dadurch seine Bedeutung durch den Hinweis auf die Apostelgräber des Petrus und Paulus in Rom erhöhen zu können. Man dürfe aber doch nicht das Grab der Jünger über das Grab ihres Herrn stellen (vgl. Mt. 10,24; Kir.kn. 468b,11–469a,9)[10].

Ps.-Nafanail beschließt sein Kapitel mit dem Hinweis, „daß in Jerusalem auch das Jüngste Gericht ... sein wird" (Kn., 15a,9f.), was nicht nur das Alte Testament bezeuge, sondern auch die Kirchenlieder. „Nicht ohne Grund habe ich euch, meine Lieben, daran erinnert, damit wir dessen gedenken, wo unser Anfang ist, damit wir uns auch jederzeit dorthin wenden" (15a,22–25).

Petr Mogila äußert sich in seiner Confessio Orthodoxa (I,84) ähnlich wie die Kn. über Jerusalem als Mutter der Kirchen, wobei er das Apostelkonzil hervorhebt. Ohne jedoch das Herrengrab mit dem Lichtwunder und die Parusieerwartung in Jerusalem zu erwähnen, schließt er: „Ecclesia igitur Hierosolymitana est Mater omnium Ecclesiarum et prima (quamvis reges postea dederint primitias Veteri et Nouae Romae propter imperii sedem, iuxta canonem tertium concilii secundi oecumenici Constantinopolitani) quia euangelii propagatio ab illa exordium sumpsit in omnes fines terrae; et propterea facta est catholica, cum sit ab omnibus gentibus quoad doctrinam fidei recepta."[11]

### 2.2.1.3. *Die russische Kirche als Teil der griechischen östlichen Kirche*

Ist die Jerusalemer Kirche die Mutter aller Kirchen, so ist damit schon gesagt, daß es neben ihr (und zeitlich nach ihr) auch andere orthodoxe Kirchen gibt, sie alle aber die Kirche Jesu Christi sind (vgl. 18a,14–16, wo Joh. Chrysostomus zitiert wird: „In der Ökumene muß es nur eine Kirche geben, wenn sie auch durch viele Orte getrennt ist"[12]), die Ps.-Nafanail im 2. Kap. der Kn. rühmt[13], weil sie größer sei als jegliches Geschöpf und nicht einmal von den Pforten der Hölle überwunden werden könne (16a).

„Die Stärke, Macht und Würde, die sie über die ganze Ökumene hat, hat die Kirche Christi von Christus empfangen" (Kir.kn., 469a,16–19), und von Christus aus wird eine kontinuierliche Linie bis zur russischen Kirche Kievs, der der Autor der Kn. zugehört, gezogen: „Einer ist unser Herr, ein Haupt, ein Leib, d.h. die hl. östliche Kirche, ein Glaube, durch Christus vom Himmel gebracht, der aus seinem allerheiligsten Mund und seinen Rippen kam, so daß durch das Opfer am Kreuz (Vergießen des Blutes) die Kirche mit Christus verlobt wurde, die auch zu dieser Zeit im Osten durch seine Gnade unverderbt und unzerstört existiert und uns Russen aufgrund der Gnade Gottes durch den hl. erstberufenen Apostel Andreas von seinen wahren Stellvertretern, den Patriarchen von Konstantinopel, überliefert wurde und die nach der Verbreitung aller Häresien auch heute unversehrt (v celosti) existiert" (Kn., 18a,17–18b,1).

Die auf den Apostel Andreas zurückgeführte Erstbekehrung der Russen, über die im 3. Kap. der Kn. berichtet wird[14], begründet für Ps.-Nafanail die Kontinuität mit der Mutterkirche Jerusalem[15] und die kirchenrechtliche Zugehörigkeit zum Patriarchat von Konstantinopel, da Andreas auch als dessen „erster Hirte und Patriarch" gilt (30b,18–20). Der Frage der kirchenrechtlichen Stellung der Metropolie Kiev ist in der Kn. ein eigenes Kapitel (26; 232b,1–236a,21) gewidmet: „Durch welche Kanones Rußland (Rusija) zur östlichen Kirche von Konstantinopel gehört (podležit) und dem Ökumenischen Patriarchen von Konstantinopel untersteht"[16], worauf hier nicht eingegangen zu werden braucht, weil uns in diesem Zusammenhang nur die Behauptung der Unversehrheit des Glaubens der griechischen Kirche interessieren soll[17].

Damit ist die Position begründet, von der aus nach der Meinung Ps.-Nafanails allein die in Bedrängnis geratenen orthodoxen Mitbrüder seiner Kirche der Union mit Rom, wie sie in Brest beschlossen und mit Gewalt durchgesetzt wurde (38a,6–10), widerstehen können.

Denn „Gott der Herr hat den Russen nicht den Weg zum Alten lateinischen Rom um der Taufe und des christlichen Glaubens willen gezeigt, nicht von ihm [Rom] gab er die Lehre, die Bücher der Lehrer und die Frömmigkeit, sondern vom Neuen griechischen Rom, von Konstantinopel" (37a,21–37b,1). Die Zeiten seien heute vorbei, das Rad der Geschichte könne man nicht zurückdrehen, indem man heute den Anschluß Rußlands an die westliche Kirche vollziehen möchte, weil Gott selbst sich für den Anschluß an die östliche Kirche entschieden habe. „Wenn in der lateinischen Kirche (kostel) der wahre Glaube gewesen wäre und wenn es Gottes Wille gewesen wäre, daß wir mit ihr in einem Glauben lebten, dann hätte Gott Vladimir, als seine Boten vom Papst zurückkamen, erlaubt, ihren lateinischen Glauben anzunehmen[18]. Das geschah jedoch in der damaligen Zeit nicht, und heute ist die Zeit dazu schon vorbei. Und wenn die heidnischen Völker und die Juden und andere Häretiker ihnen folgen wollen, wir Orthodoxen tun das nicht" (38a,12–21)! Der römische Papst dürfe nicht ernten, was er nicht gesät habe (233b,23f.).

Mit der Erinnerung der Orthodoxen an die Ursprünge ihres Glaubens soll der Anspruch Roms, auf dem Umweg über die Union seinen Machtanspruch auf die russische orthodoxe Kirche im Königreich Polen-Litauen auszudehnen und einen „anderen“ Glauben einzuführen, abgewehrt werden. In seinem Brief vom 30.8.1596 aus Alexandrien macht Patriarch Meletios Pēgas den Orthodoxen dort vor, wie sie mit den Lateinern reden müßten:

„Aber für wen haltet ihr euch eigentlich, die ihr meint, nicht auf den Sohn Gottes hören (Mt. 17,5) zu brauchen? Da sagen welche von euch: ‚Wir sind die, denen alle gehorchen müssen, denn uns selbst steht es zu zu lehren, zu herrschen und Gesetze zu geben‘ ... O ihr Großmäuler, ich weiß nicht, von welcher Offenbarung euch, was ihr sagt, gegeben ist“ (Kir.kn., 461b,14–20)! Der Papst wolle mit Gewalt alle Kirchen für sich annektieren, um selbst allein Oberhaupt der Kirche zu sein (453b,19–22).

### *2.2.2. Die Bewährung der Kirche als leidende Kirche in Vergangenheit und Gegenwart*

Es geht gerade um das von römischer Seite angegriffene Selbstverständnis der orthodoxen Kirche, wenn immer wieder die unversehrt gebliebene Orthodoxie der Ostkirche behauptet wird, und damit um die Stärkung des eigenen Selbstbewußtseins, um den Zuspruch von Trost und Mut zum Widerstand, zum treuen Ausharren bei der leidenden Kirche. Denn das ist der Vorwurf, den die Gegner der orthodoxen Kirche machen: der gegenwärtige Zustand der griechischen Kirche unter dem türkischen Joch nach dem Fall Konstantinopels sei eine Strafe Gottes für den Verlust der Rechtgläubigkeit. Der Autor der Kn. kehrt den Vorwurf um, so daß er zum Argument für die Rechtgläubigkeit wird, denn das Leiden der Kirche sei von Anfang an wesentliches Kriterium der wahren Kirche Jesu Christi gewesen.

„Vergeblich und ohne Verstand verleumden die Gegner (am Rand: die Worte der Gegner gegen die Griechen, mit denen sie sie verleumden, die Römer aber rühmen) die Orthodoxen damit, daß die Griechen, die doch mit Gottes Erlaubnis unter dem türkischen Joch leben, nicht solche Glückseligkeit, Freuden (sladostej), Überfluß und jegliches Gut empfangen können, noch viel weniger bei der Ausübung (v ispravlenii) der Frömmigkeit, wie in der römischen Kirche, die in Ruhe, Reichtum, Freuden und der Macht dieser Welt ..., durch den Bau ehrwürdiger Kirchen und Klöster in jeglichem Überfluß mehr als die übrigen Völker richtig reich wird (prave bogateet). Auf diese ihre epikureische Glückseligkeit brauchen wir Orthodoxen nicht zu blicken, denn wir haben das Beispiel der Mönche zur Erlangung des ewigen Lebens von unserem mit Dornen gekrönten Haupt“ (Kn., 27a,9–24).

Im 2. Kap. der Kn. wird der Zusammenhang zwischen dem Leidensweg Christi und dem Weg der Kirche aufgezeigt, der der einzige Weg zum Heil sei (21b). Deshalb habe die Kirche von Anfang an unter Verfolgungen gelitten, ohne jemals überwältigt worden zu sein (die Überschrift sagt, daß sie vom Anfang der Welt an in der Verfolgung die Pforten der Hölle nicht überwältigten“; 16a,2f.).

„Wo der Hl. Geist ist, dort folgen wie ein Schatten Verfolgung und Kampf" (26b, 24f.). Die Reihe der Leiden und Verfolgungen beginnt schon vor der Sintflut; es wird eine lange Liste derer aufgezählt, die in der Zeit des Alten Bundes „Verfolgungen, Schläge, Raub, Martyrium und die verschiedensten Todesarten" zu erleiden hatten, „selbst bis auf den Tag der Menschwerdung unseres Herrn Jesus Christus" (22b,3–23a,17). Und als der Sohn Gottes auf die Welt kam, „um das Menschengeschlecht aus der Sklaverei des Teufels zu befreien, erlitt er gleich vom allerersten Anfang seiner Geburt an verschiedene Verfolgungen" wie Herodes' Kindermord, die Flucht nach Ägypten, „und sein ganzes Leben war von großer Verfolgung und Leiden begleitet, wie er selbst in seinem göttlichen Evangelium bezeugt (Mt. 8,20): ‚Die Füchse haben Gruben, und die Vögel unter dem Himmel haben Nester; aber des Menschen Sohn hat nichts, wo er sein Haupt hinlege'" (23a,20–23b,6). Unter dem Spott der Juden habe er bis zu seiner Auferstehung zu leiden gehabt, als sie die Jünger verleumdeten, sie hätten den Leichnam Jesu gestohlen (23b,6–14).

Mit der Verfolgung der Apostel nach Pfingsten beginnt die Reihe der Verfolgungen der Kirche (23b,21–25a,17)[19]. Während der ersten drei Jahrhunderte hatte sie im Osten wie im Westen niemals Ruhe, und später verfolgten sie die Häretiker (Arianer, Ikonoklasten). Trotz all dieser Verfolgungen, und das ist das Wichtigste, kommt die Kn. zu dem Schluß: „Die hl. östliche griechische Kirche geht den rechten, königlichen, wenn auch sehr engen, jedoch von Jesus Christus, unserem Gott und Herrn, und seinen wahren Nachfolgern eingetretenen Weg, weder nach rechts noch nach links abweichend ..., und verletzt in nichts die Gebote ihres Erretters und seiner seligen Jünger, die Tradition der hl. Väter und die Bestimmungen der durch den Hl. Geist versammelten sieben ökumenischen Konzile noch verändert sie sie ..., sondern sie strahlt wie die Sonne in einem stets gleichen Strahl der Wahrheit immer, auch wenn sie in Unfreiheit ist, durch ihren rechten Glauben" (27b,21–28a,12).

### *2.2.2.1. Die Türkenherrschaft*

Gegen den Vorwurf, daß seit dem Fall Konstantinopels und dem Ende des Byzantinischen Reichs die griechische Kirche nicht mehr durch ihren rechten Glauben strahle, wendet sich Meletios Pēgas in seinem Brief vom 30.8.1596 an den Fürsten von Ostrog:

Die Gegner behaupten, die Ostkirche sei am Untergang des Kaiserreichs schuld. Darauf antwortet Meletios: „O weh, Verführung! ... Erstens geschah dies weder gestern noch heute. Zweitens bereichert auch der orthodoxe Glaube das Kaiserreich, denn der herrschende Moskauer Zar ist ein Orthodoxer, und Deine Durchlaucht, Fürst, und viele, die im Osten und Westen (!) im orthodoxen Glauben an der Spitze stehen. Drittens sind etwa die keine Christen, die des irdischen vergänglichen Kaiserreichs verlustig gegangen sind? Denn der Heiland sagte selbst (Joh. 18,36): ‚Mein Reich ist nicht von dieser Welt', ... und hat er uns nicht erklärt (Mt. 4,8), daß die Versuchungen des Reiches dieser Welt des Teufels sind, um zum Abfall von Gott zu führen? Diese Versuchung mied der Heiland. Lehrte er uns nicht, wahrhaftig Gott selbst anzubeten, nicht auf irdischen Ruhm zu achten und leibliche Freuden? Sei es, wie sie sagen, die Ostkirche sei gedemütigt worden (smirisja), weil sie des irdischen Kaiserreichs verlustig ging." Dann aber müsse auch gesagt werden, daß der römische

Papst schuld daran sei, der die Kirche durch Veränderungen spaltete und es so den Gegnern bequem machte, die von den Brüdern getrennte Kirche anzugreifen (Kir. kn. 462b,23–463b,1). „Warum, ihr Verblendeten", fragt Meletios die Lateiner, „habt ihr die Weide Christi verlassen, ich sage, die Ostkirche, in der die Sonne der Wahrheit, Christus, strahlt und ruht (prepočivaet), mit der sie die ganze Welt (Ökumene) erleuchtet" (453b,5–10)?

Meletios geht in seinem Bemühen, dem Fürsten von Ostrog Argumente gegen die Lateiner zu liefern, seinerseits zum Angriff über, indem er gegen die verweltlichte Papstkirche polemisiert und wie Ps.-Nafanail auf den grundlegenden Zusammenhang von Kirche und Leidensweg Jesu verweist:

„Habt ihr nicht gesehen, nicht gehört, ist euch nicht verkündigt worden, wie Christus selbst, das Haupt der Kirche, gelebt hat? Hat er sich etwa geschmückt mit golddurchwebten Kleidern und zahlreichen Hausbauten oder sehr teuren Festgelagen und mit glänzenden Schenkungen und anderen Verlockungen des Lebens und den Versuchungen des irdischen Kaiserreichs? War der Heiland nicht arm, nicht einer, der keine bleibende Statt hat, war er nicht in Verfolgungen, Nöten, Erniedrigungen, Verfluchungen, Verspottungen, Bedrängnissen, Wunden, Tod, Verleumdungen? Versprach er den Seinen etwa das hiesige Reich oder leibliche Befriedigung oder den Gewinn dieses Lebens?"

Geschickt wendet Meletios den Vorwurf der Lateiner in sein Gegenteil: „Mehr noch, warum wundert ihr euch nicht, daß das östliche Kaiserreich zwar abgelöst worden ist, die Rechtschaffenheit der Frömmigkeit aber mit Gottes Erlaubnis ungebeugt weiterbesteht! Noch deutlicher: weil sie auch ohne das Kaiserreich herrscht, denn die Gnade des Heilands wirkt in unserer Schwäche [vgl. 2. Kor. 12,9], und die Kirche Christi herrscht mitten unter den gottlosen Peinigern, wie die Lilie mitten im Unkraut blüht, indem sie nicht durch menschliche Weisheit Stärke erhält noch durch Reichtum und auch nicht durch Gewalt vergrößert wird, sondern allein durch die Hand Gottes. Ist es nicht ein Wunder, daß die Kirche, obwohl sie von überallher bedrängt wird, den Glauben, den sie von den hl. Aposteln und Vätern empfangen hat, ungebrochen bewahrt" (463b,4–464a,19)?

Diesen Abschnitt aus dem Brief des Meletios zitiert Ps.-Nafanail (Kn. 28b,12–29a,3)[20] als aktuellen Beleg für die „heutige Lage der Kirche Gottes in Griechenland" (28b,10f.), daß „auch in der heutigen Zeit die Christen, die in der türkischen Unfreiheit leben, den orthodoxen Glauben ganz (celu) bewahren" (28b,3–5). Dabei weiß er die Leser auch noch darüber zu informieren, daß die Türken sich in die kirchlichen Angelegenheiten nicht einmischten:

„Aber was für eine bessere Nachricht, orthodoxer Christ, könntest du haben als die, daß die Herde der Schafe Gottes, die in Griechenland lebt, wenn sie auch körperlich fühlbare Unfreiheit vom körperlich spürbaren Feind erleidet, trotzdem den wahren Glauben und ihr reines und unbeflecktes Gewissen vor dem Herrscher, der über alle herrscht, und Gott bewahrt?! Nichts nämlich nehmen die Türken vom Glauben und von den kirchlichen Ordnungen (činov) weg, sie nehmen nur Geld von den Griechen als Tribut. Aber auf die geistlichen Angelegenheiten und den Kult (blagogoveinstvo) üben sie wenig Zwang aus und mischen sich darin nicht ein" (28a,12–24).

Analog dem Hinweis des Patriarchen Meletios auf das Vorbild Christi stellt Ps.-Nafanail im Gegenangriff Petrus dem „Nachfolger" Petri gegenüber:

„Was für ein Beispiel seines Lebenswandels hat er vorgeführt, der nicht nur die Macht eines Herrschers und den Reichtum dieser Welt nicht hatte, die jener sein vermeintlicher Stellvertreter heute besitzt, sondern immer das Kreuz des Leidens, der Armut ... auf seinen Schultern trug, sogar bis zum grausamsten Tode" (27b,5–12).

### *2.2.2.2. Die Union von Florenz*

Die Kn. betont auch an vielen anderen Stellen immer wieder die unversehrt gebliebene Orthodoxie der östlichen Kirche[21]. Daß daran auch nicht das Unionskonzil von Ferrara-Florenz etwas zu ändern vermochte, versucht Ps.-Nafanail im Anschluß an Zacharij Kopystenskij (aus dessen Palinodija er das Material übernimmt) eigens in Kap. 18 zu beweisen. Damit wird zugleich auch der Moskauer Meinung vom Verlust der Orthodoxie der Griechen wegen der Teilnahme am Unionskonzil von Florenz der Boden entzogen. Die Argumentation zeigt, daß dieses Konzil die Orthodoxen vor nicht unerhebliche Schwierigkeiten stellte, und läßt spüren, wie unangenehm und peinlich dieser Punkt war.

Von römischer Seite wurde das Konzil als 8. Ökum. Konzil angesehen, denn es „bot in seiner Einberufung, in seinem Verlauf und beim Abschluß alle Kennzeichen eines echten ökumenischen Konzils, dessen Entscheidungen deshalb eben auf Grund der östlich-kirchlichen wie auch westlichen Überlieferungen unfehlbar und unumstößlich sein mußten"[22]. Schließlich hatten die Vertreter der Ostkirchen am Konzil teilgenommen und konnten diese Tatsache nicht nachträglich wieder aus der Welt schaffen. Da sie aber aus einem sehr verständlichen Motiv zur Teilnahme bereit gewesen waren (sie erwarteten sich politische und vor allem militärische Unterstützung vom Westen im Kampf gegen die akute Bedrohung Konstantinopels durch die türkischen Heere) und ihre Hoffnung nicht erfüllt wurde (vgl. Kn. 163a,15f.), fühlten sie sich nicht nur geprellt, sondern auch beschämt und empfanden die Union als einen peinlichen Makel, der schnellstens wieder beseitigt werden mußte[23]. Dem entsprach vor allem auch die Stimmung des Kirchenvolks, das sich von seiner Hierarchie hintergangen fühlte.

Aber die Argumentation fiel den Orthodoxen nicht leicht. Das zeigt gleich der erste Punkt, den die Kn. erwähnt. Man greift zu der Ausrede: was in Ferrara und Florenz geschah, war überhaupt kein Konzil, weder ein ökumenisches noch ein lokales, sondern lediglich eine „Zusammenkunft" (s-ezd; 159a,14–20), so als wäre mit dem Wort auch die Sache selbst schon aus der Welt geschafft. „Als Lösung brachte man vor, das Konzil von Florenz sei – wie jenes von Ephesus im Jahre 449 – ein ‚latrocinium', wie Leo der Große gesagt hatte, also eine ‚Räubersynode'; die Bischöfe, von denen die Union angenommen wurde, seien Abtrünnige; das gläubige Volk aber habe unter göttlicher Eingebung und einmütig die falsche Union zurückgewiesen"[24]. Daß der in dieser Erklärung zum Ausdruck kommende Gegensatz zwischen Hierarchie und Kirchenvolk nicht aus der Luft gegriffen ist, beweist das Schicksal der „Neuauflage" der Florentiner Union 1595 zu Brest. Als fast der gesamte orthodoxe Episkopat mit dem Kiever Metropoliten an der Spitze zur Union übertrat, waren es vor allem die orthodoxen Bruderschaften, die dank ihrer Stauropegialverfassung (vgl. Kir.kn. 479a,3–479b,18) nicht dem Kiever Metropoliten, sondern unmittelbar dem Konstantinopler Patriarchen unterstanden, die den Kampf gegen die Union für ihre von den Führern verlassene Kirche führten, bis (erst nach 24 Jahren) eine neugeweihte Hierarchie ihnen zur Seite trat.

Um die Illegitimität des Konzils von Ferrara-Florenz zu beweisen, verweist Ps.-Nafanail auf „die historische Kompliziertheit"[25] des Verhältnisses von Basler und Florentiner Konzil:

Das Konzil sei vom Gegenpapst Eugen IV. einberufen worden, den das von Martin V. einberufene Konzil von Basel exkommuniziert und zu einem Privatmann (privatnym čelovekom) gemacht und das Felix V. zum Papst ernannt hatte. „Deshalb konnte seine Versammlung nicht Konzil genannt werden und kann es nicht, weil sie von einem Privatmann ... und Gegenpapst, nicht aber vom wahren römischen Papst abgehalten worden war" (Kn. 160b,21–161a,12; vgl. a. 242a). Zum Beweis zitiert Ps.-Nafanail (162a) den Historiker Martinus Cromerus[26]. In der Tat stand damals in Polen-Litauen „ein großer Teil der katholischen Hierarchie auf seiten des Konzils von Basel"[27].

Die Kn. bietet noch eine weitere Lösung des Problems, die die Frage von der nachfolgenden historischen Entwicklung her als überholt betrachtet, also pragmatisch argumentiert, um auf diese Weise die historische Wahrheit des tatsächlich erfolgten Abschlusses der Union (den Makel!) übergehen zu können.

Ps.-Nafanail schreibt, daß auch ganz abgesehen von der Frage, ob es sich in Florenz um ein Konzil oder bloß um eine Versammlung[28] handelte, es auf jeden Fall nicht zu einer Union gekommen sei, denn „wie die Griechen nach altem Brauch in ihrem Glauben standen und stehen, so bekennen sie ihn auch heute wie in jenen Zeiten ... Und die Lateiner stehen ebenso bis heute in ihrem Eigensinn (uprjamstvo).

Wenn es aber eine Union gegeben hätte, gäbe es wahrlich jene Unterschiede zwischen uns heute nicht" (163a,13–20; vgl. 164b,7–13).

Um die Union in Polen-Litauen auf der Grundlage der Florentiner Union vorzubereiten, ging man auf römischer Seite ebenfalls nicht zimperlich mit der Wahrheit um, gerade um zu verwischen, daß es „jene Unterschiede zwischen uns heute" noch gebe. Sie bestünden nicht mehr, seit die Griechen die Union unterzeichnet hätten. Damit konnten die Lateiner jedoch höchstens die griechische Kirche bei ihren russischen Brüdern in Mißkredit bringen, überzeugen konnten sie sie davon nicht. „Im Kampf um die Kirchenunion erschien 1577 in Rom wie ein Signal für das weitere Vorgehen der päpstlichen Kurie eine Ausgabe der Beschlüsse des Konzils von Florenz in griechischer Sprache mit einem Anhang (defensio quinque capitum synodi Florentiae), in dem angeblich der Ökumenische Patriarch Gennadios II. die orthodoxe und die katholische Lehre im Sinne der katholischen Auffassung demonstrierte. In Wirklichkeit handelt es sich um eine Fälschung Josephs von Mentone, die die Orthodoxen in Verwirrung bringen sollte. Diese Ausgabe war in erster Linie für Polen bestimmt, wie aus den Akten der Nuntiatur hervorgeht."[29]

*2.2.2.3. Die Union von Brest*

Die Erinnerung der Leser der Kn. (in Polen-Litauen; das Buch war ja ursprünglich nicht für Moskauer Leser bestimmt) und der Empfänger der Briefe (die 1598 in der Knižica veröffentlicht worden waren und Aufnahme in die Kir.kn. fanden) an die Ursprünge ihres orthodoxen östlichen Glaubens und an die (trotz politischen Drucks, trotz des Florentiner Unionskonzils und des Untergangs des Byzantinischen Reichs mit all seinen politischen und sozialen Folgen) unverändert gebliebene Orthodoxie der gesamten griechischen Kirche des Ostens, repräsentiert[30] in der Person des Ökumenischen Patriarchen von Konstantinopel, – die Erinnerung daran sollte sie in ihrem Widerstand gegen die 1595 geschlossene Union von Brest und in dem treuen Ausharren bei der eigenen „wahren Kirche" stärken[31].

Der Abfall der „sogenannten Unierten (naricaemych junitov)" von der Orthodoxie wird mit 1. Tim. 4,1f. als endzeitlicher Abfall gesehen (Kn. 203a,5–9), weshalb folgerichtig am Ende der Kn. das Kapitel vom Antichrist und dem Jüngsten Gericht steht. Den Glauben, den in Jerusalem „Christus vom Himmel gebracht hat" (203a, 17f.), hätten sie verlassen und sich in die Sklaverei der römischen Kirche begeben (203b,1).

Meletios Pēgas wirft ihnen vor, ihr Abfall sei ein doppelter: von der Mutterkirche Konstantinopels einerseits, von der Frömmigkeit und Orthodoxie andererseits (Kir.kn. 484b,20–22).

Der Fürst Konstantin (Vasilij) von Ostrog schreibt in seinem Brief (Kir.kn., Kap. 45) vom 24. 7. 1596 an seine Landsleute:

„Weil aber in der heutigen Zeit durch die Arglist des ärgsten Teufels, des Feindes und Widersachers des christlichen Volkes (naroda), die höchsten Vorsteher unseres wahren Glaubens durch den Ruhm dieser Welt verführt und durch die Finsternis der Wollust verfinstert worden sind, haben sich unsere vermeintlichen Hirten, der Metropolit mit den Bischöfen, in Wölfe verwandelt und sind von dem einen wahren Glauben der hl. östlichen Kirche abgefallen" (494b,15–24). Heimlich seien sich die Führer untereinander einig geworden, wie der „Christusverräter" (christoprodavec) Judas mit den Juden (495a,5–7).

Die Heimlichkeit ist einer der Vorwürfe, die auch Martin Bronskij (Marcin Broniewski) unter dem Pseudonym des Christofor Filalet (des wahrheitsliebenden Christusträgers) in seinem polemischen Werk „Apokrisis" (Vil'na 1597 auf polnisch, 1598 auf ukrainisch) machte, wo er aufzählt, welche Punkte gegenüber der Florentiner Union in der Brester Union noch hinzugekommen waren[32].

Die bei Konstantin (Vasilij) von Ostrog anklingenden apokalyptischen Motive für den Abfall der Spitze der Hierarchie zur Union (Verführung durch die Arglist des Teufels, durch die Wollust und den Ruhm dieser Welt) finden sich besonders deutlich ausgeführt in dem Brief, den Ivan Vyšenskij (anonym) im Namen der russischen Athosmönche an ebendiesen Fürsten und alle orthodoxen Gläubigen in Polen-Litauen schrieb (Kir.kn., Kap. 46). Von seinem asketischen Ideal radikal verstandener Bergpredigt Jesu ausgehend übt er scharfe Kritik vor allem am sozialen Verhalten der Bischöfe, die wie die Reichen lebten und nur um die Vermehrung ihres Besitzes und Genusses besorgt wären, statt mit ihrer Kirche als Vorbilder der Gläubigen die Verfolgung und Diskriminierung durch die mit der Macht des polnisch-litauischen Staates kooperierende römische Kirche zu erdulden (vgl. 504a,19–24). Das aber mache die Bischöfe zu Werkzeugen, Gefäßen des Teufels, den sie am Ende sogar an Gottes Stelle anbeten würden.

„Es erreichte uns die Stimme des Weinens und so großer Trübsal", beginnt Vyšenskij seinen Brief (501a,22f.), um die Mitbrüder zu trösten, ihnen Mut zuzusprechen. Sie sollten sich über das Leiden wegen des Abfalls ihrer Bischöfe nicht wundern, sondern tapfer und ohne Furcht unbeugsam in ihrem Glauben bleiben, „denn wir gehen auf das andere Leben zu und erwarten das andere, ewige Leben [vgl. Röm. 2,7; Jud. 21], und für diese zeitlichen Verleumdungen und Trübsale, die uns vom Teufel und seinen Schülern zugefügt sind, ist den Gläubigen Gottes von Christus ewige Freude, Ergötzung und Ruhe bereitet, wenn wir mit Christus bis ans Ende ausharren" (501b,20–502a,1).

Auf den sozialkritischen Aspekt der Argumentation Vyšenskijs weist besonders der in der DDR lebende Historiker E. Winter hin. „Einer der gefährlichsten ideologischen Gegner der Union von Brest war der aus Halitsch stammende Athos-Mönch I. Višenskyj. Ohne gekünstelte Gelehrsamkeit, aber mit ungemein volkstümlicher Beredsamkeit trat er in seinen Flugschriften den feudalen Herrenbischöfen entgegen, die um der politischen Macht willen, wie sie den katholischen Bischöfen zu eigen war, an der orthodoxen Kirche Verrat begingen, indem sie die Union von Brest unterzeichneten. Višenskyj entlarvte, ganz von der Volksmeinung getragen, diese Wölfe im Schafspelz vor allem Volke."[33] Um 1600 kritisierte er in seiner „Kurzen Bekanntmachung" (Izveščenie kratkoe o latinskich prelestech)[34] unter dem Pseudonym Theodoulos (Gottesknecht) gegen die 2. Aufl. (1950) von P. Skargas Buch „Über die Einheit der Kirche Gottes"[35] die Verquickung von Staat und Kirche, wenn der Jesuit Skarga den polnischen König auffordere, „sich aus politischen Gründen um die Einheit der Kirche zu bemühen. Was hat ein solches Vorgehen ... mit der Religion der Bergpredigt zu tun? fragte er leidenschaftlich erregt und rief voll tiefer Empörung aus: ‚Traut nicht dem römischen Papst und der ganzen verlogenen lateinischen Klerisei! Vertraut der friedlichen Heimat, nicht dem König und allen Anhängern des römischen Papsttums! Mißtraut ihnen heute, morgen und übermorgen! Traut ihnen auch in Zukunft nicht, und nicht in alle Ewigkeit'"[36].

1609[37] erschien ein weiterer polemischer Beitrag Vyšenskijs gegen die Union unter dem Titel „Anreiz zum Disput eines weisen Lateiners mit einem einfältigen Ukrainer", in der „Töne erklingen" (E. Winter räumt ein, was doch das Entscheidende dabei ist: „in religiöser Form"), die in den Augen eines marxistischen Historikers „die ganze herrschende feudale Gesellschaftsordnung in Polen in ihren Grundfesten erschüttern. Aber die Macht gehörte damals noch ganz der Herrenklasse ... Durch den Mund Višenskyjs sprach das ukrainische Volk sein Urteil über die Union von Brest in aller Deutlichkeit"[38].

Obwohl Vyšenskij auch die in der Unionsfrage anfänglich schwankende Haltung des Ostroger Fürsten tadelte, „vor dem als dem reichsten Grundherren sonst alle Verbeugungen machten"[39], veröffentlichte dieser doch seinen Brief in der Knižica von 1598, allerdings anonym. Um dem heutigen Leser einen Eindruck von Stil und Argumentationsweise des nach dem Urteil Winters „gefährlichsten Gegners" der Union zu ermöglichen, der in seiner Kritik an der unchristlichen Ethik der abtrünnigen Bischöfe und seiner strikten Ablehnung der westlichen Wissenschaft und Philosophie (poganskie nauki i dialektiki) ein Nachfahre Maksim Greks und Vorläufer Avvakums war[40], soll er am Schluß dieses Kapitels selbst etwas ausführlicher zu Wort kommen. Am asketischen

Ideal der Anfänge des Mönchtums mißt Vyšenskij das Verhalten der zur Union abgefallenen Bischöfe mit Worten, die ihr Vorbild im 2. Petr. (Kap. 2 bzw. Jud. 1) haben:

„Wer auf jene geistliche Stufe bis zu den alten Heiligen steigen will, wer gottwohlgefällig, sein Gesprächspartner sein und dem Hl. Geist gefallen will, der muß die Gebote Christi, wenn er noch im weltlichen Stande ist, erfüllen durch gute Taten ... danach muß er der Welt den Rücken kehren, dem Besitz von Eltern und Freunden, der fleischlichen Liebe, und freiwillig zum Bettler werden, nach dem Wort Christi (Mt. 10,37f.): ‚Wer Vater oder Mutter mehr liebt als mich, ist meiner nicht wert'; und wer sich nich lossagt von allem, auch vom Haus, den Eltern und sogar von seiner Seele, und ‚nicht das Kreuz auf sich nimmt und mir nachfolgt, der kann nicht', sagte er, ‚mein Jünger sein.'

Zeig mir doch einen unter jenen Bischöfen, und zwar nicht einmal im Blick darauf, ob er die Gebote Christi hält, die noch jeder Weltliche hält, sondern nur, ob er ein einziges von den Worten des Evangeliums hält! Wo ertrug er den Nächsten, ohne mit ihm zu prozessieren, und segnete ihn anstelle irgendeiner Boshaftigkeit, anstatt den Besitz wegzunehmen, Unrecht zu verüben bis hin zur nicht verhinderten Wegnahme des Priestergewandes und -hemdes? ... Verbrachten sie nicht alle von Jugend an bis zu ihrem Alter sogar bis in die heutige Zeit ihr Leben mit Streitigkeiten, Konkurrenzkämpfen, Prozessen, Rechtshändeln, hinterlistigen Praktiken (am Rand: mit falschen Prophezeiungen), um mit der Lüge ihren Nächsten zu besiegen, und verbringen es noch heute so?! Wo entsagte einer der Welt, dem Besitz, der Liebe zur Verwandtschaft und nahm die Armut an, zog den alten Menschen aus, reinigte sich durch Fasten, ließ sich versuchen in der Wüste oder durch die Isolation von den Menschen? Siehst du nicht, wie er nur mit der Lüge das Versprechen erfüllte, heute Kriegführender (voin), Machthaber, Reicher, Wollüstling (slastoljubec) ist und morgen mit demselben Besitz ebensowenig zum Bettler geworden ist um anderer Besitztümer willen, damit er ein noch größerer und reicherer Herr wird und mehr Diener hat und sich reichgedecktere und prächtigere Mahlzeiten nach seinem eigenen Belieben leistet!

Nicht für die Kirche und die Seelen sorgt er, sondern für die Anhäufung von Reichtum an Gold und Silber. Deswegen strebt er eifrig nach einem Bistum, nicht um die Demut Christi an sich darzustellen, sondern um den Hochmut des Fürsten dieser Welt offen zu zeigen, wie er von ihm das Regiment hat und seinem Willen in allem folgt.

Dann verheiratet er mit dem Kirchenbesitz als Mitgift auch die jungen Frauen und bereichert so seine Verwandtschaft; er selbst nährt sich in dieser Welt wie ein Reicher, genießt und sättigt sich. Und deshalb hat der Meister des Verderbens in ihm als seinem Gefäß festen Fuß gefaßt ..., bis er sich ihm durch den Abfall vom Glauben völlig ergibt und ihn anbetet" (502b,25–504a,7).

Angesichts dieser Not und Versuchung rät Vyšenskij zum Rückzug auf die asketische Welt des Glaubens, der den Versuchungen der unreinen Welt entflieht und ganz auf das jenseitige Leben wartet: „O Verlockung, weil du bunt bist, wer kann sich aus deinen Händen losreißen, der in weltliche Dinge verwickelt ist und seinen Verstand daran gekettet hat? Wahrlich niemand! O Einsiedelei, die du den Hl. Geist aufnimmst, selig bist du! Denn die Jünger Christi werden in dir ihre Natur erkennen und die teuflische Arglist verachten nach dem Wort des Apostels [vgl. 2. Petr. 1,4]: Verlaßt, Brüder, verlaßt diese Welt und berührt nicht ihre Unreinheit! Liebt das Schweigen, damit ihr Gott erkennt und mit geöffnetem Verstand seine Herrlichkeit seht! Was schaffen und sorgen wir uns in dieser Welt vergebens! Wenn du auch die ganze Welt erwürbest (vgl. Mt. 16,26 u. Par.), bedeckt und löscht das Grab nicht all deine Eitelkeit aus und du gehst nackt hinweg auf die Seite der anderen Welt? Und du wirst gepeinigt werden nicht nur wegen der Taten und der Verleugnung des Glaubens Christi, sondern auch wegen der eitlen Worte und Gedanken, in denen du deine Zeit erschöpft hast.

Da ihr das nun wißt, seht, Orthodoxe, die ihr noch im Glauben der Verführung nicht folgt und in Frömmigkeit lebt, sagen wir euch auch dies in Kürze zur Festigung, damit ihr wißt, daß jeder andere Glaube, der sich Glaube nennt, kein Glaube ist, sondern Trug, angefangen beim lateinischen bis hin zu all den übrigen. Und weshalb sind sie nicht würdig, sich Glaube zu nennen? Deshalb, weil nicht einer von ihnen die Gaben des Hl. Geistes in sich aufnimmt, sich weder auf sein Kommen vorbereitet noch hl. Reliquien (moščі) hervorbringt, noch heiligt. Unser östlicher wahrer und untrügerischer Glaube aber nimmt die Gaben des Hl. Geistes in sich auf, bereitet sich auf sein Kommen vor, so daß die Gottwohlgefälligen geheiligt und erleuchtet werden und, indem sie zur Gottesschau kommen, unter Anleitung des Hl. Geistes theologisieren (bogoslovstvujut), nachdem sie den alten Menschen ausgezogen haben[41]. Und nach dem Tode bleibt der Leib der Gottwohlgefälligen unverweslich, duftet nach Wohlgerüchen, und die Gebeine der Toten tun Wunder für die, die im Glauben zu ihnen kommen und im Namen des Heiligen Gnade von Gott in ihren Nöten suchen, was du in keinem einzigen anderen Glauben findest und wovon du dort auch nichts hörst, sondern nur Verführung und Schimpf mit Spott über die Wirkungen und die Gnade der Gaben des Hl. Geistes, wie du bei den Ungläubigen siehst.

Deswegen ist es besser für euch, alles gesagte Betrübliche für Christus in dieser Zeit um des Glaubens willen zu erdulden und das Kreuz Christi zu tragen, damit ihr bereit seid, zusammen mit denen, die in den Bergen, Höhlen und Erdlöchern im Skit[41a] leben, in der zukünftigen Welt die unvergängliche Krone und das ewige Leben zu empfangen, das ihr und wir erhalten werden durch die Gnade und Menschenliebe unseres Herrn Jesus Christus, dem die Herrlichkeit und die Macht gebührt mitsamt dem Vater und seinem Hl. Geist, jetzt und immerdar und in Ewigkeit, Amen" (504b,17–505b,25).

### *2.2.3. Der Blick nach vorn*

Die Stimmung der Hoffnung auf das jenseitige Leben und der Erwartung des Endes dieser Zeit, wie wir sie in Vyšenskijs Brief finden, richtet den Blick des Lesers nach vorn, weg von den irdischen Nöten. Die Aussagen der Kir.kn. und der Kn. über den Antichrist und das kommende Jüngste Gericht verfolgen das gleiche Ziel. Sie sollen die Gläubigen angesichts dieser Zukunft zu einer letzten Anstrengung ermutigen, auszuharren und nicht schon vorher aufzugeben.

Christus selbst habe in seinem Evangelium (Mt. 24,4f.10–13) die Rechtgläubigen aufgefordert, beginnt das 30. Kap. der Kn.: „Sehet zu, daß euch niemand verführe. Denn es werden viele kommen unter meinem Namen und sagen: Ich bin der Christus, und werden viele verführen. Und dann werden sich viele falsche Propheten erheben und werden viele verführen. Und weil der Unglaube wird überhandnehmen, wird die Liebe in vielen erkalten. Wer aber getreu beharret bis ans Ende, der wird gerettet werden" (267b,4–14; Luther am Schluß: „wird selig werden").

Ebenso ist auch Stefan Zizanijs Kommentar am Anfang der Kir.kn. „tamquam admonitio pro Orthodoxis concepta ..., ne ipsi in reticulum Antichristi caderent, sed fideles Ecclesiae Orientali remanerent"[42].

Der Abfall der Unierten wird in beiden Büchern mit der Eschatologie in Verbindung gebracht und als Werk des Antichrist interpretiert. Theologisch bedeutet dies ein Festhalten des Glaubens an der Souveränität Gottes, da er die bis ins Extrem sich steigernde und zum Glaubensabfall ganzer Völker führende Gewalt des Bösen als einen Teil des heilsgeschichtlichen Planes Gottes zu begreifen lehrt, der anschließend zu seinem großen Sieg antreten wird im „Schrecklichen Gericht". Deshalb beginnt Zizanij seinen Kommentar im Prolog mit folgender Zusammenfassung der Worte Kyrills:

„Über die zweite Ankunft Christi und deren Zeichen redet der hl. Kyrill im ersten Kapitel und vermahnt uns, ihn mit Freude zu erwarten. Wenn er kommen wird, wird er nicht noch einmal gerichtet werden, sondern er wird alle Gegner richten, seine Gläubigen aber von den Qualen des Antichrist befreien und belohnen" (1a, 8–15).

### *2.2.3.1 Die Antichristpolemik der Kirillova kniga*

Zizanij hebt in seinem Kommentar die Bedeutung der 2. Ankunft Christi für die in ihrer Bedrängnis auf ihn Wartenden, die sich doch darauf freuen sollen, auf dem Hintergrund der 1. Ankunft Christi hervor.

„Wir bekennen nicht bloß eine Ankunft Christi, sondern auch eine zweite. Die erste Ankunft Christi nämlich war die vom Himmel auf die Erde 3000 Jahre nach der Erschaffung der Welt[43] ..., als er geboren wurde. Das erste Mal kam er in seiner Gottheit demütig und ohne Ruhm, und er hatte kein eigenes Zuhause hier auf der Erde [vgl. Mt. 8,20]. Und dies hat er aus folgenden Gründen getan:

1. damit alle Demütigen und Armen und von der Welt Mißachteten frei und ohne Schwierigkeit zu ihm kommen können und mit ihm Gemeinschaft haben ..., die er seine Brüder nennt. Sie vertraut er auch uns an, wenn er (Mt. 25,40) sagt: ‚Wieviel ihr getan habt einem meiner geringsten Brüder, das habt ihr mir getan', und ich werde es euch vergelten[44];

2. um uns mit diesem Beispiel zu zeigen, daß wir seine Knechte sind, besonders die Priester Christi ... ‚Kein Knecht ist größer als sein Herr' (Mt. 10,24) ...

3. zeigt er sogar den Antichrist und seine Diener, wie sie ihm in allem feind sind, hoffärtig, hochtrabend, reich, berühmt, grausam gegen die Knechte Christi, bedrohlich, indem sie durch Bosheit und Gewalt sich alle unterwerfen, selbst jedoch keine Anfechtungen erleiden, sondern allen Gewalt antun, am meisten aber den Knechten Christi; und sie sorgen nicht so für die Armen und machen sie nicht reich (groß), wie sie dagegen für die Reichen sorgen, die hier die Herrschaft antreten wollen. Wer sich ihnen aber nicht unterwirft, den quälen sie grausam. Vor ihnen gibt uns Christus Schutz, der gesagt hat (Joh. 14,30): ‚Es kommt der Fürst dieser Welt, und er hat keine Macht über mich' noch wird er über die Meinen Macht haben[45]" (2a,6–2b,20).

In diesen Sätzen klingen viele der Motive an, die wir schon aus Vyšenskijs Brief kennengelernt haben. Bis hierhin bewegt sich Zizanij in Gedanken, die ihn nicht von anderen orthodoxen Polemikern der Orthodoxie seiner Zeit unterscheiden. Neu aber und für den weiteren Gedankengang seines Kommentars bedeutsam ist die anschließende Behauptung von der zweiten und herrlicheren Ankunft Christi: „die sein wird im achten Jahrtausend". Die Begründung bleibt Zizanij schuldig, denn er behauptet nur: „weil alle hl. Lehrer bezeugen, daß Christus auf Erden war, ein zweites Mal aber vom Himmel kommen wird im achten Jahrtausend" (2b,22–25)[46].

Mit dieser Behauptung hat Zizanij sich den zeitlichen Rahmen geschaffen, der es ihm erlaubt, im gegenwärtigen Zustand der Welt und der Kirche die Zeichen zu erkennen, die das baldige Offenbarwerden des Antichrist anzeigen, dessen Reich sich in der römischen Kirche schon ausgebreitet habe. Das 8. Jahrtausend umfaßt den Zeitraum von 1492–2491, legt man die bürgerliche Byzantinische Ära (Chr. Geb. im Jahre 5508) zugrunde, von 1500–2399, geht man von der im kirchlichen Bereich ebenfalls üblichen Ära aus, nach der Chr. Geb. in das Jahr 5500 fällt und nach der auch Zizanij rechnet (vgl. 28b)[47]. Auf dem Hintergrund dieses zeitlichen Rahmens gewinnt seine Feststellung, daß „heute schon der Abfall sichtbar ist, denn die Menschen sind vom rechten Glauben abgefallen ... und wir erwarten den Feind, der bald vor sich her seine Vorläufer schicken wird, um selbst in das Bereitete zu kommen und den Rest zu fangen" (38b,4–24), grundlegende Bedeutung für die apokalyptische Interpretation der Union mit der römischen Kirche als Werk des Antichrist.

Der Papst gebrauche alle Mittel, „damit niemand in dem ursprünglichen orthodoxen Glauben der einen hl. katholischen apostolischen Kirche der griechischen Religion (zakona) verbleibe ..., sondern damit sie seinen römischen, vollständig häretischen Gesetzen (ustavy) beitreten"; und die Frucht seiner widergöttlichen Bemühungen sei die, daß viele, „selbst geistliche Männer, alles fleischlich verstehen und in dieser Welt nach dem Fleisch leben und nicht nach dem Geist und um ihres freien Lebenswandels willen die Gesetze verändern[48] ... und vom Glauben abfallen und so die

Orthodoxie mit der Häresie vereinigen. Bald aber wird sich die Ankunft des Antichrist und das Ende dieser Welt ereignen.

Zuerst kommt der Abfall, dann der Mensch der Gottlosigkeit (bezzakonie, Gesetzlosigkeit), der Sohn des Verderbens, der Widersacher, der Antichrist. Und dann wird Christus abermals kommen und an allen Gegnern Rache üben" (15a,5–14; vgl. a. 14b; vgl. 2. Thess. 2,3f.8).

Über den genauen Zeitpunkt stellt Zizanij (im Unterschied zur Kn.) keine Berechnung an. Er begnügt sich mit der Angabe „im achten Jahrtausend"; schließlich habe Christus selbst das Nachforschen verboten (Apg. 1,7). Mit dem Zeitpunkt des Wiederkommens Christi sei es wie bei einem altgewordenen Mann, von dem wir wissen, daß er bald sterben wird; wann aber, an welchem Tag und zu welcher Stunde, wissen wir nicht (20a,23–20b,3).

Unter der apokalyptischen Perspektive des antichristlichen Glaubensabfalls bringt Zizanij (anders als die Kn., weshalb sein Kommentar $^1/_7$ des Umfangs der ganzen Kir.kn. ausmacht) alle Unterschiede der römischen (und auch einige der Lutheraner und Antitrinitarier) gegenüber der orthodoxen Kirche unter, wie sie in den übrigen Kapiteln der beiden Bücher auch behandelt werden. Dadurch erhalten sie zum Teil eine zusätzliche Beleuchtung (z.B. beim Kreuzzeichen), auf jeden Fall aber ist ihr Stellenwert als Zeichen des Antichrist polemisch radikalisiert. Während Zizanij die meisten Rom vorzuwerfenden „Häresien" im 4. Kap. Kyrills unter dem Gesichtspunkt der 11 Zeichen des Antichrist unterbringen kann, kommt er in seinem Kommentar in Kap. 2 und 5 noch auf das Fegefeuer zu sprechen, in Kap. 3 auf die Kalenderform, Kap. 6 auf das Kreuzzeichen und Kap. 8 auf die Ablehnung des Gebets zu Christus (seitens der rationalistischen Antitriniarier, sog. Nonadoranten), des Priestertums und des eucharistischen Opfers (seitens derselben und in gewisser Weise auch der Reformation), alles unter dem eschatologischen Gesichtspunkt des Antichrist und der Wiederkunft Christi zum Jüngsten Gericht.

*1. Das Fegefeuer:* „Gegen Origenes und andere Häretiker", die behaupten, daß die Qualen nur zeitlich wären und nicht ewig und daß heute, vor dem Tag des Jüngsten Gerichts, die Seelen der Sünder ohne den Leib selbst im Fegefeuer gepeinigt und von Ort zu Ort wandernd geläutert würden, „was der Wahrheit (pravda, Wahrheit bzw. Gerechtigkeit) widerspricht" (4b,14–20), behauptet Zizanij, daß es kein Fegefeuer gebe, sondern die Auferstehung und das Gericht des ganzen Menschen (mit Seele und Leib)[49], wo es entweder um ewige Pein oder um den Lohn des Himmelreichs gehe (6a,5–21). „Siehst du, zur Pein ist die Zeit noch nicht gekommen" (8a,18f.)! Auch die Heiligen empfingen deshalb das Himmelreich erst nach der Auferstehung (9a,18–21).

Die Wiederkunft Christi sei gerade auch für diejenigen ein Trost, die durch die Grausamkeiten des Antichrist den Tod empfangen werden, denn sie werde Christus zuerst krönen (vgl. 1. Thess. 4,15ff.), aber ein Fegefeuer, in dem die Seelen ohne den Leib in Feuerflammen gepeinigt würden, gebe es nicht (56b,14–57a,4). Die Lehre vom Fegefeuer sei manichäische Trennung von Seele und Leib (10a,15–19).

2. *Die Kalenderreform* deutet Zizanij ausführlich (15b–17a) unter Berufung auf Dan. 7,25 als das Werk der Knechte des Antichrist, die sogar die Kanones der sieben Konzile veränderten, „um ihrem Herrscher, dem Antichrist, den Platz zu bereiten" (21a,7–9; am Rand: „1582 n.Chr. ... veränderte Papst Gregor XII. [sic!] den Kalender"), um zu verdunkeln, daß die Zeit der Ankunft des Antichrist schon nahegekommen ist – ein Vorwurf, der gezwungen wirken muß angesichts der Tatsache, daß sich der Kalender ja nur um 10 Tage verschob und Zizanij in Jahrtausenden rechnete. Erst am Ende dieser Zeit stehe es dem Herrn selbst zu, die Zeiten zu ändern, wenn die ganze Schöpfung erneuert werde[50].

3. *Das Kreuzzeichen:* Wo Zizanij vom Kreuz Christi als dem Zeichen des Menschensohnes, das bei seiner Wiederkunft erscheinen werde (Mt. 24,30), redet, kommt er auf die „Schmähung" des Kreuzes durch die Lutheraner und Lateiner zu sprechen. „Jenes Zeichen haben die einen heute, durch Dummheit und Widerspenstigkeit hoffärtig geworden, verworfen. Die anderen Häretiker aber schmähen es, Christus zu noch größerem Ärger, indem sie es auf ihren Füßen tragen und auf die Erde zeichnen (pišušče) und mit ihren Füßen zertreten (topčjut): das sind Kreuzeszertreter, sich selbst zum größten Verderben[51]. Wir orthodoxen Christen aber nehmen das Zeichen an, das ehrwürdige Kreuz Christi, an dem seine Füße angenagelt waren, und verneigen uns vor ihm; nicht das Holz, sondern das Zeichen des gekreuzigten Christus verehren wir" (59a,13–25).

Es folgt eine Deutung der Symbolik des Sichbekreuzigens, die gegenüber der von Kap. 14 des 2. Teils der Kir.kn. (s.o., S. 78–80) den eschatologischen Bezug hervorhebt und beim soteriologischen auch die Höllenfahrt Christi erwähnt. Der orth. Gläubige zeichnet nach, und zwar spiegelverkehrt, was der Priester vor ihm vollzieht:

Die Bewegung der Hand beim Sichbekreuzigen vom Kopf zum Bauch bedeute die Herabkunft Christi vom Himmel und seine Menschwerdung, „daß er um unsertwillen auf die Erde und unter die Erde in die Hölle (vo ade) mußte" (60a,10–12). Die Führung der Hand von unten auf die rechte Schulter stelle die Himmelfahrt Christi von der Erde zur Rechten Gottes dar „und daß er, wenn das Ende da sein wird, noch von der Rechten vom Himmel mit dem Kreuz kommen wird, um die Linke zu richten, weshalb wir auch zum Schluß von der rechten auf die linke Seite das Kreuz legen und damit darstellen, daß Christus noch von der rechten Seite auf die linke, d.h. auf die entgegengesetzte Seite des Antichrist und seiner ganzen Versammlung kommen wird und alle, die dann auf der linken sein werden, schließlich mit dem Kreuz besiegen wird" (60a,16–60b,2).

Wer aber wie die Lateiner das Kreuzzeichen nach seiner eigenen Meinung von links nach rechts mache, der erhebe sich mit dem Antichrist gegen Christus (60b,8–16).

4. *Das Gebet zu Christus; Priestertum und Opfer:* Christus sei nicht bloß unser Fürsprecher bei Gott und habe seine Macht nicht an den Parakleten, den er zu senden versprochen hatte (vgl. Joh. 14,16.26; 15,26; 16,7), übergeben, sondern er sei unser Erretter, und deshalb dürften wir zu ihm beten (69b,13–72b,6). Christus stehe nicht

mit den Heiligen auf einer Stufe vor Gott, die an Christi Statt für uns Fürbitte tun, sondern sie bäten ebenso auch Christus, den Gott, für unsere Sünden (72b,22–24).

Ausführlich widerlegt Zizanij schließlich die Behauptung, Priestertum und Opfer seien in der Kirche Christi nicht mehr nötig, das habe Christus abgeschafft (76b, 20ff.). „Dies reine Opfer des Leibes und Blutes Christi, des sündlosen Gotteslammes, das die Kirche Christi von den Aposteln empfangen hat, wirkt, indem es mit dem Essen empfangen wird (jadeniem priim dejstvuet). Nicht nur wie die Apostel es geschrieben, sondern auch wie sie es überliefert haben, hält die Kirche alles, wie sie es zur Gänze empfangen hat: dies ist der Brauch (obyčaj), wie er von der Großen höchsten apostolischen Kirche von Jerusalem befolgt wird" (79a,11–18).

*5. Die 11 Zeichen des Antichrist:* Da in den letzten Zeiten viele Schrekken usw. vor dem Ende kommen werden, wolle Christus seine Gläubigen mit gewissen Zeichen warnen, sich nicht verführen zu lassen. Diese Zeichen interpretiert Zizanij ganz im Sinne der antilateinischen Polemik, wobei er den römischen Papst mal als den Antichrist selbst, mal als dessen Vorläufer bezeichnet[52], so daß er einerseits unter der Institution des Papsttums das Werk des Antichrist versteht, andererseits aber auch von der Person des Papstes selbst behauptet, sie werde der Antichrist sein, ohne allerdings konkret einen bestimmten Papst zu nennen.

Das *1. Zeichen* sei der Abfall vom wahren Glauben. Im Grunde seien alle Häretiker und Verführer eigentlich Antichristen (22b,1f.)[53]. Der Papst habe an Christi Statt die Kirche an sich gerissen (24b,25–25a,1), so daß die Kirche in einen Leib Petri und einen Leib Christi gespalten sei (23b,4–6). Und heute versuche der Papst mit der Union mit allen Mitteln, die Orthodoxen zum Abfall zu bewegen (15a,5–14).

Das *2. Zeichen* sieht Zizanij in der Vereinigung von geistlicher und weltlicher Macht, die der Papst mit Gewalt ausübe. „Der römische Papst hat sich vom griechischen Gebiet und Kaiser losgesagt und nicht nur den Thron und die Macht des Kaisers und des Hohenpriesters, sondern auch die Gottes an sich gerissen ..., als er nach tausend Jahren im Alten Rom begann, der Primas zu sein" (26a,14–19)[54]. Gewaltsam habe er andere zur Unterwerfung gezwungen, womit er gegen den Apostolischen Kanon 27[55] verstoßen habe, der den geistlichen und kirchlichen Menschen verbiete, Kriege zu führen, weder gegen Häretiker noch zur Ausbreitung des Glaubens (25b,11–17). „Der letzte Fürst dieser Welt zieht die Menschen von allen irdischen Herrschern zu sich zur Unterwerfung; wie er zuerst gegen die Griechen begann, so wird er auch gegen die anderen mit dem Schwert zu kämpfen beginnen, damit sie ihn wie Gott verehren" (26a,19–25), womit Zizanij den Papst als den letzten Antichrist kennzeichnet.

Das *3. Zeichen* gilt den Klerikern: der Abfall der Bischöfe zur Union sei aus Geldgier geschehen, wie beim „Christusverräter" Judas (27b).

Das *4. Zeichen* bezieht auch die Laien mit ein: die Liebe werde unter den Menschen vertrocknen (Mt. 24,12: erkalten). „Aber" – so finden wir die griechische Orientierung auch bei Zizanij als eschatologisches Ereignis wieder – „die hl. Patriarchen und wahren Hirten Ioakeim (V.) von Antiochien und Ieremias (II.) von Konstantinopel weilten hier bei uns in Rußland (v Rusi) schon nahe am Weltende, weil sie jenen wahren Funken der Liebe Gottes in den Menschen entzünden wollten und der kirchlichen Bruderschaft, einer Vereinigung der hl. Orthodoxie, nach dem griechischen Gesetz (zakona) ein Statut gaben (ustaviša)“ (28b,14–22)[56].

Das *5. Zeichen* deutet die Abgeschlossenheit des orthodoxen Glaubens durch die endgültige Befestigung auf den 7 Ökum. Konzilen als eschatologisches Datum, da nach Mt. 24,14 der Glaube erst in alle Welt verkündigt sein muß, bevor das Ende der Welt kommen kann (29b–30a). Das sei mit den 7 Konzilen geschehen (unter diesem eschatologischen Bezug kann es auch kein 8. Ökum. Konzil mehr geben, wie z.T. in der Argumentation gegen das Florentiner Unionskonzil auch behauptet wurde[57]), und Rom sei davon abgefallen wegen der Hinzufügung des Filioque zum Symbol und der Reduzierung des Abendmahls auf nur eine Gestalt für die Gläubigen (30b,20–24).

Das *6. Zeichen* benutzt Zizanij zur Polemik gegen Rom wegen des Gebrauchs von ungesäuertem Brot bei der Eucharistie. Papst Alexander habe die Eucharistie mit der „Scheußlichkeit“ (merzost') des Ungesäuerten verändert (33a,1–37b,17)[58].

Unter dem *7. Zeichen* versteht Zizanij den Abfall des Papstes und der gesamten römischen Geistlichkeit vom Glauben der hl. ... Kirche der griechischen Orthodoxie (39a,10–15) und damit die Spaltung (raskol, am Rand: razdor) der Kirche, wobei er auf das 2. Zeichen (Spaltung des Kaiserreichs)[58a] zurückverweist. Der Abfall bestehe darin, daß die Lateiner alle kirchlichen Gesetze und Kanones der Ökum. Konzile umgeschrieben und ihre eigenen dafür aufgestellt hätten. Am Beispiel des Filioque erläutert Zizanij das ausführlich (39a,24–44b,5).

Das *8. Zeichen* nimmt Bezug auf die Gefahr der Verführung (Mt. 24,23ff.), denn daß Christus zum zweiten Mal kommen werde, das wisse auch der Teufel (46a), weshalb er falsche „Antichristen“ erfinde, um die Christen zum wahren Antichrist zu verführen (46b,3–5). „Und so ist von den vielen heutigen Antichristen einer der höchste: der Papst, der Vorläufer jenes letzten Antichrist, der auf dem Stuhl im ... Alten Rom sitzt“ (47a,5–11).

Das *9. Zeichen* bleibt ziemlich unklar. Zizanij bezieht sich auf byzantinische Kaiserprophetien. Der Ausgangspunkt seiner Überlegungen ist jedoch deutlich: die Herrschaft des Antichrist habe mit dem Ende der kaiserlichen Macht im Westen des Reichs, die der Papst an sich riß, ihren Anfang genommen. Auf den 11. und letzten Kaiser werde der Antichrist bald folgen (48b–50b).

Mit dem *10. Zeichen* kennzeichnet Zizanij den Papst als den letzten Wegbereiter und Vorläufer des Antichrist, der mit der vereinten Macht des Kaisers, Hohenpriesters und Gottes seine Herrschaft über die ganze Welt ausdehne, um sie dann dem Antichrist zu übergeben, der allen befehle, ihn selbst anzubeten (51a,11–51b).
Das *11. Zeichen* sei zwar, daß dann viele Christen um Christi willen schreckliche Qualen erleiden müßten, weil sie nicht mit einem einfachen Menschen zu kämpfen hätten, sondern mit dem Teufel selbst, aber das Ziel der Christen – und damit schließt sich der Bogen – sei die Erlösung und Belohnung derer, die bis zum Ende im Glauben blieben (53b,25–54a,22).

Zusammengefaßt sind es fünf Vorwürfe, die Zizanij dem Papst macht und die ihn seiner Meinung nach als Werkzeug des Antichrist qualifizieren:

1. Der Papst als geistliche Person ergriff die weltliche Macht über viele Kaiser und Könige.

2. Der Papst ernannte sich zum Haupt der Kirche, während Christus das einzige Haupt ist.
3. Der Papst hat mit dem Schwert für den Glauben kämpfen lassen.
4. Der Papst benutzte seine Macht, um in die Kirche neue Häresien einzuführen.
5. Der Papst und alle Lateiner machen das Kreuzzeichen nicht so, wie es die orthodoxen Christen machen, sondern antichristlich[59].

### *2.2.3.2. Die Antichristpolemik in der Kniga o vere*

Die entsprechenden Aussagen der Kn. über den Antichrist sind wesentlich knapper gehalten, greifen aber u.a. auf Zizanijs Kommentar zurück, wie der Verf. selbst angibt:

„Darüber lies ausführlich den hl. Kyrill, den Patriarchen von Jerusalem, Hippolyt, Johannes Damascenus, 4. Buch, Kap. 27[60], Kallistos Nikēphoros Xanthopulos[61], Stefan Zizanij und andere Schriften dazu" (270b,21–271a,1)!

Im Vergleich zu Zizanij äußert der Verf. in der Kn. seine Gedanken mit noch größerer Entschiedenheit. Das Thema des Antichrist bildet hier gewissermaßen den Rahmen, so daß sich eine apokalyptische Grundstimmung durch das ganze Buch hindurchzieht. Mehrmals kommt Ps.-Nafanail im Eingangsgebet und im 1. Vorwort darauf zu sprechen. Er glaubt angesichts der Not, in der sich seine Kirche befindet, fest, daß der Antichrist sehr bald erscheinen wird.

„Ich weiß genau, daß die letzte Zeit [angebrochen] ist, das Reich des Antichrist sich ausbreitet und er selbst bald erscheinen wird. Und heute schon gibt es ... viele Antichristen" (3a,2–6; vgl. a. 1b,21–25; 2a,9–18; 4b,9f.).

Im Unterschied zu Zizanij versucht der Autor des 30. Kap.s der Kn., das Jahr des Erscheinens des Antichrist aus Offb. 13,18 zu erschließen, wobei er Zizanijs Annahme, daß der Antichrist im 8. Jahrtausend erscheinen werde, zugrunde legt (271b,16–18)[62].

„Es gibt viele Vorläufer, aber auch er selbst ist schon nahe nach der Zahl, die über ihn geschrieben steht: 666. Denn die Zahl des Antichrist ‚ist eines Menschen Zahl'. Wer weiß, ob sie mit diesen 1666 Jahren seine offenbaren Vorläufer oder nicht ihn selbst anzeigt" (270a,4–10)?

Aber der Verf. bleibt trotzdem zurückhaltend: er kleidet seine Aussage in die Form einer Frage, was nicht übersehen werden darf[63]. Außerdem ist das Ziel auch hier nicht das Interesse am genauen Zeitpunkt, sondern die Paränese, der Trost.

„Nachdem ich solcherart Wichtiges über das Schreckliche Gericht und die Qualen aus der Hl. Schrift[64] um der allergrößten Notwendigkeit und des geistlichen Nutzens willen vorgelegt habe, erinnere ich daran, daß diese Vermahnung zu nichts anderem als zur Besserung durch ein gottwohlgefälliges Leben dienen soll; und wenn sich jemand durch diese übergroße Furcht nicht bessert, dessen Hoffnung auf Errettung ist umsonst, und selbst die Bezeichnung als Christ (i samoe christianskoe narečenie) hilft ihm dann nicht nur nicht, sondern – nach dem Wort des Herrn (Lk. 12,47) – ‚wird der Knecht, der den Willen seines Herrn weiß und nicht getan hat, viel geschlagen werden', d.h. ewig, nicht 1000 Jahre, nicht 100000, sondern in alle Ewigkeit" (281b,12–25; vgl. a. Kir.kn. 54a,1–10). Aus Langmut habe Gott mit dem Gericht bisher gewartet, weil er jedem Gelegenheit zur Buße geben wolle (271b,4f., 272a,21f.; vgl. 2. Petr. 3,9). Deshalb hätten die Heiligen konsequenterweise „diese eitle Welt verlassen; weil sie sich fürchteten, fasteten sie, weinten[65] und quälten sich ab und legten ihr ganzes Leben in den Dienst Gottes" (282a,1–3).

Das ganze Bild des Antichrist habe Paulus 2. Thess. 2,3ff. beschrieben, wozu der Verf. Johannes Chrysostomus zu Wort kommen läßt (269b)[66].

Der römische Papst (gemeint ist die Institution des Papsttums) ist auch nach der Auffassung der Kn. der Vorläufer des Antichrist, weil er weltliche und geistliche Macht zusammen an sich gerissen habe (vgl. o., S. 166), denn schon seit langem höre man in der heutigen letzten Zeit nichts mehr von den römischen Kaisern, von Karl d. Gr. an (272a,10–16).

Zwei „Etappen kirchlicher Krisen"[67] hätten sich bereits ereignet: Nach 1000 Jahren fiel Rom mit den westlichen Ländern von der östlichen Kirche ab (272b, 13–16), und 1595 fielen die Bewohner Kleinrußlands („v maloj Rusii") zur römischen Kirche ab, und „dies ist der zweite Abfall der Christen von der östlichen Kirche" (272b,16–21). Diese beiden Etappen seien das Werk des Antichrist, denn nach dem ersten Millennium habe Satan, der durch den Erlösungstod des Gottmenschen gebunden war, die Freiheit erhalten (vgl. Offb. 20,2), „und von der Zeit an war der Westen von schwerer Pest (povetriem) geschlagen", die sich immer weiter nach Osten ausbreitete und 1595 Polen-Litauen mit dem Abfall der sogenannten Unierten heimsuchte (271a,1–13).

Heute gelte es nun aufzupassen, wachsam zu sein und diese Etappen in Erinnerung zu behalten, damit nicht auch die Adressaten der Kn.[68] von dieser Pest befallen werden. Denn nachdem die Zahl der 1666 Jahre erfüllt sein werde, müßten auch sie sich vorsehen, um nicht ebenfalls Böses zu erleiden, denn dann müßte man zum Kampf mit dem Satan selbst bereit sein und versuchen, Gott durch Buße barmherzig zu stimmen und seine Liebe auf sich zu ziehen (271a,21–23; 272b,21–25).

### *2.2.3.3. Die Frage der Abhängigkeit von protestantischer Antichristpolemik*

Das Thema des Antichrist war im 16. Jh. in ganz Europa publizistisch verbreitet worden (von den Franziskaner-Spiritualen, Wyclif, Hus, Luther u.a.). Daß es in der orthodoxen antirömischen Polemik zur Zeit der Brester Union aktuell wurde, läßt sich allein schon aus der Bedrängnis erklären, in der sich die von ihrem Episkopat verlassenen Orthodoxen in Polen-Litauen befanden[69]. In Zeiten, in denen die Fronten unversöhnlich hart aufeinanderstoßen, ist eine Radikalisierung der Auseinandersetzung im Sinne einer Verteufelung des Gegners nicht nur aus der Kirchengeschichte bekannt, wo dies bis zur Deutung des Gegners als Werkzeug des Antichrist führen konnte. In der Alten Kirche verschwanden solche Gedanken, sobald die Zeit der Verfolgungen aufgehört hatte, und sie lebten fortan nur außerhalb der offiziellen Theologie weiter. Dasselbe wiederholte sich in Europa, als das konfessionelle Zeitalter zu Ende gegangen war[70].

Die zeitgeschichtliche antirömische Interpretation der Apokalyptik gelangte vom Westen über Polen[71] auch nach Kleinrußland, wo 1569 unter der Herrschaft Polens die katholische Propaganda zur Vorbereitung der Union einsetzte[72]. Solche Gedanken waren der griechischen und russischen orthodoxen Theologie eigentlich fremd. Es gab zwar auch in Rußland eine „seit langem durch eine, von kirchlicher Zensur nur schwer zu kontrollierende apokryphe Literatur“[73] genährte eigene Apokalyptik, aber sie hatte immer eine stärkere Affinität zu sich bildenden Sekten als zur orthodoxen Kirche, in der die Erwartung des Antichrist als einer bestimmten Person (nicht aber als Idee, antichristlicher Geist einer Institution[74]) ihren Platz im gottesdienstlichen Kultus hat, wodurch sie, wie K. Onasch es ausdrückt, kirchenrechtlich der Hierarchie untergeordnet ist, d.h. sie kann sich nicht gegen die eigene Hierarchie wenden, wie dies z.B. bei den Franziskaner-Spiritualen der Fall war. Folgerichtig werden die apokalyptischen Aussagen über das Papsttum, die Zizanij und der Verf. des 30. Kap.s der Kn. parallel zur protestantischen Antichristpolemik entwickelten, von der offiziellen orthodoxen Theologie abgelehnt[75] und nicht wieder aufgegriffen[76], auch nicht polemisch gegen das Schisma in der eigenen Kirche, während die Altgläubigen sie ohne Schwierigkeiten für ihre Polemik gegen die Kirche übernehmen konnten, als es durch die Reformen Nikons zum Schisma gekommen war und das Jahr 1666 für sie damit die Offenbarung des Antichrist in der Person des Patriarchen Nikon bedeutete (s.u., S. 173).

Zizanij entwickelte seine Gedanken parallel zur protestantischen Antichristpolemik, aber eine direkte literarische Abhängigkeit läßt sich nicht nachweisen. K. Studyns'kyj[77] hatte in seiner Analyse der „Perestoroha“ behauptet, Zizanij sei von dem Werk „De papa romano libri decem“ (Groningen 1594) des holländischen Kalvinisten Sibrandus Lub(b)ertus abhängig, was auch Mychalskyj[78] wiederholt; aber der ukrainische Historiker P. K. Jaremenko[79] hat nachgewiesen, daß Studyns'kyjs angeführte Belege „gezwungen und unzulänglich“ (natjagnutymy i chybnymy) sind und man die Kritik Zizanijs an dem Anspruch des Papstes, Stellvertreter Gottes auf Erden zu sein, auch in den Werken anderer protestantischer Publizisten Westeuropas und Polens finden konnte. Der anonyme Autor des Artikels über die Herkunft der Antichristlehre der Altgläubigen[80] vermutet eine Abhängigkeit Zizanijs von dem Sozinianer Motovylo, der in einem Werk (von dem wir nur etwas aus einem Brief des Fürsten Kurbskij wissen) zu beweisen versucht habe, daß der Papst der Antichrist sei[81].

Vor dem Abschluß der Brester Union hatten auf orthodoxer Seite schon ein anonymer Autor (in einer Widerlegung Skargas) und I. Vyšenskij den Papst mit dem Antichrist in Verbindung gebracht[82], so daß es einer der Hauptkämpfer für die Union, der orthodoxe Bischof und spätere unierte Metropolit I. Pocej für notwendig hielt, auch diesen Punkt in seinem 1595 in Vil'na herausgegebenen Werk „Unija ..."[83] zu widerlegen, „ut damnosos effectus praeveniret"[84]. Er behauptete, daß dies nichts anderes als eine bösartige Erfindung der Protestanten sei[85].

Zizanijs Kommentar stellt eine Widerlegung sämtlicher Differenzpunkte dar, die Pocej im Interesse einer Versöhnung mit Rom dargestellt hatte (drei wichtigere: der Ausgang des Hl. Geistes, der Primat und das Fegefeuer; zwei weniger wichtige – nach Pocej –: die Kalenderreform und die Antichristfrage), wobei er sie als Zeichen des antichristlichen Abfalls vom wahren Glauben deutete. Damit unterscheidet sich Zizanij durchaus von der protestantischen Antichristpolemik. Er übernimmt zwar auch die schon von den Franziskaner-Spiritualen, Wyclif und Hus entwickelten Vorwürfe, die den Antichrist im Reichtum und in der politischen Macht des Papsttums am Werke sahen, und gerät in den Widerspruch, im Papst bereits den Antichrist zu sehen, während er andererseits den Antichrist noch erwartet, aber er füllt das Bild vom Antichrist mit Vorwürfen, die genuin aus der orthodoxen Tradition stammen („Veränderungen", die den Abfall vom wahren Glauben der einen hl. östlichen Kirche Christi bewirken)[85a].

Von Luthers Antichristverständnis unterscheidet er sich nicht so sehr in der Vorstellung, daß das Papsttum sich geschichtlich zu einer widerchristlichen Institution entwickelt hat und als solche auswirkt, sondern in der Begründung. Während Luther den Kernpunkt darin sieht, daß das Papsttum „seine Autorität über die des Wortes Gottes setzt"[86], begründet Zizanij die Antichristpolemik ekklesiologisch mit dem Abfall von der Tradition, vom wahren Glauben der orthodoxen Kirche[87]. Bei den Reformatoren war das endzeitliche Geschichtsbewußtsein (Luther glaubte z.B., selbst das Ende der Welt noch zu erleben) außerdem „die eigentliche Grundlage der ökumenischen Bestrebungen“[88], während es bei den Orthodoxen zu einer noch starreren Haltung der Abgrenzung führte.

Der Verf. des 30. Kap.s der Kn. ist hauptsächlich von Zizanijs Kommentar abhängig, von dem er sich, wie wir gesehen haben, außer durch seine Kürze nur dadurch unterscheidet, daß er den Beginn des Reichs des Antichrist für das Jahr 1666 andeutet.

### *2.2.3.4. Die Übernahme der Antichristidee durch die Altgläubigen*

Eine verhängnisvolle Wirkung hatte die Übernahme der Antichristpolemik der Kir.kn. und der Kn. durch die Altgläubigen, die die gegen die katholische Kirche gerichtete Polemik auf die orthodoxe Kirche selbst übertrugen. Der Gedanke von der endzeitlichen Nähe des Antichrist fand bei den konservativen Kreisen Moskaus offene Ohren, paßte er doch allzugut zu ihrer Spiritualität, ihrem eschatologischen Selbstbewußtsein von Moskau als dem 3. und letzten Rom, von ihrer eigenen Orthodoxie. Wer sich im *Besitz* der Wahrheit glaubt („unnachgiebige Orthodoxie Moskaus“[89]!), steht möglichen Reformen diametral entgegen. „Das innerrussische Schisma des 17. Jahrhunderts, der Raskol, sollte die unheilvolle Frucht dieser Utopie werden“[90], einer gefährlichen Utopie, weil sie „einen geschichtlichen Abschnitt der eigenen Kirche mit der Ewigkeit der Kirche Christi verwechselte“[91].

Die griechische Orientierung und das eschatologische Bewußtsein stehen in einer Spannung zueinander, in der Tradition gegen Tradition steht. Die Altgläubigen führt die altrussische Moskauer Spiritualität gleichsam zu einem „Austritt aus der Geschichte“, wie es der orthodoxe Theologe G. Florovskij formulierte[92]. Recht verstandene Eschatologie hätte eigentlich gerade zu einer Überwindung der Gegensätze führen sollen, indem sie sie unter dem Aspekt des „Letzten“ als „Vorletztes“ relativiert. Aber solche Gedanken sind moderneren Datums und haben heute auch innerhalb der Orthodoxie zu einer veränderten Haltung geführt (s. u., S. 176f.). In dem Bericht der Theologischen Komission über Tradition und Traditionen an die 4. Weltkonferenz für Glauben und Kirchenverfassung von 1963 heißt es[93]: „Die Tradition neigt dazu, bei dem ‚Späteren‘ in seiner Mannigfaltigkeit stehen zu bleiben und dieses ‚Spätere‘ ernster zu nehmen als das ‚Letzte‘. Das ist die Gefahr jeder Tradition ... Das ‚Spätere‘ der kirchlichen Tradition muß darum durch das ‚Letzte‘ der Bibel überhöht werden ... Wenn die Tradition das eine Notwendige, das unbedingt ‚Letzte‘ anerkennt, wird sie zu dem, was ihre eigentliche Bestimmung ist: Empfänger, Bewahrer und Überbringer des Evangeliums Jesu Christi ...".

Die Altgläubigen, die an die Unveränderbarkeit der seit dem Stoglav von 1551 als allein richtig anerkannten altrussischen Tradition glaubten, wurden u.a. das Opfer ihres Traditionsverständnisses. Als sie wegen ihrer Ablehnung der liturgischen Reformen Nikons verfolgt und verflucht wurden, hielten sie die Prophezeiung der Kn., daß im Jahre 1666 der Kampf mit dem Antichrist als mit dem Teufel selber beginnen könne, für erfüllt. Patriarch Nikon erklärten sie für den Antichrist[94]. Avvakum seufzte bitter: „O armes Rußland! Worauf hast du Appetit bekommen (čto tebe zachotelos')? Auf die lateinischen Bräuche und die Taten (postupkov) der Deutschen? Eure alten Gesetze aber haßtet und verwarft ihr"[95].

Andrej Pleščeev, ein guter Freund Avvakums, schrieb schon ca. 1654/55 in einem Brief an den ins Kamenskij-Kloster verbannten Protopopen I. Neronov (sein Poslanie gehört deshalb zu den frühesten Werken des Raskol), die Erfüllung der Weissagung der Kn. voraussehend (Nikon hatte 1654 mit der Herausgabe der korrigierten Bücher begonnen), er selbst habe zwar nicht die Gabe der Weissagung, meine aber, daß es Spaltungen („razdory") geben werde gemäß der Weissagung der Kn., wo vom Abfall der Unierten von der hl. östlichen Kirche geschrieben sei. „Denn sie befahl auch uns, uns vor solcher Schuld zu hüten, wenn sich die 1666 Jahre seit der Menschwerdung des Gottessohnes erfüllen werden; denn heute ist solche Zahl im Begriff sich zu erfüllen, und solche Spaltung ..."[96]. Den Abfall vom Glauben sieht Andrej Pleščeev in den „dogmatischen Neuerungen", die Nikon eingeführt hat[97].

Auch Neronov bezog sich auf die Kn., als er eine Vision wiedergab, die er 1653 beim Fasten gehabt hatte: „Ioann, sei mutig und fürchte dich nicht vor dem Tode: du mußt den Zaren in meinem Namen stärken, damit hier Rußland nicht leiden muß wie die Unierten"[98].

Antichrist-Symbolik, auf den Patriarchen Nikon bezogen, findet sich später auch in der Ikonographie der Altgläubigen[99].

## 3. Ergebnis

Zwei verschiedene „Parteien“ wollten nach der „Zeit der Wirren“ die russische Kirche und ihre Frömmigkeit bessern; die einen, besonders aus dem niederen Klerus, unter konservativem Rückgriff auf die altrussische Tradition (wie sie z.B. der „Domostroj“ vertrat[100]) durch strikte Isolierung und Abschließung vom Ausland, um jegliches Eindringen neuer Häresien vorbeugend zu verhindern, die anderen durch Reformen aufgrund kritischer Revision der eigenen Tradition, um den seit der Erhebung Moskaus zum Patriarchat ausstehenden Anschluß an die griechische Tradition, an die Bräuche der hl. griechischen Kirche des Ostens, zu vollziehen, der als Bedingung von den östlichen Patriarchen auferlegt worden war. Die zweite Gruppe setzte sich durch, aber die Folgen waren eine „tiefe Krise“[101]: das innerrussische Schisma und die Absetzung des Patriarchen Nikon durch den Zaren, weil er den Bogen überspannt hatte, indem er die byzantinische „Symphonie“ zwischen Kaisertum und Kirche einseitig zugunsten eines Primats der Kirche über den Zaren verändern wollte. „Die ... schwierigen Probleme einer Neuorientierung der russischen Kirche nach griechischem Vorbild konnten nicht im Verein mit der antigriechischen Leitbildern anhängenden josiflianischen Kirche gelöst werden“, urteilt der Hallenser Kirchenhistoriker K. Onasch[102].

„All' dieser Streit erweckte im Volk viel Aufregung, die dem Glauben keinen Nutzen, der Frömmigkeit aber grossen Schaden brachte“, ließe sich hier auch Filarets Kirchengeschichte zitieren, allerdings waren seine Worte nur gegen die Altgläubigen gerichtet[103].

Der Gegensatz zwischen „griechischer Orientierung“ und altrussischem Selbstbewußtsein des eigenen unveränderbaren Besitzes der Rechtgläubigkeit und der „Selbstherrschaft“[103a], wobei auf beiden Seiten Dogma und kirchlicher Brauch als untrennbare Einheit verstanden werden, ist auch in der Kirillova kniga und der Kniga o vere angelegt. Das Kriterium der Unveränderbarkeit der Tradition steht in Spannung zu dem des Alters, wenn das, was das Alte sein soll, selbst strittig ist und aufgrund des griechischen Vorbilds korrigiert, also verändert werden soll. In diesen Konflikt war schon Maksim Grek geraten, der als Grieche auch an dem messianischen Selbstbewußtsein Moskaus als des Dritten Roms Anstoß genommen hatte[104].

Dem Kriterium des Alters kann, auch wenn darunter die Apostolizität verstanden wird, keine Allgemeingültigkeit zukommen. Mit Recht erinnert G. Kretschmar[104a] im Gespräch mit Vertretern der Orthodoxie daran, daß auch in der Frühzeit der Kirche immer die entscheidende Bedeutung der Wahrheitsfrage und der Ökumenizität zukam und das Alterskriterium niemals Ersatz für das Wahrheitskriterium sein könne.

Eine Spannung ist aber auch in dem Kirchengeschichtsbild angelegt, das die beiden Bücher zeichnen. Die propagierte unverändert gebliebene Orthodoxie der Griechen, der die russische Kirche gehorchen müsse (vgl. u., S. 230, Anm. 17), steht im Widerspruch zu der geforderten Unveränderbarkeit des Glaubens und zum eschatologischen Selbstbewußtsein, das hinter der Verteufelung des Gegners als Antichrist steht, weil dieser durch Veränderung des Glaubens vom wahren Glauben abgefallen sei. So bereiten die beiden Bücher einerseits die Reform Nikons durch ihre „neue" Meinung über die Griechen vor, andererseits bereiten sie aber auch das Schisma vor, da sich die Altgläubigen ebenfalls auf diese Bücher berufen können, da sie ihnen mit den formalen Kriterien des Alters und der Unveränderbarkeit der Tradition recht geben und bereits die typischen Anschauungen und Bräuche der Altgläubigen enthalten. So spiegeln die beiden Bücher die innere Zerrissenheit der orthodoxen Theologie im Moskauer Rußland unmittelbar vor den Reformen Nikons wider.

Der Forderung nach Unveränderbarkeit steht nach der Meinung der Verteidiger dieser Reformen eine für legitim gehaltene Veränderbarkeit gegenüber. Ein Konzil könne eine vorheriges korrigieren oder ergänzen, wenn es sich als notwendig erweist. Das Moskauer Konzil von 1656 änderte die Bestimmung des Stoglav von 1551 über das Zweifingerkreuz[105], indem es umgekehrt gerade diejenigen verfluchte, die sich mit zwei Fingern bekreuzigten[106]. Auf dem Großen Moskauer Konzil von 1667 wurde dieser Fluch insofern wiederholt, als alle Gegner der Reform Nikons verflucht wurden. Dieses Konzil wies in seinen Beschlüssen selbst darauf hin, daß Konzile vorangegangene korrigieren könnten, und führte Beispiele dafür an[107]. Kriterium für eine Korrektur ist nicht willkürliches Recht: sie dürfe nur „mit Überlegung nach hinreichender Untersuchung (s razsuždeniem, po dostatočnom razsmotrenii)" erfolgen, wie es in Lilovs Kommentar dazu heißt[108].

Angesichts der inneren Widersprüche im Sobornoe izloženie von 1620, das entgegen den alten Kanones die Wiedertaufe der Katholiken beim Übertritt zur orthodoxen Kirche forderte, war deshalb eine Korrektur durch das Konzil von 1667 notwendig geworden. Die Altgläubigen aber bezeichneten ihrerseits diesen Akt als „neuersonnene (novomyšlennoe)"

Lehre, während er doch die alte, bis 1620 als gültig anerkannte Praxis wiedereinführte[109].

Die kanonische Berechtigung der Aufhebung des Izloženie von 1620 wird von orthodoxer Seite auch in der Bedeutung des Konzils gesehen, ob es ein „großes“ oder ein „kleineres“ Konzil war. „Das Große Konzil von 1667 konnte um so mehr den Beschluß des Filaret-Konzils ändern, als auf dem letzteren außer dem Patriarchen nur 6 Bischöfe der russischen Kirche anwesend waren, so daß das Konzil den Charakter einer kleinen Lokalsynode (malago pomestnago) hatte; auf dem Konzil von 1667 aber waren 3 Patriarchen, 14 Metropoliten, 8 Erzbischöfe, 5 Bischöfe und 56 Personen vom Rang eines Geistlichen anwesend; folglich hatte dieses Konzil trotz seines ebenfalls lokalen (pomestnago) aber einen großen oder fast ökumenischen Charakter.“[110]

Nach mehr als 300 Jahren hob am 2. Juni 1971 das Landeskonzil der Russischen Orthodoxen Kirche den Fluch über die alten Riten und ihre Befolger, die Altgläubigen, auf[111], der 1656 und 1667 ausgesprochen worden war. Das Konzil beruft sich dabei auf die Vollmacht des Hl. Geistes (der Text beginnt und endet mit der Anrufung der Hl. Trinität) und die Gleichrangigkeit nach Würde und Bedeutung („ravnosil'nyj po svoemu dostoinstvu i značeniju“) mit jenen Konzilen.

Grund zu der Aufhebung sei eine Betrachtung der Frage von der theologischen, liturgischen, kanonischen und historischen Seite gewesen[112]. Patriarch Nikon sei bei der Anpassung der russischen an die griechischen Bräuche „von der falschen Ansicht“ ausgegangen, daß die Verschiedenheiten in den Ritualen und Bräuchen den Glauben zerstören, erklärte Metropolit Nikodim vor dem Konzil am 31. 5. 1971, indem er E. E. Golubinskij zitierte[113]. Nikon habe nicht zwischen Brauch und Dogma unterschieden, die Verurteilung der alten Bräuche als häretische durch das Konzil von 1667 sei deshalb eine nicht richtige Anschauung („iz nepravil'nych vozzrenij“)[114].

Im Konzilsbeschluß heißt es dann: „Das Heilige Landeskonzil der Russischen Orthodoxen Kirche bezeugt, daß der Heilsbedeutung der Bräuche nicht die Vielgestaltigkeit ihres äußeren Ausdrucks widerspricht, die es immer in der alten ungeteilten Kirche Christi gegeben hat und die in ihr weder Stein des Anstoßes noch Quelle der Spaltung war[115].

Motiv für die Aufhebung des Bannfluches war, wie Nikodim vor dem Konzil in seinem historischen Rückblick ausführte, formal nachzuvollziehen, was als faktisches Ergebnis der Erkenntnis und Einsicht in diese Zusammenhänge schon zum Edinoverie geführt hatte; denn das Weiterbestehen des Fluches stand einer endgültigen Versöhnung mit den Altgläubigen im Wege, mochte man ihn auch als überholt interpretieren[116]. Nikodim appellierte „um des Friedens und Nutzens der Kirche willen", wie die Väter des Konzils von Karthago (418, Kanon 79) es ausgedrückt hätten, an die kanonische Vollmacht des versammelten Konzils („kakovym my s polnym osnovaniem možem priznat' nastojaščij Osvjaščennyj Sobor"), zu binden und zu lösen, das Problem endgültig in einem positiven Sinne zu lösen[117]. Schon 1906 hatte die Arbeitsgruppe VI des Vorkonziliaren Ausschusses empfohlen, sich vor dem Gesamtrussischen Konzil für eine Aufhebung des Fluchs gegen die Altgläubigen auszusprechen als „auf nicht guten Verstand (nedobromu razumeniju)" gegründet, womit man sich auf Kanon 12 des 6. Ökum. Konzils berief[118].

Daß es sich bei der Aufhebung in der Tat um einen unerwarteten außergewöhnlichen Schritt handelte, wird auch daran deutlich, daß P. Hauptmann seinen Beitrag zur Chronik im 14. Bd. (1971) von „Kirche im Osten" (verfaßt kurz vor Bekanntwerden der Konzilsbeschlüsse) noch mit einem Fragezeichen versah: „Vor einem Wendepunkt in den orthodox-altgläubigen Beziehungen?"[119] Eingehend auf einen Vortrag Nikodims vom 20. Juli 1970 meinte P. Hauptmann: „Von greifbaren Ergebnissen scheint man noch weit entfernt zu sein", und fand es erstaunlich, „daß Metropolit Nikodim gesagt haben soll: ‚Wir unterscheiden uns nur durch die Riten. Der heilige orthodoxe Glaube wird sowohl von euch als auch von uns unversehrt bewahrt'"[120].

Die kirchenrechtlichen Konsequenzen wurden schon im darauffolgenden Jahr gezogen, so daß von einem wirklichen Wendepunkt gesprochen werden kann. Im Konzilsbeschluß heißt es: „Das Heilige Landeskonzil der Russischen Orthoxen Kirche umarmt in Liebe alle, die heilig die russischen Bräuche halten, als Glieder unserer Heiligen Kirche, so auch die, die sich selbst Altritualisten nennen, die aber heilig den errettenden orthodoxen Glauben bekennen"[121]. Der Hoffnung Nikodims in seinem Vortrag vor dem versammelten Konzil: „Möge die Aufhebung dieser Flüche, die historisch gesehen eine Scheidewand der Feindschaft und Spaltung der orthodoxen russischen Menschen bildeten, in Zukunft einer engeren Vereinigung und Gemeinschaft der Anhänger der alten und der neuen Bräuche (staroobrjadcev i novoobrjadcev) im Geiste der Liebe Christi dienen"[122], entspricht der Schlußpassus des Konzilsbeschlusses: „Die Allerheiligste und Lebenschaffende Trinität – der Vater, der Sohn und der Heilige Geist – möge die orthodoxe Einmütigkeit derjenigen, die die in gleicher Weise errettenden neuen und alten

Bräuche gebrauchen, festigen; und die Liebe des Herrn Christus bleibe unter uns allen, der für uns alle gestorben ist, damit er uns versöhnte mit Gott und wir, versöhnt, gerettet würden (Röm. 5,8.10). Möge der Herr das Getrennte erneut zusammenführen, damit wir in Liebe zueinander bekennen und preisen mit einem Mund und einem Herzen den Vater und den Sohn und den Heiligen Geist, die Einsseiende und Unteilbare Trinität!"[123]

# 4. Anmerkungen

1. *Die Entstehungsgeschichte der Kirillova kniga und der Kniga o vere*

1 Die Transliteration der russischen und griechischen Wörter folgt dem Duden (Der Große Duden, Bd. 1, Rechtschreibung, Mannheim [16]1967, S. 795–798); die altrussisch-kirchenslawischen Wörter werden nach der heute im Russischen üblichen Schreibweise transliteriert, d.h. ohne Unterscheidung von e und ě, ę und ja, ǫ und ju sowie unter Auslassung der hinteren Halbvokale am Wortende; Kürzel werden aufgelöst wiedergegeben, ohne daß die ergänzten Buchstaben kenntlich gemacht werden. Ukrainische Eigennamen erscheinen überwiegend in der russifizierten Form; die Transliteration ukrainischer Wörter folgt der Tabelle bei P. Bruhns (Gesamtverzeichnis russischer und sowjetischer Periodika und Serienwerke, Berlin 1962, S. XV).

2 Es sind nicht die Seiten, sondern nur die Blätter numeriert, also 584 und 289 Bl., wobei die Zählung in der Kirillova kniga nicht durchgehend ist, sondern Bl. 1–15, 1–8 und 1–561. Beim Nachweis der Zitate werden Vorder- und Rückseite im folgenden durch Hinzufügung von a und b gekennzeichnet, die Zeilenangabe folgt hinter dem Komma (5a,3–5 bedeutet also Blatt 5, Vorderseite, Zeile 3–5). Kir.kn. steht als Abkürzung für die Kirillova kniga, Kn. als Abkürzung für die Kniga o vere.

3 Vgl. Denisov 1884, S. 128–135 (Frage 36–42 über Kir.kn.), S. 329–337 (Frage 106 über Kn.); s. auch Pleyer 1961, S. 131 und 170.

4 Grodno 1785 in der Druckerei des polnischen Königs die Kn. (vgl. Slavjanskie, S. 204, Nr. 1098), Grodno 1786 die Kir.kn. (vgl. ebd., S. 205, Nr. 1109), Pskov 1876 sogar in 3. Aufl. die Kn. in der Edinoverčeskaja tipografija (vgl. Dement'ev 1883, S. 23).

5 So schrieb Filaret (Gumilevskij) in seiner Kirchengeschichte: „Es war ihnen vor allem daran gelegen, die falschen Anschauungsweisen der Zeit – die Lieblingsideen der Einfalt – zur Würde heiliger Glaubensartikel zu erheben!" (Filaret 1872, S. 116). Vgl. a. Lilov 1858, S. 8; Dement'ev 1883, S. 4; Chrysostomus 1957, S. 189f.

6 Lilov 1858.

7 Ebd., S. 3f., Anm. 1.

8 Ebd., S. 8.

9 Ebd., S. 235ff.

10 Verbindliche Bekenntnisschriften gibt es in diesem Sinne bei den Orthodoxen jedoch überhaupt nicht, mit Ausnahme des nizänokonstantinopolitanischen Symbols und der Beschlüsse der 7 Ökumenischen Konzile.

11 Vgl. dagegen die ausgewogene Beurteilung der Kir.kn. im 1913 erschienen zweibändigen russischen theologischen Wörterbuch: „Das Buch kann nicht als ernsthafte Waffe für den Kampf mit Häresien dienen, obwohl es von Missionaren manchmal mit Erfolg benutzt wird" (PPBES, Bd. 2, Sp. 1291).

12 Siehe dazu Chrysostomus 1957.
13 Denisov 1884, S. 130 (Antwort 39).
14 Lilov 1858, S. 8; vgl. Ivanovskij 1892, S. 13.
15 Lilov 1858, S. 9.
16 Kartašev 1959, S. 114; vgl. Hauptmann 1963, S. 33.
17 Zit. nach Kartašev 1959, S. 114 (in eckigen Klammern Eingeklammertes sind Ergänzungen des Verf.s).
18 Onasch 1967, S. 70.
19 Unter der Signatur 417–3–8; vgl. die Beschreibung bei Krajcar 1968–E, S. 117, Nr. 48.
20 7151 und 7152; die Jahreszahlen sind nach der in Rußland im bürgerlichen Bereich bis 1700 benutzten byzantinischen Zeitrechnung angegeben, in der „von der Erschaffung der Welt an" Christi Geburt in das Jahr 5508 fällt. Im kirchlichen Bereich wird jedoch oft das Jahr 5500 mit Christi Geburt gleichgesetzt. Das Jahr beginnt schon mit dem 1. Sept. (vgl. Lilov 1858, S. 161f.).
21 Vgl. Charlampovič 1914, S. 118f.
22 Križanić selbst gibt das Geburtsjahr auch mit 1618 und 1619 an (vgl. Schaeder 1957, S. 129ff.); vgl. a. Jagić 1917, S. 96–100; Winter 1960, S. 333–356.
23 In Kap. 26 (236a,18).
24 Winter 1960, S. 346 (dort der Name Križanić kursiv); vgl. Pierling 1907, S. 19–22: Križanić hatte in seiner Phantasie schon als Resultat seiner Widerlegung sämtliche erreichbaren Exemplare der Kirillova kniga vor sich zusammengehäuft auf einem öffentlichen Platz in Flammen aufgehen gesehen. Aber er hat seinen Plan nie verwirklicht. „Imposer cet envoi à Krijanic, c'était lui demander un sacrifice au-dessus de ses forces. Rien ne prouve qu'il se soit décidé à le faire, et il est plutôt probable que, malgré sa vie errante, il ne s'est jamais séparé de son trésor" (S. 21). Vgl. a. Golub 1973, S. 131f.
25 Vgl. Golub 1973, S. 137. I. Golub beschreibt in seinem Aufsatz das erst kürzlich entdeckte und ihm per Mikrofilm zugänglich gemachte Autograph Križanićs und vergleicht es mit dem schon länger bekannten Kodex aus der Biblioteca Casanatense in Rom (vgl. Schultze 1963, S. 13, Anm. 4), der eine von Križanić bestellte Reinschrift („mise au net") darstellt.
26 Vgl. Golub 1973, S. 137, und Winter 1960, S. 347 (E. Winter läßt den Eindruck entstehen, als hätte Križanić die ganze Kir.kn. übersetzt, während es doch nur vier Kapitel sind).
27 Golub 1973, S. 131.
28 Vgl. ebd., S. 134, 148.
29 „Cette disposition des auteurs exprime, semble-t-il, la préférence qu'a Križanić pour le russe plus que pour le grec" (ebd., S. 148).
30 Darüber s.u., S. 36.
31 Vgl. Golub 1973, S. 139f.
32 6a–15b, 558a–561b.
33 558b,17; 560,2f.; 561a,2; vgl. a. 7a,4–11.
34 Dabei zitiert der Verf. nicht richtig, da er wahrscheinlich aus dem Gedächtnis zitiert. Während es Joh. 5,39 gerade in negativem Sinne heißt „Ihr suchet in der Schrift; denn ihr meint, ihr habt das ewige Leben darin", argumentiert der Verf.: „Erforschet die Schrift, denn in ihr werdet ihr das ewige Leben finden" (558b,

11f.; die Übersetzung der Bibelzitate und deren Zählung folgt [soweit sie nicht abweicht, da der kirchenslawische Bibeltext beim AT der Septuaginta folgt] der Lutherbibel).

35 „Zakon božij" wird als Bezeichnung für die christliche Religion, den christlichen Glauben schlechthin verwandt, was für das orthodoxe Glaubensverständnis bezeichnend ist.

36 558b,13–23.

37 Einen kurzen Überblick über jene Häresien hat der Verf. 559a–560a gegeben.

38 Onasch 1967, S. 72, gibt den Titel fälschlich mit „Kirillovskaja kniga" wieder.

39 Das Genre des Sbornik stellte das wichtigste altrussische Lesebuch dar. Der älteste kirchenslawische ist der berühmte Sbornik Svjatoslava aus dem Jahre 1073. Vgl. Porfir'ev 1886, S. 207f., 215ff.

40 Chrysostomus 1957, S. 100f.; vgl. Denisov 1884, S. 128f.

41 Lilov 1858, S. 114f., 234.

42 Ebd., S. 115.

43 1906 hrsg. von K. Studyns'kyj, s. Zizanij 1596.

44 Über Rogov s. Šilov 1913.

45 Das Sendschreiben ist abgedruckt bei Subbotin 1875, Bd. 6, S. 90–192, hier S. 152f.; vgl. Lilov 1858, S. 6f., Anm. 1; Kapterev 1913, S. 13.

46 Vgl. Charlampovič 1914, S. 111f.

47 Vgl. Šilov 1913, S. 281.

48 Die Skuf'ja ist einerseits die Kopfbedeckung, die der orth. Priester bei Amtshandlungen im Freien trägt, andererseits ist sie eine violette Kopfbedeckung aus Samt, die den Priestern als Auszeichnung verliehen wird (vgl. PPBES 2, Sp. 2076).

49 Vgl. Slovar' 1972, Bd. 1, Sp. 804.

50 Zapiska o žizni protopopa Ivana Neronova s 1653 po 1659 god = Subbotin 1875, Bd. 1, S. 134–166, hier S. 155; vgl. Lilov 1858, S. 9, Anm. 2; Kapterev 1913, S. 13. Während Šilov 1913, S. 282, angibt, Rogov sei im November 1649 von seinem Dienst am Druckerhof entfernt und des Priesterdienstes enthoben worden, wahrscheinlich auf Befehl Nikons, der zu jener Zeit noch Metropolit von Novgorod war, heißt es bei Zen'kovskij 1970, S. 216, Nikon habe im Juli 1653 befohlen, Rogov zu verhaften, den letzten „Gottesfreund" am Druckerhof. „Nikon beschuldigte ihn klugerweise nicht der Nichtunterwerfung unter den Patriarchen, sondern einiger Fehler, die er bei seiner Arbeit gemacht hatte."

51 Die Verse des Zweizeilers müssen von dem Moskauer Redaktor stammen; die kirchenslawisch-großrussischen Reime legen nahe, daß es sich nicht um eine Übersetzung handelt. Außerdem beziehen sich die Verse auf den Befehl des Zaren zur Herausgabe der Kir.kn. (vgl. Lilov 1858, S. 12).

52 In einem orthodoxen Totengebet findet sich eine ähnliche Argumentation von der Ebenbildlichkeit und dem Glauben an den Sieg der Gnade Gottes über die Sünde her: „Ein Bild bin ich deiner unaussprechlichen Herrlichkeit, wenn ich auch die Wunden der Sünden an mir trage. Erbarme dich deines Geschöpfes, o Herr! Reinige mich durch deine Güte und gib mir das ersehnte Vaterland wieder, indem du mich zum Bewohner des Paradieses machst" (Hammerschmidt 1955, S. 82).

53 Vgl. a. Malvy-Viller 1927, S. 148, und Kojalovič 1860, S. 244f., der bei Zizanij protestantischen Einfluß (!) zu erkennen meint.

54 Vgl. Golubcov 1892, S. X.

55 Am 12.4.1642 hatte der Zar zwei Boten nach Kopenhagen gesandt, um dem dänischen Prinzen die Hand seiner Tochter anzubieten; am 21.1.1644 traf Waldemar in Moskau ein, und am 7.2.1644 sandte der Patriarch bereits den Konvertiten Dmitrij Francbekov, Waldemar dazu zu bewegen, den orthodoxen Glauben der Zarenfamilie anzunehmen (vgl. Pascal 1938, S. 68, 70; Kartašev 1959, S. 116; Müller 1951, S. 41–45; Sokolov 1880, S. 99–123).

56 Kartašev 1959, S. 117; vgl. Šilov 1913, S. 281; Lilov 1858, S. 6.

57 Iosif spricht in seinem 1. Brief allerdings nicht von einer zweiten Taufe, sondern von einer Ergänzung, Komplettierung der unvollständigen lutherischen Taufe (vgl. Golubcov 1892, S. 27). Velhaber beruft sich in seinem Traktat, den er am 6.7.1645 übergab, sogar auf eines der jüngsten systematisch-theologischen Werke der Orthodoxen, die protestantenfreundliche Confessio des Kyrillos Loukaris: „Ess hat auch vor 16. Jahren der Constantinopolitanische Patriarche Cyrillus eine Confession des griechischen Glaubens aussgehen lassen, welche gantz undt gar mit unser Confession ubereinstimmet. Wir wollen jetzt nicht mehr anziehen, alss was er von der Tauffe redet, von welcher er also schreibet: ... Dass wir aber Jemandt wiedertauffen sollen, davon haben wir keinen Befehl vom Herrn empfangen. Derowegen enthalten wir unss eines solchen ungereumbten Dinges ... warumb wolt ihr den klüger sein alss er, weil ihr euch zur griechischen Kirchen bekennet?“ (ebd., S. 250).

58 S. Kir.kn., Kap. 27; vgl. Kartašev 1959, S. 97ff.; Malvy-Viller 1927, S. 155–158. Umgekehrt wurde von protestantischer Seite die orthodoxe Taufe als gültig anerkannt. In der „Kirchenordnung aller Deutschen in Sybembürgen“ (1547) „wird die orthodoxe Kirche als ‚ecclesia orientalis‘ als eine für sich bestehende übergemeindliche und wohl auch übervölkische Einheit gesehen, und ihre ekklesiologische Dignität wird als Selbstverständlichkeit im Zusammenhang mit der Gültigkeit ihrer Taufe vorausgesetzt“ (Pitters 1972, S. 108). Dort heißt es, „auch wenn das Kind etwa ‚auß den kriechischen kirchen‘ getauft wurde, soll die Taufe keineswegs wiederholt werden“ (ebd.).

59 Vgl. Golubcov 1892, S. XIX; Malvy-Viller 1927, S. LIVf.

60 Abgedruckt ist der 1. Brief bei Golubcov 1892, S. 22–27.

61 Vgl. ebd., S. VIIf.

62 Ebd., S. 26.

63 Kap. 11 in der Vil'naer Ausgabe (ca. 1602), vgl. Golubev 1876, S. 371–376.

64 Izloženie izvestno ot božestvennych pisanij starago zakona i novyja blagodati na okajannyja i zloimenityja Ljutery, na mnogija ich eresi, 1623 (vgl. Sokolov 1880, S. 80–99, (Primečanija), S. 20f., Anm. 68 u. 71; Müller 1951, S. 36; Pascal 1938, S. 22f.). Die Übereinstimmung erklärt sich daher, daß den 1. Teil des Izloženie eine Übersetzung der 12 Kapitel des südrussischen Werks „O obrazech“ von Zacharij Kopystenskij bildet.

66 So entspricht im 8. Kap. ein Abschnitt (Golubcov 1892, S. 125–129) fast wörtlich Kir.kn., Kap. 10 (145b,5–149a,19), und im 11. Kap. (Golubcov 1892, S. 133ff.) Kir.kn., Kap. 16 (190a–b).

67 Golubcov 1892, S. XI.

68 Silbernes 3-Kopekenstück.

69 Otvetnaja palata – der Audienzsaal im Zarenpalast, das „Außenamt“, wo die Verhandlungen mit den ausländischen Gesandten geführt wurden.

70 Golubcov 1892, S. XI.
71 Vgl. ebd., S. XXII; das Schreiben S. 263–308. Zu S. 278 vgl. Kir.kn., Kap. 10 (145b, 155a), zu S. 280 ebd. (149a), zu S. 281 ebd. (155b) und Kap. 22 (214a–b). Die sich entsprechenden Stellen stammen aus „O obrazech", Kap. 1 u. 8.

### *1.1.2.2. Inhalt*

1 Am Rand: „und die Bestimmung des Glaubensbekenntnisses".
2 Diese ersten Wörter sind in kunstvoll ineinander verschachtelten Großbuchstaben gedruckt.
3 Der Titel „Patriarch" (vgl. St. Zankov, Art.: Patriarch = RGG$^3$ 5,153) entspricht dem des Erzbischofs; daher die unterschiedliche Bezeichnung in A 1) und B 1). Kyrill war jedoch „nur" Bischof von Jerusalem, das erst auf dem 4. Ökumenischen Konzil zu Chalkedon (451) als selbständiges Patriarchat anerkannt wurde und an die 5. Stelle kam in der Rangliste, nach Konstantinopel (seit dem 2. Ökum. Konzil 381 Patriarchat, in Chalkedon durch Kanon 28, den Rom nicht anerkannte, an die 1. Stelle gesetzt), Alexandria, Rom und Antiochia (s. Beck 1959, S. 30f.). Kyrill, der seit 351 Bischof von Jerusalem war, hielt diese Katechese wahrscheinlich in der Karwoche 348 (350?), als er noch Presbyter war (vgl. H. Chadwick, Art.: Cyrill, 2. von Jerusalem = RGG$^3$ 1, 1895; Jugie 1949).
4 Vgl. MPG 33,870–915; BKV 41, S. 260–285.
5 BKV 41, S. 263 (MPG 33,876A).
6 Mit dem Wort „frank", „frjag" oder „frjak" wurden auch die Italiener bezeichnet. Die in Moskau z.Z. Ivans III. eingewanderten Italiener erhielten den Beinamen „Frjazin" (z.B. Mark Frjazin, Antonij Frjazin usw.).
7 Es folgen numeriert 27 Häresien; vgl. u., S. 186f., Anm. 68.
8 Eigentlich „Arcy(v)uriev post", das armenische Fasten zu Gedenken des hl. Gregors des Erleuchters. „Die Griechen sagen zum Spott, daß dies zum Gedenken an den Hund des Magiers Sergij, der von einem Wolf gefressen wurde, geschehe" (Dal' 1956, Bd. 1, S. 25).
9 „Heimlicher Gang", vgl. Sreznevskij 1955, Bd. 1, S. 25.
10 Vmesto steni – das atl. Gesetz (hier Ex. 12) gilt als nur schattenhafter Hinweis auf das Kommende (d.h. das NT; vgl. Kol. 2,17; Hebr. 8,5; 10,1). Vgl. u., S. 225, Anm. 138.
11 Im Druck durch eine „Zierleiste" über der Überschrift als neuer Teil hervorgehoben, dasselbe auch vor Kap. 37 und 47.
12 Mindestens seit dem 3. Jh. führt der Patriarch von Alexandria „mit Vorzug auch die Bezeichnung Papst (papas), die er durch alle Jahrhunderte beibehält. Das 10. und 11. Jahrhundert bringt dem Patriarchen einen neuen Ehrentitel. den eines kritēs tēs oikoumenēs, der auf die Schlichtung eines Streites zwischen Kaiser Basileios II. und Patriarch Sergios II. in Sachen des Allelengyon durch den Patriarchen von Alexandria Theophilos zurückgeht. Es ist bezeichnend, daß die Kanzleipraxis des spätbyzantinischen Reiches diesen hochtrabenden Titel dem Patriarchen von Konstantinopel selbst zulegt" (Beck 1959, S. 94).
13 Im Unterschied zum Moskauer Reich, das als Großrußland bezeichnet wurde, nannte man die Ukraine Kleinrußland; „diese Benennungen sind in der Kanzlei des Patriarchen von Konstantinopel entstanden" (Bojan, S. 572, Anm. 275).

14 Ort und Datum der Absendung sind, soweit angegeben, dem Schluß der Briefe entnommen.
15 Silbestros war Meletios' Vorgänger auf dem Patriarchenstuhl von Alexandria.
16 Es müßte eigentlich heißen „pod toju pastovoju".
17 Über ihn siehe Jaremenko 1958. Der Name „Zizanion" (griech.) bedeutet „Kukol" (kirchenslawisch „Plevely"), Unkrautsamen. Wahrscheinlich ist er die griechische Übersetzung des volkstümlichen Familiennamens „Kukol" (vgl. Kartašev 1959, S. 103, Anm.).
18 Lilov 1858, S. 29.
19 Ebd., S. 35f., Anm. 1; zum Ambōn s. die Skizze im Pēdalion 1957, S. 764f.
20 Jaremenko 1958, S. 45.
21 Der Titel der Gegenschrift: „Kąkol, który rozsiewa Stephanek Zizania w cerkwiach Ruskich w Wilnie" (vgl. Jaremenko 1958, S. 44; Golubev 1876, S. 130–132; Mychalskyj 1967, S. 32, Anm. 30.
22 Vorwort Zizanij 1596, S. 3 (ohne Zählung).
23 Vgl. Jaremenko 1958, S. 46.
24 So Lilov 1858, S. 36f., 159f. Die Existenz der vermuteten 1. Aufl. ist jedoch nicht belegt; vgl. aber Undol'skij 1871, Sp. 20, Nr. 126, und Opisanie, S. 92f., Nr. 124, wo eine Handschrift der Zagorsker Klosterbibliothek beschrieben wird.
25 Lilov 1858, S. 39.
26 Christofor Filalet ist das Pseudonym eines unbekannten Autors, von dem um 1598 in Ostrog ein polemisches Werk gegen die Brester Union erschien: „Apokrisis, albo otpoved' na knižky o s-bore berestejskom, imenem ljudej starožitnoj relei grečeskoj, čerez Christofora Filjaleta vrichle dana" (vgl. RIB 7, 1003–1820; Slavjanskie, S. 28, Nr. 38). Einige nehmen an, es handle sich um Martin Broniewski, einen polnischen Protestanten, der mit dem Kampf der ukrainischen Orthodoxie gegen den Katholizismus sympathisierte (so Filaret 1884, S. 174; vgl. Istorija 1954, S. 68f.).
27 Pelesz 1881, S. 381f. Der polnische Titel der Gegenschrift: „Plewy Stephanka Zyzaniey Heretyka z cerkwi Ruskiey wyklętego". Zu den inhaltlichen Aussagen s.u., S. 166ff.
28 S.u., S. 173.
29 Lilov 1858, S. 116–154.
30 Pascal 1938, S. 69.
31 Vgl. Lilov 1858, S. 144ff.
32 Charlampovič 1914, S. 100.
33 Lilov 1858, S. 171.
34 So Evgenij 1827, Bd. 1, S. 187, der aber oft nicht zuverlässig ist; Iščak 1930, S. 178, gibt den 21.3.1627 als Todesdatum an; vgl. a. den Art. Zacharija (Kopystenskij) im RBS, Bd. Žabokritskij-Zjalovskij, S. 286f.
35 So Iščak 1930, S. 161.
36 Makarij 1881, S. 474f. Iščak 1930, S. 167, nimmt an, er habe die Schule der Bruderschaft von L'vov besucht, deren Bibliothek 1601 aus 37 kirchenslawischen, 5 griechischen, 20 lateinischen und 25 polnischen Büchern bestand.
37 Vgl. Iščak 1930, S. 167.
38 Darüber s.u., S. 142.
39 RIB 4,938; vgl. Iščak 1930, S. 167, Anm. 1.

40 Vgl. Iščak 1930, S. 171f.
41 Vgl. Makarij 1881, S. 474f.
42 Mychalskyj 1967, S. 55.
43 Golubev 1883, S. 273; vgl. Iščak 1930, S. 172, Anm. 3.
44 Vgl. Iščak 1930, S. 174.
45 Vgl. Evgenij 1827, Bd. 1, S. 187.
46 Vgl. Iščak 1930, S. 171f.
47 Die gleiche Argumentation finden wir im Vorwort zur Kniga o vere (s.u., S. 58) wieder, was darauf hinweist, daß sich deren Verf. gut in Zacharijs Werken auskannte. Makarij und Filaret vermuteten anfangs deshalb auch Zacharij Kopystenskij als Verf. der Moskauer Kniga o vere, während sie später ihre Meinung modifizierten.
48 Zitat nach Iščak 1930, S. 165f., Anm. 3.
49 S. dazu Mychalskyj 1967, S. 20; s.u., S. 186f., Anm. 68.
50 Iščak 1930, S. 166.
51 Ebd., S. 167.
52 So auch Zavitnevič 1883, S. 280–283.
53 O Presvjatej Trojci i o inych artikulech very edinoe pravdivoe Cerkvi Christovy, nachgedruckt in AJZR I,8.1, S. 124–179; vgl. Golobev 1876, S. 371.
54 O obrazech, o kreste, o chvale Božej i chvale i molitve svjatych, i o inech artikulech very edinoe pravdivoe Cerkve Christovy, nachgedruckt in AJZR I,8.1, S. 59–123 (beide Teile nach einem defekten Exemplar der Kiever Geistl. Akademie; vgl. das Vorwort von S. Golubev, ebd., S. 2–5); vgl. Golubev 1876, S. 373.
55 Vgl. Golubev 1876, S. 364 und 366; Makarij 1881, S. 474f.; Zametka, S. 4ff.; Voznjak 1921, S. 239.
56 Kniga o vere Edinoj, Svjatoj, sobornoj, Apostolskoi Cerkve, kotoraja pod rozsudok Cerkve Vschodnei poddaetsja, auszugsweise nachgedruckt in AJZR I,8.1, S. 180–344. Am Schluß des 1. Teils steht (ebd., S. 295) der Satz: „tvori 'ieromonach Azarias Ch r[ab] I[sus]e Ch[rist]a"; s. dazu die Einleitung von S. Golubev, ebd., S. 2–7, und Golubev 1876, S. 377.
57 Vgl. Pascal 1938, S. 69.
58 Vgl. Zametka, S. 4f.
59 Vgl. ebd., S. 5f., und Slaski 1975.
60 Darüber s.u., S. 64–66.
61 O pravodivoj ednosti Christian Pravovernych Cerkvi Vschodnoj takže i protiv apostatov i ich fal'šivoj unii; vgl. Mychalskyj 1967, S. 58, Anm. 65.
62 Vgl. Evgenij 1827, Bd. 1, S. 188f.
63 Siehe Undol'skij 1871, S. 41f., Nr. 87, und Undol'skij 1870, Nr. 276.
64 Zu unterscheiden von dem Prosvetitel' des Iosif Volockij, der 1502–04 verfaßt wurde. Die Beschreibung einer Handschrift des Litovskij Prosvetitel' aus dem 17. Jh. siehe bei Undol'skij 1870, Sp. 306–309, Nr. 426; vgl. a. Sokolov 1880, S. 21 (Primečanija), Anm. 68. Bei Ikonnikov 1891, Bd. I,1, S. 851, wird eine Handschrift aus der Sammlung A. N. Popov in der Moskovskaja Publičnaja biblioteka (Rumjancev-Museum) erwähnt. Das Rodoslovie der hl. Gottesgebärerin (Kir.kn., Kap. 20) befindet sich auch im Chronograf (Chronograf, S. 48f.).
65 Kap. 1: Izloženie vkratce, kako verovati pravoslovnuju veru, vo Otca, i Syna, i Sv. Ducha, i čego radi poklonjaemsja na vostok, i o inych pravleniich very;

Kap. 26: Inoka Simeona, iereja Suždalca, povest', kako Rimskij papa Evgenij sostavil osmyj sobor, so svoimi edinomyslenny. Mit dem 8. (Ökumenischen) Konzil ist das Unionskonzil von Ferrara-Florenz unter Papst Eugen IV. gemeint, das 1439 mit der offiziellen Verkündung der Union mit der orthodoxen Kirche schloß. Die katholische Kirche zählt aber als 8. Ökum. Konzil das gegen Photios gerichtete von 869/70 in Konstantinopel, während die orthodoxe Kirche zeitweise das 879/80 in Konstantinopel unter Photios und Johannes VIII. abgehaltene Konzil als 8. Ökum. Konzil zählte.

66 Golubev 1876, S. 377; Undol'skij 1870, Sp. 308.

67 Bei Leo Allatius (1586–1669) finden sich in seinem historisch recht unzuverlässigen Propagandawerk für die Union „De ecclesiae occidentalis et orientalis perpetua consensione" (1648) Passagen, die z.T. buchstäblich (in der Übersetzung aus dem Griechischen ins Kirchenslawische) im 25. Kap. der Kir.kn. wiederkehren (vgl. Lilov 1858, S. 184f.). Lilov weist auch auf zwei gegenüber der Kir.kn. vollständigere Fassungen des „Dialogs" zwischen „Kardinal Ivan Azimit" und dem „Philosophen Panagiot" (Kap. 26) in russischen Sborniks hin (ebd., S. 196ff., Anm. 1). „Das griechische Original dieses ‚Streites' wurde von Vasiljev im Jahre 1893 herausgegeben, (Anecdota Graeco-byzantina, pars prior, Mosquae, 1893, p. 179ff.). Dieser ‚Streit' ist eine anonyme Satyre auf die ‚Lateiner' und besonders auf den Kaiser Michael Paläologos, der die Union von Lyon unterschrieben hatte. Der Vertreter der griechischen Anschauungen ist hier Panagioth genannt, sein Gegner Azymith" (Chrysostomus 1957, S. 182, Anm. 172). Die Legende von Papst Petr Gugnivyj (Petrus der Näsler), die im Vorwort (8b) und in Kap. 26 (der Name: 237a,4) in dem „Dialog" auftaucht, hatte einen besonders starken Einfluß auf das Denken der Russen über die Lateiner (vgl. Lilov 1858, S. 217, Anm. 1). Sie war schon seit dem 11. Jh. in russischen Handschriften verbreitet (vgl. ebd. und Porfir'ev 1886, S. 222) und „wurde sogar in die Legendensammlung der unter Metropolit Makarij zusammengestellten Četij-Minei [richtig: Čet'i Minei] aufgenommen. Hier lesen wir über diesen mythologischen Papst: ‚Nach dem siebten Konzil kam Petrus mit den anderen nach Rom; hier nahm er den römischen Stuhl in Besitz und verdarb den Glauben. Er verwarf den christlichen Glauben, führte dagegen eine böse Ketzerei ein ... Er kam in die Kirche ... mit dem gehörnten Bischofshut, mit Handschuhen und Ring; er ließ seinen Bart scheren und ordnete an, daß man aus einem Gefäß mit Hunden und Katzen gemeinsam aß. Den Geistlichen erlaubte er, sieben Frauen zu haben. In den Kirchen ordnete er das Spielen an. So ist es auch bis heute geblieben. Außerdem hat er auch andere 34 Verschuldungen begangen, die auf dem siebten Konzil von den hl. Vätern verworfen wurden'" (Chrysostomus 1961, S. 109; vgl. Schaeder 1957, S. 23f., die Anm. 2 auch die russischen Handschriften angibt, die im PSRL abgedruckt sind). Der Text ist ebenfalls abgedruckt bei Popov 1875, S. 238–286, und spielt eine Rolle im Streit um das Zweifingerkreuz (vgl. dazu Makarij 1877, S. 95, Anm. 119, S. 106f., Anm. 130, S. 126, Anm. 153; vgl. a. Golubinskij 1892–E, S. 43 und 50, Anm. 2); s.u., S. 83.

68 Vgl. Lilov 1858, S. 197f. Der 2. Teil von Kap. 27 „O frjazech i o pročich latinech" ist die Übersetzung einer griechischen polemischen Schrift, die bei Hergenröther 1869, S. 62–71, zusammen mit zwei lateinischen Übersetzungen abgedruckt ist; ebenfalls bei Popov 1875, S. 58–69. „Wohl bald nach Ausbruch des Schismas

von 1054 entstand auch eine kleine Schrift, die für die byzantinischen Polemiker bald zu einer Art Kompendium der lateinischen Irrtümer wurde; sie trägt den Titel: Peri tōn Fraggōn kai tōn loipōn Latinōn und wurde geraume Zeit zu Unrecht dem Patriarchen Photios zugeschrieben. Das Werkchen ist jedenfalls im 12. Jahrhundert Hugo Eteriano schon bekannt, der es ins Lateinische übersetzt. Der Katalog umfaßt 28 Irrtümer. Er lehnt sich eng an die Schriften des Patriarchen Kerullarios an, und M. Jugie z.B. ist geneigt, in ihm den Verfasser zu sehen; jedenfalls paßt die Schrift ganz in die Zeitumstände. Man darf darin eine Flugschrift für die Massen der wenig gebildeten Kleriker sehen, für die es um handfeste rituelle Divergenzen ging“ (Beck 1959, S. 538). In dem in der Kir.kn. wiedergegebenen Text fehlt nach Nr. 18 die 19. Häresie des griech. Originals [die Lateiner würden behaupten, es gebe nur drei liturgisch zulässige Sprachen: Hebräisch, Griechisch und Latein („mē dein allais glōssais to theion gerairesthai“, Hergenröther 1869, S. 68)], so daß die folgenden Nr. 19–27 den Nr. 20–28 des griechischen Originals entsprechen. Auch dieser Text spielt eine Rolle im Streit um das Kreuzzeichen (Nr. 16), da er in die altrussische Kormčaja kniga aufgenommen wurde (vgl. Makarij 1877, S. 110–112, bes. Anm. 137; S. 147, Anm. 178; Golubinskij 1892–E, S. 36, Anm.; S. 44, Anm. 1).

69 Vgl. Kapterev 1913, S. 15.

70 Vgl. ebd. und Lilov 1858, S. 232, Anm. 1, wo verwiesen wird auf Chudobašev, Istoričeskie pamjatniki veroučenija Armjanskoj Cerkvi XII v., Sanktpeterburg 1847.

71 Zu Patriarch Euthymios s. Schaeder 1957, S. 7f. Seine Vita verfaßte um 1520 Grigorij Camblak. Siehe a. Spasskij 1951, S. 59, Anm. 31, und E. Kalužniacki, Werke des Patriarchen von Bulgarien Euthymius ... nach den besten Handschriften, Wien 1901 (Reprint 1971 with an introduction by I. Dujčev).

72 Titlos 23 und 27 (MPG 130,1174–1180; 1289–1332); vgl. Beck 1959, S. 614f., und Lilov 1858, S. 231.

73 Abgedruckt in PSRL, Bd. 22/2, S. 176–180.

74 Vgl. Bŭlgarska, S. 537; Spasskij 1951, S. 33f.

75 O edinoj istinoj pravoslavnoj vere ..., nachgedruckt in RIB 7, Sp. 633 (bis Sp. 656 falsche Zählung: 601–624) –938 (Kap. 4–5, S. 800–915). Eine Beschreibung des in der Staatlichen Öffentlichen Bibliothek der USSR in Kiev befindlichen Exemplars siehe in Slavjanskie, S. 24, Nr. 27; vgl. auch Undol'skij 1871, Sp. 17, Nr. 104. Ein Exemplar des Drucks von 1588, bei dem die ersten Seiten und das letzte Kapitel fehlen, befindet sich in der Bibliothek des Päpstlichen Orientalischen Instituts in Rom (Signatur 417–1–1). Eine Handschrift aus dem 17. Jh., die im Anschluß auch die Briefe des Patriarchen Meletios Pēgas aus der sog. Knižica von 1598 enthält, befand sich nach einer Bibliographie von 1878 in der Bibliothek des Zagorsker Dreifaltigkeitsklosters (Opisanie, S. 191, Nr. 196).

76 Diačyšin 1944.

77 Unterschrift am Ende des Nachworts, vgl. Slavjanskie, S. 24.

78 Unter dem Titel „Kniga o vere“ haben wir also drei verschiedene Werke zu unterscheiden; die des Vasilij, die des Zacharij Kopystenskij und die Moskauer aus dem Jahre 1648 des sog. Ps.-Nafanail.

79 Vgl. Filaret 1884, S. 171; M. N. Mazaev im ĖSl, Bd. 10, S. 582f. Mazaevs Angabe, der Moskauer Erzpriester Rogov habe 1596 in Vil'na die Kn. des Vasilij zusam-

men mit der Katechese Kyrills von Jerusalem über den Antichrist unter dem Titel Kir.kn. herausgegeben, ist jedoch völlig irreführend.

80 S. darüber Mychalskyj 1967, S. 39f., Anm. 15.

81 Diačyšin 1944, S. 15–24; vgl. Mychalskyj 1967, S. 30, der Diačyšin zustimmt.

82 Vasilij untertreibt aus Bescheidenheit. Es handelt sich immerhin um 333 Bl. im Format 8°.

83 Zit. nach Filaret 1884, S. 171.

84 S.u., S. 37f. und 158ff.; Vyšens'kyj 1959.

85 Sočinenie monacha Afonskago Ioanna Višenskago Ioanna Višenskago o zabluždenijach Rimskoj very = AIJZR, Bd. 2, S. 254–270.

86 Zit. nach Makarij 1881, S. 301.

87 Vgl. Mychalskyj 1967, S. 30. Zu Inhalt und Seitenzählung vgl. die Beschreibung des in Kiev befindlichen Exemplars in Slavjanskie, S. 24. Das Buch hat leider kein Titelblatt, sondern beginnt gleich mit dem Inhaltsverzeichnis.

88 Vgl. Mychalskyj 1967, S. 31, Anm. 25.

89 Nachgedruckt in RIB 7, Sp. 223–612 (Sp. 580 ist Druckfehler). In Kap. 4 (Kir. kn., Kap. 34, 286a) zitiert Vasilij Skargas Werk mit Angabe von Kapitel und Seite. 1590 erschien schon eine 2. Aufl. unter dem Eindruck der Reise des Ökum. Patriarchen Jeremias durch Polen und Litauen, die die verstärkte Aktivität seitens der Propaganda für die Union herausforderte. Die 2. Aufl. erschien unter dem veränderten Titel „Über die Regierung und Einheit der Kirche Gottes unter einem Papst und über die griechische und die russische Abkehr von dieser Einheit“ (vgl. Winter 1960, S. 259; RIB 7, Sp. 223, Anm. 1). Eine 3. Aufl. erschien 1610.

90 Die sog. Konföderation von Vil'na kam jedoch erst 11 Jahre nach dem Druck des Buches unter Konstantin Ostrožskij 1599 zustande. Siehe dazu Oljančyn 1936–F und Oljančyn 1936–0.

91 Müller 1951, S. 34 (hier nicht kursiv).

92 Zu Maksim Grek siehe Schultze 1963, S. 2–4; Klostermann 1934, S. 171–180; Porfir'ev 1886, S. 509–535; Kartašev 1959, S. 460–479; Haney 1973.

93 Vgl. Schultze 1963, S. 12.

94 „takovymi epistolijami, sireč' nikolaevymi“ (Kir.kn. 357b,15f.).

95 Nikolaj Bulev (Buelow) war Arzt und Astrologe am päpstlichen Hof gewesen und auf Empfehlung des Griechen Trachaniot nach Novgorod gerufen worden. „Schon 1490 befanden sich Nikolaj Ljubčanin und der Dominikaner Veniamin ... in Novgorod“ (Klibanov 1960, S. 196). Von dort nach Moskau übergesiedelt, hatte Nikolaj großen Einfluß am Zarenhof und übersetzte den ersten medizinischen Traktat ins Russische: den „Travnik“ (s. Zimin 1961; Haney 1973, S. 54–57).

96 Vgl. Lilov 1858, S. 223, Anm. 1; Ikonnikov 1915, S. 196 (gibt dort und S. 194 für die Kir.kn. das Jahr 1643 statt 1644 an); Schultze 1963, S. 12, Anm. 2.

97 Undol'skij 1871, Sp. 31, Nr. 216; vgl. a. Maksimovič 1849, S. 11, der auf die Fragwürdigkeit der Angaben in den Bibliographien hinweist.

98 Evgenij 1827, Bd. 2, S. 36; aber Evgenijs Slovar' ist an vielen Stellen nicht zuverlässig.

99 Schultze 1963, S. 12, Anm. 3.

100 Vgl. Golubev 1876, S. 376.

101 Maksim 1859, Bd. 1, Nr. XII–XIII, S. 235–322.

102 S.o., S. 11f.

103 Schultze 1963, S. 13.

104 Bessarione 1912 (Ser. III, vol. IX,16), S. 61–79; 379–384; es handelt sich um die Kap. 1–11 (11 nur bis zur Hälfte), die von Palmieri, mit einer Einleitung versehen (S. 54–60), unter dem Titel „Un'opera polemica di Massimo Greco (XVI secolo) tradotta in latino da Giorgio Krijanitch“ herausgegeben worden sind. Vgl. Golub 1973, S. 159f.

105 Vgl. Schultze 1963, S. 15; in der Kir.kn. entspricht die Kap.-Einteilung nicht immer dem Inhalt, so daß anzunehmen ist, daß sie nicht von Maksim Grek selbst stammt, sondern später hinzugefügt worden ist.

106 Ebd., S. 13.

107 RIB 7, Sp. 664f.

108 RIB 4, Sp. 912; vgl. Klostermann 1934, S. 188, Anm. 113.

109 Klostermann 1934, S. 189. Zum Wort über das Kreuzzeichen s.u., S. 79f.

110 Kahle 1964, S. 304.

111 Vgl. Slavjanskie, S. 27f., Nr. 36; Undol'skij 1871, Sp. 22, Nr. 137; Malyševskij 1872, S. XII; Lilov 1858, S. 225f.; eine Abschrift s. Opisanie, S. 191, Nr. 196 (enthält auch die Kniga o vere des Vasilij). Alle 10 Kap. sind abgedruckt bei Malyševskij 1872, Bd. 2, Priloženie 1, S. 78, 90, 91; Priloženie 2, S. 1–29, 44 (dieser Band war nicht zugänglich; zit. nach Makarij 1881, S. 286, Anm. 221).

112 Vgl. Lilov 1858, S. 226; Mychalskyj 1967, S. 40. Zu Konstantin (Vasilij) Ostrožskij s. Krajcar 1969 und Winter 1960, S. 257ff., 263 u. 268.

113 Die Kir.kn. bringt nur etwa die erste Hälfte (MPG 151, 763D–766B). Das Glaubensbekenntnis wurde den Synodalakten der griechischen Synode von 1351 einverleibt; es ist in deutscher Übersetzung herausgegeben und mit einer Einleitung versehen worden von H. Schaeder (Wort, S. 217–224); vgl. auch Schaeder 1956; eine französische Übersetzung im Vestnik russkogo zapadno-evropejskogo patriaršego ėkzarchata 21, 1973, Nr. 81–82, S. 3–7.

114 Die Angabe 1595 ist ein Druckfehler (der Brief muß nach Abschluß der Brester Union verfaßt sein) und widerspricht der zusätzlichen Angabe „7104 seit Erschaffung der Welt“ (500b,19–21), d.h. 1596.

115 Vgl. Slavjanskie, S. 27f.; zu Vyšenskij s. Mychalskyj 1967, S. 43–45; I. Franko, Ivan Vyšens'kyj i eho tvory, L'viv 1895; Vyšens'kyj 1959.

116 Vgl. Makarij 1881, S. 285.

117 AIJZR, Bd. 2, S. 195f.; 198f.; 205–224.

118 Vgl. Golub 1973, S. 140.

119 Vgl. Foropoulos 1966.

120 Vgl. ebd. und Kotter 1962.

121 Der eigentliche Synkellos des Patriarchen (sein geistlicher Berater und Hausgenosse) führte schon gegen Ende des 13. Jh.s den Titel Megas Prōtosynkellos; vgl. Beck 1959, S. 68 und 102f.; Pitirim 1969, S. 279, Anm. 58.

122 Von Meletios stammt auch der Alexandrinos Tomos, ētoi eidikē pragmateia peri tou Grēgorianou Hēmerologiou; vgl. Foropoulos 1966, S. 955.

123 Die Angabe des Datums im griechischen Original „Mounychiōnos ogdoē fthinontos“ (Documente, S. 417) entspräche aber dem 8.Mai (der attische Monat Mounychiōn dauert von Mitte April bis Mitte Mai, der 8. fth. bedeutet der 8. Tag,

vom Ende her gerechnet), so daß sich wahrscheinlich die Übersetzer in Ostrog schon bei der Übertragung des Datums geirrt haben.

124 Vgl. Medlin 1971, S. 37; Schaeder 1957, S. 127f.

125 Vgl. Runciman 1970, S. 322.

126 Vgl. Medlin 1971, S. 51f.

127 Foropoulos 1966, S. 953.

128 Regel 1891, S. 92–115. Ein kurzer Auszug aus einem Brief von 1592 an den Zaren, in dem Meletios ihn um Hilfe angesichts der Gefährdung durch die Gottlosen (d.h. die Türken) bittet, s.a. in Wort, S. 247.

129 Die Bruderschaften waren „Mittelpunkt des geistlichen und kulturellen Lebens der Orthodoxen ..., eine Einrichtung, die sich über Byzanz bis in die alte Kirche zurückverfolgen läßt und in Westrußland bereits im 15. Jahrhundert erscheint (Lemberg 1439, Wilna 1458). Als Laienorganisation unter Führung des Bürgertums unterhielten sie Kranken- und Waisenhäuser, Schulen, Druckereien u.a.m. Auch nahmen sie Einfluß auf die Besetzung der Pfarrstellen, wobei sie oft genug mit dem Episkopat in Konflikt gerieten" (Onasch 1967, S. 67; vgl. Makarij 1882, S. 376ff.; Kartašev 1959, S. 603–608; A. Papkov, Bratstva, Sergiev Posad 1900). Den Bruderschaften wurden vom Patriarchen von Konstantinopel folgende Rechte zugestanden: „a) das Aufspüren der Gegner des Rechtglaubens, b) die Aufsicht über das religiös-sittliche Leben der Gemeinden und Kirchen und c) die Gründung und Unterhaltung von Kirchen, Schulen, Spitälern, Buchdruckereien und dergl." (Oljančyn 1937, S. 61). Auf der Brester Gegensynode von 1596 waren die Bruderschaften durch 14 Niederlassungen vertreten. Siehe auch Ja. D. Isaevyč, Bratstva ta ïch rol'v rozvytku ukraïns'koï kul'tury XVI–XVIIst., Kyïv 1966.

130 Vgl. Medlin 1971, S. 37.

131 Regel 1891, S. 101.

132 20 Briefe davon sind veröffentlicht von Papadopoulos-Kerameus in dem von E. Hurmuzaki herausgegebenen Bd. 13 der Documente, S. 411–435 (3 davon finden sich in der Kir.kn.: Nr. 4, S. 415–417 = Kir.kn., Kap. 38; Nr. 15, S. 422–429 = Kap. 41; Nr. 16, S. 429–433 = Kap. 42), die übrigen sind noch unediert (außer Kir.kn., Kap. 39, 40, 43 und 44, die auch bei Malyševskij 1872, Bd. 2 abgedruckt sind; M. hat für den Abdruck die Briefe einem Kodex der Griech. Theologischen Hochschule auf Chalkē entnommen, der 320 Briefe des Meletios enthält; vgl. ebd., Bd. 1, S. XI). Papadopoulos-Kerameus schreibt im Vorwort (Documente, S. 31), daß sämtliche 32 Briefe des Meletios (darunter die 20 an die Orthodoxen in Polen-Litauen und Kleinrußland), die dort abgedruckt sind, auf den Original-Kodex seines Briefwechsels zurückgehen, der sich unter der Nr. 524 in der Zentralbibliothek des Patriarchats von Palästina in Jerusalem befindet. In der Bibliothek des Patriarchats von Alexandria befindet sich neben anderen Werken des Meletios auch der Kodex 296, der 318 Briefe von ihm enthält (vgl. Katalogoi, S. 265–268). Eine Übersicht über die umfangreiche Korrespondenz des Meletios s. bei Regel 1891, S. CX–CLIV.

133 Kap. 38, 435a,13ff.; vgl. a. 466b,16ff., 488b,16ff. und 489b,25.

134 Vgl. Medlin 1971, S. 86.

135 Über diese Bruderschaft s. Krilovskij 1904.

136 Kyriou Meletiou ... hyper tēs christianōn eusebeias pros Ioudaious apologia, 1593 in L'vov von Kyrillos Loukaris hrsg. auf griechisch und kirchenslawisch (vgl. Foropoulos 1966, S. 955).

137 Vgl. Regel 1891, S. 104–106; Documente, S. 414f.

138 Dort wirkten auch protestantische Gelehrte, „so der reformierte Pole Ljatos. Dies wurde natürlich von ... den Jesuiten als schwere Gefahr für die Rechtgläubigkeit der orthodoxen Kirche besonders betont. Die Union der orthodoxen Kirche mit der römischen erschien deswegen nach dieser Auffassung als einzige Rettung, die Rechtgläubigkeit zu bewahren“ (Winter 1960, S. 261).

139 Vgl. Katalogoi, S. 180 (Kodex 190); nach Ph. Meyer (RE 12, S. 562) befand sich ein Bd. auch in der Herzogl. Bibliothek in Wolfenbüttel. Makarij 1881, S. 335, gibt für die russische Edition jedoch das Jahr 1603 an. Weiter teilt er mit, Meletios habe seinen Dialog, eine Art kurzen Katechismus, noch als Mönchspriester geschrieben und 1602 durch den alexandrinischen Archidiakon Maximos an den Fürsten Konstantin von Ostrog gesandt (nachgedruckt bei Malyševskij 1872, Bd. 2, Priloženie 2, S. 51–83).

140 Vgl. 490a,13ff.: „i nevoleju nas vselenskago prestola bremeni pod-ložiša“. Papst Clemens VIII. beglückwünschte ihn dazu mit einem Brief vom 10.4.1598.

141 Mychalskyj 1967, S. 40, Anm. 16, erwähnt irrtümlich noch einen zweiten Brief vom 27.4., weil der 7. Brief (Kir.kn., Kap. 43) bei Makarij 1881, S. 242, fälschlicherweise mit diesem Datum angegeben ist.

142 Nikēforos Paraschēs, genannt Didaskalos (geb. um 1537 in Trikala), vertrat während des Exils des Patriarchen Ieremias II. 1586–87 und seiner Reise nach Rußland 1588–89 den abwesenden Patriarchen in Konstantinopel. 1595 oder 1596 lehrte er in L'vov Griechisch (vgl. Medlin 1971, S. 86f., 105).

143 Siehe Theiner 1863, Nr. CXCIX, S. 270.

144 Dazu kam es jedoch nicht; erst 1620 weihte der auf der Durchreise befindliche Patriarch Theophanēs von Jerusalem in Kiev eine neue „orthodoxe“ Hierarchie.

145 Das Patriarchat von Alexandria rühmte sich der Stiftung durch den Evangelisten Markus (vgl. Beck 1959, S. 95).

146 Zur Kalenderreform s.u., S. 104ff.; vgl. Lilov 1858, S. 136ff., Anm. 1; Ammann 1950, S. 200; Ammann 1945, S. 139f. Am 13.2.1582 erließ Papst Gregor XIII. eine Bulle zur Einführung des neuen Kalenders. Der polnische König Stefan Bathory erließ eine Verordnung zur Ausführung dieser Bulle. Fürst Konstantin von Ostrog wandte sich an den Patriarchen Ieremias II. Dieser und Patriarch Silbestros von Alexandria antworteten, daß dies ein neues Schisma des Papstes sei. Anfang 1583 ergingen neue Anweisungen vom Patriarchen an den Metropoliten Onisifor und den ganzen russischen Episkopat mit der Ankündigung, daß er zwei Exarchen (den Protosynkellos Nikēforos und den Archimandriten Dionysios [Rhalis] mit dem russischen Übersetzer Feodor) schicken werde. Aber die Exarchen konnten die polnische Grenze nicht überschreiten, nur Feodor gelang es, sich nach Pinsk zum Bischof Kirill Terleckij durchzuschlagen. Es kam wegen des neuen Kalenders zu Ausschreitungen, besonders in L'vov, wo der Erzbischof Sulikovskij am Heiligabend 1583 die orthodoxen Kirchen versiegeln ließ. Ein Brief des polnischen Königs Stefan Bathory an den Bürgermeister und den Rat von L'vov vom 9.1.1584 ermahnte, die Orthodoxen in ihren Bräuchen nicht zu bedrängen. Im Mai 1585 kam dann ein Erlaß des Königs heraus, der neue Kalender gelte nur für zivile Angelegenheiten, nicht aber in Glaubenssachen.

147 Zwei Tage zuvor war er auf den Ruf des seinen Tod vorausahnenden Patriarchen Meletios nach Alexandria geeilt.

148 Medlin 1971, S. 37f. 149 Lilov 1858, S. 232.
150 Vgl. Beck 1959, S. 520ff.
151 Vgl. G. Stadtmüller, Art.: Bulgarien = RGG 1, 1506ff.
152 MPG 102, 627–696; zur Adresse vgl. B. Laurdas, Hē epigrafē tēs pros tōn basilea tōn Boulgarōn Michaēl prōtēs epistolēs tou Fōtiou = Theologia 23, 1952, S. 618–621.
153 MPG 25, 1581–1592 (vgl. MPL 88, 585Af.); BSELK, S. 28–30.
154 S. den von der russisch-orthodoxen Auslandskirche in Amerika (Jordanville) hrsg. Psalter, in dem das „Symbol, d.h. das Bekenntnis unseres hl. Vaters Athanasius, des Patriarchen von Alexandria" am Anfang steht (Psaltir', S. 2a–3a).
155 Vgl. dazu Krivošeïn 1968, S. 10–12. Erzbischof Vasilij hält jedwede offizielle kirchliche Anerkennung des Ps.-Athanasianischen Symbols für falsch. Zwar enthalte es, streiche man das „et Filio" (das im ursprünglichen Text gestanden haben mag oder auch nicht), wie es schon die orthodoxen griechischen und kirchenslawischen Übersetzungen getan hätten, nichts, was dem orthodoxen Glauben direkt widerspreche, in seiner Christologie sei es sogar ein guter und genauer Ausdruck der orthodoxen Lehre entsprechend dem Konzil von Chalkedon, aber die Trinitätslehre trage augustinische Züge, die in der Folge zu einer Reihe von Abweichungen von der Wahrheit geführt hätten. Deshalb dürfe es auch nicht als Beispiel und Quelle der orthodoxen Lehre proklamiert werden, auch nicht als zweitrangige. „Es wäre deshalb wünschenswert, daß dieses Symbol nicht mehr in den russischen gottesdienstlichen Büchern gedruckt würde, wohin es ohne irgendeine kirchliche Bestimmung dazu in der Epoche der Herrschaft lateinischer Strömungen gelangt war. In dieser Beziehung sollten wir dem Beispiel unserer griechischen Brüder folgen, die aufgehört haben, es in ihrem Horologion zu drucken" (ebd., S. 12; vgl. a. Malvy-Viller 1927, S. 139–142).
156 Vgl. LThK 8, 938; ThĒE 1, 507.
157 Vgl. Beck 1959, S. 381. Auch dieser Titel ist abgedruckt im russischen (liturgischen) „Psaltir'", im Anschluß an das sog. Athanasianum (vgl. Psaltir', S. 3b–4a). Mit Anastasius ist der Patriarch Anastasius I. von Antiocheia (559–570; 593–599) gemeint (s. Beck 1959, S. 380f.).
158 MPG 89, 1399–1402; der Teil, der mit der Frage „Ti esti Theos;" beginnt (Sp. 1403f.), fehlt in der Kir.kn., während die Kir.kn. 550a,18–25 gegenüber Migne zusätzlich hat.
159 Im Text wird aus Joh. Damascenus, De fide orthodoxa IV,7 zitiert (551a,12–551b,1), der sein Werk kurz vor 750 verfaßte, während Maximus Confessor (Maximos Homologētēs, vgl. dazu Beck 1959, S. 436f.) 580–662 lebte. Der Text ist ebenfalls im „Psaltir'", S. 4a–5a, unter der Überschrift „Svjatago Maksima izloženie o vere, vkratce voprošati, i otveščati vsjakomu christianinu pravoslavnomu" im Anschluß an Ps.-Anastasius abgedruckt. Zu Maximus Confessor s.a. S. L. Epifanovič, Materialy k žiz'ni i sočinenijam sv. Maksima, Kiev 1917 (war nicht zugänglich).
160 Über das Jesusgebet s. Schultze 1952; A. S. Orlov, Iisusova molitva na Rusi v XVI v. = Pamjatniki drevnej pis'mennosti, t. 185 (war nicht zugänglich); Beck 1959, S. 352 und 364f., Anm. 2 (dort Literatur); P.-O. Sjögren, The Jesus Prayer. Transl. by S. Linton, London 1975.

161 In der 1783 in Venedig hrsg. „Philokalia“ (kslw. Dobrotoljubie) befindet sich eine kurze Dissertation (auf vulgärgriechisch und anonym) über das Jesusgebet von Markos Eugenikos (1391/92–1445), der als Metropolit von Ephesus auf dem Konzil von Florenz den Patriarchen von Antiochien vertrat und die Unterschrift unter den Horos verweigerte (vgl. Beck 1959, S. 757). Eine Handschrift „O molitve Isusove“ aus dem 18. Jh. befindet sich in der Handschriftensammlung des Puškin-Hauses der Akad. d. Wiss. der UdSSR (s. Malayšev 1965, S. 74).

162 Siehe u., S. 213, Anm. 22.

*1.2. Die Kniga o veṛe*

1 Dokučaev 1867 war nicht zugänglich; wird von Dement'ev 1883 nicht erwähnt.
2 Dement'ev 1883.
3 Kalužnjackij 1886.
4 Dement'ev 1883, S. 3ff.
5 Ebd., S. 28–63.
6 Ebd., S. 63 und 78ff.
7 Ebd., S. 63–106.
8 Ebd., S. 97.
9 Ebd., S. 97–106.
10 Ihn hielten vor Dement'evs Untersuchung Makarij und Filaret für den Verf. der Kn. (vgl. ebd., S. 72).
11 Kalužnjackij 1886, S. 8.
12 Dement'ev 1883, S. 70 und 72.
13 Filaret 1888, S. 218; Filaret 1884, S. 174.
14 Kalužnjackij 1886, S. 10f.
15 Erst 1878 in RIB 4, 313–1448.
16 Kalužnjackij 1886, S. 8f.
17 Belokurov 1891, S. 173–177.
18 Iščak 1930.
19 Mychalskyj 1967.
20 Ebd., S. 18f.
21 Ebd., S. 61.
22 Ebd., S. 7.
23 Ebd., S. 134.
24 Vgl. ebd., S. 61, Anm. 1.
25 Unter der Signatur 417–3–9; s. die Beschreibung bei Krajcar 1968–E, S. 120, Nr. 69.
26 Vgl. Dement'ev 1883, S. 5, Anm. 10.
27 Vgl. Charlampovič 1914, S. 119; Belokurov 1891, S. 173, Anm. 11; Dement'ev 1883, S. 22f.; Pypin 1911, S. 270.
28 Smolitsch 1953, S. 337.
29 Vgl. Belokurov 1891, S. 243, Anm. 124.
30 Vgl. ebd., S. 242ff.
31 Vgl. Kartašev 1959, S. 129; Belokurov 1891, S. 177.

32 Vgl. Evgenij 1827, Bd. 1, S. 48–55.

33 Vgl. Suchanov 1889, S. IIIf. Die Prenija s grekami waren lange Zeit nur aus Abschriften der Altgläubigen bekannt und wurden Arsenij abgesprochen, bis das Original im Archiv des Moskauer Außenministeriums gefunden wurde (vgl. ebd., S. IV). Herausgegeben wurden die Prenija nach dieser Handschrift, die Arsenij selbst im Posol'skij prikaz hinterlegt hatte, 1883 von Belokurov in Christianskoe Čtenie (Nr. 11–12), vgl. ebd., S. XII; neu hrsg. als Anhang 2 zum Proskinitarij (ebd., S. 327–359).

34 Ebd., S. 327f.

35 Ebd., S. 330.

36 Ebd., S. VIIIf.

37 Gest. 1656; s. den Artikel Vonifat'ev im ĖSl 7,182f.; Kapterev 1913, S. 106–110; vgl. a. die Vita des Neronov, in der wir eine Charakterisierung Vonifat'evs finden (Subbotin 1875, Bd. 1, S. 272ff.); Hauptmann 1963, S. 58ff.; Hauptmann 1965, S. 28.

38 Vgl. Belokurov 1891, S. 172; Pascal 1938, S. 150.

39 So Kartašev 1959, S. 114f.

40 S.u., S. 145f.

41 Kapterev 1913, S. 39; vgl. Kn., Kap. 2, 20 und 25.

42 Vgl. Golubev 1883, S. 293; Malvy-Viller 1927, S. 179, Anm. zu P. LV, Nr. 31.

43 Filaret 1872, S. 41.

44 Vgl. Dement'ev 1883, S. 18; Mychalskyj 1967, S. 69.

45 Vgl. Pascal 1938, S. 138, Anm. 72, und S. 150.

46 Zen'kovskij 1970, S. 100 (dort z.T. gesperrt).

47 Mychalskyj 1967, S. 69, Anm. 31, verweist auf S. 41, 43, 74 und das ganze Kap. 30.

48 Vgl. ebd., Anm. 32: es handelt sich um die Kap. 2, 3, 4, 5, 19, 26 und 28.

49 Ebd., S. 69f.; vgl. Charlampovič 1914, S. 117f.

50 Ivánka 1971, S. 89; vgl. Filaret 1872, S. 129.

51 Vgl. Dement'ev 1883, S. 23; Machalskyj 1967, S. 70. Die „Edinoverčeskaja tipografia“ war eine Druckerei jenes Altgläubigenzweiges, der sich seit 1800 trotz ritueller Unterschiede in Glaubenseinheit mit der russisch-orthodoxen Großkirche verstand (vgl. Hauptmann 1963, S. 133).

52 Vgl. Undol'skij 1870, Sp. 309–314, wo Kapitelüberschriften und -anfänge sowie einige Quellenhinweise gegeben werden.

53 Vgl. Dement'ev 1883, S. 10. So heißt es z.B. Kn. 161a,2 *„privatnym čelovekom“*.

54 Ebd., S. 28–62.

55 Eine weitere Abschrift befindet bzw. befand sich in der Moskauer Chludov-Bibliothek (vgl. Popov 1872, Nr. 90, S. 228–233, wo die Handschrift mit der gedruckten Ausgabe verglichen wird); eine dritte, von Kalužnjackij zum Vergleich herangezogene Handschrift, die jedoch unvollständig ist, befindet sich in der Universitätsbibliothek in L'vov (vgl. Mychalskyj 1967, S. 67, Anm. 17), schließlich ist bei Undol'skij 1870, Nr. 428, Sp. 314, eine Abschrift vom Anfang des 18. Jh.s (in „Schnellschrift“ – skoropis') erwähnt, die in der Kanzlei des Woiwoden von Mezen' von Michail Jazžin angefertigt wurde und in der auch das 31. Kap. fehlt.

56 Vgl. Undol'skij 1870, Sp. 311.

57 Vgl. ebd., Sp. 314.
58 Pascal 1938, S. 150.
59 Undol'skij 1870, Sp. 314.
60 Ebd., Sp. 309; Mychalskyj 1967, S. 69, Anm. 28, verweist dagegen auf Undol'skij und gibt, was dieser bezweifelt, als Tatsache an.
61 Diese Bibliographie wird von A. I. Sobolevskij dem Epifanij Slavineckij (gest. 1675) zugeschrieben (vgl. Mychalskyj 1967, S. 66, Anm. 12).
62 Oglavlenie knig, kto ich složil, Nr. 33 = Čtenija 1/1846, S. 11 (hrsg. von Undol'skij) – zit. nach Mychalskyj 1967, S. 66, Anm. 13.
63 Zit. nach Dement'ev 1883, S. 20.
64 Undol'skij 1870, Sp. 310.
65 Nur Zen'kovskij 1970, S. 99, behauptet: „Sie wurde in Moskau zusammengestellt von dem Korrektor Vater Michail Rogov hauptsächlich auf der Grundlage des ... westrussischen Schriftstellers Nafanail ... Sie wurde herausgegeben, als die ‚Gottesfreunde' ... völlig die Geschicke der russischen Kirche lenkten."
66 Vgl. Dement'ev 1883, S. 9f., 20f.
67 Bis hier folgte der Verf. hauptsächlich einer einzigen Quelle, während ab Kap. 17 eine weitere Quelle benutzt wurde.
68 Aufgrund einer Notiz des altgläubigen Diakons Feodor Ivanov (s. darüber Diakon 1859) in seinem Brief an Maksim, abgedruckt bei Subbotin 1875, Bd. 6, S. 143, die von den meisten Forschern aufgegriffen wurde (vgl. Pypin 1911, S. 259; Makarij 1882, S. 124; die Artikel über Nafanail im ĖSl 40, S. 779, RBS, Bd. Naake-Nakenskij-Nikolaj Nikolaevič, S. 165, und PPBES, Bd. 2, Sp. 1618f.). Auch Onasch 1967, S. 72, gibt Nafanail als Verfasser an.
69 Mychalskyj 1967, S. 66; vgl. Charlampovič 1914, S. 118, Anm. 1.
70 Es handelt sich jedoch um Apg. 20,29ff., wo Paulus zu den Presbytern von Milet redet.
71 Der am Rand gegebene Hinweis auf Apg. 20,35c („Geben ist seliger als Nehmen") ist ein offensichtlicher Irrtum; zu Ps.-Nafanails Version vgl. Hos. 9,7.
72 So die handschriftliche Fassung. Die gedruckte Ausgabe hat hier korrigiert und ein „ne" eingefügt („der ich in kurzer Zeit ... nicht verführt worden bin"), was die Aussage Ps.-Nafanails über sich selbst gerade in ihr Gegenteil verkehrt, um das Anstößige daran zu beseitigen. In beiden Versionen kommt jedoch zum Ausdruck, daß der Einfluß der Jesuiten auf den Verf. nur gering gewesen sein kann.
73 2a,16–2b,17.
74 Vgl. Dement'ev 1883, S. 18f.
75 1a,5–7; 1b,1–7.
76 Es geht zunächst vor allem um die eigene Unterweisung.
77 Zen'kovskij 1970, S. 99.
78 Ebd., S. 98.
79 Istorija 1941, S. 190.
80 Pascal 1938, S. 151.
81 Gemeint ist Kanon 9 (Mansi 13,430B; Lauchert 1896, S. 145).
82 Petros Damaskēnos (Mitte 12. Jh.), ein Mönch, der für Mönche schrieb (die Legende verlegte ihn ins 8. Jh.) und von dem zwei Werke bekannt sind, die in der von Nikodēmos ho Hagioreitēs zusammengestellten „Philokalia tōn hierōn nēptikōn" (Venezia 1782) gedruckt wurden (vgl. Beck 1959, S. 644; ThĒE 4,906;

Juvenalij [Hrsg.], Tvorenija prepodobnago sv. mučenika Petra Damaskina v russkom perevode s ellino-grečeskago v dvuch knigach, Kiev [3]1905).

83 Vgl. den Art.: Nafanail im RBS (s. Anm. 68); Dement'ev 1883, S. 67f., meint dagegen, der Ton, in dem die Kn. geschrieben ist, sei ein böswilliger (zlobnyj), da sie von den Häretikern nur als von Abtrünnigen rede. Die Kapitel, die sich auf die jüngste Vergangenheit beziehen (Kap. 23 und 24), sind in der Tat in ihrer Polemik scharf genug.

84 Kapterev 1913, S. 262, Anm. 1.

85 Vgl. Pascal 1938, S. 150f.

86 Vgl. Mychalskyj 1967, S. 72.

87 Dement'ev 1883, S. 66.

88 So haben auch der katholische Polemiker Skarga und der orthodoxe Vasilij Suražskij angefangen (vgl. Mychalskyj 1967, S. 72).

89 Im Inhaltsverzeichnis heißt es: „Woher der Glaube und die wahre Lehre gekommen sind".

89a „Kljatva" ist Synonym für „prisjaga", bedeutet im kirchlichen Sprachgebrauch aber auch „Fluch".

90 Im Inhaltsverzeichnis heißt es „Kanones" (pravily).

91 Im Inhaltsverzeichnis steht: „der östlichen Kirche".

92 S.o., S. 59.

93 Vgl. Dement'ev 1883, S. 71f.

94 Vgl. ebd., S. 71.

95 S.o., S. 31 und 185, Anm. 56. Während für die Kir.kn. die 1., zweibändige Aufl. als Quelle diente, muß Ps.-Nafanail die 2. Aufl. vor sich gehabt haben, da sich die Kap. I,9 und 10, II,7 und 9 nicht in der 1. Aufl. befinden.

96 Die entsprechenden Kapitel- und Seitenzahlen s. jeweils bei Kalužnjackij 1886 und Mychalskyj 1967.

97 Palinodija ili Kniga Oborony kafoličeskoj svjatoj apostolskoj Vschodnej Cerkvi i svjatych patriarchov, i o Grekoch, i o Rossoch christianech. V lasce Božoj, za blagosloveniem staršich, prez archimandrita Zachariju Kopistenskogo napisana i z revizieju učitelej vydana, a pod rozsudok poddana svjatych Vschodnych patriarchov. Roku ot Roždestva Boga Slova Iisusa Christa, 1621-go, mesjaca noemvrija 26 (= RIB 4, Sp. 313–1180). Vgl. Undol'skij 1870, Sp. 293, und ebd., Sp. 293–306, die Beschreibung einer Abschrift (pomorskij spisok) unter der Nr. 425; zur Palinodija s. außer Iščak 1930 vor allem Zavitnevič 1883; vgl. a. Vlasovs'kyj 1956, S. 26–28; Makarij 1882, S. 391–393.

98 Abgedruckt in RIB 4, Sp. 157–308.

99 Vgl. Mychalskyj 1967, S. 57, Anm. 53.

100 Iščak 1930, S. 181.

101 Vgl. ebd.; in der bei Undol'skij 1870, Sp. 293, wiedergegebenen Überschrift heißt es, daß Zacharij sein Werk der Beurteilung der östlichen Patriarchen unterziehen wollte.

102 Erst 1878 wurde der Text in RIB 4, Sp. 313–1180, gedruckt, wobei Sp. 1151–1180 außerhalb der Kapitelzählung auf Kap. IV,2,5 als Anhang weitere Abschnitte folgen (nach der Handschrift Undol'skijs; vgl. Undol'skij 1870, Sp. 305f.).

103 Istorija 1966, S. 466.

104 Filaret 1872, S. 78.
105 Iščak 1930, S. 183.
106 Vgl. RIB 4, Sp. 318.
107 Iščak 1930, S. 179. RIB 7, Sp. 1003–1820: Apokrisis (s.o., S. 184, Anm. 26); RIB 19, Sp. 477–982: Antirhēsis; vgl. Mychalskyj 1967, S. 38 und 51 (dort Näheres über diese Schriften); Hruševs'kyj 1962, S. 79ff.; über Pocej s. ĖSl 13 (25), S. 290f.; PPBES 1, Sp. 949; Nazarko 1969.
108 Vgl. Ammann 1950, S. 266. Von de Dominis' 1. Teil hat Zacharij Aufbau und Methode für die beiden ersten Teile seines Werkes übernommen; vgl. Sokolov 1880, Primečanija, S. 73f., Anm. 87; Koch 1929, S. 183.
109 De Republica Ecclesiastica, London 1617, Teil 1, Buch 4, Kap. 8, S. 658; zit. nach Iščak 1930, S. 179, Anm. 4.
110 Mychalskyj 1967, S. 58.
110a Nur „vestigia" (ebd., S. 103).
111 Vgl. ebd., S. 96; s.o., S. 33f.
112 S.u., S. 149.
113 Choždenie igumena Daniila, der älteste Reisebericht der russischen Literatur, von der Pilgerreise des Abtes Daniil 1106–1108 nach Palästina, herausgegeben von A. S. Norov, S.-Peterburg 1864, und von M. Venevitinov im Pravoslavnyj Palestinskij Sbornik 1885/3 und 9; vgl. Istorija 1941, S. 366–372; Čiževskij 1948, S. 167–174.
114 Istorija 1941, S. 376.
115 Vgl. Mychalskyj 1967, S. 121.
116 Abgedruckt in RIB 19, 1149–1300 (Rozdział VI: Sp. 1254–1278); über Meletij s. Prokošina 1966.
117 S. dazu Mychalskyj 1967, S. 52f. u. 87.
118 Abgedruckt auch bei Theiner 1863, Nr. CLXXXV.E, S. 240–245: „Constitutio super Unione Nationis Ruthenae cum Ecclesia Romana"; vgl. Ammann 1945, S. 131f.; Mychalskyj 1967, S. 88, Anm. 58.
119 Undol'skij 1870, Sp. 314, ist der gegenteiligen Meinung.
120 GCS I,2,1–47, hrsg. v. H. Achelis.
121 Vgl. Istorija 1941, S. 191.
122 Pascal 1938, S. 150.
123 Mychalskyj 1967, S. 119ff.
124 S.o., S. 15–17; vgl. Golubcov 1892, S. XII.
125 Mychalskyj 1967, S. 96.
125a Ebd., S. 104 (dort auch die von Ps.-Nafanail benutzten Quellen, die er eigenständig verarbeitete).
126 Ebd., S. 117.
127 Vgl. ebd., S. 86.
128 Vgl. Dement'ev 1883, S. 26f., der einige der Verse im Paralleldruck einander gegenüberstellt.

2. *Tradition und Glaube in der Kirillova kniga und der Kniga o vere*

1 Charlampovič 1913, S. 100.
2 Golubcov 1892, S. IV.

3 Ebd., S. V.

4 Darin sieht Zen'kovskij 1970, S. 97f., die entscheidende Bedeutung der Kir.kn., da er deren 1. Teil für das zentrale Werk der Sammlung hält.

5 Vgl. das Gebet am Anfang der Kn., 1a–1b.

6 Vgl. Smolitsch 1953, S. 320.

7 Vgl. das 2. Vorwort zur Kn.

8 Smolitsch 1953, S. 337.

9 Eph. 6,16 heißt es: „Vor allen Dingen aber ergreifet den Schild des Glaubens, mit welchem ihr auslöschen könnt alle feurigen Pfeile des Bösen."

10 Die Reihenfolge der Kriterien soll keine Wertigkeit implizieren, sie gelten vielmehr in ihrer Gesamtheit gleichberechtigt. Neuere Literatur zum Thema: Müller 1950; Meyendorff 1958; Schlink 1960; Schultze 1960; Schneemelcher 1969; Hopko 1971.

11 Im Glaubensbekenntnis der zur Union übergetretenen Orthodoxen (Kn., Kap. 24, 220b,5–221a,7): „Außerdem glaube ich, nehme an und bekenne, daß die hl. apostolische römische Kirche den Primat über die ganze Welt hat und der römische Bischof, der Stellvertreter des seligen Apostelfürsten Petrus und wahrhaftige Stellvertreter Christi, der ganzen Kirche Haupt und aller Christen Vater und Lehrer ist, dem in dem seligen Petrus von unserm Herrn Jesus Christus vollkommene Macht gegeben worden ist, die ökumenische Kirche zu weiden und zu ordnen und darin zu handeln, wie das in den Konzilsbeschlüssen über die hl. Ikonen festgelegt worden ist. [Gemeint ist Kanon 4 des 7. Ökum. Konzils, letzter Satz; s. Mansi 13,421D; Lauchert 1896, S. 142.] Außerdem bekenne ich und nehme an alles, was von den hl. Lehrern der römischen apostolischen Kirche auch über die Bestimmungen, die im Symbol von Nizäa und Konstantinopel zu bekennen und anzunehmen befohlen sind, vorgelegt und schriftlich überliefert worden ist, nämlich folgendes: die apostolische und kirchliche Gesetzgebung und andere Ordnungen und Bestimmungen derselben Kirche, die ich am kräftigsten gelobe, annehme und achte.

Die Hl. Schrift in derselben Festlegung, wie sie die hl. Mutter Kirche hielt und hält, der das alleinige Urteil über das richtige Verständnis und die Auslegung der Hl. Schrift unterliegt, nehme ich an und werde sie in gar keiner Weise anders und genau nach dem einstimmigen Einverständnis der hl. Väter verstehen und auslegen."

12 Im Westen drückte schon 434 Vincenz von Lerinums Formel, daß Tradition sei, „quod ubique, quod semper, quod ab omnibus creditum est" (Commonitorium II,3 = MPL 50,640; vgl. Mirbt-Aland 1967, S. 203, Nr. 432), deren „nivellierenden Charakter" aus: „was einzelne Geister, an die Ursprünge christlicher wie heidnischer Frömmigkeit rührend (Origines, Augustin) hervorgebracht hatten, wurde dem sensus ecclesiasticus angepaßt oder als Häresie ... verworfen" (Wickert 1962, Sp. 975). Vincenz ließ einen Fortschritt im Dogma nur als bessere oder tiefere Explikation des bereits im alten Depositum fidei Implizierten zu.

13 „Ebenso denken und handeln sie mit dem Montanus und verbieten ihren Popen zu heiraten ..., und ihre Popen heiraten nicht, als ob es um der Reinheit willen wäre, halten sich aber Mätressen, d.h. Huren" (Kir.kn. 244b,25–245a,6; vgl. Opusculum contra Francos, Nr. 18 = Hergenröther 1869, S. 67f.).

14 Gemeint ist Kanon 7 (8 gibt es gar nicht), nach dem die Arianer, Makedonianer,

Sabbatanianer, Novatianer u.a., die zur Orthodoxie übertreten wollen, mit dem hl. Myron zu salben sind („chriomenous prōton tō hagiō myrō"), während die Eunomianer, Montanisten und Sabellianer auch zu taufen sind (s. Mansi 3,564 B–C; Lauchert 1896, S. 86f.; Pēdalion 1957, S. 163). Danach hätten die Lateiner nicht wiedergetauft zu werden gebraucht, was auch 1491 auf dem Konzil von Konstantinopel alle vier östlichen Patriarchen so beschlossen hatten (vgl. Lilov 1858, S. 220; Pēdalion 1957, S. 164f., Anm. 5, S. 51ff., Anm. 1), sondern nur mit Myron gesalbt zu werden.

15 Diese Bestimmungen blieben gültig bis zum Großen Moskauer Konzil von 1667 (s.u., S. 175f.).

16 Damit hatten die Orthodoxen aufgrund der römischen Praxis nicht einmal unrecht, da die Krankenölung als Sterbesakrament (Extrema unctio) geübt wurde, während sie nach orthodoxem Verständnis immer ein Sakrament aller Kranken war (vgl. Heiler 1966, S. 124).

17 Onasch 1967, S. 72f.

18 Vgl. a. Kir.kn. 158a–158b (Kap. 10), wo es heißt, daß Gott nicht dulde, daß seine Heiligkeit verletzt werde. 1. Sam. 5,1–4 berichte, wie Gott die Heiden dafür bestrafte, daß sie die Lade Gottes neben ihren Götzen stellten. „Dieses Beispiel nämlich setzte Gott den letzten heidnischen Geschlechtern und nicht nur denen, sondern auch euch Lutheranern und all denen, die die Heiligkeit Gottes bekämpfen. Sie vermischen die Ehre Gottes mit den verfluchten Götzen" (158a,20–24).

19 Vgl. Müller 1950, S. 91; s. die Verurteilung von Neuerungen („kainotomia") im Horos des 7. Ökum. Konzils (Mansi 13,380A).

20 Meletios äußert sich im Anschluß an ein Wort von Basilius d.Gr. und setzt deshalb neu ein („ich selbst"). Oft ist es aber gerade umgekehrt: die Verf. verzichten angesichts der Ehrfurcht vor der Tradition auf eigene Worte (vgl. Kn. 5a,2–6; Kir.kn. 311a,19–311b,1).

21 Vgl. Kn., Kap. 28, 246a,25–246b,1: „ostaviša mnogich svjatyja starožitnosti" (am Rand: „drevnejšich").

22 Müller 1950, S. 94.

23 Ivánka 1971, S. 89.

24 Vgl. Hauptmann 1965, S. 9; Chrysostomus 1957, S. 175f.

25 MPG 94,1130C–1132A.

26 Ebd., 1128D–1130A; bei Joh. Dam. heißt es: „wurde der Tod vernichtet, die Sünde des Stammvaters nachgelassen".

27 Ebd., 1132B.

28 Alle vier Texte sind Erweiterungen gegenüber der Kniga o vere des Zacharij Kopystenskij, Kap. 5 (vgl. Golubev 1876, S. 374). Der Text in der Kn. befand sich auch schon in der Handschrift, die der Moskauer Edition zugrunde liegt.

29 S.o., S. 50.

30 Suchanov 1889, S. 329f.; vgl. Makarij 1882, S. 141–159.

31 Vgl. Chrysostomus 1957, S. 182; Golubinskij 1892–E, S. 42f.; Nikanor 1890.

32 Stoglav, S. 103–106 (Kap. 31); zum „Domostroj" s. Nieß 1971, S. 46.

33 Das sog. Wort des Theodoret, das Theodoret von Kyros (ca. 395–460) zugeschrieben wurde, stammt von einem unbekannten russischen Autor (vielleicht entstanden als Ergänzung beim Abschreiben des Ps.-Kommentars von Theodo-

ret, der in seiner Interpretatio in Psalmos zu Ps. 22 = MPG 80,1028B vom Kreuz spricht, das aus zwei Balken besteht, was man als Hinweis auf das Zweifingerkreuz mißverstand: palec/palica – vgl. Golubinskij 1892–E, S. 48f., Anm. 1). Das Kreuzzeichen, mit dem sich die Christen bekreuzigten, wurde anfangs mit einem oder mehreren Fingern (oder der ganzen Hand) gemacht, wobei nicht festgelegt war, mit welchen Fingern (vgl. ebd., S. 35ff.). Anfang des 8. bis Anfang des 9. Jh.s kam das Zweifingerkreuz in Brauch, das auch die Russen mit der Christianisierung von den Griechen übernahmen. Im letzten Viertel des 12. bis zum 3. Viertel des 13. Jh.s kam in Griechenland daneben das Dreifingerkreuz auf, zu dessen Verteidigung in Rußland das sog. Wort des Theodoret verfaßt wurde, das aber von den Anhängern des Zweifingerkreuzes umgedeutet und von diesen in Anspruch genommen wurde(vgl. ebd., S. 47f., 64). Es setzt entgegen dem früheren Brauch das Kreuzzeichen, mit dem man sich bekreuzigt, mit dem Kreuzzeichen gleich, das beim Segen gebraucht wird. Da das Wort zunächst von 3 Fingern und anschließend von 2 Fingern spricht, ist eher die Bezeichnung „Fünffingerkreuz" angebracht (vgl. Gudzij 1934, S. 415).

Das Wort begegnet erstmals in Handschriften, die vom Ende des 15. Jh.s stammen (Kormčaja kniga und ein Sbornik, vgl. Makarij 1877, S. 117, Anm. 142; Makarij 1882, S. 127), bevor es im 31. Kap. des Stoglav von 1551 als „Ustav" erscheint und damit für alle orthodoxen Russen verbindliche Vorschrift wird. Es findet sich dann im Domostroj (s.o., S. 77) und gedruckt zum ersten Mal 1627 im „Großen Katechismus" des Lavrentij Zizanij, weiter im Anhang zum 2. Kap. des „Sledovannaja Psaltyr'" (erweiterter liturgischer Psalter mit den Texten zur Vesper, Matutin u.a.), der 1642 in Moskau gedruckt wurde, und in der Kir.kn. und der Kn. (vgl. Kapterev 1913, S. 54; vgl. a. Gudzij 1934, S. 416; Makarij 1882, S. 128; Chrysostomus 1957, S. 101f. und 184).

34 Bei Luther Singular: „der Kirche".

35 S.o., S. 35f.

36 Wegen dieser Unklarheit und weil Maksims Wort im Stoglav nicht erwähnt wird und sich auch angeblich nicht in den ältesten Abschriften seiner Werke finde, spricht Dement'ev 1883, S. 83f., es ihm ab, läßt Makarij 1877, S. 124, die Möglichkeit offen, daß der Text schon bei der ersten Zusammenstellung seiner Werke korrumpiert worden ist (vgl. a. Evgenij 1827, Bd. 2, S. 40f., und Psaltir', S. 7a). Aber die Echtheit dieses Wortes ist unbestreitbar (vgl. Golubinskij 1892–E, S. 56, Anm. 1; vgl. a. Chrysostomus 1957, S. 185f.; Gudzij 1934, S. 416; Hildebrandt 1965, S. 129, Anm. 88), und die Behauptung, es tauche erst in späteren Abschriften der Werke Maksims auf, stimmt nicht (vgl. Makarij 1877, S. 124, Anm. 152; Golubinskij 1892–E, S. 54). Die Unklarheit bei der Bezeichnung der Finger erklärt Golubinskij (ebd., S. 57, Anm. 1) damit, daß Maksim den Ausdruck „srednij" nicht im Blick auf die Position der Finger, sondern im Blick auf ihre relative Größe gebraucht habe, so daß er im ersten Fall darunter den Ringfinger verstehe, im zweiten Fall aber den Zeigefinger und unter dem „langen" den Mittelfinger. Die Behauptung Dement'evs (1883, S. 83), das Wort spreche klar nur von drei Fingern, nicht aber vom Zweifingerkreuz, stimmt also ebenfalls nicht. Vielmehr ist Maksims Wort eindeutig ein Zeugnis für das Zwei- bzw. Fünffingerkreuz, wie es zu seiner Zeit in Moskau üblich war. Daß ein Grieche hier das Zweifingerkreuz erklärte (Golubinskij

hebt hervor, daß er es nicht etwa vorschreibt, sondern es als gleichberechtigt mit dem in Griechenland zur Zeit Maksims üblichen Dreifingerkreuz anerkennt – Golubinskij 1892–E, S. 57f.), „führte wohl die Kiever Schriftsteller zu der irrigen Annahme, das Zweifingerkreuzzeichen sei in Griechenland noch zur Zeit Maxims üblich gewesen und sei erst nach ihm verdrängt worden" (Chrysostomus 1957, S. 185). Zum Streit um die Echtheit des Wortes zwischen N. F. Kapterev und N. I. Subbotin s. Papamichaēl 1950, S. 488–490.

37 Vgl. dazu Mychalskyj 1967, S. 114f.

38 Die Geschichte vom Wunder des Meletios diente ursprünglich dem Beweis des trinitarischen Dogmas, worüber Sozomenos (Hist. eccl. 4,28), Theodoret (Hist. eccl. 2,31) und Nikēphoros Kallistos Xanthopoulos (Hist. eccl. 9,48) berichten (vgl. Makarij 1877, S. 118, Anm. 143), wurde aber dann zugunsten des Zweifingerkreuzes umgearbeitet, wie die Texte des „Prolog" (kurze historische Notizen zu den Heiligenviten) zum 12. Febr. belegen (vgl. Makarij 1877, S. 117–119; Golubinskij 1892–E, S. 47f., Anm. 1; Gudzij 1934, S. 415f.). Der Text ist auch abgedruckt in der Chrestomathie von Alferov 1911, S. 43.

39 Damaskēnos ho Stouditēs (gest. 1577), Metropolit von Naupaktos und Arta, verfaßte den „Thēsauros", der viele Auflagen erlebte, die älteste Venedig 1561 (vgl. ThĒE 4,907f.; Makarij 1877, S. 107, der jedoch schon für 1528 die 1. Aufl. angibt). Dieser Damaskēnos ist wohl zu unterscheiden von Petros Damaskēnos, einem Mönch des 12. Jh.s, den die Legende ins 8. Jh. versetzt hatte (so die Herausgeber der russischen Philokalia „Dobrotoljubie", Moskva 1793, vgl. Makarij 1877, S. 105), von dem es ein Wort über das Zweifingerkreuz gibt (vgl. Golubinskij 1892–E, S. 40 und 42, Anm. 1).

40 Vgl. Suchanov 1889, S. 330–332, 347f., 353.

41 Belokurov 1883, S. 697, Anm. 1 (A. Pleščeev gibt dagegen S. 756 an, vgl. Materialy 1858, S. 592); s.a. S. 84.

42 Suchanov 1889, S. 331.

43 Hom. in Mt. 16,13; vgl. Makarij 1877, S. 101, Anm. 122; Golubinskij 1892–E, S. 35, Anm. 2.

44 Vgl. Suchanov 1889, S. 333ff.

45 S.o., S. 223, Anm. 33.

46 Zu diesem Dialog s.o., S. 186, Anm. 67; Golubinskij 1892–E, S. 43, Anm. 1; S. 38, Anm. 1; S. 50, Anm. 2; Makarij 1877, S. 94f., 106f., Anm. 130; 126, Anm. 153. M. weist darauf hin, daß in dem in die Čet'i Minei aufgenommenen Text des Dialogs zwei Versionen aus der Zeit vor dem Stoglav (zum Dez. und Juni) die Lateiner beschuldigen, daß sie sich nicht mit 3 Fingern bekreuzigten, in der Version, die nach dem Stoglav erschien, aber (zum Aug.) sie beschuldigt, daß sie sich nicht mit 2 Fingern bekreuzigten (vgl. a. Chrysostomus 1957, S. 182f., Anm. 172).

Vgl. a. den Text in der Kn., Kap. 28, Art. 14 (251b,2–18), wo den Lateinern folgende Vorwürfe gemacht werden (vgl. dazu Opusculum contra Francos, Nr. 16,25 und Ergänzungen = Hergenröther 1869, S. 67, 69, 71): 1. Die Lateiner machen das Kreuzzeichen verkehrt, mit allen 5 Fingern irgendwie seltsam; 2. machen sie es von links nach rechts statt von der rechten auf die linke Schulter; 3. stellen sie auf ihren Bildern das Kreuzzeichen mit nur einem Finger (dem Daumen) dar wie die Monotheleten; 4. machen sie das Kreuzzeichen auf die Erde und küssen es, und danach treten sie darauf. „Das alles tun sie im Widerspruch gegen die Göttliche Schrift. Die Kreuzigung Christi selbst [d.h. das Kruzifix] halten sie verhüllt in der Großen Fastenzeit, und sie machen sogar bis zum Karfreitag keine Verneigungen; nachdem sie geheuchelt haben, schlagen sie sich und errichten viele andere gotteslästerliche Erfindungen in den Passionen (v passijach). Und sie schämen sich, das Kreuz Christi auf sich zu tragen, anstelle dessen tragen sie irgendwelche Hostien (agnuski, von: agnec, peiorativ!) aus Wachs. Mit alledem haben sie den Abfall von der Kirche vollzogen, darin verbleiben sie."

47 „Azimit: Heute habe ich den lebendigen Gott erfahren und eingesehen, daß der christliche Glaube rein und unverdorben, fest und unbeugsam ist. Du hast mich wahrhaftig widerlegt und bist ein ehrwürdiger Philosoph" (Kir.kn. 241b,5–9).

48 Lilov 1858, S. 191. L. meint hier das Verbot des Bartscherens; s.u., S. 87–89.

49 Gemeint ist das Antwortschreiben der Patriarchen Makarios von Antiochien und Gavriil von Serbien auf die Frage des Patriarchen Nikon nach dem Brauch, wie man sich in der griechischen Kirche des Ostens bekreuzige.

50 Materialy 1858, S. 592f. Wie man sich mit dem Dreifingerkreuz zu bekreuzigen habe, steht auch heute z. B. im Vorwort des liturgischen Psalters der Russischen Orthodoxen Kirche im Ausland (Jordanville N.Y., USA), wo die Zeugnisse zugunsten des Zweifingerkreuzes ebenfalls erwähnt und widerlegt bzw. entkräftet werden (Psaltir', S. 5b–7b).

51 CO I,54; vgl. Malvy-Viller 1927, S. 32.

52 Vgl. Kapterev 1913, S. 18, Anm. 1 (gibt jedoch 1648 als Erscheinungsjahr an); Makarij 1882, S. 128; Golubinskij 1892–E, S. 54.

53 Kartašev, Živoe predanie, zit. nach Müller 1950, S. 85f.

54 Die Altgläubigen ihrerseits warfen denen, die das Dreifingerkreuz machten, vor, sie schlügen damit die Hl. Trinität ans Kreuz. Damit sollte deutlich gemacht werden, „daß nicht die Dreifaltigkeit, sondern Christus um unseretwillen gelitten habe" (Hauptmann 1963, S. 96; dort auch das betreffende Avvakumzitat).

55 Lilov 1858, S. 235f.

56 Das Nizänokonstantinopolitanische Symbol ist das orthodoxe Glaubensbekenntnis schlechthin (Symbolon, hē pistis, vera); daß es sich um die beim 2. Ökum. Konzil in Konstantinopel erweiterte Fassung des „Glaubens der 318 Väter" von Nizäa handelt, hat erst im 17. Jh. J. B. Carpzov (1607–57) wiederentdeckt und sie gegenüber dem in Vergessenheit geratenen Nizänum „das nicäno-konstantinopolitanische Symbol" genannt. Die beiden Symbole s. bei Mansi 2,665C–668B; Mansi 3,565A–C; Denzinger 1937, S. 29f., 41f.; nur NK: BSELK, S. 26f.

57 Vgl. Dement'ev 1883, S. 78, 81f.; Lilov 1858, S. 168f.

58 Stoglav, S. 68 (Kap. 9); vgl. Makarij 1877, S. 83f.; Dement'ev 1883, S. 82; Hildebrandt 1965, S. 117, Anm. 1; Schultze 1963, S. 335.

59 Dement'ev 1883, S. 83.

59a Schon die Namen der beiden sind voller Absicht gewählt: Azymit = derjenige, der ungesäuertes Brot für die Eucharistie verwendet; Panhagiot = der Allerheiligste.

60 Konstantin V. Kaballinos (Kopronymos), der Bilderfeind, war von 741–775 byzantinischer Kaiser (über ihn s. Beck 1959, S. 301f.; Chronograf, S. 133–135). Papst Petr Gugnivyj ist nicht identifizierbar und offensichtlich eine „Persiflage

auf den ‚Stuhl Petri'" (Schaeder 1963, S. 24; vgl. Chrysostomus 1961, S. 108f.; Mychalskyj 1967, S. 125; s.a. oben, S. 186, Anm. 67). Eine Randnotiz im Soloveckij-Sbornik Nr. 604 setzt ihn indirekt durch die Jahresangabe 1049 mit Papst Leo IX. gleich (vgl. Dement'ev 1883, S. 85; 1041 ist ein Druckfehler).

60a Vgl. Dement'ev 1883, S. 84f. Als im 16. Jh. die Sitte, sich den Bart zu rasieren, vom Westen nach Rußland kam, nahm die Kirche „sogleich den Kampf dagegen auf" (Hildebrandt 1965, S. 119f., Anm. 17), bis sie schließlich von Peter d. Gr. den Bürgern zur Pflicht gemacht wurde (vgl. Hauptmann 1963, S. 43; Pleyer 1961, S. 162f.).

60b Vgl. Mt. 24,38f.; am Rand ist dagegen Lk. als Quelle angegeben, wo dieser Passus aber fehlt.

61 Vgl. die mehr praktisch ausgerichtete Warnung vor Trunkenheit im Domostroj, Kap. 15 (s. Nieß 1971, S. 59f.); s.a. Hildebrandt 1965, S. 128, Anm. 81.

61a Vgl. Bojan, S. 579, Anm. 444.

62 Vgl. das Vorwort zur Kn. (4b,21f.): man müsse die Unterschiede kennen!

63 Dies 2. Kriterium hängt engstens mit dem zuvor behandelten des Alters zusammen und ist ebenfalls formaler Natur; es hat die Aufgabe, die Tradition, d.h. die alte Tradition fixiert zu bewahren und deren Wahrheit zu garantieren. Die Beispiele zum Kriterium des Alters hätten deshalb auch unter dem der Unveränderbarkeit abgehandelt werden können. Außerdem darf nicht aus dem Blick geraten, daß die formalen und materialen Kriterien erst in ihrer Gesamtheit ein richtiges Bild von Tradition und Glaube geben, nicht aber einzeln für sich genommen, wie das anhand der Beispiele scheinen könnte. Deshalb ist es für unsere Fragestellung bedeutungslos, unter welchem Krtierium inhaltliche Aussagen, d.h. Glaubensanschauungen der Kir.kn. und der Kn., hier behandelt werden; aber einige Lehren lassen sich an einem bestimmten Kriterium besser darstellen als an anderen, je nachdem, ob das eine oder andere Kriterium mehr in den Vordergrund tritt.

64 Warum nur der orthodoxe Glaube sich Glaube nennen darf, hängt nicht nur vom Kriterium der Unveränderbarkeit ab, wie die Argumentation in Kap. 46 der Kir.kn. (505a–505b) zeigt, wo als Kriterium die Präsenz und Wirksamkeit der Gaben des Hl. Geistes genannt wird (s.u., S. 161).

65 Homilie 11,4 (zu Eph. 4) = MPG 62,86.

66 Gemeint ist das 7. Ökum. Konzil von Konstantinopel (= Nizänum II, 787), das zur unveränderten Bewahrung der Tradition (wie zuvor schon Kanon 1 des 4. und Kanon 2 des 6. Ökum. Konzils – gemeint ist das Quinisextum, das in der Ostkirche als Fortsetzung des 6. Ökum. Konzils verstanden wird –, s. Mansi 7,357C; Mansi 11,941A–B; vgl. Lauchert 1896, S. 89 u. 102) Stellung genommen hatte: Act. VII und VIII (Mansi 13,397D und 416D; vgl. a. Kir.kn. 371b; Schultze 1963, S. 69), Kanon 1 (s. Mansi 13,417C–420A; vgl. Lauchert 1896, S. 139f.; Conciliorum 1962, S. 114f., dort auch das 4. Anathema: „Ei tis pasan paradosin ekklēsiastikēn eggrafon ē agrafon athetei, anathema estō", und S. 110 im Horos; Mansi 13,416D; 376C).

67 Vgl. Spr. 9,1; s. dazu Schultze 1963, S. 58, 220, 317.

68 Vgl. Kanon 2 des Quinisextums (Mansi 11,941A–B).

69 Der griech. Text lautet: „wenn wir alle auferstehen und vor dem schrecklichen Thron stehen werden" (Documente, S. 416).

70 Das Wort fehlt im griech. Text; zum Ausdruck „gott-tragend" s. Schultze 1963, S. 320.

71 Im griech. Text: „und wie alle wissen" (Documente, S. 416).

72 Malvy-Viller 1927, S. 81f.

73 Homilie XV,8 (zu Mt. 5,16) = MPG 57,234 (zit. nach der deutschen Übersetzung in BKV 23, S. 259f.); ein Satz ist ausgelassen.

74 Spr. 22,28; vgl. Johannes Damascenus in seinen drei Bilderreden (Or. I,22 = MPG 94,1256A; Or. II,12 = MPG 94,1297B; Or. III,41 = MPG 94,1356C) und in De fide orth. I,1 (= MPG 94,792A); Joh. Chroysostomus, Hom. in Seraphim VI (= MPG 56,136); vgl. a. Schultze 1963, S. 106, 323.

75 Vgl. Joh. Damascenus, De fide orth. IV,11 (MPG 94,1128B).

76 Z.B. im 28. Kap. der Kn., wo die Unterschiede gegenüber Rom aufgezählt werden. Die kirchenpolitisch viel entscheidendere und brisantere Frage des Primats wird erst an 3. Stelle genannt, nach Filioque und Azymenstreit (vgl. die Übersicht bei Mychalskyj 1967, S. 124f.). Zur Geschichte des Filioque-Streits s. Evdokimov 1959, S. 138; Beck 1959, S. 306–317; Gordillo 1950, S. 101–112. Auf den Gesamtverlauf der Debatte ist hier nicht näher einzugehen, die oft und ausführlich von anderen behandelt worden ist.

77 Vgl. dazu Malvy-Viller 1927, S. 128; Istina 17, 1972, S. 257–467 (11 Texte zum Thema Filioque unter dem Obertitel „La procession du Saint Esprit"); Filaret 1972.

78 Interessant ist dazu Karl Barths Meinung, daß die Weigerung der Orthodoxen, das Filioque anzuerkennen, weitreichende theologische Konsequenzen gehabt habe; das Fehlen des Filioque öffne der Spekulation weitesten Raum und fördere die Gefahr des Tritheismus (Barth 1964, S. 502–507).

79 MPG 102,629D–632A.

80 Im griech. Text: „septōn mystēriōn".

81 MPG 102,656B–C.

82 Aber auch Maksim setzt mit der Überschrift bereits den Akzent auf die Unveränderbarkeit. „Was Maksim im tiefsten als Theologen charakterisiert ist sein Streben nach Überlieferungstreue" (Schultze 1963, S. 355). B. Schultze SJ hat sich sehr ausführlich gerade mit Maksim Greks Stellungnahme zum Filioque auseinandergesetzt, geht aber zuweilen mit erzwungen wirkenden Fragestellungen an die orthodoxe Theologie heran.

83 Zander 1957, S. 129.

84 Übersetzung nach Schultze 1967, S. 40; vgl. Schultze 1963, S. 168.

85 Zander 1957, S. 129.

86 Vgl. den Aufbau von Kap. 8 der Kir.kn. und Kap. 4 der Kn.! In der Kir.kn. werden folgende Schriftstellen zitiert: Mt. 12,32/Mk. 3,29; Joh. 15,26; Apg. 1,4.8; 2,4.33/Lk. 24,29; Tit. 3,5f. Die Reihe der Väterbeweise wird von Ps.-Dionysius angeführt, es folgen: die Presbyter und Diakone von Achaia (s. Mychalskyj 1967, S. 110, Anm. 3), Justin, Kyrill von Jerusalem, Gregor von Nazianz, Basilius d. Gr., Athanasius d. Gr., Gregor von Nyssa, Epiphanius von Zypern, Johannes Chrysostomus, Ps.-Kyrill von Alexandrien und Ps.-Anastasius von Antiochien (vgl. Kap. 48 der Kir.kn.), Kyrill von Alexandrien, Theodoret von Kyros, Johannes Damascenus, Theophylakt von Ochrid (im Text, 131b,8f., fälschlich als Theophylakt von Nikomedien bezeichnet – über ihn s. Beck 1959, S. 563), Andre-

as von Cäsarea, Severian von Gabala (s. dazu Schultze 1963, S. 113, 323f.). Unterbrochen wird diese Reihe durch Verweise auf die 7 Ökum. Konzile: das Nizänum und das Nizänokonstantinopolitanum, Kan. 7 von Ephesus, Kan. 1 von Chalkedon, Kan. 1 des Quinisextums (s. dazu Beck 1959, S. 42 und 142), Kan. 1 des 2. Nizänums (Konstantinopel 787).

87 Gal. 4,6/Röm. 8,15; Röm. 8,9.

88 Zit. Theophylakt, Ennaratio in Ev. Joannis III,31–34 (MPG 123,1224B). Über ihn sagt Mychalskyj 1967, S. 111, Anm. 10, daß er nichts von der Lehre der Väter habe und ganz Photianer sei!

89 Mychalskyj 1967, S. 110.

90 S. Malvy-Viller 1927, S. 42f.

91 Mychalskyj 1967, S. 111.

92 Über Leo III. und das Glaubensbekenntnis s. Malvy-Viller 1927, S. 128f.; Mychalskyj 1967, S. 81; Schultze 1963, S. 86–89.

93 A. Malvy spricht in seiner „Conclusion" von der generellen „tendence conciliatrice" der CO Mogilas. Das zeige u.a. die Tatsache, daß Mogila ganz auf die sonst in der griechischen Polemik übliche Aufzählung der rituellen Unterschiede zu den Lateinern (wie sie z.B. im 28. Kap. der Kn. steht), die Kainotomiai, verzichtet. „Cette preuve de goût et de doctrine montre jusque'à quel point la formation latine avait pénétré Moghila de sérieux et d'esprit théologique" (Malvy-Viller 1927, S. 187). Die einzigen wirklich betonten und bekämpften Unterschiede seien nur der Primat des Papstes und das Filioque, und nur scheinbar das Fegefeuer.

94 Ebd., S. 43.

95 Ebd., S. 42; Mogila zitiert Ps.-Athan., Qu. 4 (MPG 28,177B).

96 Vgl. ebd., S. 128.

97 S. Conciliorum 1962, S. 54. Kanon 7 findet sich nicht in allen Handschriften (s. Lauchert 1896, S. XXIV f.); bei Mansi nur Kanon 1–6. In der Sammlung von Zonaras und Balsamon werden 8 Kan. gezählt und aufgeführt; Kan. 7 bei Mansi unter Acta VI = Mansi 4,1361D–1364B.

98 Steht nicht in Kan. 7.

99 Da sich Kan. 7 nur auf Nizäa bezieht, habe er mit einer Ergänzung zum Nizänokonstantinopolitanum, wie sie das Filioque darstellt, gar nichts zu tun und könne sie also auch nicht verbieten, argumentieren A. Malvy und M. Viller (Malvy-Viller 1927, S. 4, Anm. 2; S. 132f.). Zu den Kirchenstrafen vgl. Beck 1959, S. 78.

100 Vgl. Conciliorum 1962, S. 63; Mansi 7,357C; Lauchert 1896, S. 89.

101 Das 5. und 6. Ökum. Konzil erließen keine Kanones (vgl. Lauchert 1896, S. XXV f.; Pēdalion 1957, S. 212, 214), aber das Quinisextum erkannte in seinem 1. und 2. Kanon die vorangegangenen Konzile und deren Beschlüsse an (s. Mansi 11,936B–941B; Lauchert 1896, S. 97–102; Pēdalion 1957, S. 217–220).

102 Vgl. Mansi 11,936B–E; Lauchert 1896, S. 98.

103 Vgl. Mansi, 13,417E; Lauchert 1896, S. 140; Conciliorum 1962, S. 114f.; Pēdalion 1952, S. 322.

104 Kyrills Katechese 16,2 (MPG 33,920A); die lat. Version (ebd., 919A) lautet: „Dicamus igitur nos de Spiritu sancto ea tam quae scripta sunt ... nam quae ille non dixit, nos non audemus" (vgl. a. Kir.kn. 134b,11–13).

105 Gemeint ist ein von Szymon Budny hrsg. Katechismus „für die einfachen Leute in russischer Sprache", Neswiecz 1562 (vgl. Kartašev 1959–1, S. 584). Über Budny s. St. Kot, Szymon Budny, der größte Häretiker Litauens im 16. Jahrhundert = Studien zur älteren Geschichte Osteuropas, I. Teil, red. von G. Stökl, Graz und Köln 1956, S. 63–118. Siehe auch J. Tazbir, Antytrynitarizm na ziemiach ukraińskich w XVII wieku (= Z polskich studiów slawistycznych, Ser. 4 Historia, Warszawa 1972.

106 Über die Legenden um Papst Formosus (891–896) s. Hergenröther 1869, S. 160f., 168, 179; Chronograf, S. 103.

107 Anspielung auf die Einführung des ungesäuerten Eucharistiebrotes; vgl. Kn. 192b; vgl. a. Schultze 1963, S. 277; Beck 1959, S. 318f.; Hergenröther 1896, S. 64 (Contra Francos, 2), S. 168 (De latinorum rursus causa, 9).

108 Gegenpapst (903–904); vgl. ebenfalls Hergenröther 1869, S. 161f., 168, 180.

109 Anspielung auf die Kreuzzüge und die Plünderung Konstantinopels durch die Kreuzfahrer 1204 (vgl. Kn. 193a–194a).

110 Vgl. a. Kap. 18 und 21 der Kn.; Mychalskyj 1967, S. 78–82 (gibt S. 82, Anm. 36, S. 41, Anm. 30 auch die Quellen an). In Kap. 21 (188a–188b) heißt es, zwei Häresien seien für das Schisma zwischen Ost und West verantwortlich: 1. sei Papst Leo III. schuld an der Spaltung des Reichs (Kaiserkrönung Karls d. Gr. 800) und damit auch der Kirche (s. u., S. 166), 2. habe Papst Silvester II. (999–1003) das Filioque eingeführt (während in dem zitierten Text der Kir.kn. Christophorus genannt wird).

111 Vgl. den griech. Text in Documente, S. 423, Z. 2–11.

112 Am Rand wird auf Hebr. 2,4 verwiesen, aber der Zusammenhang legt Röm. 15,19 nahe.

113 Kap. 38; vgl. Documente, S. 416.

114 Als das Interesse an der Absicherung des Glaubens als formulierbarer „gesunder" Lehre (2. Tim. 4,3) überwiegt, wird er nicht mehr so sehr in der dialektischen Spannung des gleichzeitigen Schon und Noch-nicht gesehen. Die Predigt des gekreuzigten und auferstandenen Herrn wird zur gesunden Lehre, zum Garanten des Heils, die es nun nur noch unverändert zu bewahren gilt. Alle Punkte, die wir bei der Analyse der Kir.kn. und Kn. im Blick auf das Kriterium der Unveränderbarkeit der Tradition berührt haben, tauchen schon 2. Tim. 3 und 4 auf: schriftliche Lehre, Unveränderbarkeit, menschliche Vernunft, Ethik, Eschatologie, Verfolgung. Die Zeiten haben sich geändert, die Front ist eine andere geworden und so auch die Argumentation, aber – man bleibt konservativ, um der Kontinuität des Glaubens willen, der ein grundlegendes Bleiben der Kirche in der Wahrheit entspricht. Ein guter, ein notwendiger Konservatismus? Was ist, wenn alte Formeln mit Irrtümern verbunden sind? Und was ist, wenn die bloße Wiederholung alter Formeln heute nichts mehr sagt? Überlieferungstreue hat es doch schließlich mit dem lebendigen Wirken des Hl. Geistes zu tun.

115 Tradition 1963, S. 44; der Bericht zitiert Florovskij 1960.

116 Evdokimov 1959, S. 195ff.

117 Tradition 1963, S. 44f.

118 Ivan IV. Groznyj: eine bloße Neuauflage längst verdammter alter Häresien; vgl. Müller 1951, S. 27.

119 Vgl. ebd., S. 19.

120 Luther wird hier als Kardinal ausgegeben!

121 Das Wort „ljutor" wird mit der Wurzel „ljut" (wild, grausam) in Verbindung gebracht.

122 Vgl. Hebr. 4,16: parrēsia.

123 Mit dem 7. Ökum. Konzil, dem letzten gemeinsam als ökumenisch anerkannten, war die dogmatische Entwicklung der Ostkirche gewissermaßen zum Abschluß gekommen.

124 Eine Korrektur dieser schroffen Position ist in gewisser Weise der Palamismus, der die Erfahrbarkeit Gottes (seiner Energien) behauptet trotz Festhaltens an der apophatischen Theologie (vgl. dazu Beck 1959, S. 712ff.; Schultze 1963, S. 336–339).

125 S. den Horos des 7. Ökum. Konzils (Mansi 13,377C–380A; Conciliorum 1962, S. 112).

126 S.u., S. 225, Anm. 141.

127 Diesen Vorwurf machten ihnen die Bilderstürmer, indem sie die Orthodoxen verspotteten: „Davor betet ihr und bringt euer Opfer dar, ihr Russen mitsamt den Griechen, nachdem ihr auf das Holz ein Bild gemalt habt und es dann Gott nennt" (Kir.kn. 155a,19–23).

128 S.u., S. 139.

128a S. Benz 1949, S. 34–58; Runciman 1970, S. 236–239; H. Petri, Jakobus Basilikus Heraklides, Fürst der Moldau, seine Beziehungen zu den Häuptern der Reformation in Deutschland und Polen und seine reformatorische Tätigkeit in der Moldau = ZKG NF 9, 1928, S. 105–143.

129 Sogar der bürgerliche Kalender wurde in der UdSSR erst am 1./14. Februar 1918 auf den Gregorianischen Kalender umgestellt.

130 S.o., S. 41.

131 Vgl. Conciliorum 1962, S. 2f., Anm. 6; Mansi 2,639C–D.

132 Auch die protestantischen Länder übernahmen nicht sofort den neuen Kalender (manche erst im 18. Jh.), was aber eher politische Gründe hatte.

133 Onasch 1960, Sp. 1710.

134 Der Gregor. Kalender stimmt in der Tat „nur" für einen Zeitraum von 3000 Jahren, aber das ist nicht schon „morgen".

135 Vgl. a. 438a,2: „neoterizmov"; d.h. es handle sich um unerlaubte und unnütze Neuerungen, wenn man das, was gut ist, verbessern wolle.

136 Vgl. Učenie 1959, S. 8.

137 S. Funk 1905, S. 566; Mansi 1,29D; Lauchert 1896, S. 1 (dort Kan. VIII); Učenie 1959, S. 28.

138 Meletios spricht natürlich vom Umlauf der Sonne um die Erde, da die „Kopernikanische Wende" zum heliozentrischen Weltbild noch ausstand (Kopernikus hat es schon seit etwa 1540 vertreten). Zur Geschichte der Osterfestberechnung s. die Art. „Chronologie IV. Christliche Zeitrechnung" (RGG 1, Sp. 1814–1818); „Ostern" (RGG 4, Sp. 1735–1738); Šubev 1968, S. 20ff.; zur Kalenderfrage s. L. Voronov, Kalendarnaja problema. Ee izučenie v svete rešenija Pervogo Vselenskogo Sobora o paschalii i izyskanie puti k sotrudničestvu meždu Cerkvami v ėtom voprose = Bogoslovskie trudy 7, 1971, S. 170–203; D. P. Ogickij, Kanoničeskie normy pravoslavnoj paschalii i problema datirovki Paschi v uslovijach našego vremeni = Bogoslovskie trudy 7, 1971, S. 204–211.

139 Danach hätte er sich aber von 325 bis 1582 nur um 4 Tage verschoben, während er immer noch um weitere 6 Tage hinter der Realität zurückblieb.

140 Nur wenn die Juden ihr Passahfest am Julianischen Kalender orientieren, während das Osterfest nach dem Gregor. Kalender berechnet wird, kann es dazu kommen, daß Ostern vor Passah fällt. Wenn nämlich die Juden ihr Passah nicht vor dem 14. März feiern, der nach dem neuen Kalender im 17. Jh. aber auf den 24. März fiel, ist dies möglich (denn Ostern kann nach den festgelegten Begrenzungen frühestens am 22. März – und das wäre dann vor dem 24./14. März – und spätestens am 25. April gefeiert werden (vgl. Golubinskij 1892–D, S. 85). D. Golubinskij weist (ebd.) auch darauf hin, daß es sogar passieren könne (1903 und 1927; und 1602, 1609, 1805 und 1825 passierte), daß Ostern mit dem Passahfest auf den gleichen Tag falle, weil nämlich nach den neuen Ostertabellen der 1. Frühlingsvollmond manchmal auf ein Datum falle, das gegenüber dem tatsächlichen Vollmond um einen Tag zu früh sei, während die Juden diesen Fehler in ihrer Berechnung nicht begingen (d.h. wenn der Vollmond nach der neuen Berechnung auf einen Samstag fällt und Ostern dann auf den folgenden Sonntag, während der Vollmond wirklich auf den Sonntag fällt und die Juden dann ebenfalls Passah feiern). Zu diesem Problem des Epaktenzyklus s. Meyer 1957, Sp. 1817.

141 Vgl. Mychalskyj 1967, S. 124f., der aber die drei letzten Artikel unterschlagen hat.

142 Z.B. feierten 1892 Ost und West am gleichen Sonntag Ostern (vgl. Golubinskij 1892–D, S. 73 und 82), in jüngster Zeit 1960 und 1974.

143 Die Stelle lautet aber: „Festzeiten und Gesetz".

144 Lilov 1858, S. 138, Anm.

145 Joh. 11,33?

146 Das Wort „pravda" hat die Doppeldeutung „Wahrheit"/„Gerechtigkeit".

147 Vgl. Joh. Damascenus, 1. Bilderrede: „Wohl stünde es ihm besser an, ... immerdar zu schweigen und Gott seine Sünden zu bekennen ... Aber alles zu seiner Zeit. Jetzt das Wort zu ergreifen, ist ein Gebot der Stunde" (MPG 94,1232, zit. nach BKV 44, S. LXVIII).

148 „Auferstehungstag, erstrahlen wir, Leute, Ostern, das Ostern des Herrn! Vom Tod zum Leben und von der Erde zum Himmel hat Christus, der Gott, uns geführt."

149 Adversus Eunomium I (MPG 29,497A–500A).

150 Unija al-bo vyklad prednejšych ar-tykulov, ku z-odnočen'ju Grekov s kostelom Rymskim naležaščych, Wilno 1595 = RIB 7, Sp. 111–168; hier Sp. 118.

151 In Florenz war es um folgende 5 dogmatische Kontroversfragen gegangen: 1. Filioque, 2. Primat, 3. Fegefeuer, 4. Seligkeit der Heiligen im Himmel, 5. Ungesäuertes. Neu hinzu kamen in Brest die Kalenderfrage und die Antichristlehre, aber man war nun von katholischer Seite bei den Punkten 4 und 5 von Florenz zu Konzessionen gegenüber den Orthodoxen bereit (vgl. Waczyński 1938, S. 456).

152 Ammann 1945, S. 139.

153 Vgl. Chrysostomus 1957, S. 106. Zu den von den Altgläubigen beanstandeten Änderungen Nikons gehört auch der Text des Jesusgebets (vgl. ebd., S. 105f.), wobei sie sich auf die in der Kir.kn. (552b,1f.) zitierte Version berufen konnten.

154 Talyzin 1969, S. 222 (deutsche Übersetzung zitiert nach Tradition 1961, S. 14f.). Das Verhältnis von Schrift und Tradition wird von Petr Mogila am Anfang seiner Confessio Orthodoxa ebenso bestimmt. Auf die erste Frage „Was ist der Glaube?" gibt er dessen Quellen an. Schrift und Tradition sind gewissermaßen zwei gleichberechtigte („partim ... partim"; ursprünglich sollte es so auch im Tridentinum heißen, vgl. Ebeling 1962, Sp. 978) Schwestern: „denique etiam omnes articulos fidei orthodoxocatholicae, a Christo Domino per Apostolos traditos atque in synodis oecumenicis declaratos et approbatos integre tenere et absque dubio prout in illis praecipiter credere, Apostolo innuente ... [es folgen zit. 2. Thess. 2,15 und 1. Kor. 11,2]. Ex quibus uerbis patet quod articuli fidei partim ex Sacra Scriptura approbationem et authoritatem suam desumant, partim ex traditione ecclesiastica ac doctrina conciliorum et sanctorum Patrum". Mogila zitiert dann Ps.-Dionysius (De eccl. hier. I,1 = MPG 3,376) als einen Beleg für die Abhängigkeit von schriftlich fixierter und nicht schriftlich fixierter apostolischer Tradition („mediante uerbo corporeo quidem") und führt fort: „Dico, inquit, sunt dogmata quaedam per scripturam tradita, et continentur in libris theologicis ...; quaedam vero dogmata sunt, quae oretenus tradita sunt ab Apostolis et sanctis Patribus. Atque in illis duobus fides fundata, nec tantum in reconditio cordis manere debet, uerum remoto omnio dubio et timore, eandem ore praedicandam ac confitendam fore necessum est, prout Psaltes loquitur: Credidi, propter quod locutus sum. Et nos credimus, propter quod et loquimur" (Ps. 116,10 nach LXX; 2. Kor. 4,13; Malvy-Viller 1927, S. 3f.).

155 Vgl. Talyzin 1969, S. 222; Tradition 1961, S. 15.

156 Filaret 1972, S. 55f.

157 Florovskij 1960, Sp. 1473.

158 Vgl. Joh. Damascenus, De fide orth. 4,17. „Johannes ist ein feuriger Verehrer der heiligen Schriften ... Ausgehend von 2 Tim. 3,16 empfiehlt er in begeisterten Worten die Lektüre und das Studium der Hl. Schrift" (D. Stiefenhofer in BKV 44, S. LIVf.).

159 So ist es auch Joh. Dam. in seinem Werk De fide orth. „überhaupt nicht darum zu tun ..., die Glaubenslehren ausführlich aus der Hl. Schrift zu beweisen" (ebd., S. XXXIII).

160 Florovskij 1960, Sp. 1473.

161 So schon Hippolyt: ekklēsiastikon fronēma (vgl. Wickert 1962, Sp. 975).

162 Ebeling 1962, Sp. 978.

163 Vgl. Malvy-Viller 1927, S. 170.

164 A. I. Lilovs Behauptung, der Redaktor der Kir.kn. habe aus Unaufmerksamkeit bei Ez. statt 48 nur 14 Kap. angegeben (Lilov 1858, S. 21), trifft für die Ausgabe der Kir.kn., die dieser Dissertation zugrunde liegt, nicht zu. Hinter Lilovs Eifer, Fehler in der Kir.kn. nachzuweisen, steht sein polemisches Interesse: „Vot kakoj mrak sueverij, lži i basnej pokryval Rossiju pred pojavleniem temnago raskola" (ebd., S. 20, Anm. 3)!

165 BKV 44, S. 233. Trotzdem bezeichnet Joh. auch diese Bücher wiederholt als „Göttliche Schriften" (vgl. D. Stiefenhofer, ebd., S. CXI).

166 Funk 1905, S. 593. Das Trullanum von 692 (Quinisextum) hatte sich damit in der Kanonfrage gerade nicht festgelegt, da es selbst kein neues Verzeichnis

aufstellte und nur auf ältere, sich teils widersprechende Listen verwies (Kan. 2, s. Mansi 11,940B–941B; Lauchert 1896, S. 101; vgl. dazu auch die Kommentare im Pēdalion 1957, S. 111ff., Anm. 1).

167 Vgl. Jes. 7,13f. Die Bibelzitate werden meist aus dem Gedächtnis zitiert und gehen beim AT auf die LXX zurück, die der kirchenslawischen Übersetzung zugrunde liegt.

168 Neben Weish. 12,10 das zweite „apokryphe" Zitat.

169 Luther: „das gottselige Geheimnis".

170 Das entsprechende Kap. folgt erst nach zwei aus einer anderen Quelle eingeschobenen Kapiteln, deren erstes der Redaktor der Kir.kn. wohl nur aus dem Grunde hier anhängen zu müssen glaubte, weil es ihm zur Verfügung stand und zum gleichen Thema erheblich mehr Schriftbeweise bringt.

171 Sie werden in der Kir.kn. mit den sog. Wiedertäufern gleichgesetzt, die ebenfalls die Kindertaufe ablehnten. Ihre vom Humanismus bestimmte Kritik förderte das Interesse an einem strengen Monotheismus, so daß häufig auch die Gottheit Jesu verworfen wurde. Mit dem Namen „Trinitarier" hatte 1546 M. Servet herabsetzend die herrschenden Normaltheologen bezeichnet. Der für die Antitrinitarier ebenfalls gebräuchliche Name „Unitarier" ist von P. Melius gegen den Siebenbürger F. Davidis geprägt worden. Neben Budny und Čechovič erschien den Orthodoxen vor allem Jakobos Heraklides Basilikos Despota als „Häretiker". „Seine eigene Form christlicher Verkündigung kommt auf Grund seiner Beziehungen zu den polnischen Antitrinitariern als ‚Wilnaer Gottlosigkeit' in Verruf. Seine Zuneigung zu den Sozinianern hat schließlich dazu geführt, daß er gar als Atheist verschrien wurde, dem ‚nichts heilig ist', und der willkürlich alte religiöse Gebräuche und Sitten abschaffe und neue einführe" (Benz 1949, S. 53; s. dazu A. Pirnát, Die Ideologie der Siebenbürger Antitrinitarier in den 1570er Jahren (übers. von E. Roth), Budapest 1961; L. M. Pákozdy, Der siebenbürgische Sabbatismus. Seine Entstehung und seine Entwicklung vom Unitarismus zum Judentum sowie sein Untergang. Franz Delitzsch-Vorlesungen 1969 (hrsg. von K. H. Rengstorf), Stuttgart 1973.

172 Vgl. Golubev 1876, S. 367–369.

173 Vgl. a. Kir.kn. 37b, wo es heißt, die Lateiner verdunkelten das vollkommene Opfer Christi durch die Einführung des Symbols der Sklaverei in Ägypten, um an die Stelle des Heiligen „Lüge und Wahrheit" zu setzen (s.u., S. 167). Zum Azymenstreit s. Beck 1959, S. 318f.: „Die Kontroverse wurde ausgelöst durch ein Schreiben des Metropoliten Leon von Achrida an den Bischof Joannes von Trani in Unteritalien." Jedenfalls läßt sich Papst Alexander II. nicht für die Einführung ungesäuerten Brotes beim Abendmahl verantwortlich machen, da das obengenannte Schreiben schon 1053 verfaßt wurde. Zum Streit von der historischen und dogmatischen Seite her s. Gordillo 1950, S. 168–174, dort auch Literatur; Dokumente dieses Streits sind z.B. der Traktat des Nikētas Stēthatos (Hergenröther 1869, S. 139–154) und der Dialog des Kardinals Humbert (Will 1861, S. 93–126). Vgl. a. Beck 1959, S. 534; Porfir'ev 1886, S. 371.

174 Mychalskyj 1967, S. 113 (verweist dort auf das Concilium Tridentinum, sessio 21, cap. 1, § 2).

175 Vgl. ebd., S. 112.

176 Runciman 1970, S. 226f.
177 An den Schriftbeweis schließen sich drei Väterzitate zur Bestätigung an (Basilius d. Gr., Ps.-Anastasius, Joh. Climacus).
178 Erst in der 1956 revidierten Fassung des NTs der Lutherbibel heißt es richtiger: „gehet hin und machet zu Jüngern alle Völker".
179 Vgl. Runciman 1970, S. 226f. Auch Petr Mogila, der in der Confessio Orthodoxa (I,66) die Existenz des Fegefeuers ablehnte, war im Gegensatz zu Meletios Syrigos zu dem Kompromiß bereit, es – ohne das Moment des materialen Leidens einer Reinigung durch Feuer – zuzugestehen. In einem Bericht des dänischen Leibarztes des Basil Lupul (Hospodar der Moldau), J. A. Scogardi (Skågard), vom 6.11.1642 über die Synode von Jassy (s. dazu a. Stupperich 1971, S. 72) heißt es, daß in der Frage des Fegefeuers die Meinung des diskutierten „Buches" von Mogila mit der Roms übereinstimme: „che credono darsi il terzo dell'anima dopo la morte, distinto dal paradiso e inferno, cioè purgatorio; ma non con fuoco come li nostri hanno determinato" (Malvy-Viller 1927, S. 163; vgl. ebd., S. 39f.). Zum Streitpunkt des Fegefeuers s.a. Beck 1959, S. 320; Gordillo 1950, S. 187–195; Schultze 1963, S. 296–304 (zu Maksim Greks Ablehnung des Fegefeuers). Vgl. a. unten, S. 164f.
179a Ironisch gemeintes Wortspiel mit čistec (reinigendes Feuer) und čistitisja (am Rand: mučitisja-gepeinigt werden).
180 Vgl. Golubev 1876, S. 143, Anm. 3 (gibt jedoch fälschlich als Quelle die Kir.kn. an).
181 Ps.-Athanasius, Antwort 21 auf die Fragen des Fürsten Antiochus (MPG 28, 610C).
182 Ebeling 1962, Sp. 978.
183 Wickert 1962, Sp. 975.
184 Ebeling 1962, Sp. 981.
185 Tradition 1963, S. 45.
186 Runciman 1970, S. 323f.
187 De fide orth. 4,16 (MPG 94,1172C–1173A); vgl. a. Oratio I,23 (MPG 94, 1256B–C).
188 Vgl. D. Stiefenhofer in BKV 44, S. LIII; Müller 1950, S. 91.
189 Hamman 1967, S. 132f.
190 S. darüber vor allem Studer 1956.
191 Adam 1965, S. 369.
192 Vgl. D. Stiefenhofer in BKV 44, S. XXIV. Die Einteilung in 4 Bücher geschah wahrscheinlich im Westen analog zu den 4 Sentenzen-Büchern des Petrus Lombardus (vgl. ebd., S. XXVII).
193 Ebd., S. XXXIII.
194 Beck 1959, S. 480.

*2.1.2.2.1. Die „Väterliste"*

1 Von Ps-Dionysius, dem „großen Unbekannten" (um 500) aus Syrien (vgl. Altaner 1963, S. 466–470), waren den Orthodoxen die Hauptwerke auch in kirchenslawischer Übersetzung bekannt, so daß unter der Bezeichnung „das Buch"

seine Werke zu verstehen sind (vgl. Čiževskij 1948, S. 400; Drevnerusskie, S. 88; Schultze 1963, S. 125f.).

2 Gemeint ist der hl. Hierotheos, der Lehrer des Ps.-Dionysius (vgl. Beck 1959, S. 615).

3 Entweder handelt es sich um einen Abschreibfehler des ersten Worts (Vasilij wegen des folgenden Vasilij, statt Dionisij – der Märtyrer Dionysius von Paris, den die Legende mit Ps.-Dionysius gleichsetzte, vgl. Altaner 1963, S. 467) oder um einen Abschreibfehler (Hörfehler?) des zweiten Worts (Parijskij statt Kesarisjskij – d.h. Basilius d.Gr.). Unter dem Namen des Vasilij Kesarijskij begegnet in Handschriften die Povest' o prel'ščennom otroke (vgl. Malyšev 1965, S. 40).

4 Basilius von Emesa, angeblicher Neffe und Verf. der Vita des Bischofs Theodor von Edessa, der in der 1. Hälfte des 9. Jh.s. gelebt haben soll (vgl. Beck 1959, S. 583; Profir'ev 1858, S. 186, Anm. 2 – die angegebene Seitenzahl 188 ist ein Druckfehler). „Amasijskij" (von Amaseia – s. darüber Beck 1959, S. 166f.) versetzt diesen Basilius dagegen nach Amaseia.

5 Hippolyts „De antichristo" (s. Altaner 1963, S. 148) war als Slovo bzw. Skazanie ob antichriste i vtorom prišestvii Christove schon in Handschriften des 11./12. Jh.s verbreitet (vgl. Porfir'ev 1886, S. 323, Anm. 1; Malyšev 1965, S. 67).

6 Von Silvester sind keine echten Schreiben erhalten (vgl. Altaner 1963, S. 317); gemeint ist hier die Silvesterlegende von der Taufe Konstantins (vgl. Chronograf, S. 84–86; dort auch ein „Streitgespräch Silvesters mit dem Juden Zamvrij").

7 Die Rede über das Fasten gehört zu den etwa 23 Reden, die als echt anerkannt werden können (Altaner 1963, S. 261). Eine Handschrift von 1492, in der sich die Slova postničeskie neben der Vita des Basilius befinden, s. Malyšev 1965, S. 164.

8 18 Ps.-Homilien sind überliefert, davon etwa 13–15 echt; Kommentare bzw. Homilien zu den Evangelien und dem „Apostel" sind nicht überliefert. Mit „Evangelie" ist das Buch gemeint, das den vollständigen Text der vier Evangelien enthält, sog. Četvero-Evangelie, zu unterscheiden vom sog. Aprakos-Evangelium, das als liturgisches Lektionar nur die Evangelien in der nach dem Kirchenjahr festliegenden Reihenfolge in ausgewählten Perikopen enthält; mit „Apostol" ist das Buch gemeint, das sowohl die Apg. als auch die Episteln enthält (vgl. Gudzij 1959, S. 25).

9 Damit können nur die 23 überlieferten „Reden, thematische Predigten und Lobreden auf Märtyrer", gemeint sein, zu denen auch die schon erwähnte Rede über das Fasten gehört (s. Altaner 1963, S. 261).

10 Die 9 Homilien über die 6 Schöpfungstage (Šestodnevec) genossen schon im Alten Rußland breite Popularität und dienten im Osten lange als Grundlage der christlichen Ontologie.

11 Die aus dem 8. Jh. stammende Vita S. Basilii wurde fälschlich seinem Zeitgenossen Amphilochios von Ikonion zugeschrieben (eine lateinische Übersetzung siehe MPG 29, CCXCIV–CCCXVI).

12 „Die bedeutendste dogmatische Schrift sind die 3 Orationes contra Arianos (um 335 oder 356ff.) ... Später wurde dem Werk eine von einem Anonymus verfaßte 4. Oratio angehängt" (Altaner 1963, S. 243).

13 Es sind nur „Bruchstücke exegetischer Werke bekannt" (ebd., S. 245), darunter eine allegorische Ps.-Erklärung.

14 Über Athanasius zugeschriebene Predigten s. ebd.

15 Die „Apologia contra Arianos (mit reichem Aktenmaterial) berichtet (um 357) über die Verhandlungen und Entscheide der voraufgegangenen Synoden" (ebd., S. 244).

16 Exegetische Schriften Gregors von Nazianz sind unbekannt.

17 Zu seinen 45 Reden (von denen die 35. unecht ist), die dogmatische Predigten und panegyrische Reden darstellen, s. ebd., S. 268 (die Handschrift eines Sborniks mit Worten Gregors, die aus dem 16. Jh. stammt, s. Malyšev 1965, S. 88). Seine Reden wurden schon im 9./10. Jh. ins Kirchenslawische übersetzt. Von Konstantin (Kyrill, „Slawenapostel") heißt es, er habe sie sogar auswendig gekannt. Die älteste bekannte Handschrift (11. Jh.) enthält 13 ausgewählte Reden, darunter die Grabrede auf Basilius d. Gr. und eine Rede gegen Julian Apostata. Aus dem 12. Jh. ist die Abschrift eines Gedichts („Bogoslov'ca ot sloves") bekannt, das im Izbornik von 1073 zu den kanonischen Büchern der Hl. Schrift gezählt wird.

17a Über ihn s. Altaner 1963, S. 187f.

18 S. dazu ebd., S. 291f., und das Register bei Malyšev 1965, S. 206 (unter dem Wort: Ioann Zlatoust); außerdem E. Ė. Granstrem, Ioann Zlatoust v drevnej russkoj i južnoslavjanskoj pis'mennosti (XI–XIV vv.) = Trudy otdela srednevekovoj literatury. Pamjati V. P. Adrianovoj-Peretc, Leningrad 1974, S. 186–193.

19 S. dazu Altaner 1963, S. 292.

20 Chrysostomus verfaßte eine Reihe von Homilien zu 58 ausgewählten Ps. (vgl. ebd., S. 291).

21 Daß hier noch einmal die ntl. Auslegungen genannt sind, erklärt sich wohl aus der Tatsache, daß Chrysostomus mehrere Homilienreihen dazu verfaßte (u.a. hat er sämtliche Pls.-Briefe erklärt; vgl. ebd.).

22 Der Margarit (Perle) ist eine Sammlung von Homilien des Chrysostomus (u.a. aus dem Zlatostruj übernommene), die in die Čet'i Minei des Makarij unter dem 14. Sept. aufgenommen wurde (s. Porfir'ev 1886, S. 209f.). Sie war aufgrund einer bulgarischen Übersetzung im 14. Jh. nach Rußland gelangt und 1595/96 in Ostrog, 1641 in Moskau gedruckt worden (vgl. Hauptmann 1963, S. 39).

23 Der Zlatostruj (Goldstrom) ist eine vom bulgarischen Zaren Simeon (9./10. Jh.) übersetzte Chrestomathie aus Werken des Chrysostomus (136 Homilien), deren älteste Abschriften aus dem 15./16. Jh. stammen (vgl. Porfir'ev 1886, S. 208; Gudzij 1959, S. 49, Anm. 89). Ein weiterer Sbornik mit ausgewählten Homilien des Chrysostomus, übersetzt vom bulgarischen Bischof Konstantin, einem Zeitgenossen des Zaren Simeon, unter Zugrundelegung seines 894 zusammengestellten Učitel'noe evangelie (Homilien für alle Sonntagsevangelien, mit Einleitung, Textauslegung und Schluß) ist der sog. Zlatoust (s. Porfir'ev 1886, S. 209).

24 Der Andriantēs (vom griech. Wort andrias – Statue) ist eine Sammlung von 21 Reden, die Chrysostomus anläßlich des Sturzes der Kaiserstatuen 387 in Antiochien hielt (vgl. Altaner 1963, S. 288; Porfir'ev 1886, S. 210). Diese kirchenslawische Übersetzung findet sich in Handschriften aus dem 17. Jh., ist aber ihrer Sprache nach viel älter.

25 Zu der Schrift De sacerdotio s. Altaner 1963, S. 292.
26 Der Adoptivbruder des Johannes, auch Kosmas der Melode genannt; 743 Bischof von Majuma bei Gaza (s. Beck 1959, S. 515; Porfir'ev 1886, S. 206f.). Der Brief stellt gleichsam das Vorwort zur Dialektik (Kephalaia philosophika) des Damascenus dar.
27 Zu den frühesten Werken der kirchenslawischen Literatur gehört die Übersetzung der Pēgē gnōseōs, die der bulgarische Exarch des Konstantinopler Patriarchen, Ioann, anfertigte, und zwar übersetzte er von den 100 Kap. des 3. Teils (= De fide orth.) 48 Kap. (Slova o pravej vere), denen er einen Prolog voranstellte, in dem er sich u.a. über die besondere Schwierigkeit der Übersetzung philosophischer und dogmatischer Termini äußert. Die älteste Abschrift dieser 48 „Slova" stammt aus dem 13. Jh. und ist bereits russischer Herkunft (vgl. Porfir'ev 1886, S. 204, Anm. 2; P. gibt das Alter mit „Ende des 12. Jh.s" an). Eine vollständige Übersetzung von De fide orth. (Bogoslovie; in Handschriften des 16. und 17. Jh.s auch unter dem Titel Nebesa) begegnet erst in Abschriften aus dem 15. Jh., aber deren Sprache weist auf ältere Übersetzungen hin. Im 16. Jh. übersetzte noch einmal Fürst Kurbskij vollständig De fide orth. (vgl. Ammann 1950, S. 348), im 17. Jh. Epifanij Slavineckij (vgl. Porfir'ev 1886, S. 205; über die Übersetzungen der Dialektik s. ebd., S. 205ff.; die Johannes Damascenus zugeschriebene „Grammatika" stammt nicht von ihm; s.a. Malyšev 1965, S. 29, 38).
28 Der Übersetzer von Johannes Damascenus' De fide orth. stellte selbst ein Hexaēmeron (Šestodnev) unter Rückgriff auf das gleichnamige Werk von Basilius d. Gr., auf Severian von Gabala, Johannes Damascenus u.a. zusammen (vgl. Porfir'ev 1886, S. 208; s. Malyšev 1965, S. 88, 116, 143; Gudzij 1959, S. 46).
29 Der Verf. der „Himmelsleiter", auch Johannes vom Sinai genannt (Ioann Sinajskij). Über ihn s. Beck 1959, S. 451f.; Altaner 1963, S. 482. Die „Klimax" wurde schon im 10./11. Jh. ins Kirchenslawische übersetzt und ist in vielen Abschriften, darunter nicht wenige aus dem 12.–14. Jh., erhalten (unter dem Titel „Lestvica", vgl. Malyšev 1965, S. 57, 88). S.a. die russische Philokalia (Dobrotoljubie 1964, S. 346f.), in der Auszüge daraus wiedergegeben sind (S. 358–392). Einzeln und vollständig erschien die Lestvica 1647 unter Patriarch Iosif gedruckt in Moskau (vgl. Makarij 1882, S. 121).
30 Zum Synodikon s. Beck 1959, S. 155; zu russischen Synodikas s. das Register bei Malyšev 1965, S. 218 (Stichwort: Sinodiki); Gudzij 1959, S. 559.
31 Über Grēgorios Dekapolitēs s. Th. Iōannu, Mnēmeia hagiologika, Venedig 1884, S. 129–164; F. Dvornik, La vie de S. Grégoire le Décapolite et les Slaves macédoniens au IX$^{e}$ s., Paris 1926 (zit. nach Beck 1959, S. 512).
32 Von Papst Gregor d. Gr. begegnen in Handschriften des 19. Jh.s (!) eine Predigt über den verlorenen Sohn und „Besedy" über das Leben „verschiedener Väter" (s. Malyšev 1965, S. 24, 139). Zwei Briefe an Kaiser Leo den Isaurier über die hl. Ikonen wurden 1642 im Moskauer „Sobornik o česti sv. ikon i o poklonenii" abgedruckt (vgl. Makarij 1882, S. 121f.). S.a. Chronograf, S. 133.
33 Über ihn s. Chronograf, S. 86f.; RGG 2, 1844.
34 Ist identisch mit Papst Gregor d. Gr.; zum Namen „Dialogos" s. D. Stiefenhofer in BKV 44, S. CXI. Eine Handschrift unter dem Titel „Besedy" (Dialoge) aus dem 17. Jh. s. Malyšev 1965, S. 88.

35 Über ihn s. Beck 1959, S. 694f.; zu Handschriften seiner Werke s. Malyšev 1965, S. 201 (Register, Stichwort: Grigorij Sinait).

36 Über ihn s. Altaner 1963, S. 253–257; in einer Handschrift des 18. Jh.s findet sich ein Pseudepigraph, ein Slovo o latinskich eresjach (s. Malyšev 1965, S. 46).

37 Über ihn s. Altaner 1963, S. 278–280. Aus dem 12./13. Jh. stammt die älteste vollständige Abschrift der altkirchenslawischen Übersetzung der 24 Katechesen Kyrills, während Auszüge schon nach einer Handschrift des 11. Jh.s bekannt sind (sog. Chilandarskie listki). Sie „dienten lange Zeit als propädeutisches Lehrbuch ... der christlichen Dogmatik. Kein Wunder, daß sie zur Zahl der Bücher gehören, die vorrangig aus dem Griechischen ... übersetzt wurden" (Istorija 1941, S. 188; vgl. Porfir'ev 1886, S. 203, Anm. 1; S. 189, Anm. 1).

38 Erzbischof von Thessalonich; über ihn s. Beck 1959, S. 323ff., 712ff. In der Kir. kn. wird aus dem Glaubensbekenntnis des Palamas zitiert (s.o., S. 37). Maksim Grek, der nach B. Schultze SJ „im Grunde Palamit" ist (Schultze 1963, S. 337), beruft sich „kein einziges Mal" auf ihn (ebd., S. 338).

39 Bischof der Himjariten (Homēritai), gest. ca. 552; s. Beck 1959, S. 386 und 407. In altrussischen Handschriften findet sich die Disputation (prenie) des Grēgentios mit dem Juden Herban über die Hl. Trinität (MPG 86,621–784; vgl. Porfir'ev 1858, S. 188, Anm. 1; eine Handschrift aus dem 17. und dem 18. Jh. s. Malyšev 1965, S. 29 und 88).

40 Verf. von Predigten und Heiligenviten, in Handschriften oft als „russischer Erzbischof" bezeichnet, wurde 1415/16 Metropolit von Kiev (über ihn und seine Werke s. Porfir'ev 1886, S. 476f.; Čizevskij 1948, S. 401), mußte aber nach seiner Teilnahme am Konzil von Konstanz seinen Stuhl verlassen. Er floh in die Walachei. A. I. Lilov 1858, S. 22, Anm. 1, erwähnt eigens, daß er nie als hl. oder ehrwürdiger Vater anerkannt war.

41 Grēgorios von Akragas (2. Hälfte des 7. Jh.s), von dem nur ein Kommentar in 10 Büchern zum Pred. bekannt ist. Seine Vita verfaßte Leontios, Mönch des Klosters S. Saba in Rom (vgl. Beck 1959, S. 467f.). Der russische Chronograf, S. 110 und 126, nennt ihn einmal als Teilnehmer am 5. Ökum. Konzil unter Kaiser Justinian I., zum andern Mal als Teilnehmer am Quinisextum unter Justinian II., das 139 (!) Jahre später stattfand.

42 Der Slawenapostel Kirill, der zusammen mit Method und seinen Schülern die erste kirchenslawische Bibelübersetzung herstellte (vgl. Gudzij 1959, S. 24). Zu in Handschriften verbreiteten Pseudepigraphen (z.B. „Über den Ausgang der Seele aus dem Leib und die zwölf Zustände der Seele nach dem Tode") s. Malyšev 1965, S. 208 (Register, unter dem Stichwort: Kirill Konstantin Filosof). Das Kyrill zugeschriebene Napisanie o pravej vere stammt vielleicht von Konstantinos von Kerkyra (Korfu; vgl. Beck 1959, S. 623). S.a. Porfir'ev 1886, S. 179–184.

43 Dem bulgarischen Presbyter Kosmas wird ein „Wort gegen die Bogomilen" zugeschrieben (vgl. Porfir'ev 1858, S. 188, Anm. 4; Porfir'ev 1886, S. 194; Malyšev 1965, S. 194).

44 Über ihn s. Altaner 1963, S. 275f.; sein kanonartiges Verzeichnis der biblischen Bücher in Versform wurde als kirchenrechtliche Quelle in das Pēdalion aufgenommen (s. Pēdalion 1957, S. 664f.). Als Teilnehmer des 2. Ökum. Konzils erwähnt ihn der Chronograf, S. 98f.

45 Bischof von Helenopolis (Bithynien), Verf. der Historia Lausiaca (419/20) und eines fingierten „Dialogs“ über das Leben des Joh. Chrysostomus (vgl. Altaner 1963, S. 199f.; Gudzij 1959, S. 42f.). In Handschriften begegnet ein „Wort über die zweite Ankunft Christi, den Antichrist und das Ende der Welt“ (s. Malyšev 1965, S. 213, Register unter dem Stichwort: Palladij, mnich; vgl. Porfir'ev 1858, S. 188, Anm. 5).

46 Über ihn s. Beck 1959, S. 643f.; Makarij 1877, S. 105.

47 Über den legendären zyprischen Bischof Spyridon von Trimithus gibt es eine verlorengegangene Vita von Leontios von Neapolis; die Vita im Menologion des Symeon Metaphrast stammt von Theodoros von Paphos (s. Beck 1959, S. 456). Der Chronograf, S. 89, erwähnt Spyridon als Teilnehmer am 1. Ökum. Konzil. Eine Handschrift der Vita (16. Jh.) s. Malyšev 1965, S. 140.

48 „Goldene Kette“, ein Sbornik mit Predigten, ethischen Unterweisungen u.a. (darunter 4 Predigten des Serapion von Vladimir), der im 14. Jh. zusammengestellt wurde (vgl. Porfir'ev 1886, S. 210; Gudzij 1959, S. 239).

49 Über ihn s. Altaner 1963, S. 487; Beck 1959, S. 442–446; eine Handschrift aus dem Jahre 1768 schreibt ihm einen „Indeks knig ložnych i otrečennych“ zu (s. Malyšev 1965, S. 48).

50 Während A. I. Lilov meint, daß es völlig unbekannt sei, wer darunter zu verstehen sei (Lilov 1858, S. 23, Anm. 1; er vermutet deshalb einen Schreibfehler: Bogopriimec statt Bogoslovec, so daß dann damit Symeon der Neue Theologe, der kurz darauf in der Liste erscheint, gemeint wäre), findet sich im Chronograf, S. 34, 50 und 55 ein Simeon Bogopriimec erwähnt. Allerdings werden darunter zwei verschiedene Personen erwähnt, da sie ungefähr 200 Jahre zeitlich auseinanderliegen müssen. Einmal heißt es, Simeon sei einer der Lehrer jener Weisen gewesen, die unter Ptolemäus II. Philadelphus (gest. 246 v. Chr.) die hebräische Bibel ins Griechische übersetzten (darüber berichtet der Ps.-Aristeasbrief, auf den Josephus, Ant. XII,2 ausführlich Bezug nimmt, vgl. Weiser 1963, S. 352f.), und zum andern wird Simeon gleichgesetzt mit dem Lk. 2,34f. erwähnten Simeon, von dem es dann noch (auf S. 55) heißt, seine beiden Kinder Karin und Liceoš würden die Ereignisse bei der Kreuzigung Jesu bezeugt haben. – Sollte es sich doch nur um einen Schreibfehler des Namens in der Liste handeln, könnte auch Simeon Blagopriimec gemeint sein (Symeon Eulabēs = S. Studitēs, s. Beck 1959, S. 584). Dagegen spricht aber eindeutig die Tatsache, daß es eine Vita (Žitie) des Simeon Bogopriimec gibt (eine Handschrift aus dem 19. Jh. s. bei Malyšev 1965, S. 48).

51 Gemeint ist die Vita des Symeon Stylitēs („vom Wunderberg“, s. Beck 1959, S. 397 und 207; Altaner 1963, S. 203); vgl. Malyšev 1965, S. 55, 87, 117, 140 (Žitie Simeona Stolpnika).

52 Patriarch von Jerusalem (s. Beck 1959, S. 611), Verf. eines Traktats gegen den Gebrauch der Azymen.

53 Über ihn s. Beck 1959, S. 585–587 und 360–365; eine Handschrift von seinen „Besedy i poučenija“ aus dem Jahre 1614 ist bei Malyšev 1965, S. 88, vermerkt.

54 Verf. des Martyriums der 42 Märtyrer von Amorion (vgl. Beck 1959, S. 511).

55 Gemeint ist die Vita von Barlaam und Joasaph, „ein in bilderreicher Sprache geschriebener Roman“ (Altaner 1963, S. 490), der in fast alle europäischen Literaturen übergegangen ist und „schon seit frühester Zeit in Rußland erscheint

und anscheinend unmittelbar in Rußland selbst übersetzt worden ist" (Gudzij 1959, S. 194; s. ebd., S. 194–198; vgl. Porfir'ev 1886, S. 226–228; Studer 1956, S. 27ff.; F. Dölger schreibt den Roman Johannes Damascenus zu).

56 Über ihn s. Altaner 1963, S. 308–311; in kirchenslawischer Übersetzung war besonders verbreitet ein Sbornik ausgewählter Predigten („Uveščatel'nye slova egipetskim monacham") Ephräms, der „Zither des Hl. Geistes" (vgl. Hamman 1967, S. 93), unter dem Titel „Parenesis". Die älteste vollständige Abschrift stammt aus dem 13. Jh., Auszüge finden sich auch schon in Handschriften des 12. Jh.s; die Sprache weist auf alte bulgarische Übersetzungen des 10./11. Jh.s hin. Größtes Interesse fanden die letzten Kapitel wegen ihres eschatologischen Inhalts: das „Slovo o vtorom prišestvii Christove", das „Slovo o antichriste" u.a. „Diese waren besonders stark im altrussischen Schrifttum verbreitet und boten das Material zu eigenen, original russischen Werken zur Eschatologie, fanden ihr Echo in der altrussischen Kunst und drangen sogar bis in die Folklore ein" (Istorija 1941, S. 190). Über Handschriften des Parenesis und einzelner Auszüge s. Malyšev 1965, S. 203 (Register, unter dem Stichwort: Efrem Sirin). Seine moralischen Belehrungen finden sich abgedruckt in der russischen Philokalia (s. Dobrotoljubie 1964, S. 222–345).

57 Über ihn s. Altaner 1963, S. 484–486; Beck 1959, S. 356ff., 436ff. Ein Sbornik mit Werken des „Bekenners" ist in der Pčela enthalten (s.u., S. 219, Anm. 72). Eine Handschrift des 18./19. Jh.s („Glavy bogoslovnye – ‚sotnicy' – i postničeskie") s. bei Malyšev 1965, S. 89.

58 Über ihn s.o., S. 35f.; Gudzij 1959, S. 379–383; Handschriften seiner Werke s. bei Malyšev 1965, S. 210 (Register, Stichwort: Maskim Grek); s.a. Porfir'ev 1886, S. 509–535.

59 Der Abt Daniil verfaßte einen Bericht von seiner Pilgerreise (Choždenie igumena Daniila) nach Palästina 1106–1108, kurz nach dem Ende des 1. Kreuzzugs, der Anfang 1113 verfaßt wurde. Dieser älteste Reisebericht der russischen Literatur hat für lange Zeit den russischen Reiseberichtschreibern als Vorbild gedient, dem sie bis zum 17. Jh. mehr oder weniger getreu folgten (vgl. Istorija 1941, S. 372; zum Ganzen s. ebd., S. 366–372; Gudzij 1959, S. 133–137; Čiževskij 1948, S. 167–174; Profir'ev 1886, S. 409–414). Zwei handschriftliche Fassungen aus dem 17. und 18. Jh. s. bei Malyšev 1965, S. 110 und 129.

Möglich ist aber auch, daß mit Daniil der große Gegner des Maksim Grek, der Moskauer Metropolit Daniil (1522–39), gemeint ist (über ihn s. Porfir'ev 1886, S. 539–544; Gudzij 1959, S. 383–386). Das könnte die unmittelbare Nennung seines Namens nach Maksim Grek nahelegen. Da der Name aber (ebenso wie die folgenden) nicht weiter bestimmt wird, ist anzunehmen, daß (absichtlich?) keine Festlegung erfolgte, um beide Alternativen offenzulassen. In einigen Handschriften des Index heißt es dagegen eindeutig „Daniil strannik" (der Pilger), vgl. Porfir'ev 1858, S. 189, Anm. 1.

Schließlich wäre es auch möglich, unter dem Namen Daniil Zatočnik zu vermuten (über sein Molenie s. Gudzij 1959, S. 205–217; Čiževskij 1948, S. 374–381).

60 Damit dürfte nicht der Mönch und Abt des Kiever Höhlenklosters (gest. 1088) gemeint sein, sondern sein Zeitgenosse Nikon vom Schwarzen Berg (vgl. Chronograf, S. 141). Sein „Taktikon", „eine der reichsten und wichtigsten Kompilatio-

nen der byzantinischen Kanonistik" (Beck 1959, S. 600), wurde 1397 von einer Handschrift, die vom Athos beschafft worden war, abgeschrieben und diente den altrussischen Theologen als eine der wichtigsten Quellen (vgl. Porfir'ev 1886, S. 211; zwei Handschriften aus dem 18. und 19. Jh. s. bei Malyšev 1965, S. 88 und 151). Daneben war ebenfalls von großer Bedeutung ein Sbornik von Väterzitaten, Bibelzitaten und kanonistischen Quellen (vor allem Konzilsbeschlüsse) unter der Bezeichnung „Pandekt" (griech. Pandektēs), der als kompendienartiges Nachschlagewerk diente. Nikon stellte ihn offenbar nach dem Vorbild des palästinensischen Mönchs Antiochos von Mar Saba zusammen (vgl. Beck 1959, S. 600; Porfir'ev 1886, S. 211). Die älteste kirchenslawische Abschrift stammt aus dem 12. Jh., die Übersetzung geschah vielleicht schon in der Alten Rus'. Auszüge wurden auch in die Čet'i Minei Makarijs aufgenommen. Zum Pandekt s.u., Anm. 89.

61 Nilus von Ankyra, der Asket (Nil Postnik, vgl. Chronograf, S. 101, wo er als Chrysostomusschüler erwähnt wird), früher fälschlich „der Sinaite" genannt (vgl. Altaner 1963, S. 300; RGG 4, 1495); unter dem Namen Nil Sinajskij wurden seine asketischen Werke z.T. in der russischen Philokalia wiedergegeben (Dobrotoljubie 1964, S. 147–217). Eine Abschrift seiner Vita aus dem 19. Jh. s. bei Malyšev 1965, S. 55. Gelegentlich wird dieser Nil auch als Nil vom Schwarzen Berg (Černorizec) in Verbindung mit dem Werk „an den Mönch Agathios" bezeichnet, was ebenfalls eine Verwechslung ist (vgl. Izbornik 1076, S. 796f.).

62 Über ihn und seine Vita s. Beck 1959, S. 583; eine Handschrift der Vita von 1619 und eine aus dem 19. Jh. verzeichnet Malyšev 1965, S. 87 und 117.

63 Der Zusammenhang mit dem folgenden Pavel (Monasijskij) legt nahe, auch unter Iosif einen Hymnographen zu verstehen (über ihn s. Beck 1959, S. 601f.), der auch im Chronograf, S. 141, erwähnt wird. Er gilt als Autor vieler Kanones der Liturgie (vgl. PPBES 1, Sp. 1119).

64 Über Paulos von Amorion (er begegnet auch unter dem falschen Namen Paulos vom Ammonios, von dem das entstellte „Monasijskij" abgeleitet sein könnte; Porfir'ev 1858, S. 189, setzt nur ein Fragezeichen dahinter), von dem einige Kanones und Stichera bekannt sind, s. Beck 1959, S. 604f.

65 Damit ist der Stoslov (100 „Kapitel", versartige Abschnitte dogmatischer und ethischer Belehrungen) gemeint, der dem Konstantinopler Patriarchen Gennadios I. (Patr. 458–471) zugeschrieben wurde (vgl. Porfir'ev 1858, S. 195f.). Da sich diese Sentenzensammlung aber nicht unter den griechischen Werken des Gennadios nachweisen läßt, liegt die Vermutung nahe, in ihr ein originales russisches Werk zu sehen (vgl. Istorija 1941, S. 171f.). Sie ist bereits im Izbornik von 1076 enthalten (vgl. Čiževskij 1948, S. 225,87,377). In einem handschriftlichen Sbornik von 1531, der 156 S. umfaßt (Biblioteka Svjato-Troickoj Sergievoj lavry, Nr. 744), befinden sich auf S. 1–16 „Stichi naricaemye Stoslov"; in einem handschriftlichen Sbornik von 1649 findet sich der Stoslov unter dem Titel „Stoglavec" (s. Malyšev 1965, S. 29; weitere Handschriften s. ebd., S. 24, 47 und 89). Vgl. a. Izbornik 1076, S. 25f.

66 Darunter sind verschiedene Redaktionen von Sammlungen aus den verschiedensten Chroniken zu verstehen, in denen sich oft gerade auch Auszüge aus solchen Büchern befinden, die die anschließende Liste in der Kir.kn. als Lügenbü-

cher aufzählt (vgl. Lilov 1858, S. 23, Anm. 2; Porfir'ev 1886, S. 221–223; Gudzij 1959, S. 428f.; Čiževskij 1948, S. 392; Chronograf).

67 Darunter sind Genealogien zu verstehen (vgl. Mt. 1,1–17/Lk. 3,23–38: Stammbaum Jesu; in der Kir.kn., Kap. 20 der Stammbaum der Gottesmutter, ebenso im Chronograf, S. 48f.; vgl. a. Joh. Damascenus, De fide orth. IV,14), chronologische Tabellen und Stammbäume von kirchlichen und weltlichen Personen (Metropoliten, Zaren), Klöstern, Kirchen, Ikonen usw. (s. Malyšev 1965, S. 217, Register unter den Stichwörtern: Rodoslovnye i rodoslovcy und Rodoslovnye i chronologičeskie tablicy). A. I. Lilov sagt dazu: „sie haben für uns keine heilige Bedeutung" (Lilov 1858, S. 24, Anm. 2).

68 „Die Tiefe", ein Sbornik (apokryph, vgl. Porfir'ev 1886, S. 191), der nicht erhalten geblieben ist (vgl. Čiževskij 1948, S. 77).

69 „Die Perle" (dasselbe bedeuten „Margarit" und „Žemčug"), ein Sbornik, der ebenfalls nicht erhalten geblieben ist (vgl. Čiževskij 1948, S. 77).

70 „Die Quelle" (krenica), eine Chronik, die hauptsächlich auf der Grundlage der „Weltchronik" des Georgios Hamartolos (s. darüber Gudzij 1959, S. 44f.; Čiževskij 1948, S. 84f.) zusammengestellt wurde (vgl. Lilov 1858, S. 24, Anm. 2).

71 Zu der apokryphen apokalyptischen Offenbarung des Methodios von Patara s. Gudzij 1959, S. 90, Anm. (dort Literatur); Porfir'ev 1886, S. 285–287; Handschriften s. bei Malyšev 1965, S. 210 (Register, Stichwort: Mefodij Patarskij).

72 „Die Biene" (griech. Melissa); unter diesem Namen existieren mehrere Sborniks, die thematisch geordnet in Art eines Florilegs Zitate zu den verschiedensten Themen bringen. „Die Aussprüche werden nach der Reihenfolge der größten Autorität angeführt, zuerst die aus dem Evangelium, dann aus dem Apostolos, aus dem Alten Testament (Salomo, Sirach usw.), aus den Kirchenvätern, schließlich aus den Werken der antiken Schriftsteller und Philosophen (Plutarch, Diogenes, Sokrates, Pythagoras, Menander, Aristo[te]les, Epikur u.a.)" (Gudzij 1959, S. 50; vgl. Čiževskij 1948, S. 87; Porfir'ev 1886, S. 211–213). Sie beruhen auf einer Ende des 12./Anfang des 13. Jh.s angefertigten Übersetzung griechischer Sammlungen, die im 9. Jh. vom Mönch Antonios zusammengestellt worden waren (ein Florileg des Johannes Stobäus, 5. Jh., und Sentenzensammlungen des Maximus Confessor, 7. Jh. – über dessen Centurien s. Beck 1959, S. 439f.). „Die Pčela war in der Tat eine beliebte Lektüre bei unseren Vorfahren, wie die Vielzahl ihrer Abschriften vom 14.–18. Jh. zeigt", heißt es bei Porfir'ev 1886, S. 213. Handschriften s. bei Malyšev 1965, S. 217, unter dem Stichwort Pčela.

73 Unklar, was darunter zu verstehen ist. Lilov 1858, S. 24, Anm. 2, fragt sich, ob mit „Velikija gory" der Sinai gemeint sei (s. dazu Beck 1959, S. 202, Anm. 3).

74 Makarios der Ägypter (ca. 300–380/90), Asket; über ihn s. Beck 1959, S. 201f.; Altaner 1963, S. 235f. Obwohl er selbst nicht schriftstellerisch tätig war, wurde ihm später ein Großteil des messalianischen Schrifttums unterschoben. „Schon 1559 wurde unter seinem Namen eine Sammlung von 50 Homiliai pneumatikai ... gedruckt" (Altaner 1963, S. 235). Eine Handschrift des 19. Jh.s der „Glavizny duševspasitel'nye" s. bei Malyšev 1965, S. 89; Auszüge sind abgedruckt im Dobrotoljubie 1963, S. 117–201.

75 Über ihn s. Altaner 1963, S. 238; RGG 3,905f. Der Chronograf, S. 101, erwähnt ihn als Asketen und Schüler der Chrysostomus.

76 Über ihn s. Altaner 1963, S. 299f. „Die unter den Schriften des Hesychius von Jerusalem gedruckten 2 Centurien einer Sammlung aszetischer Sentenzen ... gehören einem im 6./7. Jh. lebenden Abt Hesychius des Dornbuschklosters auf dem Sinai" (ebd., S. 299; s. dazu Beck 1959, S. 354f., 453). Sie sind abgedruckt auch im Dobrotoljubie 1964, S. 113–144. Eine Handschrift aus dem 18. Jh. („Glavy božestvennogo i duchovnogo zakona") s. bei Malyšev 1965, S. 89. Vgl. a. Izbornik 1076, S. 706–709.

77 Zu unterscheiden vom „Großen Spiegel" (über ihn s. Porfir'ev 1886, S. 234; Gudzij 1959, S. 554–559)! Der Mönch Philippos Monotropos verfaßte 1095 „ein elegisches Gedicht asketischer Selbsterkenntnis, ‚Klauthmoi kai thrēnoi' genannt, vom Verfasser selbst aber mit dem Titel Dioptra versehen" (Beck 1959, S. 642). Das Werk wurde 1642 in kirchenslawischer Übersetzung von der Bruderschaft in L'vov gedruckt herausgegeben (vgl. Makarij 1882, S. 574). Handschriften s. bei Malyšev 1965, S. 37 (Zercalo mirozritel'noe), S. 62 und 87 (Dioptra).

78 „Zwei Jahre später nahm er [Philippos Monotropos] auf Bitten eines Mönches Kallinikos das Thema nochmals auf in einem vier Bücher umfassenden, in politische Verse gebrachten Werk, das vielleicht den Titel Syllogē oder Dialexis führte und zum Genos der Gespräche zwischen Leib und Seele gehört" (Beck 1959, S. 642).

79 Über ihn s. ebd., S. 124; RGG 3,316; seine Vita verfaßte Hieronymus. In Handschriften wird Hilarion, der nicht schriftstellerisch tätig geworden ist, ein „Nakazanie k otrekšimsja ot mira" zugeschrieben (vgl. Malyšev 1965, S. 135).

80 Über ihn s. Altaner 1963, S. 495; Beck 1959, S. 448f. Sein Hexaēmeron wurde im 14. Jh. übersetzt (vgl. Profir'ev 1886, S. 208f.). Lilov 1858, S. 27, Anm. 1, bemerkt zu ihm, daß er „nicht zur Zahl der ehrwürdigen und gottragenden Väter gehörte". Auszüge aus einem „Werk des Georgios Pisides über den Antichrist" enthält eine Handschrift, die Malyšev 1965, S. 153, erwähnt.

81 Damit ist Josephus Flavius gemeint, dessen „Geschichte des Jüdischen Krieges" (in Rußland auch unter dem Titel „Bericht von der Zerstörung bzw. der Eroberung Jerusalems") in der russischen Übersetzung einige wesentliche Erweiterungen enthält und als Quelle für die Geschichte der Entstehung und Formierung des Christentums sowie für die Geschichte des jüdischen Volkes große Bedeutung hatte (vgl. Gudzij 1959, S. 172–179). Siehe z.B. Chronograf, S. 54–56, 59–69, Handschriften s. bei Malyšev 1965, S. 70 und 150.

82 Über ihn s. Altaner 1963, S. 480; Gudzij 1959, S. 48f.; Lilov 1858, S. 24ff., Anm. 1; Porfir'ev 1886, S. 223f. Zwei Handschriften mit Auszügen aus der „Christlichen Topographie" sind bei Malyšev 1965, S. 29 und 98, verzeichnet.

83 Dieser Heilige war Bischof von Chalkedon und starb als Bekenner (Homologētēs) im 9. Jh. unter Kaiser Konstantin (Kopronymos); vgl. ThĒE 7,899. Über ihn berichtet der Chronograf, S. 135.

84 Über ihn s. Beck 1959, S. 491–495.

85 Bischof von Harran; von ihm sind Traktate gegen verschiedene Häretiker, Juden und Sarazenen bekannt (s. Beck 1959, S. 488f.; vgl. Porfir'ev 1858, S. 189, Anm. 4).

86 Isaak von Ninive, ein nestorianischer Asket der 2. Hälfte des 7. Jh.s (die Legen-

de versetzt seinen Tod ans Ende des 6. Jh.s, vgl. Dobrotoljubie 1964, S. 456), der „‚über das geistliche Leben und die göttlichen Geheimnisse und Gerichte sowie die Versuchung' geschrieben und 7 Bde hinterlassen haben" soll (B. Spuler in RGG 3,903), von denen jedoch nur Bruchstücke erhalten sind. Sie gelangten aus syrischen und arabischen Quellen über griechische Übersetzungen auch nach Rußland (91 „Slova"). Einen Auszug daraus s. im Dobrotoljubie 1964, S. 457–536; eine Handschrift (mit Ornamenten) aus dem 17. Jh. („Slova postničeskie") ist bei Malyšev 1965, S. 88, verzeichnet. Über Isaak s. Beck 1959, S. 358f. und 453.

87 Über den Abt Dorotheos s. Altaner 1963, S. 482; Beck 1959, S. 396. Während seine 23 „Geistlichen Gespräche" nicht in ihrer Authentizität angezweifelt werden, sollen die 24 Unterweisungen unecht sein und dem nestorianischen Mystiker Johannes Saba d. Älteren aus dem 8. Jh. angehören (Altaner). Auszüge seiner Werke sind im Dobrotoljubie 1964, S. 426–445, abgedruckt. Seine Unterweisungen („Poučenija") erschienen 1652 zweimal in Moskau gedruckt (vgl. Makarij 1882, S. 121). Handschriften unter dem Titel „Cvetnik" (Florileg) s. bei Malyšev 1965, S. 203 (Register, Stichwort: Dorofeij, svjaščennoinok), darunter auch eine HS von 1619.

88 Damit sind die ins Kirchenrecht aufgenommenen überlieferten Bestimmungen einiger Väter gemeint (s. Beck 1959, S. 142; Pēdalion 1957, S. 544–762).

89 Pandektēs tēs hagias grafēs, „eine Art Handbuch des geistlichen Lebens aus Schrift und Vätern", das der Mönch Antiochos Mar Saba um 620 auf Bitten des Abtes Eustathios in 130 Kapiteln zusammenstellte und das den „flüchtigen Mönchen als Ersatz für eine Klosterbibliothek dienen" sollte (Beck 1959, S. 449; S. 450 Lit.). Der Pandekt wurde wahrscheinlich schon im 10. Jh. in Bulgarien übersetzt und war im 11. Jh. in der Kiever Rus' schon gut bekannt; aus dem 11. Jh. stammt auch die älteste Handschrift, die bereits russischer Herkunft ist. Analog zum Pandekt des Antiochos stellte auch der Mönch Nikon vom Schwarzen Berg seine Hermēneiai tōn entolōn tou Kyriou zusammen (vgl. ebd., S. 600; s.o., S. 217f., Anm. 60).

90 Die „Geistliche Wiese" des Johannes Moschus (gest. 619 in Rom). Der Leimōn (auch Leimōnarion) „fand ungeheure Verbreitung nicht nur im griechischen Sprachbereich, sondern auch im slavischen, lateinischen und orientalischen" (Beck 1959, S. 412; 412f. Literatur; vgl. a. Altaner 1963, S. 202f.; Porfir'ev 1886, S. 214; Gudzij 1959, S. 42; Čiževskij 1948, S. 75; s. a. Beck 1959, S. 353 und 274). Eine Umarbeitung stellt das Paterikon vom Sinai dar (s. Gudzij 1959, S. 42, Anm. 76).

91 Sir. gehört zu den „apokryphen" Büchern des AT und wurde schon bei den kanonischen Büchern der Bibel (s.o., S. 114) aufgezählt; s. dazu Izbornik 1076, S. 753–757; Chronograf, S. 34.

92 Der Slovopoložnik (von slovopoloženie-Vertrag? s. Slovar', Bd. 4, Sp. 311) gehört zu den apokryphen Werken (vgl. Porfir'ev 1858, S. 191).

93 Sollte mit Zakonnik (Gesetzbuch, bedeutet aber auch: der Schriftgelehrte, Rechtskundige) der Nomokanon in der russischen Version der Kormčaja kniga gemeint sein (s. dazu Goetz, 1905, S. 82–86; Beck 1959, S. 145–147; Porfir'ev 1886, S. 393)? Ein serbischer Nomokanon unter dem Titel Zakonnik stammt

von Stefan Dušan und wurde auf serbischen Konzilen (1349 und 1354) angenommen.

94 S. Stoglav; eine frz. Übersetzung mit Einleitung und Kommentar hat 1920 E. Duchesne in Paris hrsg. unter dem Titel „Le Stoglav ou le cent chapitres"; s.a. Goetz 1905, S. 65, 68–73; Porfir'ev 1886, S. 535–538; s.a. unten, S. 128 und 175.

95 Die Vita des „Narren in Christo" Andreas, ein „hagiographischer Roman", angeblich von dem Presbyter Nikēphoros der Konstantinopler Hagia Sophia, gehört zu den ins Kirchenslawische übersetzten Heiligenviten „mit weitschweifigen Visionen des Weltendes" (Čiževskij 1948, S. 76; Beck 1959, S. 567f., dort auch Lit.). Vgl. a. Porfir'ev 1858, S. 190, Anm. 1.

96 Zu den Denkmälern des altrussischen kanonischen Rechts zählt ein „Schreiben des Patriarchen Nephon I. (1311–1315) an den Fürsten Michael Jaroslavič von Tver' aus Anlaß seiner Klagen gegen den Metropoliten, den heil. Petrus (1312 bis 1315)" (Goetz 1905, S. 57).

Weiter könnte mit „Nifont" jener Bischof von Novgorod (12. Jh.) gemeint sein, dessen Antworten auf die sog. Fragen des Kirik u.a. in die Handschriften der altrussischen Kormčaja kniga aufgenommen wurden (vgl. Goetz 1905, S. 172f.).

Eine dritte Möglichkeit legt der Zusammenhang mit dem in der Liste folgenden Namen nahe, so daß hier zwei Väter aus Zypern genannt wären. Nēphōn von Zypern wird in einer Handschrift des 17. Jh.s ein „Slovo o rusalijach" zugeschrieben (s. Malyšev 1965, S. 115). Handschriften seiner Vita s. ebd., S. 48, 61, 87, 117 (Žitie Nifonta Kiprskogo); vgl. Beck 1959, S. 272.

97 Über Epiphanius von Zypern (von Salamis) s. Altaner 1963, S. 281–283. Seine Werke waren z.T. schon in russischen Handschriften des 11./12. Jh.s bekannt. Der „Physiologus" des Ps.-Epihanius war schon sehr früh (über eine bulgarische Übersetzung aus dem Griechischen) in Rußland bekannt und wurde auch von Ioann Exarch für seinen „Šestodnev" benutzt (s. Gudzij 1959, S. 46–48; Čiževskij 1948, S. 86).

98 In Handschriften begegnet unter diesem Namen ein Werk mit dem Titel „Der Glaube und Widerstand der getauften Juden in Afrika und Karthago" („Vera i protivlenie krestivšichsja ijudej vo Afriki i Karfagne"), vgl. Porfir'ev 1858, S. 190, Anm. 2.

99 Das Gesetzbuch von 1550, das die bürgerlichen Gesetze enthält und unter Ivan IV. herausgegeben wurde (s. Goetz 1905, S. 64).

100 Das allgemeine Menologion; s. dazu Gudzij 1959, S. 26, 39f.; Čiževskij 1948, S. 74f.; Beck 1959, S. 251f. Handschriften s. bei Malyšev 1965, S. 211 (Register, Stichwort: Mineja [mesjačnaja, obščaja i prazdničnaja]).

101 Die Großen Lese-Menäen wurden von dem Moskauer Metropoliten Makarij zusammengestellt (Abschluß 1552); s. dazu Porfir'ev 1886, S. 556–561; Gudzij 1959, S. 390–392; Lilov 1858, S. 27, Anm. 1. Viele der vorhergenannten Werke (und der noch folgenden Paterika) sind von Makarij in diese Menäen aufgenommen worden (s. die Übersicht bei Porfir'ev 1886, S. 560f.).

102 Das ägyptische Paterikon, „das gewöhnlich die Überschrift ‚Erzählung von den ägyptischen Mönchen' trägt", beruht größtenteils auf der Historia Lausiaca des Palladius (s.o., S. 216, Anm. 45); s. Gudzij 1959, S. 42. Zwei Handschriften

des „Lavsaik" sind bei Malyšev 1965, S. 127 und 136, verzeichnet. Es handelt sich dabei um die schon bald nach der Entstehung der Historia Lausiaca mit dieser zusammengearbeitete Schrift „Historia monachorum in Aegypto", die um 400 von dem Archidiakon Timotheos von Alexandrien verfaßt worden sein soll (s. Altaner 1963, S. 199).

103 S. dazu Gudzij 1959, S. 125–132; Profir'ev 1886, S. 440f. Der Text ist neu herausgegeben von D. Tschižewskij: Das Paterikon des Kiever Höhlenklosters, nach der Ausgabe von D. Abramovič = Slavische Propyläen 2, München 1963.

104 Handschriften mit Auszügen daraus u. aus den übrigen Paterika sind bei Malyšev 1965, S. 71 und 110, verzeichnet.

105 Das Skiten-Paterikon (Skētai sind Mönchssiedlungen von Einsiedlern) beschreibt das Leben der ägyptischen Mönche (s. Porfir'ev 1886, S. 213). Handschriften s. bei Malyšev 1965, S. 66, 71, 110, 142; Lit. s. Gudzij 1959, S. 43, Anm. 1.

106 Das Jerusalemer Paterikon ist im Leimōn des J. Moschus enthalten (s.o., S. 221, Anm. 90); vgl. Malyšev 1965, S. 213 (Register, Stichwort: Pateriki, Ierusalimskij). Dort findet sich auch das sog. „Paterikon vom Sinai" (s. Gudzij 1959, S. 42, Anm. 76; S. 43).

107 Mit dem Hl. Berg ist der Berg Athos gemeint, wo die griechischen Paterika z.T. ins Altrussisch-Kirchenslawische übersetzt wurden (vgl. Porfir'ev 1886, S. 213).

108 Petros Damaskēnos wird hier zum zweiten Mal erwähnt; s.o., S. 127; S. 216, Anm. 46.

109 Nilus von Ankyra, der fälschlich auch „der Sinaite" genannt wird, ist ebenfalls zum zweiten Mal erwähnt (s.o., S. 127; S. 218, Anm. 61).

110 S. dazu Porfir'ev 1886, S. 241–243; Lilov 1858, S. 16f.; Gudzij 1959, S. 31f. Man unterschied in den Indizes zunächst 3 Gruppen von Büchern (so z.B. im Izbornik von 1073): „istinnye" (wahre), „sokrovennye" (apokryphe), „ložnye" (falsche, Pseudepigraphen); später (z.B. in Handschriften der Kormčaja kniga des 13. Jh.s) nur noch zwei Gruppen: „istinnye" und „ložnye" knigi (vgl. Istorija 1941, S. 72f.). Die Liste der Kir.kn. unterscheidet unter den zu verwerfenden „falschen" Büchern sogar drei Gruppen: unter den Büchern, die die Kirche „angenommen hat" (prijat), werden AT, NT, Heiligenviten und Kirchenväterüberlieferung aufgezählt (1a,1–4a,12); unter „knigi ložnyja" die sog. Apokryphen (4a,13–5a,20); unter „knigi eretičeskija" astrologische und Wahrsagebücher (5a,21–6b,4; darunter auch ein „Zauberbuch" – volchovnik –, dessen Sprüche sogar zitiert werden! 5b,10–6a,3), woran sich abergläubische Bräuche anschließen (7a,11–19; eingeschoben eine Vermahnung, lieber die richtigen hl. Bücher zu lesen und vor den verfluchten zu fliehen, damit es einem nicht wie Lots Frau ergehe: 6b,4–7a,11; diese Vermahnung wird mit positiven Ratschlägen am Schluß wieder aufgegriffen: 7a, 20–7b,10); eine dritte Gruppe folgt unter der Überschrift „knigi otrečennyja" (verworfene, unkanonische Bücher), worunter Pseudepigraphen aufgezählt werden (7b,11–8a,7). Abgeschlossen wird die gesamte Liste mit der Aufforderung, sich an die seelenerrettende Tradition der hl. Väter und die Kanones der hl. Kirche zu halten (8a,7–8b,9). S. dazu auch N. Tichonravov, Pamjatniki otrečennoj russkoj literatury, t. I–II, with a Preface by Michael

Samilov, Reprint of the St. Petersburg and Moscow 1863 editions, Variorum Reprint 1973.

111 Porfir'ev 1858, S. 182f., Anm. 1.

112 Ebd.,

113 Vgl. ebd., S. 191; Porfir'ev 1886, S. 207; s. S. 221, Anm. 89.

114 Lilov 1858, S. 26f., Anm. 1.

115 Lilov sagt es aber doch, weil er sich die Gelegenheit nicht entgehen lassen will, die Kir.kn. zu disqualifizieren, da sich die Altgläubigen auf sie berufen.

116 Der Stoslov ist aber bereits in der Liste als Gennadiev Zlatostruj genannt (s.o., S. 126; vgl. S. 218, Anm. 65).

117 Vgl. Porfir'ev 1858, S. 183.

118 S. darüber Porfir'ev 1886, S. 210; V. A. Jakovlev, K literaturnoj istorii drevnerusskich sbornikov. Opyt issledovanija Izmaragda, Odessa 1893. „,Der Smaragd' ... und ,Goldmund' (,Zlatoust') ... genossen eine ungeheure Achtung beim altrussischen Leser" (Gudzij 1959, S. 239; s.a. Čiževskij 1948, S. 402).

119 Hauptmann 1963, S. 54.

120 Ammann 1950, S. 348.

121 Vgl. Porfir'ev 1858, S. 191.

122 Nach dem Index bei Malvy-Viller 1927, S. 196.

123 Das Zitat, das aus dem Brief an die Gemeinde zu Philalephia stammen soll, findet sich dort aber nicht. Es lautet: „Wenn jemand sagt, daß es einen Gott gibt, und Jesus Christus bekennt, ihn aber nur für einen bloßen Menschen hält, der ist arm im Verstand" (Kir.kn. 120a,22–25).

124 Zitiert wird das sog. Athanasianum vom christologischen Teil an bis zum Schluß (121b,2–122a,1), jedoch in einer von der in Kap. 48 wiedergegebenen Fassung abweichenden Übersetzung (vgl. dort 548a,12–548b,17).

125 Es wird auf keine Quelle verwiesen, und es folgt auch kein Zitat. Vgl. a. z.B. In Epist. ad Eph. Cap. IV., Hom. X. = MPG 62,78: „imagines quae stant in Ecclesia".

126 S.o., S. 104.

127 Vgl. Mychalskyj 1967, S. 115f., der jedoch über Kap. 10 nur sehr knapp informiert und keine eingehende Analyse bringt.

128 Vgl. Johannes Damascenus, De fide orth. 4,16 (MPG 94,1172A).

129 Der Schriftbeweis nimmt nur 2 Seiten in Anspruch gegenüber 10 S. Traditionsbeweis.

130 S. dazu D. Stiefenhofer in BKV 44, S. LXVIII–LXXXVII, besonders S. LXXX.

131 „Diese Legende von dem zu Edessa aufbewahrten Bildnis Christi ..., das Abgar V. Ukkama (der Schwarze) von Edessa (4 v.–7 n.Chr. und wieder 13–50 n. Chr. ...) von Christus selbst erhalten haben soll, ist 390/430 entstanden. Das Bild ... kam 944 nach Konstantinopel (später das heilige Mandylion genannt), verschwand aber nach der Eroberung der Stadt 1204. In der Folgezeit stritten sich um seinen Besitz Rom, Genua (14. Jahrh.) und mit mehr Recht die Sainte Chapelle zu Paris, wohin schon 1247 der byzantinische Reliquienschatz gewandert war" (ebd., S. 229f., Anm. 4; vgl. dazu Beck 1959, S. 297; s.a. Chronograf, S. 131).

132 MPG 86,2, 2744D–2745C.

133 Im Text steht die Jahreszahl 842, was aber der anderen Angabe (6442) wi-

derspricht. Dies Zeugnis kann nur eine Interpolation oder erklärende Randglosse zu Johannes Damascenus sein, der zu jener Zeit ja schon lange tot war (er starb um 750).

134 MPG 145,772–773 (die Abgar-Legende); ebd., 1160C–1161A (die Heilung der blutflüssigen Frau).

135 Der Text gibt fälschlich 7,14 an; s. Anm. 139 (S. 225).

136 Josephos von Thessalonikē (s. Beck 1959, S. 505f.); vgl. Chronograf, S. 137–140.

137 De coel. hier. 15,3 (MPG 3,329C). Dort heißt es aber nur: „Alla kai anthrōpomorfous autous anagrafousi". Über das Bild des Löwen, Ochsen, Adlers und Pferdes s. ebd. (15,8 = MPG 3,336D–337A).

138 Das „große und umfassende, den ganzen Kosmos durchwaltende Abbild-Denken" des Ps.-Dionysios, das in wesentlichen Zügen auf die platonische Philosophie zurückgeht, bildet neben der anthropologischen Bildertheologie (in der der „mimēsis-Gedanke" das Beherrschende ist) die Grundlage der Ikonentheologie des 7. Ökum. Konzils (Beck 1959, S. 298f.). Daneben trat noch eine neue Gedankenreihe: „Bild ist im Neuen Testament etwas anderes als Bild im Alten. Das alttestamentliche Bild ist ein bloßer Schattenriß der Wirklichkeit, ein proskiasma; erst im Neuen Bund wird das Bild zum wahren echten Bild der göttlichen Wirklichkeit" (ebd., S. 299).

139 Euseb, gest. 339, berichtet Hist. eccl. 7,18 (MPG 20,680C–D) von Ikonen des Petrus, Paulus und Christi, worin er jedoch einen heidnischen Brauch sieht; vgl. a. MPG 20,1545–1550 (Epist. ad Constantiam Augustam); Beck 1959, S. 297.

140 Vgl. Konstantinische Schenkung (Mirbt-Aland 1967, S. 251–256), S. 252f.; s. dazu W. Levison, Konstantinische Schenkung und Silvester-Legende = Miscellanea Francesco Ehrle 2 = Studi e testi 38, Roma 1924, S. 159–247, bes. S. 172ff. Vgl. Zonaras, Ann. 13,2 (MPG 134,1101B–1104B). Die Kreuzvision Konstantins berichtet schon Euseb in De vita Const. 1,28 (MPG 20,943).

141 Basilius d. Gr., De Spiritu Sancto ad Amphilochium 18,45 (MPG 32,149C) – im Text (Kn. 79b,21) heißt es fälschlich „Brief an Julian Apostata"; vgl. Texte 1968, S. 28, Anm. 132. Dieses Zeugnis wird auch in den Konzilsakten von 787 (6. Sitzung) zitiert (vgl. Mansi 13,324B; Pēdalion 1957, S. 317, Anm. 1).

142 Vgl. Adam 1965, S. 371.

143 D. Stiefenhofer in BKV 44, S. LXXXII.

144 Ebd., S. LXXVIIf.

145 Patriarch Geōrgios von Alexandrien (ca. 620–ca. 630) „gilt nach Ausweis der Hss. als Verfasser einer Biographie des Joannes Chrysostomos" (Beck 1959, S. 460).

145a Hist. eccl. 5,21–22; 6,1–2 (MPG 67,1280B; 1292C–D), über die Zerstörung der Christusstatue (agalma).

146 MPG 94,1369B–1373A; Malalas, Chronographia 10 (MPG 97,368A–B).

147 Hier hat sich Ps.-Nafanail mit der Zeit vertan; die Kir.kn. (152a,6–16) berichtet dies dagegen für das 4. Jh., nachdem die Arianer auf dem 1. Ökum. Konzil besiegt und verflucht worden waren, wie unmittelbar vorher erwähnt wird.

148 Vita S. Mariae Aegyptiae 3 (MPG 87,3, 3712D–3713C). Dieselbe Heilige wird

im Kap. über das Kreuzzeichen als Zeugin erwähnt: „Die hl. Maria die Ägypterin zog am Fest der Erhöhung des ehrwürdigen Kreuzes in die Wüste, im Jahre 508" (71a,8f.).

149 Zur Geschichte des Bilderstreits s. die kurze Übersicht bei Beck 1959, S. 296–306, dort auch Lit.

149a S. dazu T. P. Koev, Ikonopečatanieto v svetlinata na bogovŭplŭštenieto = Duchovna kultura 3/1974, S. 25–31.

150 Kan. 82 des Quinisextums (s. Mansi 11,977E–980B; Lauchert 1896, S. 132; Pēdalion 1957, S. 292; vgl. Beck 1959, S. 297). Der Kanon lehnt allegorische Christusdarstellungen ab, da sie nur unvollkommene Schattenbilder des Alten Bundes sind, und fordert die menschliche Darstellung Christi, weil Christus Mensch geworden ist.

151 Vgl. Mansi 13,377C–380A und 397C; Conciliorum 1962, S. 112.

152 S.o., S. 225, Anm. 141.

153 Vita Joh. Dam. 17–18 (MPG 94,456B–457C); s. dazu D. Stiefenhofer in BKV 44, S. Iff.

154 Im Westen wurde die Bilderlehre nur heilsgeschichtlich vom Gedanken der Mimēsis her begründet im Sinne der Biblia pauperum und des Vorbilds, das die Heiligen den Gläubigen sein sollen; vgl. Adam 1965, S. 372.

155 Hier steht das lateinische Wort „personam". Petr Mogila legt in seiner Confessio Orth. (III,55) das Hauptgewicht auf eben diesen Punkt: „Cultus ergo sanctarum Imaginum ... non rebus artificiatis, sed personis sanctis quas repraesentant, ab orthodoxis redditur" (Malvy-Viller 1927, S. 118), um zu begründen, daß das atl. Bilderverbot nicht verletzt werde. Mogila versucht weder einen Schriftbeweis für die Bilder noch greift er auf irgendeinen Traditionsbeweis zurück. Er verweist lediglich am Schluß seiner Antwort auf das 7. Ökum. Konzil: „Ad maiorem autem confirmationem cultus imaginum, Ecclesia Dei in concilio septimo oecumenico omnes iconomachos anathemate percussit et cultum imaginum perpetuum stabiluit" (ebd., S. 118f.; vgl. Conciliorum 1962, S. 113).

156 Gen. 37,33–35 steht aber nichts vom Küssen seines Gewandes.

157 Kan. 69 (s. Mansi 1,44C; Lauchert 1896, S. 10 [dort Kan. LXX]; Funk 1905, S. 584) formuliert sinngemäß dasselbe, wenn es heißt: „Ei tis ... nēsteuoi me tōn Ioudaiōn ...".

158 Mansi 1,44A; vgl. a. Petr Mogila, Conf. Orth. I,88 (Malvy-Viller 1927, S. 51).

159 Die Frucht des Baumes, von dem Eva in der Sündenfallgeschichte Gen. 3,1ff. Adam zu essen gab, wurde in der Tradition zum Apfel. Man verwechselte das „malum" der Vulgata mit „mālum". Hieronymus übersetzte Hhld. 8,5 in diesem Sinne, d.h. er hat von dieser Tradition bereits gewußt.

160 Vgl. Hamman 1967, S. 133.

161 Vgl. D. Stiefenhofer in BKV 44, S. XXXI.

162 Zander 1957, S. 127f.

163 Entscheidend für die Entwicklung des wissenschaftlichen Weltbildes war gerade die Emanzipation der menschlichen Vernunft vom Glauben, die Realisation ihrer Autonomie.

164 MPG 94,797B; zit. nach der deutschen Übersetzung, BKV 44, S. 6–8.

165 De fide orth. 1,2 (MPG 94,792B).

166 Vgl. ebd., 1,1 (MPG 94,792A).

167 Vgl. Kir.kn. 190a: beim Fasten drohe die Verführung von Leuten, die mehr ihrem eigenen Verstand glauben als der Lehre der Kirche und damit die Schrift falsch interpretieren.

168 Zit. nach Schultze 1967, S. 39. Maksim teilt hier mit Platon das Grundaxiom von der Teilhabe des Menschen an der Struktur des Seins selbst. Über das Verhältnis der griechischen Kirche zu den Philosophen s. Runciman 1970, S. 111–126; zu Maksim Greks zwiespältigem Verhältnis zur Philosophie s. Schultze 1963, S. 224–231. Einerseits lobt er Platon als den „höchsten der außerchristlichen Philosophen", andererseits nennt er die Philosophie „eitle Verführung" (vgl. Schultze 1967, S. 41).

169 Schultze 1963, S. 118.

170 MPG 94,801C–804B.

171 Die Sibyllinischen Orakelsprüche, eine aus dem 3./4. Jh. n. Chr. stammende Sammlung, sind eine christliche Überarbeitung bzw. Nachahmung der griechisch-römischen heidnischen Sammlung Sibyllinischer Orakel, mit denen sie jedoch kaum etwas gemein haben. „Die jüdische und später die christliche Propaganda hat sich dieser Literatur bedient, um unter dem Namen der heidnischen, später zu einer jüdischen Sibylle umgestempelten Seherin ihre eigenen, besonders gegen den Polytheismus und Götzendienst gerichteten Anliegen zum Ausdruck zu bringen" (Weiser 1963, S. 361). Im ältesten deutschen Sibyllenbuch (1321), das an die antiken Weissagungen anknüpft und christliche Prophezeiung mit zeitgeschichtlicher verbindet, tritt die Sibylle als Königin von Saba auf, die dem König Salomo die Geschichte des Kreuzesholzes (s. darüber Porfir'ev 1886, S. 247–249), das Leben Jesu und das Jüngste Gericht verkündet (s. den Art. Sibyllinen von F. G. Grant in RGG 6,14f.). Michelangelo hat in der Sixtinischen Kapelle neben den 7 Propheten Jes., Jer., Ez., Dan., Sach., Joel und Jonas auch 5 Sibyllen dargestellt, die Persica, Libica, Erythräa, Delphica und Cumäa. Der Chronograf, S. 144, erwähnt das „Buch ... Sibyllinische Weissagung".

172 Über die apokryphe Legende vom Kreuzesholz, die in russischen Handschriften in zwei Redaktionen begegnet und meist Gregor dem Theologen (von Nazianz), manchmal aber auch Papst Gregor I. (dem Dialogus) zugeschrieben wird, s. Porfir'ev 1886, S. 247–249.

173 Vgl. Lilov 1858, S. 180, Anm. 4.

174 Vgl. Porfir'ev 1886, S. 211.

175 Ebd., S. 212.

176 Vgl. Malvy-Viller 1927, S. CXV.

177 Die Datierung der Widmung an Papst Leo X. (1. Dez. 1517) ist „bewußte Rückdatierung" U. v. Huttens (vgl. J. Benzing, Ulrich von Hutten und seine Drucker, Wiesbaden 1956, S. 118). H. Fuhrmann weist in seiner Edition des Textes des Constitutum Constantini in den „Fontes iuris Germanici antiqui in usum scholarum ex Monumentis Germaniae historicis separatim editi" (Bd. 10, Hannover 1968) auf S. 39f., Anm. 58, darauf hin, daß Hutten nicht der erste Hrsg. von Vallas Traktat war; schon 1506 hat es eine Ausgabe eines anonymen Hrsg.s gegeben. Huttens Edition bewegte u.a. Luther dazu, in voller Deutlichkeit Antichrist und Papsttum zu identifizieren. Am 17.11.1520 erschien „Adversus execrabilem Antichristi bullam" (WA 6,597–612).

177a Zu Matthias Flacius Illyricus s. P. Meinhold, Geschichte der kirchlichen Historiographie, Bd. 1, Freiburg und München 1967, S. 268–295.

178 Vgl. Lilov 1858, S. 186ff.

179 Für die Kn. vgl. Dement'ev 1883, S. 94.

180 De origine pap., Kap. 14 (ist nicht gedruckt erschienen; vgl. Jugie 1932, Sp. 830; s.a. Beck 1959, S. 718f.); vgl. die einzige gedruckte Schrift Barlaams gegen den römischen Primatsanspruch „Epistolae Barlaami contra Latinos" (MPG 151,1274C). Über die Päpstin Johanna berichtet auch Ps.-Barlaam im „Dialog eines Orthodoxen mit einem Lateiner über das Ungesäuerte und den Ausgang des Hl. Geistes" (MPG 151,1253C–D).

181 Kapterev 1913, S. 39.

182 S. dazu Hauptmann 1971.

183 1303 vom Konstantinopler Patriarchen Athanasios I. gestiftet, erlosch diese Metropolie jedoch bald wieder.

184 Grund dafür war die wachsende Unterdrückung der Ukrainer durch die Herrschaft der katholischen Polen. Sozialer und religiöser Haß stießen zusammen, so daß zur Zeit der Brester Union die Polen die Worte „chlop" (Knecht, der leibeigene Bauer) und „schizmatik" (Schismatiker) für die Ukrainer und Weißrussen synonym verwenden konnten, wie andererseits diese für die Polen die Worte „pan" (Herr) und „ljach" (Pole); vgl. Istorija 1966, S. 435.

185 Onasch 1967, S. 28; vgl. a. ebd., S. 68 und 70.

186 S. darüber Makarij 1882, S. 257–265.

187 Heyer 1962, Sp. 1108f.; s. dazu auch Stupperich 1935.

188 Runciman 1970, S. 324; vgl. a. Winter 1960, S. 311f.

189 Runciman 1970, S. 323.

190 Vgl. o., S. 211, Anm. 179.

191 „Ich glaube, um nicht sein Ansehen zu verringern, falls er zufällig auf irgendein schwieriges Argument nicht sofort eine Antwort parat hätte"; Malvy-Viller 1927, S. 162. Übrigens nennt der Berichterstatter die Synode zum Schluß abschätzig „questo conciliabulo o vero synodastro"! Zur Synode s. Suttner 1975.

192 Onasch 1967, S. 70.

193 Ivánka 1971, S. 84.

194 Gudzij 1959, S. 565; vgl. Makarij 1882, S. 159.

195 Stählin 1923, S. 411; s. dazu Makarij 1882, S. 234–241.

196 Gudzij 1959, S. 565f.

197 Über ihn s. V. Korsakova, Art.: Neronov = RBS, T. Naake-Nakenskij-Nikolaj Nikolaevič Staršij, S. 238–243; Kapterev 1913, S. 110–116.

198 Subbotin 1875, Bd. 1, S. 150; vgl. Belokurov 1891, S. 172, Anm. 10; Kartašev 1959, S. 148. Auch R. Lauth 1953, S. 124, meint, Nikon habe die Verfolgung seiner ehemaligen Gefährten und Freunde nur unter dem *Vorwand* begonnen, die griechische Auslegung des Dogmas und die griechische Tradition seien die maßgebenden.

199 Filaret 1872, S. 129.

200 Vgl. Mychalskyj 1967, S. 96.

201 Onasch 1967, S. 73.

202 Gudzij 1959, S. 566.

203 Vgl. Onasch 1967, S. 68.

*2.2.1. Der Blick zurück*

1 Dort heißt es: „Denn von Zion wird Weisung ausgehen und das Wort des Herrn von Jerusalem.“ Vgl. a. Kir.kn., Kap. 45, wo der Ostroger Fürst Konstantin (Vasilij) schreibt: „So gibt es auch außer dem einen wahren Glauben, der in Jerusalem gepflanzt worden ist und von dort wie von einer ewig fließenden Quelle des göttlichen Wortes getränkt wird, keinen anderen Glauben, gemäß der Schrift: Von Zion ging das Gesetz aus und das Wort des Herrn von Jerusalem“ (494b,9–15; dort steht fälschlich Mal. 4 am Rand).

2 Evdokimov 1959, S. 195.

3 Documente, S. 426; vgl. in der Kir.kn. 475a, wo Meletios Pēgas sich über die Bedeutung des Patriarchats Jerusalem äußert.

4 In Acta Apost., Hom. III (MPG 60,36); vgl. Eusebius, Hist. eccl. 7,19 (MPG 20, 681A).

5 Quaestiones ad Antiochum ducem, 44 (MPG 28,625B–C); vgl. a. Mychalskyj 1967, S. 93.

6 Konstantin ließ in Konstantinopel die Apostel- und Friedenskirche, in Jerusalem die Grabeskirche und in Rom die Kirchen S. Giovanni in Laterano und S. Pietro erbauen. Auf die Initiative seiner Mutter Helena gehen die Geburtskirche in Bethlehem und die Himmelsfahrtskirche in Jerusalem zurück.

7 Mychalskyj 1967, S. 95, wirft Ps.-Nafanail vor, er scheine den Glauben mit den Kirchen zu verwechseln, wenn er ihn in einen Jerusalemer und irgendeinen anderen aufteile, denn schließlich habe Christus Petrus das Regime über die Kirche übertragen, „quam ipse per suos legitimos successores nomine divino et auxilio nexos veritates, a Christo traditas, servantes infallibiter regit“. Das katholische Dogma, Christus regiere unfehlbar durch den Papst die Kirche, läßt Mychalskyj nur die Möglichkeit, den orthodoxen Standpunkt gründlich mißzuverstehen. Ps.-Nafanail lasse lieber die Hl. Schrift reden anstatt selbst zu argumentieren, denn er gebrauche so übermäßig Zitate aus der Schrift, „ut finis argumentationis quasi absconditus sit“. Dadurch sei für den Leser eine Beurteilung seiner Argumentation nicht leicht, was Ps.-Nafanail sicher beabsichtigt habe, meint Mychalskyj.

8 Von diesem Wunder berichtet der Abt Daniil in der Beschreibung seiner Pilgerreise (s. Alferov-Gruzinskij 1911, S. 43–46).

9 Vgl. Belokurov 1891, S. 178f.; Makarij 1882, S. 138. Zu Maksim Greks Behauptung der unversehrten Orthodoxie Jerusalems, die in Moskau bestritten wurde, s. Schultze 1963, S. 324; Porfir'ev 1886, S. 534f.

10 Vgl. Documente, S. 423.

11 Malvy-Viller 1927, S. 48f.; s.a. ebd., S. 130–132.

12 In Epist. I. ad Cor., Hom. III (MPG 61,23).

13 Über die Schrift- und Väterzitate s. Mychalskyj 1967, S. 94.

14 S. dazu ebd., S. 82–84; dort auch Lit. über die Quellen Ps.-Nafanails, jedoch keine eingehende Analyse. Ps.-Nafanail weiß von vier Bekehrungen zu berichten (vgl. die Zusammenstellung in Kn. 37b,1–9): 1. die Bekehrung durch den Apostel Andreas (30b,2–31b,8), 2. die durch Michail, den Patriarch Photios um 860 als 1. Metropoliten nach Kiev entsandte (31b,9–33a,11), 3. die durch die Fürstin Ol'ga um 970 (33a,12–33b,8) und 4. die durch Vladimir, der 990 die Taufe empfing (33b,11–37a,16). Hier bringt Ps.-Nafanail auch die berühmte Geschich-

te aus der Nestor-Chronik von den Boten, die Vladimir zu den Mohammedanern, Lateinern, Juden und Griechen sandte, um sich über deren Glauben berichten zu lassen (34a,12–34b,15), und vergleicht die Taufe Vladimirs sogar mit der Kaiser Konstantins d. Gr. (37a,15–19; s. Bojar, S. 54f.). Vgl. a. Kap. 4 der Kn. (41a,25–41b,1): „Diesen Glauben haben wir gelernt vom hl. Apostel Andreas", ebenso Kir.kn. 137b,11f. „Die Entstehung der Stadt Kiew und der russisch-orthodoxen Kirche wird nicht auf fremdländischen Einfluß, sondern mittels einer bewußt in die Chronik eingefügten Legende über den Apostel Andreas und dessen Missionstätigkeit unmittelbar auf einen Jünger Christi zurückgeführt" (Bojan, S. 10; vgl. Dement'ev 1883, S. 96, Anm. 85). S. dazu Gudzij 1959, S. 67–69.

15 Deshalb beginnt das Kap. über die Taufe Rußlands auch christologisch-heilsgeschichtlich: Christus sandte seine Apostel, denen er das göttliche Heilswerk übertragen hatte, in alle Welt, darunter auch den Apostel Andreas, der auch Rußland durchreiste (Kn. 30a,19–30b,15).

16 S. dazu Mychalskyj 1967, S. 85; zur kirchenrechtlichen Seite s. Beck 1959, S. 187f.; Goetz 1905, S. 57f.

17 In der Kn. wird mit der Zugehörigkeit der russischen Kirche zu Konstantinopel an vielen Stellen argumentiert; s. 18a,24f.; 163b,24–164a,4; 225a,19–24; 229b, 12–14; 231a,5–9; 231b,22–232a,14. Deshalb müssen, heißt es Kap. 18 (Über die Union von Florenz), die Russen den Griechen gehorchen: „dem russischen Volk ist es von Nutzen und dient sehr der Erlangung des ewigen Heils, dem Ökumenischen Patriarchen, dem Erzbischof von Konstantinopel, zu gehorchen und ihm zu unterstehen und zu gehorchen (povinovatisja) sowohl in der Praxis als in der geistlichen Wissenschaft" (231a,5–9), während es ein großer Schaden und zum Verderben sei, dem Papst und der römischen Kirche zu gehorchen.

Mychalskyj 1967, S. 95f., sieht das hervorgehobene Lob Konstantinopels in Spannung zu den Aussagen über Jerusalem als Mutter der Kirche („sine ulla difficultate inconsequentia ... manifestatur"). Das ist jedoch ein Mißverständnis der orthodoxen Ekklesiologie, die ein derartiges Konkurrenzdenken nicht kennt (obwohl es in der Praxis natürlich auch zu Spannungen, z.B. gerade zwischen Moskau und Konstantinopel, gekommen ist). Der Patriarch Meletios Pēgas meint in einem seiner in der Kir.kn. veröffentlichten Briefe, die Römer würden diesen Widerspruch nur aus polemischen Motiven konstruieren und sich heuchlerisch als Anwalt des Primats von Jerusalem ausgeben (486b,11–25).

18 Anspielung auf den Bericht der Nestorchronik (s.o., S. 229f., Anm. 14).

19 Vgl. z.B. Platon (Levšin), der in seiner „Orthodoxen Lehre" (II, § 6: Die Lehre von der ständigen Verfolgung der Kirche, obschon sie niemals besiegt werden kann) einen auf Eusebius zurückgehenden Kanon von 10 Christenverfolgungen aus der Kirchengeschichte aufzählt (vgl. Hauptmann 1971, S. 134).

20 Er gibt (28b,7–9) als Quelle nur an, daß Meletios den Brief 1597 (während am Schluß des Briefs das Datum des 30.8.1596 steht; auch Mychalskyj 1967, S. 95, wiederholt nur diese Angabe „1597", ohne die Quelle näher zu bestimmen) „an unsere Grenzen (do granic našich)" geschickt habe. Die Jahresangabe „1597" liegt allerdings nahe, da das Jahr ja schon mit dem 1. Sept. beginnt.

21 Kap. 4 (39b,1–8), Kap. 5 (45a,24f.), Kap. 23 (203a,23–25), Kap. 25 (226a, 8–24;231a,1ff.), Kap. 28 (257a,24–257b,3); vgl. in der Kir.kn. Kap. 1 (93a, 13–22): „... die vier Ökumenischen Patriarchen, die bis heute jedes Jahr ge-

meinsam und auch einzeln mit ihren Schreiben recht und unverändert den ihnen von den hl. Aposteln ... gegebenen Glauben nicht im geringsten verletzen und, ohne etwas hinzuzufügen oder wegzunehmen, predigten und predigen, hielten und halten".

22 Schultze 1971, S. 108.

23 Vgl. Runciman 1970, S. 98–110.

24 Schultze 1971, S. 108; s.a. Kn. 165a,2–5. Diese These vertrat Silbestros Syropoulos, der als Diakon am Konzil teilgenommen und mitunterzeichnet hatte, in seiner „Wahren Geschichte von der nicht wahren Union zwischen den Griechen und Lateinern", die 1598 anonym erschien (Istoria o listrikijskom, to est', o razbojničeskom Ferarskom a[l]bo Floren'skom sinode v'korotce pravdive spisanaja = RIB 19, Sp. 433–476). S.a. Les Mémoires du Grand Ecclésiarque de l'Église de Constantinople Sylvestre Syropoulos sur le concile de Florence, hrsg. von V. Laurent, Rom 1971. Über den Bericht (Povest') Simeon von Suzdal's über das Florentiner Konzil (ca. 1440 verfaßt) s. Krajcar 1973. „Ganz klar und kurz ausgedrückt befindet sich die Geschichte vom Räuberischen Konzil in dem 1588 gedruckten Buche ‚O edinoi vĕrĕ' von Wasilij Ostrogskij" (Waczyński 1938, S. 462).

25 Onasch 1967, S. 27.

26 Cromerus 1558, S. 492B (Buch 21).

27 Onasch 1967, S. 27.

28 „Sobor" – concilium / „s-ezd" – congressum.

29 Winter 1960, S. 258.

30 Vgl. Kn. 231a,1–232a,25. Dort heißt es u.a., daß „der Patriarch ... in der einen hl. katholischen apostolischen Kirche eine unbeugsame Säule ist und auf sich das wahre Bekenntnis des Glaubens trägt, ... den Glauben gemäß dem hl. Evangelium, den Aposteln und der Lehre der hl. Väter bekennt und befolgt, ... das allerheiligste Sakrament (Mysterium) des Leibes und Blutes Christi und alle anderen Heiligtümer (svjatyni) wahrhaft besitzt (imeet) und alles, wie es von Anfang an war, wie es in alten Zeiten und immer war, glaubt und befolgt ... Und so suchen wir unsere Zuflucht bei der Kirche von Konstantinopel und den Stühlen der östlichen Patriarchen um des Nutzens willen für den rechten Glauben und das Heil der Seelen und den zeitlichen Segen; außerdem hören wir auf die Erzbischöfe von Alexandrien, Antiochien, Jerusalem und Großrußland, die wir als eines Glaubens mit dem von Konstantinopel seiend ehren und respektieren (priimaem). Denn auf sie beziehen sich jene Worte Christi (Lk. 10,16): ‚Wer euch hört, der hört mich, wer mich aber verachtet, der verachtet den, der mich gesandt hat.' Und wahr ist das: wer die Patriarchen hört und die, die von ihnen geweiht und gesandt sind, hört Christus; wer sie aber verwirft, der verwirft Christus den Gott selbst."

31 Die Kn. widmet diesem Thema 3 Kapitel (23–25)!

32 Apokrisis I,7 (RIB 7,1165–1173): 1. Eucharistie in nur einer Gestalt, 2. die Transsubstantiationslehre, 3. Annahme der Beschlüsse des Tridentinums zusätzlich zu denen der 7 Ökum. Konzile, 4. Trennung von der Jurisdiktion Konstantinopels, 5. Einsetzung der Bischöfe durch den Papst, was eine Einmischung in die inneren Angelegenheiten der Ostkirche bedeute, 6. Verurteilung des Markos von Ephesus, was nicht einmal der Papst in Florenz gewagt hatte, 7. heimliche

Annahme der Union durch Terleckij und Pocej ohne Verständigung mit der Kirche, während in Florenz die Griechen nichts ohne die Autorität der ganzen Ostkirche hätten entscheiden wollen (vgl. Waczyński 1938, S. 465).

33 Winter 1960, S. 272.

34 S.o., S. 34 und 188, Anm. 85.

35 S.o., S. 34 und 188, Anm. 89; über Skarga s. Tazbir 1962.

36 Winter 1960, S. 272f.; vgl. Mychalskyj 1967, S. 44f.

37 Mychalskyj 1967, S. 45, vermutet das Jahr 1607.

38 Winter 1960, S. 273. Das Werk ist abgedruckt bei Vyšens'kyj 1959, S. 197–231: Začapka mudrogo latinika z glupim rusinom; der Verf. nennt sich hier „Christofor inok rusin".

39 Winter 1960, S. 272; zum Reichtum Ostrožskijs s. Sokolov 1880, S. 57 (Primečanija), Anm. 60.

40 Vgl. Onasch 1967, S. 81; Zen'kovskij 1970, S. 54.

41 Die „Gaben des Geistes" werden den Gläubigen durch das Zeichen des Kreuzes gegeben, heißt es Kn. 67a,12–14; s. dazu auch Čiževskij 1948, S. 134.

Mychalskyj 1967, S. 88, bezeichnet Vyšenskij als den „herausragendsten Begünstiger jener mystisch-abergläubischen Tendenz" und wirft ihm Neigung zu Wundergeschichten vor. Diese Neigung habe ihren Ursprung bei den Protestanten (M. verweist auf Engelerscheinungen und Visionen von Dämonen im Leben der Reformatoren!), und es kommt Mychalskyj gar nicht in den Sinn, daß es V. um die hesychastische Tradition der Theoria geht (s. dazu Beck 1959, S. 346ff., 354ff.).

41a Skētē – eine Ansammlung von Mönchshütten, eine Art Einsiedlerdorf (vgl. Beck 1959, S. 128).

42 Mychalskyj 1967, S. 33.

43 Wörtlich: 1/2 mal 6000; das entspricht nicht der Zeitrechnung der Byzantinischen Ära, nach der Christi Geburt in das Jahr 5508 (bzw. 5500) fällt. Nach dem Talmud hat die Erde eine Dauer von 6000 Jahren, so daß Jesus dann genau in der „Mitte der Zeiten" geboren wäre und sich mit dem Beginn des 7. Jahrtausends das Weltende ereignen müßte.

44 Der letzte Satz stammt von Zizanij und nicht mehr aus Mt.

45 Der letzte Satz steht nicht bei Joh.

46 Am Rand ist angegeben: „Evangelium der Thomas-Woche", d.h. der Woche, die mit dem Sonntag nach Ostern beginnt. Zizanij bezieht sich auf den Text eines Vorworts zum Kommentar des Evangeliums der Thomas-Woche (den Text s. bei Lilov 1858, S. 139f., Anm. 2; L. zitiert ihn mitsamt der Widerlegung durch den Altgläubigenpolemiker Feofilakt). Aber das Vorwort kommentiere, ganz abgesehen davon, daß Zizanij Vorwort und Kommentar miteinander verwechsle, kein einziges Wort aus dem Evangelium, sondern nur die Thomas-Woche als solche, und das ohne jede feste Grundlage, meint Lilov. Zur Thomas-Woche s. Beck 1959, S. 257.

47 Vor Zizanij hatte man das Weltende in Rußland für den 24./25.3.1492 (7000) berechnet; vgl. Lilov 1858, S. 116, Anm. 3; Onasch 1967, S. 33.

48 Anspielung auf die römische Fastenpraxis, wo man das Mittwochfasten zugunsten des Samstagfastens, das von den Orthodoxen völlig abgelehnt wird (s.o., S. 136f.), aufgab.

49 Johannes Damascenus, der in De fide orth. 4,26 (MPG 94,1216A–1217C) vom Antichrist handelt, schließt seine „Dogmatik" mit gerade diesem Punkt ab (4,27; MPG 94,1220A–1228A), indem er sehr ausführlich von der Auferstehung des Fleisches und nur ganz kurz als letztes vom Jüngsten Gericht redet. Zum ewigen Feuer merkt er an, daß es nicht ein materielles Feuer wie das unsrige sei, sondern eines, dessen Beschaffenheit nur Gott kenne (vgl. ebd., 1228A). Vgl. dazu Petr Mogilas Einwand gegen das Fegefeuer, es dürfe kein materielles Feuer darunter verstanden werden (nach dem Bericht von Scogardi: „purgatorio, ma non con fuoco"; Malvy-Viller 1927, S. 163).

50 Vgl. dazu o., S. 108. Vielleicht wollte Zizanij damit auch sagen, daß eine solche Kalenderreform nur unter der Voraussetzung für erforderlich gehalten werden kann, daß der Jüngste Tag noch fern sei.

51 Zu dieser alten Legende s. Mychalskyj 1967, S. 125.

52 Zu dieser Inkonsequenz s. Proischoždenie, S. 263f.; Mychalskyj 1967, S. 123.

53 Vgl. Joh. Dam., De fide orth. 4,26 (MPG 94,1216A): Jeder, der nicht das christologische Dogma bekenne, sei ein Antichrist.

54 Vgl. Chronograf, S. 201.

55 S. Funk 1905, S. 570; Mansi 1,33D; Lauchert 1896, S. 4 (dort Kan. XXVIII). Kan. 27 untersagt den Klerikern kriminelle Taten und Gewaltanwendung. Der Angriff richtet sich hier gegen die römische Praxis der Kreuzzüge und Schwertmission.

56 Am Rand: „Ioakim i.J. 7000, Ieremias i.J. 7089". 7000 muß ein Druckfehler sein. Gemeint ist die Reise Patriarch Iōakeims V., der 1586 der stauropegialen Bruderschaft von L'vov ihr Statut gab (vgl. ThĒE 6,1095; Lilov 1858, S. 138; Filaret 1872, S. 72), während Patriarch Jeremias II. 1588 auf der Durchreise die Vil'naer Bruderschaft besuchte, als er unterwegs nach Moskau zur Errichtung des Patriarchats war (s. dazu Pitirim 1969).

57 Vgl. Krajcar 1973, S. 123; bei Maksim Grek s. Schultze 1963, S. 202; s.a. Waczyński 1938, S. 463f., wo er über die Geschichte vom Räuberkonzil von Florenz referiert.

58 S.o., S. 210, Anm. 173.

58a „Über diese Spaltung des Kaiserreichs und der Kirche haben viele Heilige im Osten und in Rußland und in Bulgarien gegen die Päpste und Lateiner geschrieben, indem sie sie aller neu in die Kirche eingeführten Lehren, Artikel und Bräuche, die es vorher in Rom nicht gegeben hatte, beschuldigen, die gegen den alten Glauben sind und ihm nicht entsprechen" (Kn. 194b,19–195a,1). Vgl. a. Chronograf, S. 201–203.

59 Vgl. Lilov 1858, S. 143.

60 Kap. 27 ist falsch, richtig: Kap. 26.

61 Homilie zur Verklärung Jesu; ist nicht ediert (vgl. L. Bréhier = DHGE 11,447–449). Die Worte Hippolyts, Ephräms, Kyrills und des Irenäus über den Antichrist erschienen gedruckt in Moskau [1]1891 und [2]1895 (Ob Antichriste. Slova Ippolita, Efrema Sirina, Kirilla Jerusalimskago, Irineja).

62 Als Quelle gibt er dort das Synaxarium (s. dazu Beck 1959, S. 251f. und 705) zur „Fleischfastenwoche" (die Woche vor Beginn der Großen Fastenzeit, s. dazu ebd., S. 254) an. Die Zeitbestimmung mit Hilfe der Zahl 666 hat der Autor bereits von Zacharij Kopystenskij aus dessen Palinodija übernommen (vgl. Dement'ev 1883, S. 90).

63 Vgl. Lilov 1858, S. 126f.

64 Das Kap. behandelt drei Themen, wie zu Beginn festgestellt wird (268a,5–8): Am Anfang geht es um den „Sturm", der dem Kommen des Antichrist vorausgeht, und um dessen Diener, dann um den Antichrist selbst und schließlich um das Ende mit dem Tag des Jüngsten Gerichts. Dabei geht der Verf. wie üblich vor, d.h. auf den Schriftbeweis aus AT und NT folgt ein (diesmal recht umfangreicher) Väterbeweis, wegen der Wichtigkeit des Themas, wie er betont (276b, 6–15).

65 Weinen (Tränenvergießen), Almosen und Buße gelten als die drei großen Taten. Vgl. Hildebrandt 1965, S. 118, Anm. 12; vgl. a. Joh. Chrysostomus, 55. Homilie 5–6 zu Mt. 16,27.

66 Epist. II. ad Thess. Cap. II, Homil. IV (MPG 62,486).

67 Zen'kovskij 1970, S. 97, der dort jedoch Kap. 30 der Kn. mit Zizanijs Kommentar in der Kir.kn. verwechselt.

68 In dem Artikel „Proischoždenie" (S. 266; vgl. a. Mychalskyj 1967, S. 120) wird wie selbstverständlich davon ausgegangen, daß damit die Großrussen gemeint seien, was aber aus dem „wir" („nam") des Textes nicht zu beweisen ist. Stammt das Kap. von Ps.-Nafanail, müßte er es speziell für die Moskauer Ausgabe verfaßt haben (s.o., S. 53).

69 Vgl. Lilov 1858, S. 117–119, 155–158; Sokolov 1880, S. 28 (Primečanija).

70 Vgl. Maurer 1957; H. Kraft, Art.: Apokalyptik IV. Kirchengeschichtlich = RGG 1,469–472; s. dazu H. Preuß, Die Vorstellungen vom Antichrist im späten Mittelalter, bei Luther und in der konfessionellen Polemik (1906).

71 1563 wird in der Widmung der Brester Bibel (der ersten gedruckten polnischen protestantischen Bibelübersetzung), die Fürst Nikolaus Radziwill der Schwarze an König Sigismund August von Polen richtete, der römische Papst als Antichrist bezeichnet (vgl. Starke 1973, S. 153).

72 Vgl. Lilov 1858, S. 157; Proischoždenie, S. 267f.

73 Onasch 1967, S. 33, Anm. 19.

74 Vgl. Proischoždenie, S. 267.

75 S. z.B. Lilov 1858, S. 116ff.; Dement'ev 1883, S. 90–94.

76 Auch in Petr Mogilas Confessio Orthodoxa findet sich nichts zum Thema Antichrist.

77 Studyns'kyj 1895, S. 162–166.

78 Mychalskyj 1967, S. 123.

79 Jaremenko 1963, S. 53.

80 Proischoždenie, S. 271f.

81 Vgl. Mychalskyj 1967, S. 122; Lilov 1858, S. 158–160.

82 Vgl. dazu Mychalskyj 1967, S. 28, 31–33, 122.

83 RIB 7,111–168, hier 145f.

84 Vgl. Mychalskyj 1967, S. 31f., 123.

85 Mychalskyj 1967, S. 33, meint, daß gerade mit der Frage des Antichrist die orthodoxe Polemik sich immer mehr protestantischem Einfluß unterwarf, gegen den ihr eigener Polemiker Vasilij Suražskij so entschieden gekämpft hatte.

85a Vgl. Proischoždenie, S. 269.

86 Maurer 1957, Sp. 434.

87 Vgl. Meletios Pēgas in der Kir.kn. 452a,1–11.

88 Benz 1939, S. 229.
89 Runciman 1970, S. 322.
90 Onasch 1967, S. 34.
91 Ebd., S. 33.
92 Florovskij 1937, S. 67; vgl. Hauptmann 1965, S. 25.
93 Tradition 1963, S. 66 (Bericht der europäischen Sektion von K. E. Skydsgaard).
94 Vgl. Proischoždenie, S. 297ff. Über die spätere Entwicklung der Antichristpolemik im Verhältnis der Altgläubigen zum russischen Staat s. R. O. Crummey, The Old Believers and the World of Antichrist. The Vyg Community and the Russian State, London 1970.
95 Zit nach Proischoždenie, S. 294f.; zu dem Vorwurf s.o., S. 146.
96 Zit. nach ebd., S. 297; vgl. Smirnov 1914, S. 207f.
97 Übersichtlich und knapp zusammengefaßt bei Hauptmann 1965, S. 11f.; vgl. dazu Chrysostomus 1957, S. 103–110.
98 Subbotin 1875, Bd. 1, S. 99f. (zit. nach Smirnov 1914, S. 208, Anm. 1).
99 Hauptmann 1965, S. 10f., beschreibt die Wiedergabe einer polemischen Darstellung des Dreifingerkreuzes vom Anfang des 19. Jh.s, der Avvakums Auslegung des Dreifingerkreuzes (vgl. Chrysostomus 1957, S. 87) zugrunde liegt.
100 S. dazu Nieß 1971.
101 Onasch 1967, S. 68.
102 Ebd., S. 50f.
103 Filaret 1872, S. 101.
103a Z.B. sagt Avvakum: „wir haben durch Gottes Gnade die Selbstherrschaft" (zit. nach Hauptmann 1963, S. 79; vgl. Bojan, S. 448).
104 Vgl. B. Schultze SJ in seiner Rezension zu Onasch 1967 = Or. Chr. Per. 34, 1968, S. 189; Schultze 1963, S. 356, 335f.; vgl. a. Schaeder 1963, S. 126, Anm. 5: „Vgl. die schöne Gegenüberstellung der Konstellation im sechzehnten und im siebzehnten Jahrhundert: Daniel und Maxim Grek, Nikon und Avvakum". Die Konstellation zeigt deutlich den Umschlag, denn jedesmal ist es der an zweiter Stelle genannte, der für seine Haltung büßen muß. Die Macht hatte von der altrussischen zur griechischen Orientierung einen Kurswechsel vollzogen.
104a Tradition 1963, S. 57–61.
105 Kap. 31; dort heißt es: Die hl. Väter haben gesagt, wenn jemand nicht mit zwei Fingern segne oder sich nicht mit dem Kreuzzeichen bezeichne wie Christus, der solle verflucht sein (Stoglav, S. 104; vgl. Nikodim 1971, S. 64, Anm. 1).
106 Vgl. Nikodim 1971, S. 65; Zen'kovskij 1970, S. 300–304.
107 Vgl. Lilov 1858, S. 203.
108 Ebd., S. 205.
109 Vgl. Denisov 1884, S. 24, Ant. 3,8; Lilov 1858, S. 202, Anm. 1.
110 Lilov 1858, S. 204.
111 S. Dejanie 1971.
112 Ebd., S. 6.
113 Nikodim 1971, S. 63.
114 Ebd., S. 67.
115 Dejanie 1971, S. 7.
116 Vgl. Nikodim 1971, S. 69.

117 Ebd., S. 72f.; Kan. 68 (nicht 79, wie Nikodim angibt) des Codex canonum ecclesiae africanae = Kan. 2 der Synode von Karthago vom 13.9.401 s. Mansi 3,742E: „dia tēn tēs ekklēsias eirēnēn kai chrēsimotēta"; s.a. Pēdalion 1957, S. 501 (dort ist es Kan. 72).

118 Vgl. Nikodim 1971, S. 71; Kan. 12 des Quinisextums s. Mansi 11,945E–948B; Lauchert 1896, S. 106f.; Pēdalion 1957, S. 227.

119 KiO 14, 1971, S. 166–169.

120 Ebd., S. 168.

121 Dejanic 1971, S. 7.

122 Nikodim 1971, S. 73.

123 Dejanie 1971, S. 7. Daß diese neue Einstellung der Moskauer Orthodoxie gegenüber ihrer eigenen Tradition aber weit entfernt von unserer sogenannten modernen, westlich protestantischen Einstellung ist und von Grund aus konservativ geblieben ist, belegt eine (zeitlich allerdings schon drei Jahre davorliegende) Äußerung Nikodims, die er 1968 in einem Vortrag an der Universität von Uppsala machte. Er warnte dort die Kirchen des Ökumenischen Rates vor dem „häretischen theologischen Modernismus" (Nikodim 1968, S. 53) und meinte damit die Theologie revolutionärer Veränderungen. Die Orthodoxe Kirche stehe weiterhin auf dem alten Standpunkt, daß „alle gemeinsam mit der alten ungeteilten Kirche glauben" müßten (ebd., S. 46); von daher sei die Orthodoxie konstitutiv konservativ („konservatizm v oblasti very", ebd., S. 53), und Nikodim empfiehlt Vorsicht („izvestnuju ostorožnost' i smotritel'nost'", ebd.; vgl. KiO 12, 1969, S. 111).

# 5. Literatur

Die Abkürzungen der Sammelwerke, Zeitschriften, Monographienreihen u.a. folgen dem Verzeichnis in: Die Religion in Geschichte und Gegenwart, Handwörterbuch für Theologie und Religionswissenschaft. Dritte, völlig neu bearb. Aufl. ... hrsg. von K. Galling, Bd. 1–6, Tübingen 1957–1962, Bd. 6, S. XX–XXXI (abgekürzt: RGG).


*Adam 1965* = A. Adam, Lehrbuch der Dogmengeschichte, Bd. I, Die Zeit der Alten Kirche, Gütersloh [1]1965.

*AIJZR* = Akty otnosjaščiesja k istorii Južnoj i Zapadnoj Rossii, sobrannye i izd. Archeografičeskoju kommissieju, 1361–1678, T. 1–15, S.-Peterburg 1863–1892.

*AJZR* = Archiv Jugo-Zapadnoj Rossii, izd. Kommissieju dlja razbora drevnich aktov, čast' I, t. VIII, vyp. I: Pamjatniki literaturnoj polemiki pravoslavnych južno-russov s protestantami i latino-uniatami v Jugo-zapadnoj Rusi za XVI i XVII stol., Kiev 1914.

*Alferov-Gruzinskij 1911* = A. Alferov i A. Gruzinskij, Dopetrovskaja literatura i narodnaja poėzija. Teksty, perevody, primečanija, slovar', Moskva [5]1911.

*Altaner 1963* = B. Altaner, Patrologie. Leben, Schriften und Lehre der Kirchenväter, 6. Aufl., durchgesehen und ergänzt von A. Stuiber, Freiburg, Basel, Wien (1963).

*Ammann 1942* = A. M. Ammann S.J., Zur Geschichte der Geltung der Florentiner Konzilsentscheidungen in Polen-Litauen: Der Streit über die Gültigkeit der ‚Griechentaufe' = Or. Chr. Per. 8, 1942, S. 289–361.

*Ammann 1945* = A. M. Ammann, Der Aufenthalt der ruthenischen Bischöfe Hypathius Pociej und Cyrillus Terlecki in Rom im Dezember und Januar 1595–1596 = Or. Chr. Per. 11, 1945, S. 103–140.

*Ammann 1950* = A. M. Ammann, Abriß der ostslawischen Kirchengeschichte, Wien 1950.

*Barth 1964* = K. Barth, Die Kirchliche Dogmatik, Bd. I,1: Die Lehre vom Wort Gottes. Prolegomena zur Kirchlichen Dogmatik, Zürich [8]1964.

*Beck 1959* = H.-G. Beck, Kirche und theologische Literatur im byzantinischen Reich, München 1959.

*Belokurov 1883* = S. A. Belokurov, Materialy dlja istorii russkoj cerkvi. ‚Statejnyj spisok' i ‚Prenija s grekami o vere' Troickago Bogojavlenskago monastyrja stroiteljastarca Arsenija Suchanova, Priloženija = Christianskoe Čtenie 2/1883, S. 670–738.

*Belokurov 1891* = S. A. Belokurov, Arsenij Suchanov. Izsledovanie, č. I: Biografija Arsenija Suchanova = Čtenija v Imperatorskom obščestve istorii i drevnostej rossijskich pri Moskovskom Universitete (ČOMU) 1/1891 (Rubrik III), S. 1–4, 1–328; 2/1891 (Rubrik IV), S. 329–440.

*Benz 1939* = E. Benz, Wittenberg und Byzanz. Zur Auseinandersetzung der Reformation mit dem Griechentum und der östlich-orthodoxen Kirche. 3. Melanchthon und der Serbe Demetrios = Kyrios 4, 1939/40, S. 222–261.

*Benz 1949* = E. Benz, Wittenberg und Byzanz. Zur Begegnung und Auseinandersetzung der Reformation und der östlich-orthodoxen Kirche, Marburg 1949.

*Biblija* = Biblija ili knigi Svjaščennogo pisanija Vetchogo i Novogo Zaveta, v russkom perevode, s parallel'nymi mestami i ukazatelem cerkovnych čtenij, Izd. Moskovskoj Patriarchii, Moskva 1956.
*Bibliografija* = Bibliografija sovetskich rabot po drevnerusskoj literature za 1945–1955 gg., Moskva 1956.
*BKV 41* = Des heiligen Cyrillus, Bischofs von Jerusalem, Katechesen. Aus dem Griechischen übersetzt und mit einer Einleitung versehen von Ph. Häuser = BKV², Bd. 41, Kempten 1922.
*BKV 44* = Des heiligen Johannes von Damaskus genaue Darlegung des orthodoxen Glaubens. Aus dem Griechischen übersetzt und mit einer Einleitung und Erläuterung versehen von D. Stiefenhofer = BKV², Bd. 44, Kempten 1923.
*Bojan* = O Bojan, du Nachtigall der alten Zeit. Sieben Jahrhunderte altrussischer Literatur, hrsg. von H. Graßhoff u.a., Berlin ²1967.
*BSELK* = Die Bekenntnisschriften der evangelisch-lutherischen Kirche. Hrsg. im Gedenkjahr der Augsburgischen Konfession 1930, Göttingen ⁵1963.
*Bŭlgarska* = Bŭlgarska Enciklopedija, hrsg. von N. G. Dančov und I. G. Dančov, Sofija 1936.
*Charlampovič 1914* = K. V. Charlampovič, Malorossijskoe vlijanie na velikorusskuju cerkovnuju žizn', t. I, Kazan' 1914 (Slavistic Printings and Reprintings 119, The Hague and Paris 1968).
*Chronograf* = Chronograf zapadno-russkoj redakcii = Polnoe sobranie russkich letopisej, t. 22,2, Petrograd 1914.
*Chrysostomus 1957* = J. Chrysostomus OSB, Die „Pomorskie Otvety" als Denkmal der Anschauungen der russischen Altgläubigen gegen Ende des 1. Viertels des XVIII. Jahrhunderts = Or. Chr. A. 148, Romae 1957.
*Chrysostomus 1961* = J. Chrysostomus OSB, Die religiösen Kräfte in der russischen Geschichte, München 1961.
*Čiževskij 1948* = D. Tschižewskij, Geschichte der altrussischen Literatur im 11., 12. und 13. Jahrhundert. Kiever Epoche, Frankfurt a.M. 1948.
*Conciliorum 1962* = Conciliorum oecumenicorum decreta. Ed. Centro di Documentazione, Istituto per le Scienze Religiose – Bologna. Curantibus J. Alberigo, P.-P. Joannou, C. Leonardi, P. Prodi, Basileae 1962.
*Cromerus 1558* = Martini Cromeri de origine et rebus gestis Polonorum libri XXX. Recogniti ab autore. Unà cum funebri eiusdem autoris Oratione, Sigismund Regis uitam compendiosè complexa, & aliquoties iam prius edita, Basilea (1558).
*Dal' 1956* = V. Dal', Tolkovyj slovar' živogo velikorusskogo jazyka, T. 1–4, Moskva 1956 (Nachdr. der 2. Aufl. 1880–1882).
*Dejanie 1971* = Dejanie osvjaščennogo Pomestnogo Sobora ... ob otmene kljatv na starye obrjady i na priderživajuščichsja ich = ŽMP 6/1971, S. 5–7.
*Dement'ev 1883* = G. Dement'ev, Kritičeskij razbor tak nazyvaemoj Knigi o vere sravnitel'no s učeniem glagolemych staroobrjadcev, S.-Peterburg 1883.
*Denisov 1884* = [A. Denisov], Pomorskie otvety. Napečatany V Manuilovskom Nikol'skom monastyre 1884 goda.
*Denzinger 1937* = H. Denzinger, Enchiridion Symbolorum, definitionum et declarationum de rebus fidei et morum quod a C. Bannwart denuo compositum iteratis curis edidit I. B. Umberg S.J., Ed. 21–23, Friburgi 1937.
*Diačyšin 1944* = P. Diačyšin, De Basilio Suracensi prout theologo et polemista anticatholico, Romae 1944.

*Diakon 1859* = Diakon Feodor, ego sočinenija i učenie = Pravoslavnyj Sobesednik 2/1859, S. 314–346, 447–470.
*Dobrotoljubie 1963* = Dobrotoljubie v russkom perevode, dopolnennoe. Tom pervyj. (Perepeč. so 2^ogo^ izd. russk. Panteleimonova monastyrja na Afone 1883 g.), Jordanville N.Y. 1963.
*Dobrotoljubie 1964* = Dobrotoljubie v russkom perevode, dopolnennoe. Tom vtoroj. (Perepeč. so 2^ogo^ izd. russk. Panteleimonova monastyrja na Afone 1895 g.), Jordanville N.Y. 1964.
*Documente* = Documente privitóare la Istoria Românilor. Texte greceşti privitóare la Istoria Românească culese şi publicate cu introducere şi indicele numelor de A. Papadopulos-Kerameus, hrsg. v. E. Hurmuzaki, Bd. 13, Bucureşti 1909.
*Dokučaev 1867* = N. Dokučaev, O tak nazyvaemoj „Knige o vere edinoj" = Černigovskija Eparchial'nyja Vedomosti 1867, Nr. 17, 18; 1868, Nr. 8, 16, 17, 20, 21; 1869, Nr. 3 (war nicht zugänglich).
*Ebeling 1962* = G. Ebeling, Art.: Tradition VII. Dogmatisch = RGG 6, Sp. 976–984.
*ĖSl* = Ėnciklopedičeskij Slovar', načatyj I. E. Andreevskim, prodolžaetsja pod red. K. K. Arsen'eva i F. F. Petruševskago, Izdateli: F. A. Brokgauz, I. A. Efron, t. 1–41^A^ (82), S.-Peterburg 1890–1904.
*Evdokimov 1959* = P. Evdokimov, L'Orthodoxie, Neuchâtel, Paris 1959.
*Evgenij 1827* = [E. A. Bolchovitinov], (Metropolit Evgenij), Slovar' istoričeskij o byvšich v Rossii pisateljach duchovnago čina Greko-rossijskoj Cerkvi, t. 1–2, izd. vtoroe, ispravlennoe i umnožennoe, S.-Peterburg 1827 (Unveränderter fotomech. Nachdr., Leipzig 1971).
*Filaret 1872* = Filaret (Gumilevskij), Geschichte der Kirche Russlands von Philaret, II. Theil, nebst dem Russischen Catechismus. Ins Deutsche übersetzt von Dr. Blumenthal, Frankfurt a.M. 1872.
*Filaret 1884* = Filaret (Gumilevskij), Obzor russkoj duchovnoj literatury, kn. I, 862–1720, S.-Peterburg [3]1884.
*Filaret 1888* = Filaret (Gumilevskij), Istorija Russkoj Cerkvi (988–1826), period četvertyj: period patriaršestva (1588–1720 g.), Moskva [5]1888.
*Filaret 1972* = Filaret (Vachromeev), On the Filioque (to the Discussion with the Old Catholic Church) = The Journal of the Moscow Patriarchate 1/1972, S. 53–73.
*Florovskij 1937* = G. Florovskij, Puti russkago bogoslovija, Paris 1937.
*Florovskij 1960* = G. Florowski, Art.: Tradition = WKL, Sp. 1469–1475.
*Foropoulos 1966* = N. L. Foropoulos, Art.: Meletios 'o Pēgas = ThĒE 8, Sp. 950–956.
*Funk 1905* = Didascalia et Constitutiones apostolorum, ed. F. X. Funk, vol. I, Paderbornae 1905.
*Goetz 1905* = L. K. Goetz, Kirchenrechtliche und kulturgeschichtliche Denkmäler Altrusslands nebst Geschichte des russischen Kirchenrechts. Eingeleitet, übersetzt und erklärt, Stuttgart 1905 (Nachdr.: Amsterdam 1963).
*Golub 1973* = I. Golub, L'autographe de l'ouvrage de Križanić, Bibliotheca Schismaticorum Universa des archives de la Congrégation du Saint Office à Rome = Or. Chr. Per. 39, 1973, S. 131–161.
*Golubcov 1892* = A. P. Golubcov, Pamjatniki prenij o vere, voznikšich po delu

korolevića Val'demara i carevny Iriny Michajlovny = ČOMU 2/1892 (Rubrik II), S. I–XXVI, 1–349.
*Golubev 1876* = S. T. Golubev, Bibliografičeskija zamečanija o nekotorych staropečatnych cerkovno-slavjanskich knigach preimuščestvenno konca XVI i XVII stoletij = Trudy Kievskoj Duchovnoj Akademii 1/1876, S. 121–161; 2/1876, S. 359–398.
*Golubev 1883* = S. T. Golubev, Kievskij mitropolit Petr Mogila i ego spodvižniki, T. I, Kiev 1883.
*Golubinskij 1892–D* = D. F. Golubinskij, O vremeni prazdnovanija Paschi u Christian vostoka i zapada = Bogoslovskij Vestnik 2/1892 (Aprel'), Otdel II, S. 73–88.
*Golubinskij 1892–E* = E. E. Golubinskij, K našej polemike s staroobrjadcami, Častnye voprosy. I. O perstosloženii dlja krestnago znamenija i blagoslovenija = Bogoslovskij Vestnik 2/1892 (Aprel'), Otdel II, S. 34–72.
*Gordillo 1950* = M. Gordillo, Compendium Theologiae Orientalis in commodum auditorum Facultatis Theologicae concinnatum, Ed. tertia, Romae 1950.
*Gudzij 1934* = Žitie protopopa Avvakuma im samim napisannoe i drugie ego sočinenija. Redakcija, vstupitel'naja stat'ja i kommentarii N. K. Gudzija, [Moskva 1934].
*Gudzij 1959* = N. K. Gudzij, Geschichte der russischen Literatur, 11.–17. Jahrhundert, (Übersetzt, mit Anmerkungen und Register versehen von Fairy von Lilienfeld), Halle (Saale) 1959.
*Hamman 1967* = A. Hamman, Die Kirchenväter. Kleine Einführung in Leben und Werk (= Herder-Bücherei Bd. 268), Freiburg 1967.
*Hammerschmidt 1955* = Hammerschmidt, Grundriß der Konfessionskunde, Innsbruck, Wien, München 1955.
*Haney 1973* = J. v. Haney, From Italy to Moscovy. The Life and Works of Maxim the Greek, München 1973 (= Humanistische Bibliothek, Reihe I: Abhandlungen, Bd. 19).
*Hauptmann 1963* = P. Hauptmann, Altrussischer Glaube. Der Kampf des Protopopen Avvakum gegen die Kirchenreform des 17. Jahrhunderts. Mit einem Anhang: Das russische Altgläubigentum der Gegenwart (= KiO, Monographienreihe Bd. 4), Göttingen 1963.
*Hauptmann 1965* = P. Hauptmann, Das russische Altgläubigentum und die Ikonenmalerei = Beiträge zur Kunst des christlichen Ostens, Bd. 3, S. 5–36, Recklinghausen 1965.
*Hauptmann 1971* = P. Hauptmann, Die Katechismen der Russisch-orthodoxen Kirche. Entstehungsgeschichte und Lehrgehalt, mit 16 Bildtafeln (= KiO, Monographienreihe Bd. 9), Göttingen 1971.
*Heiler 1966* = F. Heiler, Der Gottesdienst der Orthodoxen Kirche = Die Russische Orthodoxe Kirche in Lehre und Leben, hrsg. von R. Stupperich, Witten [1]1966, S. 118–138.
*Hergenröther 1869* = Monumenta graeca ad Photium ejusque historiam pertinentia, quae ex variis codicibus manuscriptis collegit ediditque J. Hergenroether, Ratisbonae 1869.
*Heyer 1962* = F. Heyer, Art.: Ukraine = RGG 6, Sp. 1108–1111.
*Hildebrandt 1965* = Das Leben des Protopopen Avvakum von ihm selbst niedergeschrieben. Übersetzt aus dem Altrussischen von G. Hildebrandt. Mit einem Nachwort, Göttingen (1965).

*Hopko 1971* = T. Hopko, Criteria on Truth in Orthodox Theology = Saint Vladimir's Seminary Quarterly 1971, S. 121–129.
*Hruševs'kyj 1962* = M. Hruševs'kyj, Z istorii religijnoï dumky na Ukraïni, Vinnipeg, Mjunchen, Detrojt ²1962.
*Ikonnikov 1891* = V. S. Ikonnikov, Opyt russkoj istoriografii, T. I,1–II,2, Fotomech. perepečatka izd. 1891–1908 gg., Osnabrück 1966.
*Ikonnikov 1915* = V. S. Ikonnikov, Maksim Grek i ego vremja. Istoričeskoe izsledovanie, Kiev ²1915.
*Iščak 1930* = A. Iščak, De Zacharia Kopystenkyj eiusque „Palinodia", opere polemico contra primatum R. Pontificis et Unionem confecto = Bohoslovija. Naukovyj trimisjačnyk, L'viv, 8/1930, S. 161–196; 9/1931, S. 64–106; 219–234, 335–356; 10/1932, S. 7–26, 101–133 (der Schluß fehlt).
*Istorija 1941* = Istorija russkoj literatury, v desjati tomach, T. I.: Literatura XI-načala XIII veka, Moskva, Leningrad 1941.
*Istorija 1954* = Istorija ukraïns'koï literatury, t. 1, Kyïv 1954.
*Istorija 1966* = Istorija SSSR s drevnejšich vremen do našich dnej ..., T. II: Bor'ba narodov našej strany za nezavisimost' v XVI–XVII vv.; Obrazovanie edinogo russkogo gosudarstva, Moskva 1966.
*Ivánka 1971* = E. v. Ivánka, Die Aufgliederung der Orthodoxie = Handbuch der Ostkirchenkunde, hrsg. v. E. von Ivánka, J. Tyciak, P. Wiertz, Düsseldorf (1971), S. 79–95.
*Ivanovskij 1892* = N. Ivanovskij, Rudovodstvo po istorii i obličeniju staroobrjadčeskago raskola s prisovokupleniem svedenij o sektach racionalističeskich i mističeskich, Kazan' 1892.
*Izbornik 1076* = Izbornik 1076 goda. Izd. podgotovili V. S. Golyšenko ... (Akademija nauk SSSR, Institut russkogo jazyka), Moskva 1965.
*Jagič 1917* = V. Jagić, Život i rad Jurja Križanića, Zagreb 1917.
*Jaremenko 1958* = P. K. Jaremenko, Stefan Zyzanij – ukraïns'kyj pys'mennyk-polemist kincja XVI st. = Radjans'ke literaturoznavstvo 2, 1958, S. 39–54.
*Jaremenko 1963* = P. K. Jaremenko, „Perestoroha" – Ukraïns'kyj antiuniats'kyj pamflet počatko XVII st., Kyïv 1963.
*Jugie 1932* = M. Jugie, Art.: Barlaam de Seminara = Dictionnaire d'Histoire et de Géographie Ecclésiastiques, T. 6, Paris 1932, Sp. 817–834.
*Jugie 1949* = M. Jugie, Art.: Cirillo di Gerusalemme = Enciclopedia Cattolica, T. 3, Firenze 1949, Sp. 1725–1729.
*Kahle 1964* = W. Kahle, Buchbesprechung zu B. Schultze S.J., Maksim Grek als Theologe = Kyrios NF 4, 1964, S. 303f.
*Kalužnjackij 1886* = E. I. Kalužnjackij, Igumena Nafanaila „Kniga o vere", eja istočniki i značenie v istorii južno-russkoj polemičeskoj literatury = ČOMU 4/1886, S. 1–36.
*Kapterev 1913* = N. F. Kapterev, Patriarch Nikon i ego protivniki v dele ispravlenija cerkovnych obrjadov, t. I: Vremja patriaršestva Iosifa, Sergiev Posad ²1913.
*Kapterev 1914* = N. F. Kapterev, Charakter otnošenij Rossii k pravoslavnomu vostoku v XVI i XVII st., Sergiev Posad ²1914.
*Kartašev 1959* = A. V. Kartašev, Očerki po istorii russkoj cerkvi, t. II, Pariž 1959.
*Kartašev 1959–1* = A. V. Kartašev, Očerki po istorii russkoj cerkvi, t. I, Pariž 1959.
*Katalogoi* = Katalogoi tēs Patriarchikēs Bibliothēkēs, T. A'. Cheirografa, hrsg. vom Patriarcheion Alexandreias, Alexandreia 1945.

*KiO* = Kirche im Osten. Studien zur osteuropäischen Kirchengeschichte und Kirchenkunde. In Verbindung mit dem Ostkircheninstitut hrsg. von R. Stupperich, Stuttgart 1958ff., Göttingen 1963ff.
*Kir.kn.* = Sobornik nazyvaemyj Kirillova kniga, (Moskva 1644).
*Klibanov 1960* = A. I. Klibanov, Reformacionnye dviženija v Rossii v XIV-pervoj polovine XVI vv., Moskva 1960.
*Klostermann 1934* = R. A. Klostermann, Maxim Grek in der Legende. Ein Beitrag zur russischen Hagiographie = Zeitschrift für Kirchengeschichte 53, 1934, S. 171–228.
*Kn.* = Kniga o vere edinoj istinnoj pravoslavnoj i o svjatej cerkvi vostočnoj ..., (Moskva 1648).
*Koch 1929* = H. Koch, Die russische Orthodoxie im Petrinischen Zeitalter. Ein Beitrag zur Geschichte westlicher Einflüsse auf das ostslavische Denken, Brelau, Oppeln 1929.
*Kojalovič 1860* = M. Kojalovič, Ob otnošenijach zapadno-russkich pravoslavnych k litovsko-pol'skim protestantam vo vremena unii = Christianskoe Čtenie 2/1860, S. 225–256.
*Kotter 1962* = B. Kotter, Art.: Meletios Pēgas = LThK 7, S. 258.
*Krajcar 1968–E* = J. Krajcar SJ, Early-printed Slavonic Books in the Library of the Pontifical Oriental Institut = Or. Chr. Per. 34, 1968, S. 105–128.
*Krajcar 1968–R* = J. Krajcar SJ, Rezension von Mychalskij, „Liber de fide" Pseudo-Nathanaelis. Fontes et analysis = Or. Chr. Per. 34/1968, S. 430–431.
*Krajcar 1969* = J. Krajcar SJ, Konstantin Basil Ostrožskij and Rome in 1582–1584 = Or. Chr. Per. 35, 1969, S. 193–214.
*Krajcar 1973* = J. Krajcar SJ, Simeon of Suzdal's Account of the Council of Florence = Or. Chr. Per. 39, 1973, S. 103–130.
*Krilovskij 1904* = A. S. Krilovskij, L'vovskoe stavropigial'noe bratstvo, Kiev 1904.
*Krivošein 1968* = Vasilij (Krivošein), Simvoličeskie teksty v Pravoslavnoj Cerkvi = Bogoslovskie Trudy 4, Moskva (1969), S. 5–36 (auf der Titelseite fälschlich 1968).
*Lauchert 1896* = Die Kanones der wichtigsten altkirchlichen Concilien nebst den apostolischen Kanones. Hrsg. von F. Lauchert, unveränderter Nachdr. [der 1. Aufl., Freiburg i.Br. u. Leipzig 1896], Frankfurt 1961.
*Lauth 1953* = R. Lauth, Zur Interpretation der russischen Geschichte = Philosophisches Jahrbuch der Görresgesellschaft 62, 1953, S. 115–143.
*Lilov 1858* = A. I. Lilov, O tak nazyvaemoj Kirillovoj knige. Bibliografičeskoe izloženie v otnošenii k glagolemomu staroobrjadstvu, Kazan' 1858.
*Makarij 1881* = Makarij (Bulgakov), Istorija russkoj cerkvi, t. 10, S.-Peterburg 1881.
*Makarij 1882* = Makarij (Bulgakov), Istorija russkoj cerkvi, t. 11, S.-Peterburg 1882.
*Makarij 1891* = Makarij (Bulgakov), Istorija russkoj cerkvi, t. 7, S.-Peterburg ²1891.
*Maksim 1859* = Sočienija Prepodobnago Maksima Greka, izd. Kazan'skoj Duchovnoj Akademii, t. 1–3, Kazan' 1859–1860.
*Maksimovič 1849* = M. A. Maksimovič, Knižnaja starina južnorusskaja = Vremennik Imperatorskago obščestva istorii i drevnostej rossijskich 1/1849, (Rubrik Smes') S. 1–12; 4/1849 (Rubrik Smes'), S. 1–12.
*Malvy-Viller 1927* = La Confession Orthodoxe de Pierre Moghila, Métropolite de Kiev (1633–1646), Approuvée par les patriarches grecs du XVII^e siècle. Texte latin inédit publié avec introduction et notes critiques par Antoine Malvy et Marcel Viller SJ = Or. Chr. 39, Rom, Paris 1927.

*Malyšev 1965* = V. I. Malyšev, Drevnerusskie rukopisi Puškinskogo doma (obzor fondov), Moskva, Leningrad 1965.
*Malyševskij 1872* = I. I. Malyševskij, Aleksandrijskij patriarch Meletij Pigas i ego učastie v delach russkoj cerkvi, t. 1, Kiev 1872.
*Mansi* = Sacrorum conciliorum nova et amplissima collectio cujus Joannes Dominicus Mansi et post ipsius mortem Florentinus et Venetianus editores ..., Neudruck und Forts. hrsg. von L. Petit und J. B. Martin, Bd. 1–53, Parisiis u.a. 1901–1927.
*Materialy 1858* = Materialy dlja istorii russkago raskola. Poslanie bojarina Andreja Pleščeeva k Avvakuma o soedinenii s pravoslavnoju cerkoviju = Pravoslavnyj Sobesednik 2/1858, S. 586–598.
*Maurer 1957* = W. Maurer, Art.: Antichrist II. Kirchengeschichtlich = RGG 1, Sp. 432–434.
*Medlin 1971* = W. K. Medlin, C. G. Patrinelis, Renaissance Influences and Religious Reforms in Russia. Western and Post-Byzantine Impacts on Culture and Education (16th–17th Centuries) with a Foreword by Sir Steven Runciman, Genève 1971 (= Études de Philologie et d'Histoire 18).
*Meyendorff 1958* = J. Meyendorff, Bible and Tradition in the Orthodox Church = The Student World 1, 1958, S. 39–45.
*Meyer 1957* = E. Meyer, Art.: Chronologie IV. Christliche Zeitrechnung = RGG I, Sp. 1814–1818.
*Mirbt-Aland 1967* = Quellen zur Geschichte des Papsttums und des römischen Katholizismus, 1.–5. Aufl., hrsg. von C. Mirbt, 6. völlig neu bearb. Aufl. von K. Aland, Bd. I: Von den Anfängen bis zum Tridentinum, Tübingen 1967.
*MPG* = J. P. Migne, Patrologiae cursus completus, series Graeca.
*MPL* = J. P. Migne, Patrologiae cursus completus, series Latina.
*Müller 1950* = L. Müller, Die Bedeutung der Tradition in der orthodoxen Theologie und Kirche = Kirche und Kosmos. Orthodoxes und evangelisches Christentum. Studienheft 2, hrsg. vom Kirchlichen Außenamt der EKD, Witten 1950.
*Müller 1951* = L. Müller, Die Kritik des Protestantismus in der russischen Theologie vom 16. bis zum 18. Jahrhundert, Wiesbaden 1951.
*Mychalskyj 1967* = A. Mychalskyj, „Liber de fide“ Pseudo-Nathanaelis. Fontes et analysis. Dissertatio ad Lauream in Theologia, Romae 1967 (2. Aufl. in der Series II der Analecta OSBM, Sectio I, vol. XXI, Romae 1967).
*Nazarko 1969* = I. Nazarko, Ipatij Potij (U 350-littja jogo smerty) = Beiträge zur ukrainischen Kirchengeschichte ... Festschrift zum 30-jährigen Jubiläum der Bischofsweihe ... des ... Joseph Kardinal Slipyj, München, Rom, Paris 1969, S. 76–88.
*Nieß 1971* = H. P. Nieß, Der „Domostroj“ oder „Wie man als rechtgläubiger Christ leben soll“ = KiO 14, 1971, S. 26–67.
*Nikanor 1890* = Nikanor (Brovkovič), O perstoslozloženii dlja krestnago znamenija i blagoslovenija, S.-Peterburg 1890.
*Nikodim 1968* = Nikodim (Rotov), Russkaja Pravoslavnaja Cerkov' i ėkumeničeskoe dviženie = ŽMP 9/1968, S. 46–55.
*Nikodim 1971* = Nikodim (Rotov), Ob otmene kljatv na starye obrjady. Doklad mitropolita Leningradskogo i Novgorodskogo Nikodima na Pomestnom Sobore 31 maja 1971 goda = ŽMP 7/1971, S. 63–73.
*Oljančyn 1963–F* = D. Oljančyn, Zur Frage der Generalföderation zwischen Protestanten und Orthodoxen in Wilna 1599 = Kyrios 1, 1936, S. 29–46.

*Oljančyn 1936–O* = D. Oljančyn, Originaltext der Urkunde der Generalföderation zwischen den Protestanten und Orthodoxen in Wilna 1599, mitgeteilt von D. Oljančyn = Kyrios 1, 1936, S. 198–205.
*Oljančyn 1937* = D. Oljančyn, Aus dem Kultur- und Geistesleben der Ukraine = Kyrios 2, 1937, S. 38–69, 143–157, 351–366.
*Onasch 1960* = K. Onasch, Art.: Orthodoxe Kirche II. Konfessionskundlich = RGG 4, Sp. 1708–1716.
*Onasch 1967* = K. Onasch, Grundzüge der russischen Kirchengeschichte = Die Kirche in ihrer Geschichte, Bd. 3, Lieferung M (1. Teil), Göttingen 1967.
*Opisanie* = Opisanie slavjanskich rukopisej biblioteki Svjato-Troickoj Sergievoj lavry = ČOMU 2/1878, S. I–XIX, 1–352.
*Palmieri 1912* = A. Palmieri, Un'opera polemica di Massimo il Greco (XVI secolo) tradotta in latino da Giorgio Krijanitch = Bessarione (Ser. III, vol. IX) 16, 1912, S. 45–79, 379–384.
*Papamichaēl 1950* = G. Papamichaēl, Maximos 'o Graikos, 'o prōtos fōtistēs tōn Rōsōn, Athēnai 1950.
*Pascal 1938* = P. Pascal, Avvakum et les débuts du Raskol. La crise religieuse au XVII$^{e}$ siècle en Russie, Paris 1938.
*Pēdalion 1957* = Pēdalion tēs noētēs nēos tēs Mias 'Agias Katholikēs kai Apostolikēs tōn Orthodoxōn Ekklēsias ētoi 'apantes 'oi 'Ieroi ka Theioi Kanones ... Agapiou 'Ieronomachou kai Nikodēmou Monachou, [Unveränderte Neuauflage der 3. Aufl. von 1864], Athēnai 1957.
*Pelesz 1881* = J. Pelesz, Geschichte der Union der ruthenischen Kirche mit Rom von den aeltesten Zeiten bis auf die Gegenwart, Bd. 2: Von der Wiederherstellung der Union der ruthenischen Kirche mit Rom von 1595 bis auf die Gegenwart, Würzburg, Wien 1881.
*Pierling 1907* = P. Pierling, La Russie et le Saint-Siège. Etudes diplomatiques IV, Paris 1907.
*Pitirim 1969* = Pitirim (Nečaev), Arsenij, archiepiskop Ėlassonskij. Opisanie putešestvija, predprinjatogo Ieremiej vtorym, ... v Moskoviju, i učreždenija Moskovskogo patriaršestva. Perevod, vstupitel'naja stat'ja i kommentarij pod red. episkopa Volokolamskogo Pitirima = Bogoslovskie Trudy 4, 1969, S. 249–279.
*Pitters 1972* = H. Pitters, Ecclesia dei – coetus hominum. Zur Ekklesiologie der siebenbürgisch-sächsischen Kirche = KiO 1972, S. 103–119.
*Pleyer 1961* = V. Pleyer, Das russische Altgläubigentum. Geschichte. Darstellung in der Literatur, München 1961 (Slavistische Beiträge 4).
*Popov 1872* = A. Popov, Opisanie rukopisej staropečatnych knig, Moskva 1872.
*Popov 1875* A. Popov, Istoriko-literaturnyj obzor drevne-russkich polemičeskich sočinenij protiv latinjan (XI–XVv.), Moskva 1875.
*Porfir'ev 1886* = I. Porfir'ev, O čtenii knig (O počitanii knižnom) v drevnija vremena Rossii = Pravoslavnyj Sobesednik 2/1858, S. 173–198, 443–461.
*Porfir'ev 1886* = I. Porfir'ev, Istorija russkoj slovesnosti, č. I: Drevnij period. Ustnaja narodnaja i knižnaja slovesnost' do Petra V., Kazan' 1886.
*PPBES* = Polnyj Pravoslavnyj bogoslovskij ènciklopedičeskij slovar', Bd. 1–2, Sanktpeterburg 1913 (= Variorum Reprints, London 1971).
*Proischoždenie* = Proischoždenie raskol'ničeskago učenija ob antichriste = Pravoslavnyj Sobesednik 2/1858, S. 138–156, 262–301.
*Prokošina 1966* = E. S. Prokošina, Meletij Smotrickij, Minsk 1966.

*Proskinitarij* = Proskinitarij Arsenija Suchanova 1649–1653 gg., pod redakcieju N. I. Ivanovskago = Pravoslavnyj Palestinskij Sbornik, T. VII, vypusk 3ij, S.-Peterburg 1889.
*Psaltir'* = Psaltir', hrsg. vom Svjato-Troickij monastyr', Jordanville N.Y. 1959.
*PSRL* = Polnoe sobranie russkich letopisej.
*Pypin 1911* = A. N. Pypin, Istorija russkoj literatury, t. II, S.-Peterburg [4]1911.
*RBS* = Russkij Biografičeskij Slovar', izd. pod nabljudeniem predsedatelja Imperatorskago Russkago Istoričeskago Obščestva A. A. Polovcova, t. 1–25, S.-Peterburg 1902ff. (Reprinted by Kraus Reprint Corporation New York 1962).
*Regel 1891* = Analecta Byzantino-Russica, edidit W. Regel, Petropoli 1891 (Reprint: B. Franklin Research and Source Works Series 68, New York o.J.).
*RIB* = Russkaja Istoričeskaja Biblioteka, T. 4, S.-Peterburg 1878; t. 7, 1882; t. 19, 1903 = Pamjatniki polemičeskoj literatury v Zapadnoj Rusi, kn. I–III.
*Runciman 1970* = S. Runciman, Das Patriarchat von Konstantinopel vom Vorabend der türkischen Eroberung bis zum griechischen Unabhängigkeitskrieg. Aus dem Englischen übertragen von P. de Mendelssohn, München (1970).
*Schaeder 1956* = H. Schaeder, Das Glaubensbekenntnis des Gregor Palamas. Seine theologische und kirchenpolitische Bedeutung = Theologia 27, 1956, S. 1–14.
*Schaeder 1957* = H. Schaeder, Moskau das Dritte Rom. Studien zur Geschichte der politischen Theorien in der slawischen Welt, Darmstadt [2]1957.
*Schlink 1960* = E. Schlink, The Significance of the Eastern and Western Traditions for the Christian Church = Ecumenical Review 12, 1960, S. 133–142.
*Schneemelcher 1969* = W. Schneemelcher, Die patristische Tradition in orthodoxer und in evangelischer Sicht = Klēronomia, Bd. 1, Heft 2, Thessalonikē 1969, S. 217–230.
*Schultze 1952* = B. Schultze SJ, Untersuchungen über das Jesus-Gebet = Or. Chr. Per. 18, 1952, S. 319–343.
*Schultze 1960* = B. Schultze SJ, Heilige Schrift und Überlieferung in Verbindung mit dem ökumenischen Konzil in der Lehre der byzantinisch-slawischen Theologie = Ostkirchliche Studien 9, 1960, S. 3–25.
*Schultze 1963* = B. Schultze SJ, Maksim Grek als Theologe (= Or. Chr. A. 167), Romae 1963.
*Schultze 1967* = B. Schultze SJ, Das Gottesproblem in der Osttheologie (= Aevum Christianum 7), Münster 1967.
*Schultze 1971* = B. Schultze SJ, Probleme der orthodoxen Theologie = Handbuch der Ostkirchenkunde, hrsg. von E. von Ivánka, J. Tyciak, P. Wiertz, Düsseldorf (1971), S. 97–186.
*Šilov 1913* = A. Šilov, Art.: Rogov, Michail Stefanovič = RBS, t. Rejtern-Rol'cberg, S.-Peterburg 1913, S. 281f.
*Slaski 1975* = K. Slaski, Die Rolle Polens in der europäischen Reformationsgeschichte = KiO 18, 1975, S. 46–56.
*Slavjanskie 1958* = Slavjanskie knigi kirillovskoj pečati XV–XVIII vv., Opisanie knig, chranjajuščichsja v Gosudarstvennoj publičnoj biblioteke USSR, hrsg. von der Akademija Nauk Ukrainskoj SSR, Kiev 1958.
*Slovar' 1972* = Slovar' cerkovno-slavjanskago i russkago jazyka, sostavlennyj vtorym otdeleniem Imperatorskoj Akademii Nauk, T. 1–4, Sanktpeterburg [2]1867–1868 (Unveränderter fotomech. Nachdr., Leipzig 1972).

*Smirnov 1914* = S. Smirnov, Drevne-russkij duchovnik. Izsledovanie po istorii cerkovnago byta = ČOMU 2/1914, S. I–VIII, 1–290 (Rubrik III, Izsledovanija).
*Smolitsch 1953* = I. Smolitsch, Russisches Mönchtum. Entstehung, Entwicklung und Wesen 988–1917 = Das östliche Christentum, hrsg. von H. Biedermann OESA, Neue Folge, Heft 10/11, Würzburg 1953.
*Sokolov 1880* = I. Sokolov, Otnošenie protestantizma k Rossii v XVI i XVII vekach, Moskva 1880.
*Spasskij 1951* = F. G. Spasskij, Russkoe liturgičeskoe tvorčestvo (po sovremennym minejam), Pariž (1951).
*Sreznevskij 1955* = I. I. Sreznevskij, Materialy dlja slovarja drevne-Russkago jazyka po pis'mennym pamjatnikam, T. 1–3, Granz 1955–56 (Unveränderter photomech. Nachdr. der 1893–1906 in Petersburg erschienen Ausgabe).
*Stählin 1923* = K. Stählin, Geschichte Rußlands von den Anfängen bis zur Gegenwart, 1. Bd., Stuttgart 1923.
*Starke 1973* = A. Starke, Nikolaus Radzwills Ruf zur Reformation in seiner Widmung der Brester Bibel an König Sigismund August von Polen = KiO 16, 1973, S. 138–157.
*Stoglav* = Stoglav. Izdanie D. E. Kožančikova. Introduction by W. F. Ryan, Letchworth 1971 (= Rarity Reprints No. 17, Nachdr. der Aufl. von Sanktpeterburg 1863).
*Studer 1956* = B. Studer, Die theologische Arbeitsweise des Johannes von Damaskus (= Studia Patristica et Byzantina 2), Ettal 1956.
*Studyns'kyj 1895* = K. Studyns'kyj, Perestoroha, rus'kyj pamjatnyk početku XVII vika, L'viv 1895.
*Stupperich 1935* = R. Stupperich, Kiev – das zweite Jerusalem. Ein Beitrag zur Geschichte des ukrainisch-russischen Nationalbewußtseins = ZSlPh 12, 1935, S. 332–354.
*Stupperich 1971* = R. Stupperich, Der Anteil der Kirche beim Anschluß der Ukraine an Moskau (1654) = KiO 14, 1971, S. 68–82.
*Subbotin 1875* = N. I. Subbotin, Materialy dlja istorii raskola za pervoe vremja ego suščestvovanija izd. red. „Bratskago slova", t. 1–9, Moskva 1875–1890.
*Sŭbev 1968* = T. Sŭbev, Cŭrkovno-kalendarnijat vŭpros, Sofija 1968.
*Suchanov 1889* = Proskinitarij Arsenija Suchanova 1649–1653 gg., pod redakcieju N.I. Ivanovskago = Pravoslavnyj Palestinskij Sbornik, T. VII, vyp. 3ij, S.-Peterburg 1889.
*Suttner 1975* = E. Ch. Suttner, Der Anteil der Griechen und der Ruthenen an der „Synode von Iaşi des Jahres 1642" = KiO 18, 1975, S. 81–89.
*Talyzin 1969* = V. I. Talyzin, Cerkovnoe predanie (Doklad) = Bogoslovskie Trudy 4, 1969, S. 221–225.
*Tazbir 1962* = J. Tazbir, Piotr Skarga, Warszawa 1962.
*Texte 1968* = Der byzantinische Bilderstreit. Hrsg. von H.-J. Geischer = Texte zur Kirchen- und Theologiegeschichte, hrsg. von G. Ruhbach, Gütersloh 1968.
*ThĒE* = Thrēskeutikē kai Ēthikē Egkyklopaideia, T. 1–12, Athēnai 1962–1968.
*Theiner 1863* = A. Theiner, Vetera Monumenta Poloniae et Lithuaniae gentiumque finitimarum Historiam illustrantia, Bd. 3, Romae 1863.
*Tradition 1961* = Tradition und Glaubensgerechtigkeit. Das Arnoldshainer Gespräch zwischen Vertretern der Evangelischen Kirche in Deutschland und der Russischen

Orthodoxen Kirche vom Oktober 1959, Studienheft Nr. 3, hrsg. vom Außenamt der EKD, Witten 1961.
*Tradition 1963* = Tradition und Traditionen. Berichte der Theologischen Kommission über Tradition und Traditionen an die Vierte Weltkonferenz für Glauben und Kirchenverfassung in Montreal, Kanada (1963), hrsg. vom Ökumenischen Rat der Kirchen, Kommission für Glauben und Kirchenverfassung = Arbeitshefte, Heft II, Zürich 1963 (deutschsprachige Ausgabe der „Faith and Order Papers" Nr. 39).
*Učenie 1959* = Učenie Pravoslavnoj Cerkvi o Svjaščennom Predanii i otnošenie eja k novomu stilju, sostavleno Afonskimi revniteljami pravoslavnago blagočestija, Jordanville 1959 (Anhang zum Troickij Pravoslavnyj Russkij Kalendar' na 1960 god, Jordanville 1959).
*Undol'skij 1870* = Slavjano-russkija rukopisi V. M. Undol'skago opisannyja samim sostavitelem i byvšim vladel'cem sobranija s Nr. 1–go po 579–j, s priloženiem očerka sobranija rukopisej V. M. Undol'skago, v polnom sostavc, izd. Moskovskago Publičnago i Rumjancevskago Muzeev, Moskva 1870.
*Undolskij 1871* = Očerk slavjano-russkoj bibliografii V. M. Undol'skago, s dopolnenijami A. F. Byčkova i A. Viktorova, izd. Moskovskago Publičnago i Rumjancevskago Muzeev, Moskva 1871.
*Vasilij 1588* = Vasilij (Suražskij), O edinoj istinoj pravoslavnoj vere, (Ostrog 1588).
*Vlasovs'kyj 1956* = I. Vlasovs'kyj, Narys Istoriï Ukraïns'koï Pravoslavnoï Cerkvy, II (XVII st.), Nju Jork, Bavnd Bruk 1956.
*Voznjak 1921* = M. Voznjak, Istorija ukraïns'koï literatury, t. II, L'viv 1921.
*Vyšens'kyj 1959* = I. Vyšens'kyj, Tvory. Red. S. A. Zacharova, Kyïv 1959.
*Waczyński 1938* = B. Waczyński SJ, Nachklänge der Florentiner Union in der polemischen Literatur zur Zeit der Wiedervereinigung der Ruthenen, im 16. und am Anfang des 17. Jahrhunderts = Or. Chr. Per. 4, 1938, S. 441–472.
*Weiser 1963* = A. Weiser, Einleitung in das Alte Testament. Fünfte, verb. u. verm. Auflage, Göttingen 1963.
*Wickert 1962* = U. Wickert, Art.: Tradition VI. Dogmengeschichtlich = RGG 6, Sp. 974–976.
*Will 1861* = C. Will, Acta et scripta, quae de controversiis ecclesiae graecae et latinae saec. XI compos. extant, Lipsiae et Marpurgi 1861.
*Winter 1960* = E. Winter, Rußland und das Papsttum, T. 1: Von der Christianisierung bis zu den Anfängen der Aufklärung, Berlin 1960.
*Wort* = Wort und Mysterium. Der Briefwechsel über Glauben und Kirche 1573 bis 1581 zwischen den Tübinger Theologen und dem Patriarchen von Konstantinopel. Hrsg. vom Außenamt der Evangelischen Kirche in Deutschland, Witten 1958.
*Zametka* = Zametka ob odnoj staropečatnoj knige = ČOMU 1/1880, S. 1–10
*Zander 1957* = L. Zander, Die Orthodoxe Kirche = Und ihr Netz zerriß. Die Großkirchen in Selbstdarstellungen. Hrsg. von H. Lamparter, Stuttgart 1957, S. 113–158.
*Zavitnevič 1883* = V. Z. Zavitnevič, Palinodija Zacharii Kopystenskago i eja mesto v istorii zapadno-russkoj polemiki XVI i XVII vv., Varšava 1883.
*Zen'kovskij 1970* = S. A. Zen'kovskij, Russkoe staroobrjadčestvo. Duchovnye dviženija semnadcatogo veka (= Forum Slavicum, hrsg. von D. Tschižewskij, Bd. 21), München 1970.
*Zernova 1958* = A. S. Zernova, Knigi kirillovskoj pečati, izdannye v Moskve v XVI–XVII vekach. Svodnyj katalog, Moskva 1958.

*Zimin 1961* = A. Zimin, Doktor Nikolaj Bulev – publicist i učenyj medik = Issledovanija i materialy po drevnerusskoj literature, hrsg. von der Akademija Nauk SSSR, Moskva 1961, S. 78–86.
*Zizanij 1596* = S. Zizanij (Tustanovskij), Kazan'e svjatogo Kirilla Patriar-chi ierusalim-skogo, O antichriste i znakoch ego, z rozšireniem nauki protiv eresej roz-nych, W Wilnie 1596 (nachgedruckt in Pamjatky polemičnogo pys'menstva kincja XVI i poč. XVII v., vydav Kyrylo Studyns'kyj, T. I, L'viv 1906 = Pamjatky ukraïns'ko-rus'koï movy i literatury, vydav Archeografična Komisyja Naukovogo Tovaristva imeny Ševčenka t. V, S. 31–200).

# 6. Personenregister